Inhalt

Einleitung

Mensch und Natur: Das ist eine Geschichte jahrtausendelanger Wechselwirkungen. Vieles davon war den Menschen lange Zeit selbstverständlich und ist erst in neuerer Zeit, wo sich der Umgang des Menschen mit der Natur tiefgreifend verändert hat, zum politischen Problem geworden.
Schon im Altertum bemerkte man, dass die Natur den Menschen prägt und die Menschen in heißen Regionen anders sind als in kühlen, in Feuchtgebieten anders als in den Wüsten, auf den Gebirgen anders als in den Ebenen, in fruchtbaren Gebieten anders als auf kargen Böden. Erst im Laufe der Neuzeit hat man jedoch stärker beachtet, dass es auch den umgekehrten Einfluss gibt: dass der Mensch die Natur auf immer größeren Flächen umgestaltet und die menschlichen Gesellschaften sich eine ihren Bedürfnissen entsprechende Umwelt schaffen. Lange Zeit sah man darin vor allem einen Fortschritt. Aber je stärker man die Natur veränderte und je besser man die vielfältigen Zusammenhänge innerhalb der Natur durchschaute, desto deutlicher wurde immer mehr Menschen bewusst, dass Eingriffe in die Natur oftmals unbeabsichtigte und unerwünschte Folgewirkungen haben.
Vor allem seit 1970 hat sich auf der ganzen Welt eine Alarmstimmung verbreitet. Warnungen häuften sich, dass die Menschheit durch ihre Maßlosigkeit ihre eigenen Lebensgrundlagen zerstöre. *Umweltschutz* wurde das neue Schlagwort, *Umweltpolitik* zum neuen Politikfeld. Optimisten hielten dagegen, der Mensch habe die Natur schon seit Jahrtausenden je nach seinen Bedürfnissen genutzt und verändert und das habe nicht notwendig Naturzerstörung bedeutet. Die Geschichte zeige, dass die Natur mit vielem fertig werde und dass der ewige Wandel – ob durch den Menschen verursacht oder nicht – etwas ganz Natürliches sei. Was die Geschichte jedoch für unsere gegenwärtige Situation beweist, ist eine offene Frage. Pauschale Thesen über die gesamte Welt führen nicht weiter. Nur indem man genau hinschaut und verschiedene Zeiten und Regionen unterscheidet, kommt man voran.
Die historische Umweltforschung, die seit 1970 im Zuge der Umweltbewegung entstand, hat zu zwei scheinbar entgegengesetzten Grundeinsichten geführt: zum einen der, dass Probleme des Menschen mit seiner Umwelt teilweise viel älter, zum anderen aber auch der, dass die modernen Umweltprobleme zum Teil jüngeren Datums sind, als oft angenommen wird. Schon vor Jahrtausenden hat der Mensch vermutlich Tiere durch die Jagd ausgerottet und die Fruchtbarkeit mancher Böden durch Ackerbau, Bewässerung und Weidewirtschaft verschlechtert. Aber die Folgen des menschlichen Tuns für die Umwelt blieben in älterer Zeit regional begrenzt. Sie waren auch keineswegs nur negativ: Bis zum 19. Jahrhundert hat die menschliche Wirtschaft den Artenreichtum vieler Regionen wahrscheinlich erhöht. Eine mögliche Gefährdung der Erdatmosphäre, der Weltmeere und des Grundwassers auf großen Flächen zeichnet sich erst seit der zweiten Hälfte des 20. Jahrhunderts deutlicher ab. Die Wirtschaft und die Lebensweise angesichts solcher Risiken umzustellen, bedeutet kein „Zurück in die Steinzeit"! Die Geschichte der Mensch-Natur-Beziehung führt nicht nur zu einem besseren Verständnis der gesamten Weltgeschichte, sondern auch zu einem schärferen Blick auf die Gegenwart und auf künftige Chancen des politischen Handelns.

Zeittafel

ca. ab 8000 v.Chr.	Früheste Spuren des Ackerbaus im Nahen Osten,
ab 7000 v. Chr.	in Amerika,
ab 6000 v. Chr.	in Griechenland und
ab 4500 v. Chr.	in Mitteleuropa
ca. ab 3000 v.Chr.	Früheste Hochkulturen in Ägypten, Mesopotamien, Nordwest-Indien und China, ...
ab 2000 v. Chr.	in Peru und Mexiko, die sich alle auf umfangreiche Bewässerungssysteme gründen.
ca. ab 1000 v.Chr.	Aufkommen berittener Nomadenvölker im Nahen Osten, mit den Höhepunkten – den Eroberungszügen der Hunnen, Araber und Mongolen – in der Zeit von ca. 400–1400 n. Chr.
1256	Dauerhafte Zerstörung der mesopotamischen Bewässerungsanlagen durch die Mongolen
12./13. Jh.	Höhepunkt der hochmittelalterlichen Rodungsbewegung in Mitteleuropa
1492	Entdeckung Amerikas durch Kolumbus; um 1520 erobert Cortez das Aztekenreich. Beginn des Kolonialzeitalters
ab 1500	Dichte Aufeinanderfolge landesherrlicher Forstordnungen in Mittel- und Westeuropa
ca. 1570–1750	So genannte „Kleine Eiszeit" in Mittel- und Westeuropa: Phase relativ kühler Durchschnittstemperaturen im Vergleich zu den Jahrhunderten davor und danach
1579	Erstes Gradierwerk zur Verringerung des Brennholzverbrauchs bei der Saline Nauheim errichtet
ab 1710	Verhüttung mit Koks in Coalbrookdale (England); aber erst während des 19. Jahrhunderts im Zuge des Eisenbahnbaus setzt sich die Kohle gegenüber dem Holz als Brennstoff durch.
um 1750	Entwässerung des Oderbruchs unter Friedrich II. von Preußen; in der Folgezeit auch in anderen Regionen Unternehmen ähnlicher Art und Versuche zur systematischen Intensivierung der Landwirtschaft (Abschaffung der Brache, Aufteilung der Allmende, Einführung der Kartoffel)
1798	Thomas R. Malthus, *An Essay on the Principle of Population*
um 1800	Flut von Alarmrufen in Mittel- und Westeuropa, die vor drohender Entwaldung und Holznot warnen; von deutschen Regionen ausgehend, beginnt eine Aufforstungsbewegung, die im Laufe des 19. Jahrhunderts auf andere europäische Staaten, Britisch-Indien und die USA ausstrahlt.
ab 1817	Rheinregulierung unter Johann Gottfried Tulla: Beginn einer langen Aufeinanderfolge von Flussbegradigungen, die am Ende fast alle deutschen Wasserläufe erfassen.
nach 1840	Überschwemmungen in der Schweiz und in Südfrankreich werden als Folge von Waldabholzung im Gebirge begriffen: Die Wasserregulierung wird zu einem Antrieb der Aufforstung.
1858	„Great Stink" an der Londoner Themse; von nun ab wird die Kanalisation von London zum großen System ausgebaut, das die Abwässer außerhalb der Stadt in die Themse einleitet. Die Londoner Kanalisation wird zum Modell für Europa.
1864	Mit dem Yosemite Park in der Sierra Nevada (Kalifornien) wird der erste amerikanische Nationalpark gegründet. Die National-

	parks der USA werden im 20. Jahrhundert zum Vorbild für den Naturschutz in der gesamten Welt.
1904	Auf Initiative des Musikers Ernst Rudorff wird in Dresden der Bund Heimatschutz gegründet; 1906 wird in Preußen eine „Staatliche Stelle für Naturdenkmalpflege" unter Hugo Conwentz geschaffen. Die Verbindung von Natur- und Heimatschutz wird charakteristisch für Deutschland und andere europäische Länder.
1935	Höhepunkt des „Dust Bowl" in den USA, einer Serie verheerender Staubstürme im Mittelwesten. Gründung des Soil Conservation Service; zugleich große Wasserkraft- und Bewässerungsprojekte, die nach 1945 zum weltweiten Vorbild der Entwicklungspolitik werden.
ab 1950er-Jahre	Weltweite chemisch-technische Revolution in der Landwirtschaft: weitgehende Mechanisierung von Ackerbau und Viehhaltung; Züchtung ertragsstärkerer Anbauarten; Großeinsatz von chemischen Dünge- und Schädlingsbekämpfungsmitteln; in der Dritten Welt als „Grüne Revolution" bezeichnet.
1952	Londoner Smog-Katastrophe (etwa 4000 Todesopfer); seit den 1950er-Jahren international verstärkte Bemühungen zur Luftreinhaltung
1960	In der Bundesrepublik Deutschland Zweckbindung der Mineralölsteuer an den Straßenbau
1960–70	Ägypten: Bau des Assuan-Hochdammes
1962	Rachel Carson, *Silent Spring* (deutsch: *Der stumme Frühling*): Das Buch wird zur Bibel der US-amerikanischen Öko-Bewegung.
1970	Der Umweltschutz setzt sich international als Politikfeld ersten Ranges durch: In den USA wird eine Umweltschutzbehörde (Environmental Protection Agency, EPA) gegründet; die UNESCO startet ihr Umweltprogramm „Man and Biosphere"; europäisches Naturschutzjahr; auch die deutsche Bundesregierung erklärt die Umweltpolitik zur vorrangigen Aufgabe.
1972	UN-Umweltkonferenz in Stockholm
Februar 1975	Mit der Bauplatzbesetzung bei Wyhl am Kaiserstuhl beginnt in der Bundesrepublik ein jahrelanger Massenprotest gegen den Bau von Kernkraftwerken. Aus ihm geht die 1979 gegründete Partei der Grünen hervor.
1977	Nach einer Dürrekatastrophe in der Sahel-Zone findet in Nairobi (Kenia) eine UN-Konferenz über Desertifikation (UNCOD) statt.
ab 1982	Nachdem Übervölkerungssorgen in China unter Mao Tse-tung jahrzehntelang verdammt wurden, propagiert die chinesische Regierung die Ein-Kind-Familie.
ab 1982	Alarm in Mittel- und Nordeuropa über das „Waldsterben" als Folge von Emissionen
26.4.1986	Reaktorkatastrophe von Tschernobyl
1987	Internationales Abkommen von Montreal zur Unterbindung industrieller Emissionen, die die Ozonschicht zerstören.
1992	UN-Konferenz von Rio über Umwelt und Entwicklung (UNCED)
1997	UN-Klimakonferenz in Kyoto

I. Neue Fragen an die Geschichte

Das uralte Dilemma

Wie alt, wie neu sind unsere Umweltprobleme? Ein Grundproblem ist im Prinzip uralt: Soweit wir zurückblicken, neigten Menschen stets dazu, über Bedürfnissen der Gegenwart die Vorsorge für die fernere Zukunft hintanzustellen und über Interessen der eigenen Gruppe die Belange größerer Gemeinschaften zu vernachlässigen. Aber in älterer Zeit blieben die Auswirkungen eines kurzsichtigen Umgangs mit der Umwelt meist örtlich begrenzt, und oft bekamen die Verursacher einen Teil der Schadenswirkungen selbst zu spüren. Damalige Umweltprobleme – die Übernutzung von Äckern, Wäldern und Weiden – waren im Prinzip altbekannt, und die Menschen waren durchaus in der Lage, dagegen Vorkehrungen zu treffen, auch wenn sie dies längst nicht immer taten.

Neuartige Probleme

In heutiger Zeit dagegen ist vieles anders. Ein Teil der Umweltprobleme hat überregionale, ja globale Ausmaße angenommen. Oft haben die Verursacher mit den Betroffenen nichts zu tun. Viele Umweltprobleme sind neuartig, und die Experten können sich über Ursachen und Folgen endlos streiten. Man kann sich nicht mehr darauf verlassen, dass sich die Menschen aus Gewohnheit einigermaßen umweltverträglich verhalten. Wissenschaftliche Forschung, öffentliche Aufklärung, Gesetze und Institutionen sind nötig. Auch diese Situation ist historisch nicht völlig neu. Schon lange, bevor es den Begriff „Umweltpolitik" gab, hat es Umweltpolitik gegeben. Hatte sie Erfolg? Oder hat sie neue Umweltprobleme geschaffen? In der Geschichte finden sich Beispiele für das eine wie für das andere.

Gibt die Geschichte Grund zu Pessimismus?

Pessimisten glauben der Geschichte die erschreckende Lehre entnehmen zu können, die Menschen seien im Großen und Ganzen zu egoistisch und zu beschränkt, um auf die Dauer mit Umweltproblemen fertig zu werden. Aber ob die Geschichte das wirklich lehrt, ist die Frage. Es gibt viele Anzeichen dafür, dass die Menschen sehr wohl dazu in der Lage sind, vorausschauend zu handeln, und dass gerade ihr kollektiver Egoismus zu einem vernünftigen Umgang mit den natürlichen Ressourcen führen kann. Aber Lernprozesse, die auf neuartige Situationen reagieren, brauchen ihre Zeit; neue Gewohnheiten und Institutionen entstehen nicht von heute auf morgen. Außerdem wird die Wahrnehmung gemeinsamer Umweltinteressen aller Erfahrung nach desto schwieriger, je größer die Gruppen sind. Die Bauern früherer Jahrhunderte, die den Gemeindewald nutzten, kontrollierten sich dabei gegenseitig. Das ist bei all denen, die heute die Weltmeere ausbeuten, nicht mehr der Fall: Da sind internationale Kontrollinstanzen nötig. Vor dem Hintergrund der Geschichte erkennt man neuartige Erfordernisse der Gegenwart.

Katastrophen und schleichende Krisen

Noch ein anderes zentrales Problem bemerkt man erst beim Überblick über größere zeitliche Distanzen: die unmerkliche, schleichende Veränderung der Umwelt. Die chronischen Wandlungsprozesse sind in der Umweltgeschichte meist wichtiger als die Katastrophen. Aber gerade hier ist die Gefahr besonders groß, dass der Mensch nicht reagiert. Die im Laufe des 20. Jahrhunderts stets fortschreitende Bodenversiegelung durch Häuser- und Straßenbau ist ein unscheinbarer, ganz unsensationeller Prozess, aber er ist für die Umwelt von weit größerer Tragweite als Kraftwerkskatastrophen.

Offene Fragen

Nicht nur die Umweltsituation der Gegenwart, sondern auch die Umweltgeschichte ist voll von offenen Fragen. Häufig empfiehlt es sich, nicht zu schnell entscheiden zu wollen, wer in einer Kontroverse Recht hat, sondern zuvor zu fragen: Worauf gründen sich bestimmte Positionen, auf welche Fakten, Erfahrungen, Grundgedanken? Gibt es Gegenpositionen und worauf gründen sich diese? Wie können wir die eine und die andere Position überprüfen? Welche Ideologien und

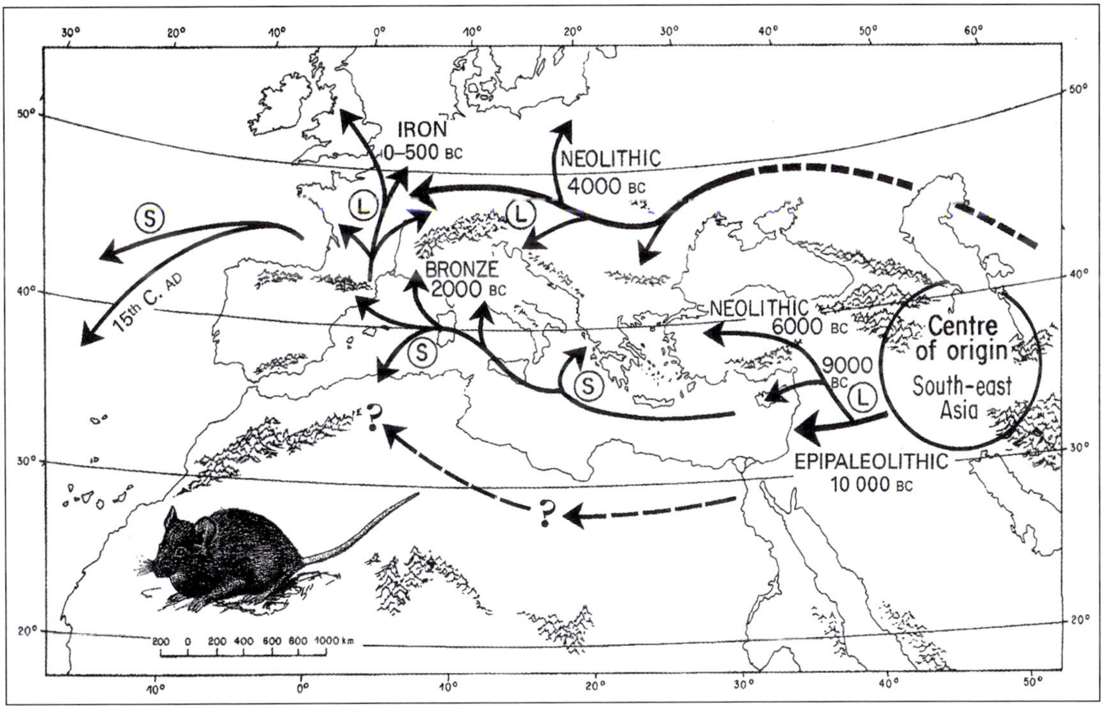

1 Das Vordringen der Hausmaus in den Mittelmeerraum, nach Nordwesteuropa und über den Atlantik.
Ermitteln Sie unter Hinzuziehung der Zeittafel, was dieses Schaubild über den Zusammenhang zwischen menschlicher und tierischer Geschichte verrät.

Interessen sind im Spiel? Viele Fragen, um die es hier geht, haben eine lange Geschichte und sind durch historische Kontroversen belastet; man kann heutige Positionen nicht verstehen, ohne diese Vorgeschichte zu kennen. Nicht zuletzt deshalb ist es wichtig, an Umweltprobleme historisch heranzugehen.
Lebten die Indianer in Harmonie mit der Natur? Trägt der Schiffbau früherer Jahrhunderte die Hauptschuld an der Waldarmut des Mittelmeerraums? Ruinieren Weidetiere den Wald? Sind die Jäger die besten Naturschützer? Gehen alle Umweltschäden letztlich auf Übervölkerung zurück? Sind Kernkraftwerke sicher? Alles das waren oft heiße Themen, und man bekommt dazu von den Experten keine einhellige Auskunft. In all diesen Fällen ist es zunächst wichtig, die Geschichte der Kontroversen zu diesen Fragen zu kennen und dann zu überlegen, wie man diese Fragen präzisieren und in konkretere Einzelfragen zerlegen kann, damit sie beantwortbar werden. Auf allzu pauschale Fragen, die Raum und Zeit außer Acht lassen, gibt es keine fundierte Antwort.

Das erste Ziel: nicht Ergebnisse, sondern Wege und Methoden

Auf dem gegenwärtigen, noch lückenhaften Stand der historischen Umweltforschung hat es oft wenig Sinn, zu letzten Erkenntnissen hinzustreben; vielmehr kommt es erst einmal darauf an, zu Fragestellungen zu gelangen und sich Methoden anzueignen, mit denen man weiterkommt. Die Mensch-Umwelt-Beziehung wurde stets entscheidend durch alltägliche Gewohnheiten bestimmt, die man oft nur zwischen den Zeilen der Quellen erkennt; daher ist es notwendig, viele historische Quellen neu zu lesen. Nicht nur die *Art* der menschlichen Einwirkung auf die Umwelt ist wichtig, sondern auch das *Ausmaß* und die Flächenausdehnung;

daher müssen Statistiken, Karten, Waldbestandsaufnahmen und Landschaftsbeschreibungen hinzugezogen werden. Umweltgeschichte entdeckt man im Übrigen nicht nur in Büchern, sondern auch bei Wanderungen durch die Landschaft, auf vegetations- und bodenkundlichen Exkursionen. Die Erfahrungen heutiger Bio-Bauernhöfe haben manche Aufschlüsse über die Weisheit, jedoch auch über Mängel der vormodernen Landwirtschaft erbracht. Heute ist der Pflug nicht mehr in dem Maße Inbegriff des agrarischen Fortschritts, wie er dies über Jahrtausende war. Zentral in heutigen Umweltdebatten ist die Frage, wie weit menschliche Eingriffe die Umwelt reversibel oder irreversibel verändern, also notfalls rückgängig zu machen sind oder nicht. Auch diese Frage lässt sich oft erst durch die Erfahrung im Laufe der Zeit beantworten. Nicht selten hat die Natur Überraschungen beschert. Aber auch der Mensch: Neue Generationen erfahren ihre Umwelt oft anders als die früheren. Heidelandschaften, die früheren Reisenden als deprimierende Einöde erschienen, wurden seit dem späten 19. Jahrhundert zum Inbegriff der romantischen Landschaft. Baggerlöcher verwandeln sich in reizvolle Badeseen. Der Rückblick auf die Geschichte macht offen für neue Erfahrungen der Zukunft.

2 Umweltzerstörung durch den Menschen: Ein uraltes oder neues Phänomen?

a) Forscher verschiedener Disziplinen haben die Frage erörtert, warum die Wikinger, die um das Jahr 1000 Island und Grönland besiedelten, dort durch Abholzung und Überweidung den Boden und damit ihre Lebensgrundlagen zunehmend zerstörten. Sie konnten darüber nur Vermutungen anstellen. Einen Schlüssel zum Verständnis fanden sie in der Überlegung, dass die Wikinger bis dahin nur Erfahrungen mit einer skandinavischen Umwelt besaßen, in der es – anders als in Island und Grönland – weite Wälder und schwere Böden gab.

Die Forscher kamen zu folgendem Schluss: „Die Menschen reagieren nicht auf die reale Welt in der realen Zeit, sondern auf eine Umwelt, so wie sie sich sie vorstellen, wobei die Wahrnehmung durch traditionelle Erwartungen gefiltert ist und durch eine Weltsicht, die lokale Umwelt-Indikatoren wahrnimmt oder auch nicht. Auch sind Menschen nicht immer bereit oder fähig, zugunsten eines langfristigen gemeinsamen Nutzens auf einen kurzfristigen persönlichen Vorteil zu verzichten.“ Aber welche organisatorischen Hindernisse blockierten wirksame Antworten [auf die Umweltprobleme]? Eine Durchsicht der Literatur über Organisationstheorie enthüllt sechs Faktoren, die zu offenkundig unzulänglichen Entscheidungen führen. (1) Das der Entscheidung zugrunde liegende Modell könnte sich auf ein anderes Ökosystem gründen, das oberflächliche Ähnlichkeiten, aber krisenhafte Unterschiede besitzt. (2) Die Information über Details könnte unzureichend sein und zu einer übermäßigen Verallgemeinerung des Problems führen. (3) Der Beobachtungszeitraum könnte zu kurz sein, da es sich um eine wirklich neue Situation handelt, bei der man nur über wenig realistische Erfahrung verfügt. (4) Die Entscheidungsträger könnten von den Problemen zu weit entfernt sein, indem sie sich sozial und geographisch zu denjenigen, die die Probleme vor Ort verursachen, in Distanz befinden. (5) Die Reaktion der Entscheidungsträger könnte mit den Problemen nicht Schritt halten; mit anderen Worten: zu wenig, zu spät. (6) Die Entscheidungsträger könnten das potenzielle Problem zwar wahrnehmen, sich aber zu keiner Aktion veranlasst sehen: „Das geht mich nichts an.“

Charles L. Redman: Human Impact on Ancient Environments, Tucson 1999, S. 193. [Übersetzung Radkau]

b) Der schweizerische Umwelthistoriker Christian Pfister hält die 1950er-Jahre für die tiefste Zäsur in der gesamten Geschichte der anthropogenen (von Menschen verursachten) Umweltveränderung. Ihm zufolge haben die Umweltprobleme seither eine ganz neuartige bedrohliche Dimension bekommen wie nie zuvor in der menschlichen Geschichte. Noch die Industrielle Revolution habe, gemessen an den Eingriffen der jüngsten Zeit, keinen tiefen Einschnitt bedeutet.

Bis zum frühen 19. Jahrhundert standen den Menschen nur erneuerbare Energieträger wie Holz und Wasserkraft zur Verfügung, die durch die jährliche Sonneneinstrahlung laufend gebildet werden und von der Menge her absolut beschränkt sind. Durch die Nutzung der Energievorräte, die die Sonne während

Jahrmillionen in der Erde angelegt hatte, machten sich die entstehenden Industriegesellschaften energetisch vom Rhythmus der Jahreszeiten, der Wasserführung von Flüssen und Bächen und den eng begrenzten Brennholzmengen unabhängig. Gemessen am heutigen Zustand blieben die Rückwirkungen dieser industriellen Wirtschaftsweise auf die Umwelt aber während langer Zeit unbedenklich.
Bis in die fünfziger Jahre bewegten sich Wirtschafts- und Lebensweise in Westeuropa auf einem Entwicklungspfad, der [...] zumindest in mittelfristiger Perspektive keine bedrohlichen Züge trug. Nennenswerte Schädigungen der Umwelt blieben auf Inseln (schwer-)industrieller Verschmutzung und kohlebeheizte Metropolen wie London beschränkt. [...]
Von den fünfziger Jahren an erfuhren der Energieverbrauch, das Bruttoinlandsprodukt, der Flächenbedarf von Siedlungen, das Abfallvolumen und die Schadstoffbelastung von Luft, Wasser und Boden den für die heutige Situation entscheidenden Wachstumsschub. Die Gesamtheit der damit einhergehenden tief greifenden Veränderungen der Produktions- und Lebensweise wird als *1950er-Syndrom* bezeichnet.

Christian Pfister (Hrsg.): Das 1950er Syndrom. Der Weg in die Konsumgesellschaft, Bern 1995, S. 21 und 23.

a) Prüfen Sie vor dem Hintergrund der Textmaterialien die Frage, ob die heutigen Umweltprobleme eher als alt oder als neu einzuschätzen sind. Diskutieren Sie die umweltpolitischen Konsequenzen.
b) Ein Grundprozess der Weltgeschichte ist seit vielen Jahrhunderten die Erhöhung der Mobilität. Welche Folgen können sich daraus nach Text 2a für den Umgang mit der Umwelt ergeben?
c) Überlegen Sie, wie sich die These vom 1950er-Syndrom in Ihrer eigenen Umwelt überprüfen lässt. Überprüfen Sie im Stadtarchiv an alten Karten und Fotos, wie Ihre eigene Wohngegend vor fünfzig oder hundert Jahren ausgesehen hat.

3 Beging der Mittelmeerraum ökologischen Selbstmord oder: Wie weist man in der Umweltgeschichte etwas nach?

a) Der amerikanische Evolutionsbiologe Jared Diamond, der die Hauptlinien der Weltgeschichte ökologisch deutet, nimmt an, weite Teile Vorderasiens, die zu den ältesten Kulturgebieten der Welt gehörten, seien erst durch Abholzung der Wälder und nachfolgende Austrocknung und Erosion der Böden wüstenhaft geworden.

Die Gesellschaften Vorderasiens und des östlichen Mittelmeeraums hatten das Missgeschick, in einer ökologisch besonders empfindlichen Region beheimatet zu sein. Indem sie die eigene Ressourcenbasis zerstörten, begingen sie ökologischen Selbstmord. So verlagerte sich die Macht immer weiter nach Westen. [...] Nord- und Westeuropa blieb dieses Schicksal erspart, aber nicht etwa weil seine Bewohner ein klügeres Verhalten an den Tag legten, sondern weil sie das Glück hatten, in einer weniger empfindlichen, niederschlagsreicheren Umwelt mit rasch nachwachsender Vegetation zu leben. [...] Europa empfing Anbaupflanzen, Haustiere, Technik und Schrift aus dem fruchtbaren Schoß Vorderasiens, das sich in der Folge als wichtiges Zentrum von Macht und Innovation nach und nach selbst zerstörte.

Jared Diamond: Arm und Reich. Die Schicksale menschlicher Gesellschaften, Frankfurt: Fischer 1999, S. 509.

b) Der englische Forsthistoriker Oliver Rackham, der die Umweltgeschichte griechischer Kleinregionen detailliert erforschte, vertritt die Meinung, man dürfe nicht pauschal davon ausgehen, dass der Mittelmeerraum im Altertum viel waldreicher als heute gewesen sei und die Wälder durch die Weide zerstört worden seien. In einer Landschaftsgeschichte Kretas erteilt er dem Umwelthistoriker eine Reihe von Ratschlägen:

1. Hüte dich vor übermäßigen Verallgemeinerungen! Der Mittelmeerraum ist keine einheitliche Region. Eine Theorie für Zypern zu beweisen, beweist sie noch nicht für Kreta. Selbst innerhalb Kretas ist es durchaus möglich, dass Apokórona eine zerstörte Landschaft ist, aber Kíssamos nicht.
2. Der Schlüssel zur Vergangenheit liegt in der Beobachtung der Funktionszusammenhänge der gegenwärtigen Landschaft. Solange man nicht Ziegen beobachtet hat, sollte man nicht behaupten, dass Ziegen alles fressen.
3. Verlass dich nicht ganz und gar auf schriftliche Quellen! Wenn du das tust, erfährst du nichts über Perioden, als niemand schrieb.
4. Überprüfe scheinbare Beweise! Gehe mit solchen Informationen misstrauisch um, die von Leuten

stammen, die lange nach der Zeit, um die es geht, gelebt haben oder nicht an Ort und Stelle gewesen waren!
5. Halte dich an die Originaltexte; verlass dich nicht auf Textinterpretationen anderer Wissenschaftler!
6. Ziehe alles Beweismaterial heran, das es gibt! Ein Argument, das sich bloß auf eine Anspielung bei Plato oder Homer stützt, ist schwach; es wird stärker, wenn es durch Beobachtungen aus der Archäologie, der Geologie oder der gegenwärtigen Landschaft erhärtet wird.
7. Habe keine Scheu davor, zuzugeben, dass du etwas nicht weißt! Pseudo-Geschichte kommt von Wissenschaftlern, die sich an Strohhalme klammern.

Oliver Rackham und Jennifer Moody: The Making of the Cretan Landscape, Manchester 1996, S. 10. [Übersetzung Radkau]

a) Man kann Umweltgeschichte mit sehr unterschiedlichem geographischen und zeitlichen Horizont schreiben. Vergleichen Sie die beiden Texte unter diesem Aspekt und diskutieren Sie die Vor- und Nachteile des einen und des anderen Zugangs zur Umweltgeschichte.
b) Beschreiben Sie die Grundmuster von anthropogenen Umweltkatastrophen, die dem ersten Text zugrunde liegen.
c) Erläutern Sie Rackhams Begriff „Pseudo-Geschichte" und setzen Sie sich mit den Gefahren auseinander, die sich aus seiner Sicht der Dinge für die historische Umweltforschung ergeben können.

1. Welche Natur ist schützenswert?

„Natur" – was ist das?

Natur ist kein eindeutiger Begriff. Daher steht es bei dem „Naturschutz" nicht von vornherein fest, was geschützt werden soll. Für viele Naturschützer ist die vollkommene Natur die „wilde", von menschlichen Eingriffen ungestörte Tier- und Pflanzenwelt. Für Ökologen ebenso wie für Naturromantiker ist es faszinierend, die Eigendynamik der ganz sich selbst überlassenen Natur zu beobachten. Aber es gibt auch andere Naturvorstellungen. Viele Menschen empfinden den Garten mehr noch als die Wildnis als schöne Natur, da der eine Vielfalt von Pflanzen enthält, die von selber auf diesem engen Raum nicht wachsen würden. Darüber hinaus kann man auch den Menschen selbst als Teil der Natur begreifen, von einer „Natur im Menschen" sprechen und jene Natur als Ziel setzen, in der der Mensch ein „natürliches", „naturnahes" Leben führen kann.

Was ist „Wildnis"?

In Mitteleuropa gibt es, genau besehen, schon seit langer Zeit kaum noch wirklich „wilde" Natur. Vermeintliche „Urwälder" sind in der Regel alte Hudewälder, in denen viele Bäume durch Viehverbiss eine bizarre Form bekommen haben. Damit wird jedoch das Leitbild „Wildnis" nicht unbedingt absurd. Selbst in solchen Gegenden, die über viele Jahrhunderte vom Menschen genutzt werden, entstehen, sobald die Nutzung aufhört, oft erstaunlich rasch „wilde" Landschaften mit ungewöhnlichem Artenreichtum. Auch damit hat man gerade in neuester Zeit überraschende Erfahrungen gemacht; so beispielsweise auf dem Grenzstreifen der früheren DDR, den viele Naturschützer heute als „grünes Band" unter Schutz stellen möchten.
Seit dem späten 19. Jahrhundert, als in den USA die ersten Nationalparks eingerichtet wurden, gab es um neu zu schaffende Naturschutzgebiete stets typische Kontroversen, die sich auf der ganzen Welt wiederholten. Zum einen ging es regelmäßig darum, wieweit bestehende wirtschaftliche Nutzungen in den geschützten Gebieten unterbunden werden sollten, zum anderen um die Frage, wieweit diese Gebiete den Touristen geöffnet werden könnten, ohne das Naturschutzziel in sein Gegenteil zu verkehren. Aber noch eine weitere Frage hat die Naturschüt-

4 Parkartige Weidelandschaft nördlich des Vierwaldstättersees um 1800, nach einer Radierung von Peter Birmann. Anders als im modernen Mitteleuropa besteht zwischen Wald und offenem Feld noch keine scharfe Grenze. Das Weidevieh lässt Jungwuchs nur im Schutz von Steinblöcken oder Feuchtgebieten hochkommen.

zer immer wieder gespalten: Soll man in den Schutzgebieten traditionelle Kulturlandschaften erhalten oder keinerlei Eingriffe vornehmen? Das letzte Prinzip, „Wildnis pur“, hat beispielsweise zur Folge, dass alte Weidelandschaften mit hohem Artenreichtum, die viele als das Ideal „schöner“ Natur empfinden, von Wald und Gestrüpp überwuchert werden. Nur fortgesetzte Beweidung – die im heutigen Mitteleuropa in der Regel subventioniert werden muss – kann diesen Prozess verhindern.

5 Eine vom mitteldeutschen Braunkohlenbergbau hinterlassene Tagebau-Landschaft. Die riesige Braunkohlegrube ist zum See geworden.
Erörtern Sie die Aussage einer Broschüre des Bundesamtes für Naturschutz, solche „vermeintlich wertlos erachteten Brachen“ seien „besonders wertvolle Räume, denn sie spiegeln die uns unbekannten oder in Vergessenheit geratenen Seiten unserer eigenen Kultur. [...] Sie fordern uns heraus zu Experimenten, setzen unsere Phantasie wieder in Gang“.

Naturschutz als Prozessschutz

Aber warum soll man ihn überhaupt verhindern? Viele Naturschützer sind heute zu der Auffassung gelangt, modern verstandener Naturschutz sei *Prozessschutz*. Die sich selbst überlassene Natur sei in steter Veränderung und daher sei es unnatürlich, ein bestimmtes Bild von „schöner“ Natur festhalten zu wollen. Stattdessen müsse man den ewigen Prozess des Werdens und Vergehens in der Natur akzeptieren, auch wenn man nicht alle Stadien „schön“ findet. Zusätzlich wird manchmal argumentiert, es sei ein Widersinn, unter dem Etikett „Naturschutz“ die Erhaltung alter Weidelandschaften zu betreiben; denn die Weide habe auf lange Sicht die Vegetation und den Boden zerstört. War das wirklich so? Auch das ist eine Frage an die Geschichte!

Naturschutz als Kulturschutz

Ob die Geschichte Natur-Leitbilder zu geben vermag, ist bis heute umstritten. Manche meinen, Naturideale seien letztlich eine Frage des Geschmacks und dies werde durch wissenschaftliche Argumente lediglich verhüllt. Eine Gegenposition besagt, dass es gar nicht auf Schutz der Natur ankomme, sondern darauf, die menschliche Kultur davor zu schützen, dass sie sich durch Zerstörung ihrer Umwelt selbst vernichte: „Naturschutz ist Kulturschutz". Das führt zu der Frage, welche Natur zu einer Kultur notwendig gehört.

Natur: Die Geschichte dieses Begriffs reicht bis in die Antike zurück (lat. natura, griech. physis). Bei aller Vieldeutigkeit lassen sich von Anfang bis heute zwei Bedeutungskerne erkennen: (1) Natur als die anorganische und organische Welt des Lebens, des Wachsens: also als die Gesamtheit der Elemente und Stoffe der Pflanzen und Tiere mitsamt der animalischen Seite des Menschen; (2) Natur als das Wesen aller Phänomene. „Natur" begegnet daher sowohl als physischer wie auch als metaphysischer Begriff. Im einen Fall meint er die jeglichem menschlichen Bewusstsein vorausgehende Vielfalt der Welt, im anderen eine durch den menschlichen Geist zu erschließende Norm. Der scheinbare Widerspruch löst sich, wenn man davon ausgeht, dass die organische Welt Gesetze enthält, die der Mensch wiederentdecken muss, um „naturgemäß" zu leben und mit sich selbst und seiner Umwelt im Einklang zu sein. Oft dachte man sich die Natur alles beherrschend: Dann brauchte sie keinen menschlichen Schutz. Die „Naturgesetze", an denen der Mensch nicht rütteln kann, umfassen auch die nichtorganische Welt. Vor allem in neuerer Zeit dachte man jedoch bei „Natur" besonders an die überkommene Vielfalt der Pflanzen- und Tierwelt: Diese erkannte man seit dem 19. Jahrhundert als zunehmend bedroht. Vor diesem Hintergrund war die Forderung nach *Naturschutz* möglich.

Umwelt: Der Begriff wird heute oft gleichbedeutend mit „Natur" gebraucht. Von seinem ursprünglichen Sinn her ist er jedoch ein vorwiegend anthropozentrischer Begriff, der das für bestimmte Menschen und Menschengruppen – oder auch für andere Lebewesen – wichtige natürliche und soziale Umfeld meint. Von daher gibt es eigentlich nicht *die* Umwelt, sondern so viele Umwelten, wie es Lebewesen gibt. So hatte der Biologe Jakob von Uexküll (1864–1944) diesen Begriff verstanden, den er in die Ökologie einführte. Je mehr sich die Ökologie jedoch objektiven Zusammenhängen innerhalb der Natur widmete, desto weniger konnte sie einen derart subjektiven Umweltbegriff brauchen. Heute ist mit „Umwelt" häufig die natürliche Umwelt der gesamten Menschheit gemeint: also die ganze Erde, mit besonderem Schwerpunkt auf den durch den Menschen ausgelösten Wirkungsketten. Man spricht von „Umweltpolitik", nicht von „Öko-Politik"; denn erst dadurch, dass ökologische Wirkungszusammenhänge den Menschen vor Probleme stellen, werden sie politikfähig.

6 Die Heide: Ideale oder zerstörte Natur?

a) Das erste große deutsche Naturschutzgebiet war die Lüneburger Heide, deren Kernbereiche ab 1912 unter Schutz gestellt wurden. Am meisten hat wohl der Heidedichter Hermann Löns (1866–1914) dazu beigetragen, dass die Heide in der Vorstellung vieler Deutscher zum Ideal der Naturlandschaft wurde:

Wenn am tauklaren Maimorgen die Birkhähne trommeln und blasen, schmückt sie sich mit den silbernen Seidenblumen des Wollgrases. […] Das ist die Zeit, in der die ganze Heide singt und klingt; sonntags Abend ziehen dann die jungen Mädchen, in breiter Reihe untergehakt, über die Dorfstraße und singen alte, schalkhafte Lieder von dem Jäger und dem Mädchen in dem Wald.

Ist aber das Heidekraut längst abgeblüht, ist das Silbergrau der trockenen Kelche zu fahlem Graugelb verwittert, dann ist die Heide vergessen, dann ist sie einsam und still; nur wenige Leute wissen, dass dann die Zeit kommt, in der sie ihr allerschönstes Kleid aus der Lade holt. [...] Dichte, lang wallende Nebelschleier verhüllen morgens ihres Prunkgewandes Pracht; langsam, als schäme sie sich der eigenen Herrlichkeit, legt sie einen Schleier nach dem anderen ab, enthüllt erst ihres Braunhaares Korallenschmuck, ihres Halses Diamantengeglitzer, ihrer Schultern Silberspitzentuch, ihres Gürtels Goldgefunkel, ihres Kleides grünbraunen, scharlachdurchzogenen Faltenfall.

Hermann Löns: Mein braunes Buch. Heidbilder, Hannover 1912, S. 81f.

b) Ein heutiger Naturschützer, der das Leitbild „Urwald" vertritt, protestiert dagegen, in der Senne, einer Heidelandschaft südlich des Teutoburger Waldes, durch Beweidung alte Heidegebiete zu erhalten oder wiederherzustellen, anstatt die Natur ganz sich selbst und das heißt: der Wiederbewaldung zu überlassen.

Sämtliche Nutzungen [...] brachten eine fortschreitende Bodendegradation mit sich, waren also zerstörerische Nutzungen. Dadurch wurden in der Regel auch die Gewässer beeinträchtigt, sei es durch erhöhte Abflüsse [...] oder Versauerung. Aber auch das Klima muss durch die Waldzerstörung beeinträchtigt worden sein: Die verringerte Verdunstung muss geringere Niederschläge [...] zur Folge gehabt haben. [...] Die Ökosystementwicklung verläuft in Richtung Wüste, sie endet bei Fortsetzung der Nutzungen vielleicht in einer Säuresteppe. [...]
Das Beispiel der Heidewirtschaft macht deutlich, dass eine extensive Bewirtschaftung nicht zwangsläufig auch zugleich eine nachhaltige Wirtschaftsweise ist. Die Produktionskraft des Bodens nahm immer mehr ab. [...] Heidenutzung war Raubbau in der Natur, und das nicht erst in der intensivsten Phase, wie heute oft angenommen wird.

Andreas Wulf: Urwald Senne. Neue Wege im Naturschutz, Paderborn 1993, S. 50f.

c) Ein Biologe beschreibt die Wirkungen der Schafweide:

Wohlschmeckende Gräser sowie sonstige Kräuter und Gehölze werden durch den gezielten Verbiss zurückgedrängt oder verschwinden sogar völlig. So kann bei intensiver Schafbeweidung eine artenreiche Goldhaferwiese innerhalb von etwa zehn Jahren zu einem artenarmen Borstgrasrasen werden. [...] Solange eine intensivere Beweidung nur in mehrjährigem Abstand erfolgt, hat das bei [Orchideen] keinen negativen Einfluss auf den Bestand. So wurden auf einer Fläche in der Eifel die etwa 50 blühenden stattlichen Knabenkraut-Pflanzen innerhalb von 10 Minuten von Schafen abgefressen. Ein Jahr später blühten auf derselben Fläche 450 Knabenkräuter.

Martin Woike: Biotope pflegen mit Schafen. Bonn 1997, S. 10f.

a) Vergleichen Sie die Blickwinkel, unter denen die Autoren der Texte 6a und b die Heide betrachten und bewerten.
b) Moderne Umwelt-Ethiker unterscheiden zwischen einer egoistischen und einer selbstlosen Naturliebe. Diskutieren Sie, ob und wie sich in dieser Hinsicht beide Texte zuordnen lassen und ob eine solche Unterscheidung möglich ist.
c) Wie lässt sich die Einrichtung von Naturschutzgebieten in Heidelandschaften gegenüber Interessenten, die diese Gebiete wirtschaftlich nutzen wollen, begründen? Setzen Sie sich auch mit Gegenargumenten auseinander.

7 Leitbilder: Wildnis kontra Kulturlandschaft

a) Ein engagierter Verfechter des Leitbildes „Wildnis" ist Hubert Weinzierl, seit Jahrzehnten der Vorsitzende des Bundes Naturschutz in Bayern, der – 1913 gegründet – eine der ältesten deutschen Naturschutz-Vereinigungen ist. Er stellt Naturschutz gegen Umweltschutz:

Umweltschutz passt zum technokratischen, mechanistischen Machbarkeitsdenken, er ist berechenbar in Zeit, Geld und Grenzwerten. Luftreinhaltung und Gewässersanierung leuchten jedem ein und sind angesichts des hohen Umweltbewusstseins politikfähig geworden. Die Libellen in den Flussauen [...] sind es nicht. [...]
Was ist das für eine Kultur, welche ihre Basis, die Landschaften und die Flusstäler verhunzt und die Wälder dahinsiechen lässt und in ihrer Gier darüber streitet, ob sie sich als reichste Gesellschaft aller Zeiten ein paar Tiere und Pflanzen leisten kann, welche die Hungersnöte härterer Tage überdauert haben. [...]

Es sollte zu einer Wiedervereinigung von uns Menschen mit der Schöpfung kommen. Weil wir *eine* Erde, ein gemeinsames Lebendiges in dieser Kälte des Alls sind, trifft die Erkrankung unserer Mutter jede Zelle des Seins gleichzeitig. Mit jeder Tier- und Pflanzenart stirbt ein Stück von uns selbst dahin. Das Verbindende aber ist unsere Vision von der Wildnis und von der Lust am Lebendigen. Begreifen wir diesen spirituellen, mystischen Aufbruch als einen Befreiungsschlag für unsere Seele. [...] Dabei sollte auch die so genannte „Wildnis" wieder an Bedeutung gewinnen; denn ist es nicht schrecklich, in einem Lande zu leben, in dem jeder Quadratmeter verplant und entzaubert ist? Brauchen wir nicht Schutzgebiete für Märchen und Träume, für Geheimnisse und für unsere Seelen? Wälder, die das Vorhandensein eines Luchses heiligt, die Nagespäne der Biber an den Flussufern oder der süße Duft des wilden Geißblatts – ich halte sie für unsere Zukunft heilsamer als Transrapidtrassen oder Autobahnen. Überfällig ist also eine neue Wertediskussion. Denn Naturschutz ist letztlich eine Frage der Liebe.

Hubert Weinzierl: Leitbild Wildnis, in: Bayerische Akademie für Naturschutz und Landschaftspflege (Hrsg.): Schön wild sollte es sein... Wertschätzung und ökonomische Bedeutung von Wildnis, Laufen 1999, S. 57, 59, 64.

b) Der Historiker Rainer Beck, der die Wirtschafts- und Lebensverhältnisse des bayerischen Dorfes Unterfinning im 18. Jahrhundert bis ins kleinste Detail erforschte, schildert das Modellhafte der vormodernen Landwirtschaft:

„Poly-" also statt „Monokultur" in fast allen Bereichen! Zur Ehrenrettung der vormodernen Bauern und ihrer Wirtschaftsführung sei hinzugefügt: Ginge man der Verzahnung und Vernetzung von Viehzucht, Ackerbau, aber auch Waldwirtschaft nach, so würde man ein frappierend ausgeklügeltes ökologisches System feststellen, dessen Funktionstüchtigkeit auf der Logik endloser Feinabstimmung durch Diversifikation und Mehrfachnutzung beruhte, auf der vollständigen Ausschöpfung sämtlicher sich im Rahmen eines extensiven Systems bietenden Nutzungs- und Verwertungsmöglichkeiten: Weil sich Kühe nicht für alle Weiden und alles Futter eignen, hält man größere Mengen Schafe, die zugleich den Vorteil der Wollnutzung bieten. Schweine verwerten die Waldfrüchte oder die Mahlabfälle der Kornmühle, eignen sich aber auch zum Durchpflügen der Brachfelder. Nichts wird weggeworfen in dieser Welt: selbst Kleie, Gemüseabfälle, ja noch das Spülwasser eignen sich, um daraus dem Vieh ein nahrhaftes Futter aufzubrühen. Und diese fast restlose Verwertung kennzeichnete das gesamte dörfliche Wirtschaften. [...] Und doch: Die Erträge, die [die Bauern] erwirtschafteten, und der Lebensstandard, den sie erreichten, waren – aus heutiger Sicht – erbärmlich.

Rainer Beck: Die Abschaffung der „Wildnis", in: Werner Konold (Hrsg.): Naturlandschaft – Kulturlandschaft. Die Veränderung der Landschaften nach der Nutzbarmachung durch den Menschen, Landsberg 1996, S. 43.

a) Erläutern Sie Weinzierls Vorwürfe gegen den Umweltschutz und diskutieren Sie, ob es Sinn hat, Natur- und Umweltschutz scharf voneinander zu unterscheiden.

b) Erläutern Sie das Verhältnis von Natur und Kultur in beiden Texten und überlegen Sie, ob sich daraus Fragen an die Geschichte ergeben.

8 Die Hecken: Schützenswerte Natur? Das historische Hin und Her um die Hecken

a) Im späten 18. Jahrhundert, als die Anlage von Hecken vielfach als Vorkehrung gegen drohenden Holzmangel empfohlen wurde und England einen regelrechten Hecken-Boom erlebte, war Johann Friedrich Mayer, ein württembergischer Pfarrer und Agrarreformer, anderer Meinung:

Hecken, Büsche, Waldungen, Dornen auf den Feldern sind allesamt dem Feldbau in vielen Aussichten sehr schädlich. Auf dem Platze, den sie einnehmen, könnte man Getreide oder Gras bauen. Unter und in ihnen sammeln sich alle schädlichen Insekten: Raupen, Schnecken, Mäuse, Maulwürfe, Hasen und dergleichen. In ihnen nisten die Vögel, und die Sperlinge finden da ihre Freistätte gegen den Geier, sammeln sich da beständig in Menge und tun von da aus die schädlichsten Ausfälle auf das Getreide. [...] Der Schatten ist dem Getreide allemal in seinem besseren Wachstum hinderlich, und den Schatten geben Hecken, Waldungen und Büsche.

Johann Friedrich Mayer: Lehrbuch für die Land- und Hauswirte, urspr. 1773, Neudruck Schwäbisch Hall 1980, S. 91f.

b) Auch in der NS-Zeit waren die Hecken umstritten. Der Reichsbund für Vogelschutz gewann bei seinem Kampf für die Erhaltung der Hecken schließlich die Unterstützung Hitlers und verbreitete eine Broschüre mit dem Titel „Der Führer hält seine schützende Hand über unsere Hecken", die folgendermaßen beginnt:

Als unsere Feinde das deutsche Volk mehr und mehr von der Welt abschnürten und den Austausch der Güter der Welt mit allen Mitteln störten, da beschloss der Führer die „Ernährung aus eigener Scholle". [...] Damals sprach der Führer das Wort aus, es dürfe kein Quadratmeter deutschen Bodens unbebaut bleiben. Dieses Wort ist reichlich missverstanden worden. Übereifrige gingen her und schlugen [...] alle Hecken im Feld und alle Gehölze an den Bächen weg. Sie sprachen sogar von „Entrümpelung" der Landschaft, und in der Tagespresse wurde immer wieder aufgefordert, die Raine kahl zu schlagen und die schädlichen, Schatten werfenden und Boden fressenden Hecken und Feldgehölze umzuhauen, zu roden und so fruchtbares Ackerland zu gewinnen. Selbstverständlich hat der Führer nur den kulturwürdigen Boden im Auge gehabt. Jedenfalls sollte nichts geschehen, womit sich der Bauer ins eigene Fleisch schneidet. Nachdem der Führer die entsetzliche Öde der hecken- und baumlosen Ostgaue selbst erlebt hatte, beauftragte er den Reichsbauernführer, die folgende Anordnung zu erlassen:

„Es ist des Führers besonderer Wunsch, dass dem Vogelschutz auf dem Lande durch Anpflanzung bzw. Erhaltung natürlicher Hecken und Sträucher weitestgehende Beachtung geschenkt wird. [...]"

Dieser Erlass ist für den Reichsbund für Vogelschutz eine besondere Genugtuung, hat er doch seit seinem Bestehen gegen das Roden, sinnlose Kahlschlagen und Abbrennen der Hecken gekämpft, wenn auch vorwiegend um der Hecken- und Bodenbrüter willen. [...] Die Hecke ist ja keine feindselige Wildnis, kein „Unkraut", sondern ein Stück Landschaft, ein Rest Natur, ein Freund und Helfer des Bauern und ein Stück Poesie in der Heimat. Sie ist die grüne Burg der Vögel.

Hans Schwenkel: Der Führer hält seine schützende Hand über unsere Hecken, Stuttgart 1942, S. 2f.

c) In neuerer Zeit wurden die Hecken erneut zu einem Streitobjekt zwischen Landwirtschaft und Naturschutz:

Das teilweise ungünstige Image insbesondere alter [...] Hecken bei vielen Landwirten vertiefte sich in den 1950er- bis 1970er-Jahren, wo die Flurbereinigung vorrangig als probates Mittel zur Verbesserung der Agrarstruktur „rückständiger" ländlicher Gemeinden, die oft mit Heckenreichtum in Verbindung gebracht wurden, galt. Bis heute herrscht bei Landwirten vielfach erhebliches Misstrauen gegenüber „naturschutzfreundlichen" Flurneuordnungsverfahren und anderen Biotopneuschaffungsmaßnahmen. [...] Der Rück- und Abgang der ursprünglichen, vom Einzelnen direkt erlebten Heckenfunktionen, wie Eigentumsmarkierung, Zaunfunktion, Holzgewinnung, verschlechterte grundsätzlich das Erhaltungs- und Pflegeinteresse aus der Sicht der Landwirte. Die heute zentralen Funktionen Ressourcenschutz, Arten- und Biotopschutz, Schutz traditioneller Kulturlandschaft sprechen eher die Allgemeinheit als die Einzellandwirte an, denen Erosionsverminderung oder integrierte Pflanzenschutzwirkungen viel weniger auffallen als offenkundige Behinderungen bei der Bewirtschaftung.

Bayerisches Staatsministerium für Landesentwicklung und Umweltfragen (Hrsg.) Landschaftspflegekonzept Bayern Bd. 12: Hecken und Feldgehölze, Laufen 1997, S. 278.

a) Stellen Sie Pro- und Kontra-Argumente zum Problem „Hecken unter Naturschutz" zusammen. Klären Sie dabei Ihr eigenes Verständnis von Naturschutz.

b) Diskutieren Sie, inwieweit die Geschichte zum Verständnis gegenwärtiger Konflikte zwischen Landwirtschaft und Naturschutz beiträgt. Erörtern Sie Lösungsmöglichkeiten für den Konflikt zwischen Ökonomie und Ökologie im Falle der Hecken.

c) Wie sich die NS-Zeit unter umwelthistorischen Aspekten darstellt, ist noch umstritten. Überlegen Sie am Beispiel der Hecken, welche Probleme der Beurteilung es da gibt und auf welche Weise man weiterkommen könnte.

2. Nachhaltigkeit gegen Naturschutz?

Natur- oder Umweltschutz?

Natur- und Umweltschutz erscheinen in der Öffentlichkeit oftmals als *ein* zusammenhängender Bereich; aber es sind, von der Nähe besehen, vielfach zwei Sektoren mit teilweise unterschiedlichen Traditionen und Philosophien. Das Hauptinteresse der Umweltschützer richtet sich darauf, zur Rettung der Erdatmosphäre und der Wasservorräte der Erde die Emissionen in Luft und Wasser zu senken. Das bedeutet konkret, die fossilen Energieträger (Kohle, Öl, Erdgas) und die Kernenergie durch erneuerbare (regenerative) Energien zu ersetzen und die Stoffumwandlungsprozesse der Wirtschaft soweit wie möglich in geschlossene Kreisläufe zu verwandeln, die keine Abgase und andere Abfallstoffe erzeugen. Ein typischer Streitpunkt zwischen Natur- und Umweltschutz sind Wasser- und Windkraftanlagen, die zwar regenerative Energien nutzen, aber mit Eingriffen in die Landschaft verbunden sind. Hier zu Kompromissen zu gelangen, hat sich zu einer Hauptaufgabe der Umweltpolitik entwickelt.
Auch da kann man auf historische Erfahrungen zurückgreifen. So wurden Stauseen, die zunächst als scharfer Eingriff in die Natur wirkten, eine Generation darauf als Bestandteil der Landschaft wahrgenommen. In solchen Weltregionen jedoch, wo die Wasserläufe viel Schlamm mit sich führen und die Verdunstung hoch ist, bestehen gegen Stauseen nicht nur ökologische, sondern auch ökonomische Bedenken.

Nachhaltigkeit: ein neues und altes Konzept

Der Leitbegriff des Umweltschutzes auf der ganzen Welt ist spätestens seit der UN-Konferenz für Umwelt und Entwicklung 1992 in Rio de Janeiro *sustainability*, zu deutsch *Nachhaltigkeit*. Das Konzept geht auf den Schlussbericht der so genannten Brundtland-Kommission der UNO von 1987 („Our Common Future") zurück. Als „nachhaltig" definiert dieser Bericht eine „Entwicklung, die die Bedürfnisse der Gegenwart befriedigt, ohne zu riskieren, dass künftige Generationen ihre eigenen Bedürfnisse nicht mehr befriedigen können". Eine Schwierigkeit besteht darin, dass wir die Bedürfnisse künftiger Generationen nicht kennen!
In Deutschland reicht das Konzept der Nachhaltigkeit bis in die Forstwirtschaft der frühen Neuzeit zurück. Heute wird oft geklagt, „Nachhaltigkeit" sei eine beliebig verwendbare Leerformel. Die deutsche Forstgeschichte gibt jedoch Aufschlüsse über die Leistungsfähigkeit dieses Konzeptes, aber auch über dessen Mehrdeutigkeit und die Konflikte, die entstehen, sobald man

9 Überreste einer Wallhecke bei Osnabrück mit alten Buchen, die „geschneitelt" wurden, von denen die Bauern also immer wieder belaubte Äste als Viehfutter abschnitten und dadurch diese „knubbeligen" und bizarren Formen entstehen ließen. Das Schneiteln von Bäumen war auf der ganzen Welt verbreitet und ist es in der Dritten Welt noch heute.
Diskutieren Sie, ob und wie man den Schutz solcher Landschaftselemente begründen könnte.

10 Aus einem Lehrbuch zur Haus- und Landwirtschaft von 1722. Das Bild zeigt die Anlage von Gräben zur Wiesenbewässerung; rechts im Hintergrund Schopfräder. Die künstliche Wiesenbewässerung war vom 16. bis zum 19. Jahrhundert einer der großen Fortschritte der Landwirtschaft, der eine intensivere Viehhaltung ermöglichte.

„Nachhaltigkeit" in die Praxis umzusetzen versucht. „Nachhaltigkeit" diente nicht selten als Kampfbegriff der Forstverwaltungen, die auf einen dauernden hohen Holzertrag des Waldes hin arbeiteten, gegen Bauern, die ihr Vieh in den Wald trieben. (s. u. Texte 41 a–c)

Lässt sich Nachhaltigkeit mit Naturschutz vereinbaren?

Viele Naturschützer lieben den Leitbegriff „Nachhaltigkeit" nicht; er ist für sie lediglich eine Legitimation der Naturausbeutung. Aber gerade die Probleme dieses Konzeptes zeigen, dass die Ziele „Nachhaltigkeit" und „Wildnis" nicht unvereinbar sind. Eben weil wir die Wünsche und Nöte künftiger Generationen nicht kennen, wäre es kurzsichtig, die Natur ganz und gar auf unsere eigenen momentanen Bedürfnisse auszurichten. Weitsichtiger ist es, zumindest einen kleinen Teil der Natur sich selbst zu überlassen und eine hohe Artenvielfalt zu erhalten – umso mehr, als wir die Fernwirkungen unserer Eingriffe in die Natur nur unzulänglich überschauen. Daher gibt es auch neue Versuche, „Nachhaltigkeit" nicht von menschlichen Bedürfnissen, sondern von der Natur her zu definieren: als Erhaltung des Artenreichtums der Welt, der Fruchtbarkeit des Bodens, der lebensspendenden Qualität des Wassers.

nachhaltig (engl.: sustainable): vor allem seit der UN-Konferenz für Umwelt und Entwicklung in Rio de Janeiro 1992 weltweit ein Leitbegriff umweltorientierter Politik. Die heute maßgebende Definition stammt aus dem so genannten Brundtland-Bericht der UNO „Our Common Future" von 1987 und ist auf die Entwicklungspolitik bezogen: Als „nachhaltig" gilt eine „Entwicklung, die die Bedürfnisse der Gegenwart befriedigt, ohne zu riskieren, dass künftige Generationen ihre eigenen Bedürfnisse nicht mehr befriedigen können". Bei Nachhaltigkeit geht es also um die Befriedigung menschlicher Bedürfnisse, nicht um die Natur als solche; das Interesse ist zunächst ökonomischer, nicht ökologischer Art. Die Vorsorge für die – uns teilweise noch unbekannten – Bedürfnisse künftiger Generationen zwingt jedoch zur Berücksichtigung ökologischer Zusammenhänge. Der amerikanische Wirtschaftswissenschaftler Hermann E. Daly formulierte die folgenden „drei goldenen Regeln der Nachhaltigkeit": (1) Belastung der Ökosysteme nicht über die Grenzen ihrer Absorptionsfähigkeit hinaus; (2) statt Raubbau Nutzung erneuerbarer Ressourcen innerhalb ihrer Regenerationsmöglichkeiten; (3) Substitution von zu Ende gehenden Ressourcen durch erneuerbare Ressourcen.

In der **Diskussion um Nachhaltigkeit** sind drei Begriffspaare wichtig: (1) **anthropozentrisch – nichtanthropozentrisch**: den Menschen in den Mittelpunkt stellend oder eben dies bewusst vermeidend. (2) **reversibel – irreversibel**: Reversibel sind solche Eingriffe in die Natur, die sich in absehbarer Zeit wieder rückgängig machen lassen, irreversibel solche, bei denen das nicht der Fall ist. (3) **regenerativ – nichtregenerativ**: Regenerativ sind nachwachsende Ressourcen, nichtregenerativ Bodenschätze, die sich – einmal abgebaut – in historischen Zeiträumen nicht in nennenswertem Ausmaß wieder neu bilden.

11 Konflikte zwischen Natur- und Umweltschutz

a) Der Verhaltensforscher Otto Koenig (geb. 1914), ein „Naturschützer der ersten Stunde" in Österreich, der sich jedoch als Fürsprecher von Wasserkraftwerken die Gegnerschaft anderer Naturschützer zuzog, betrachtet die Entwicklung des Naturschutzes kritisch:

Der Naturschutz steht heute an der falschen Front. Er kämpft um Dinge, die er vor 50 Jahren hätte durchsetzen müssen. Damals war das Ringen um Naturlandschaften richtig und sinnvoll, wenn auch leider allzu oft vergeblich. Heute gibt es kaum noch ungestörte Landschaften; der so wichtige Biotopschutz gelingt vielfach nur noch auf dem Weg gezielter Revitalisierung, der Schaffung von „Lebensraum aus zweiter Hand". All das aber muss in Bezug zur Gesamtlage gestellt werden. Primär haben wir heute für Entgiftung der Umwelt zu sorgen. Wasserkraft statt kalorischer [Wärme-]Kraftwerke ist ein wesentlicher Schritt in diese Richtung. [...]

Echte Naturschützer müssen in dieser Wahnsinnszeit ganzheitlich denken, ganzheitlich planen, ganzheitlich handeln. Es ist angezeigt, noch entschlossener zu kämpfen, jedoch an den richtigen Fronten, wo es tatsächlich ums Überleben und nicht um ein medienwirksames Spektakel geht. [...] Noch vor 50 Jahren konnten Emotionen den Naturschutz tragen, heute jedoch muss eiskalt strategisch gearbeitet werden, weil die Zeit allzusehr drängt. [...] Mit dem Techniker als Partner lässt sich mehr an Landschaft und Tierbeständen retten, als wenn man ihn zum Feindbild umstilisiert.

Otto Koenig: Naturschutz an der Wende, Wien 1990, S. 34, 35, 61.

b) Der Wissenschaftsjournalist Max Amberg bemerkt in der Öffentlichkeit ein verlogenes Verwirrspiel mit den Begriffen „Natur-" und „Umweltschutz":

[Der Zustand vieler] Naturschutzgebiete spricht den gesetzlichen Bestimmungen Hohn. In Naturschutzgebieten wird alles getan, um nachhaltige Zerstörungen, Beschädigungen oder Veränderungen zu verursachen.

Zu den größten Lügen unseres Naturschutzes gehört die Aushöhlung des Begriffes Naturschutzgebiet. Nur ganz ausnahmsweise wird in solchen Gebieten Natur tatsächlich geschützt. Diese Ausnahmen sind meist nur durch private Überwachungen garantiert (z. B. in Seevogelschutzgebieten). [...] [Aus einer Studie:] „In fast jedem zweiten Naturschutzgebiet finden Freizeitaktivitäten und Erholung statt und in fast jedem sechsten führen Trittbelastung, Boden- und Wasserverschmutzung, Unruhe oder Pflanzenentnahme zu nachhaltiger Störung." [...]

Auch der Begriff Umweltschutz wird übrigens nicht selten missbraucht, so z. B. für die Abwehr von Entwicklungen, die das eigene Schicksal betreffen. Bürgerinitiativen verwenden das Wort Umweltschutz für Ziele, für die sie sich persönlich engagieren, weil sie das Schicksal ihrer Mitglieder bedroht sehen.

Max Amberg: Naturschutz – die große Lüge, Greven 1980, S. 117f., 114.

a) Beide Autoren polemisieren gegen einen missbräuchlichen Umgang mit dem Etikett „Naturschutz". Von welchen Voraussetzungen gehen sie dabei aus?

b) Muss man Umweltschutz von Naturschutz scharf unterscheiden (vgl. dazu auch Text 7a)? Überlegen Sie, ob und wie sich beides miteinander vereinbaren lässt.

c) Erkunden Sie Naturschutzgebiete in Ihrer eigenen Umgebung und suchen Sie dort zu ermitteln, was „Naturschutz" in der Praxis bedeutet!

12 Liefert das Kriterium „Nachhaltigkeit" klare Fragen an die Geschichte?

a) Donald Worster, ein führender amerikanischer Umwelthistoriker, kommentiert den Begriff der „nachhaltigen Entwicklung", der das Thema der UN-Konferenz in Rio 1992 war:

Wer führt nun wen in der viel beschworenen Partnerschaft zwischen den Befürwortern der Entwicklung und den Vertretern der ökonomischen Nachhaltigkeit? […] Ich fürchte, dass in dieser Partnerschaft die „Entwicklung" die meisten Entscheidungen fällt und das „Nachhaltige" hinterhertrotten wird, milde und leutselig lächelnd, aber unfähig, sich der Führerschaft zu versichern, und ein wenig weinerlich gleichzeitig, weil es so schnell geht. […] Da es keine klare Vorstellung davon gibt, was gesunde Natur eigentlich bedeutet, und man auch nicht weiß, wie sich Gefährdungen der kollektiven biologischen Gesamtheit überhaupt auf uns auswirken, werden wir uns schließlich mit von Nützlichkeit geprägten […] Definitionen der Nachhaltigkeit begnügen müssen. Wie mir scheint, befindet sich die Diskussion bereits an diesem Punkt. Nachhaltigkeit ist insgesamt eben ein ökonomisches Konzept, in dem die Ökonomen ein klares Bild abgeben und die Ökologen ein verwirrtes.

Donald Worster: Auf schwankendem Boden. Zum Begriffswirrwarr um „nachhaltige Entwicklung", in: Wolfgang Sachs (Hrsg.): Der Planet als Patient. Über die Widersprüche globaler Umweltpolitik, Berlin 1994, S. 108f.

b) Verschiedene Sichtweisen des *Guano* im 19. Jahrhundert: jenes im Laufe vieler Jahrhunderte an südamerikanischen Küsten aus verwittertem Vogelkot entstandenen Düngemittels, das bis zur Erfindung des synthetischen Stickstoffdüngers im Ersten Weltkrieg für weite Teile der europäischen Landwirtschaft unentbehrlich wurde. Der Chemiker Justus von Liebig schrieb über die an Düngermangel leidenden Bauern:

In dem Guano sandte ihnen ein gütiges Geschick einen Rettungsanker in ihrer Not […], und in ihrer unglücklichen Hand wird diese Hilfe zu einem Mittel, um in dem Verlauf der Zeit die Verarmung noch vollständiger zu machen. Aber auch diese Hilfe wird versiegen und was dann?

Justus von Liebig: Chemische Briefe, Leipzig 1865, S. 492.

1854 verfasste der populäre Dichter Joseph Victor von Scheffel sein „Guanolied", das nach der Melodie von „Ich weiß nicht, was soll es bedeuten" zu singen war. Es beginnt mit den folgenden Versen:

Ich weiß eine friedliche Stelle / im schweigenden Ozean, / kristallhell schäumet die Welle / zum Felsengestade hinan.
Im Hafen erblickst du kein Segel, / keines Menschen Fußtritt am Strand, / viel tausend reinliche Vögel / hüten das einsame Land.
Sie sitzen in frommer Beschauung, / kein einzger versäumt seine Pflicht, / gesegnet ist ihre Verdauung / und flüssig als wie ein Gedicht. […]
Sie sehen im rosigsten Lichte / die Zukunft und sprechen in Ruh: / Wir bauen im Lauf der Geschichte / noch den ganzen Ozean zu.

Allgemeines Deutsches Kommersbuch, 81.–85. Aufl., Lahr o. J., S. 629.

a) Erläutern Sie Worsters Vorstellungen von „Nachhaltigkeit". Diskutieren Sie, ob seine Auffassungen auch mit ökologischen Leitvorstellungen vereinbar sind.

b) Überlegen Sie auf der Grundlage der Guano-Texte, ob der Gedanke an Nachhaltigkeit – auch außerhalb der Forstwirtschaft – schon die Menschen früherer Zeiten bewegte und ob sich – damals wie heute – klar bestimmen lässt, was Nachhaltigkeit ist.

3. Neue Gesetze oder neue Moral – oder Rückgriff auf die Religion?

Eine Grundfrage des Umweltschutzes, ob in Deutschland oder anderswo, gilt seit langem den Methoden, Instrumentarien und Handlungsebenen: Kommt es vorrangig darauf an, Gesetze und Verordnungen zu erlassen? Oder ist es wichtiger, durch Erziehung und Öffentlichkeitsarbeit ein neues Bewusstsein, eine umweltverträgliche Moral zu schaffen? Kann man sich dabei auf christliche Traditionen stützen – oder gerade nicht?

Auch bei diesen Fragen lässt sich mit historischen Erfahrungen argumentieren. Alarmzustände der öffentlichen Meinung gegenüber bestimmten Gefahren für die Umwelt waren oft kurzlebig; auf diese Art von Umweltbewusstsein ist offenbar kein dauerhafter Verlass. Viele Erfahrungen sprechen für folgendes Argument: Nur Gesetze, die für die Dauer und für alle gelten, können etwas bewirken; denn solange es solche Gesetze nicht gibt, muss beispielsweise ein Fabrikant, der umweltfreundlich produziert und dadurch seine Kosten erhöht, befürchten, gegenüber einem skrupelloseren Konkurrenten ins Hintertreffen zu geraten.

Andererseits: Kann man nicht heutzutage gerade mit umweltfreundlichen Produkten Reklame machen? Und zeigt nicht die Erfahrung , dass Umweltgesetze solange nur auf dem Papier stehen, wie sie nicht von breiter Zustimmung getragen werden, und dass es so oder so nicht möglich ist, alle Probleme im menschlichen Umgang mit der Umwelt durch Verordnungen zu regeln? Könnte Umweltschutz durch ein Übermaß von Verordnungen ineffektiv werden?

13 Das Jagsttal vor und nach der Flurbereinigung: Luftbilder der gleichen Gegend von 1966 und 1990.
Beschreiben Sie die in der Zwischenzeit vorgenommenen Eingriffe in die Landschaft und erkunden Sie anhand von Karten und Fotos, ob sich auch in Ihrer eigenen Umgebung noch in neuester Zeit das Gesamtbild der Landschaft so stark verändert hat.

14 Umweltpolitik zwischen Ethik und Jurisprudenz

a) Der Philosoph Klaus Michael Meyer-Abich:
Die Umwelt degeneriert oder verkommt, wo die Wahrnehmung […] nicht gepflegt wird. […] Dazu gilt es den Umgang mit Tieren, Pflanzen, Landschaften und den Elementen zu üben. […] Wie kommt man dazu, sich Sterilität nicht mehr gefallen zu lassen? Am besten durch die schöpferische Freude daran, mehr Leben in die Welt zu bringen. Vielleicht begegnet einem […] einmal ein alter Freund, der erzählt: […] Bei uns im Viertel gab es einmal einen Bach, der schlängelte sich zwischen den Gärten hindurch. Ich habe alte Fotos gesehen, das sah richtig lebendig aus. Allerdings gabs ab und zu Hochwasser, weshalb das Tiefbauamt ihn wie eine Wasser- oder Abwasserleitung kanalisiert hat. Dann aber wars kein Bach mehr. Nun haben wir von einer Bürgerinitiative gehört: Die haben ihren Bach einfach wieder aus seinem Zwangsbett befreit, sodass das Wasser nicht nur ab- und vorbeifließt, sondern zwischendurch im Land verweilt und einer ganz neuen Pflanzen- und Tierwelt Raum gibt. Das machen wir nun auch. […] Mir ist so, als würde ich selber auch ein bisschen freier, wenn ich den Bach von seinem Beton befreie. […]

Am gewaltlosen Aufstand der souverän werdenden Konsumenten kann sich jeder beteiligen, und jeder kann auch anderen zureden, dies ebenfalls zu tun. Wenn jeder Tausendste damit beginnt, der zerstörerischen Wirtschaft die wirtschaftliche Akzeptanz zu entziehen, und im Lauf eines Jahres nur einen weiteren dafür gewinnt, dies ebenfalls zu tun, sind es nach einem Jahr bereits 2 Promille der Bevölkerung. Wiederholt sich die Verdoppelung im folgenden Jahr, so sind es nach zwei Jahren vier und nach drei Jahren 8 Promille […] und nach knapp zehn Jahren 100 Prozent. Spätestens dann ist auch die Bundesregierung dabei.

Klaus Michael Meyer-Abich: Aufstand für die Natur. Von der Umwelt zur Mitwelt, München 1990, S. 20f. und 35.

b) Die Umweltjuristin Gertrude Lübbe-Wolff:

Zu allen Zeiten hat es Menschen gegeben, deren moralische Leistungsfähigkeit die ihrer Mitmenschen weit […] überragte. In vielen religiösen Traditionen, zum Beispiel im Katholizismus, werden solche Menschen als Heilige verehrt. Zeigt die Existenz solcher Individuen nicht, dass die Menschheit zu Besserem als dem […] moralischen Normalmaß fähig ist? Beispielsweise gibt es ja auch Menschen, die aus ökologischer Überzeugung […] auf den Besitz eines Autos verzichten und auch sonst für den Umweltschutz überdurchschnittliche Opfer bringen. Muss man nicht darauf hoffen und alles daransetzen, dass mehr, dass alle so werden wie diese? Man sollte bei allem, was Menschen betrifft, sehr vorsichtig mit der Behauptung sein, irgendetwas sei völlig ausgeschlossen. Alle Erfahrung spricht aber dagegen, dass die moralische Leistungsfähigkeit von Individuen in beliebiger Anzahl in diesem Ausmaß steigerbar ist. Vermutlich liegt das daran, dass auch „moralische Virtuosen“ (Max Weber) eine Gratifikation [Belohnung] benötigen, um zu Virtuosen werden und Virtuosen bleiben zu können, und dass diese Gratifikation in Gestalt sozialer Achtung, Selbstachtung, Heilsgewissheit […] nur hoch genug ausfällt, wenn der Virtuose einzigartig oder doch zumindest der Kreis oder die Gruppe der Virtuosen begrenzt und abgegrenzt bleibt. […] Der moralische Virtuose kann das leisten, was er leistet, nicht *obwohl*, sondern *weil* die anderen nicht dasselbe leisten.

Gertrude Lübbe-Wolff: Recht und Moral im Umweltschutz, Baden-Baden 1999, S. 24f.

a) Stellen Sie dar, unter welchen Bedingungen der von Meyer-Abich erhoffte Lawineneffekt „funktionieren“ könnte.

b) Meyer-Abich hat die Renaturierung von Bächen, Lübbe-Wolff die Einschränkung des Autoverkehrs als Beispiel gewählt. Diskutieren Sie, inwieweit die Wahl der Beispiele unterschiedliche Folgerungen nach sich zieht.

15 Ist im Christentum ein schonender oder zerstörerischer Umgang mit der Natur angelegt?

a) Die Vertreter beider Positionen berufen sich am häufigsten auf Zitate aus dem Alten Testament, vor allem aus der Schöpfungsgeschichte und dem Bericht über die Sintflut (hier nach dem Text der Luther-Bibel):

1. Mose 1, 27–30:

Und Gott schuf den Menschen ihm zum Bilde, zum Bilde Gottes schuf er ihn; und schuf sie einen Mann und ein Weib.
Und Gott segnete sie und sprach zu ihnen: Seid fruchtbar und mehret euch, und füllet die Erde, und macht sie euch untertan, und herrschet über Fische im Meer und über Vögel unter dem Himmel und über alles Tier, das auf Erden kreucht.
Und Gott sprach: Sehet da, ich habe euch gegeben allerlei Kraut, das sich besamet, auf der ganzen Erde, und allerlei fruchtbare Bäume, die sich besamen, zu eurer Speise,
Und allem Tier auf Erden und allen Vögeln unter dem Himmel und allem Gewürm, das da lebet auf Erden, dass sie allerlei grün Kraut essen.

1. Mose 7, 1–3, aus dem Bericht über die Sintflut:

Und der Herr sprach zu Noah: Gehe in den Kasten, du und dein ganzes Haus; denn dich hab ich gerecht ersehen vor mir zu dieser Zeit.
Aus allerlei reinem Vieh nimm zu dir je sieben und sieben, das Männlein und sein Weiblein; von dem unreinen Vieh aber je ein Paar, das Männlein und sein Weiblein.
Desselben gleichen von den Vögeln je sieben und sieben, das Männlein und sein Weiblein, auf dass Same lebendig bleibe auf dem ganzen Erdboden.

1. Mose 9, 1–3; nach dem Ende der Sintflut:

Und Gott segnete Noah und seine Söhne und sprach: Seid fruchtbar und mehret euch, und erfüllet die Erde.
Eure Furcht und Schrecken sei über alle Tiere auf Erden und über alle Vögel unter dem Himmel, über alles, was auf dem Erdboden kreucht, und über alle Fische im Meer; in eure Hände seien sie gegeben.
Alles, was sich regt und lebt, das sei eure Speise; wie das grüne Kraut hab ich's euch alles gegeben.

b) Der amerikanische Mediävist und Technikhistoriker Lynn White:

Besonders in seiner westlichen Form ist das Christentum die anthropozentrischste Religion, die die

Welt je kennengelernt hat. […] In absolutem Gegensatz zum antiken Heidentum und zu den asiatischen Religionen begründete das Christentum nicht nur einen Dualismus zwischen Mensch und Natur, sondern betonte noch dazu, dass Gottes Wille geschehe, wenn der Mensch die Natur für seine eigenen Ziele ausbeute. […]

Im klassischen Altertum hatte jeder Baum, jede Quelle, jeder Bach und Berg seinen eigenen *genius loci*, seinen Schutzgeist. […] Ehe man einen Baum fällte, einen Berg durchbohrte oder einen Bach eindämmte, war es notwendig, den darüber wachenden Geist zu besänftigen. Indem das Christentum den heidnischen Naturkult zerstörte, schuf es erst die Voraussetzungen für eine rücksichtslose Ausbeutung der Natur. […]

Ich persönlich bezweifle, dass ein verheerender ökologischer Rückschlag einfach dadurch zu vermeiden ist, dass wir auf unsere Probleme noch mehr Naturwissenschaft und Technik anwenden. Die moderne Naturwissenschaft und Technik entstammt der christlichen Haltung gegenüber dem Verhältnis von Mensch und Natur, einer Haltung, die heute fast überall auf der Welt und auch von Nichtchristen vertreten wird. […] Vielleicht sollten wir uns auf den bedeutendsten Radikalen in der christlichen Geschichte nach Christus besinnen, auf Franz von Assisi. […] [Er] versuchte, den Menschen als Herrscher über die Schöpfung abzusetzen und eine Demokratie aller Geschöpfe Gottes zu errichten.

Lynn White jr.: The Historical Roots of Our Ecological Crisis, in: Science vol. 15, No. 3767 (10. 3. 1967), S. 1205f. [Übersetzung Radkau]

a) Wie verhalten sich die Bibelstellen zu den Thesen von White?
b) Vermutlich stammen die Bibelstellen von verschiedenen Autoren. Lassen sie unterschiedliche Auffassungen erkennen?
c) Diskutieren Sie, ob theologische Fragen solcher Art von praktischer Bedeutung sind. Wie könnte man das an der Geschichte überprüfen? (Vgl. auch Text 121a, Franz von Assisi.)

Zur Diskussion

Natur- und Umweltschutz – geht es um die Natur oder um den Menschen?

Neben der selbstlosen Naturliebe gibt es noch einen ganz anderen, geradezu entgegengesetzten Trend: die Einsicht, dass es beim „Naturschutz" um den Schutz der menschlichen *Kultur*, ja letztlich um das Überleben der Menschheit geht. Die Erfindung der Atomwaffen führte zu der Erkenntnis, dass die Menschheit in der Lage ist, sich durch ihre technischen Fortschritte selbst zu zerstören. Diese Erkenntnis steht am Anfang der modernen Umweltbewegung. Da geht es bei „Natur" um die Zukunft der Menschheit, um das Wohlergehen künftiger Generationen, aber auch um die eigene *Gesundheit*.
Kommt es also darauf an, sich als Teil der Natur zu empfinden, oder muss sich der Mensch als „Krone der Schöpfung" für die gesamte Natur *verantwortlich* fühlen? Bedeutet „Naturschutz", die Natur vor dem Menschen zu schützen, oder geht es darum, für den Menschen Möglichkeiten zu schaffen, die Natur zu erleben und sich mit ihr verbunden zu fühlen?

16 Umweltbewusstsein am Badesee

a) Zwei Jugendforscher möchten das Umweltbewusstsein von Jugendlichen mit dem „Badesee-Dilemma" testen. Da sollen die Jugendlichen zu folgender Situation Stellung beziehen:

In der Nähe einer Stadt gibt es einen schönen See, der gut zum Baden geeignet ist. Im Sommer kommen viele Kinder und Erwachsene aus der Stadt hierher, um zu baden, denn dieser See ist für die Menschen in der Stadt die einzige leicht erreichbare Möglichkeit, sich in der Natur zu erholen. An diesem See leben jedoch auch viele Tiere, geschützte Pflanzen und seltene Wasservögel. Vor kurzem hat man entdeckt, dass die Zahl der Wasservögel schon um mehr als die Hälfte zurückgegangen ist, weil diese den Lärm der vielen Menschen nicht ertragen können. Die einzige Möglichkeit, die Wasservögel zu retten, würde darin bestehen, dass das Baden im See völlig verboten wird. Der Bürgermeister der Stadt überlegt nun, was er tun soll.

Rainer Döbert und Thomas Gericke: Grundlagen der Verrechtlichung von Natur, in: Ernst-Joachim Lampe (Hrsg.): Zur Entwicklung von Rechtsbewusstsein, Frankfurt 1997, S. 476.

b) Auch der Psychoanalytiker Alexander Mitscherlich setzt sich mit Bade- und anderen Verboten auseinander:

Jakob von Uexküll hat einmal gesagt: „Die Umweltlehre ist eine Art nach außen verlegter Seelenkunde." Das heißt also, dass die Art und Weise, wie wir unsere Umwelt gestalten, ein Ausdruck unserer inneren Verfassung ist. [...]

Pointiert [...] kann man sagen, dass eine Stadt, die ihren Kindern keine weitläufigen Spielplätze, ihren Jugendlichen keine leicht erreichbaren Sport- und Tummelplätze, keine Bäder und Jugendzentren in der Nachbarschaft ihrer Wohnstätten verschafft, sich nicht wundern darf, wenn ihre erwachsenen Bewohner dann später nicht am politischen Leben der Gemeinde Anteil nehmen [...], wenn sie das Problem Stadt nur noch in den städtischen Betrieben, dem Gaswerk, der Müllabfuhr und den Verkehrsmitteln erleben können.

Alexander Mitscherlich: Die Unwirtlichkeit unserer Städte. Anstiftung zum Unfrieden, Frankfurt 1965, S. 50 und 93.

c) Woran könnte es liegen, wenn eine Stadt einen und nur einen zum Baden geeigneten See hat? Dazu ein landschaftshistorischer Text:

Der Mensch hat über viele Jahrhunderte hinweg für ganz spezielle Nutzungen Weiher, Kuhlen, Gruben, Tümpel angelegt und hat sie durch die Nutzung am Leben erhalten. Die große Menge an Gewässern und die große Vielfalt gibt es heute nicht einmal mehr annäherungsweise. Die meisten Kleingewässer sind zu ökonomisch nutz- und zwecklosen Objekten geworden, und man hat sie trockengelegt, aufgefüllt, im besten Fall noch verlanden lassen. Auf diese Weise sind ungezählte dieser Gewässer einfach von der Bildfläche verschwunden. [...] Dieses Kleingewässersterben setzt sich noch weiter fort. Es gab sogar noch eine Beschleunigung zwischen 1960 und 1980.

Claus-Peter Hutter (Hrsg.): Seen, Teiche und Tümpel und andere Stillgewässer, Stuttgart 1993, S. 29.

a) Verzicht auf Badespaß als vorbildliches Umweltbewusstsein? Diskutieren Sie die Standpunkte der Autoren von a) und b).

b) Erörtern Sie an Text 16c, ob der historische Rückblick einen Ausweg aus dem Dilemma weist.

c) Diskutieren Sie – und prüfen Sie sich selbst –, ob es realistisch ist, darauf zu bauen, dass sich Jugendliche, wenn sie in einem See baden dürfen, selber dafür engagieren, dass dieser See ein Stück schöne Natur bleibt.

II. Wasser, Weide, Wald: Gemeingüter als Ursprung der Umweltprobleme

Dokumente der Umweltgeschichte

Woher wissen wir etwas über die Beziehung zwischen Mensch und Umwelt in früheren Zeiten? Die schriftlichen Quellen handeln in aller Regel von den Beziehungen der Menschen untereinander, nicht von der Beziehung zwischen Mensch und Natur. Nur unter bestimmten Umständen erfahren wir etwas über Umweltprobleme: wenn es Konflikte gab, die auf dem Rechtsweg ausgetragen wurden, weil mehrere Interessenten, die bestimmte Ressourcen nutzen wollten, einander ins Gehege kamen; oder wenn eine höhere Instanz – ein Grund- oder Landesherr – die Nutzung dieser Ressource kontrollierte und darüber Dokumente anlegen ließ. Daher erfahren wir in der Regel aus den Quellen nichts darüber, wie die Bauern ihre Äcker düngten und die Fruchtbarkeit des Bodens erhielten; denn das war ihre eigene Sache, um die sich höhere Instanzen im Allgemeinen nicht kümmerten.

Die Gemeingüter Wasser, Weide und Wald

Sehr viel mehr dagegen erfahren wir aus den schriftlichen Quellen über drei Umweltbereiche, die von vielen Menschen gemeinsam genutzt wurden und oft unter landesherrliche Kontrolle gerieten: die Wasserläufe, das Weideland und den Wald. An diesen drei Bereichen kann man die Problemgeschichte der Mensch-Umwelt-Beziehung über Jahrhunderte, ja manchmal über Jahrtausende zurückverfolgen: nicht nur in Mittel- und Westeuropa, sondern auch in anderen Weltregionen. Die Bedeutung dieser Ressourcen war von Region zu Region unterschiedlich. In deutschen Territorialstaaten wurden seit dem 16. Jahrhundert *Forstordnungen* ein gängiges Mittel, mit dem Landesherren ihre wachsende Macht über ihr Territorium zur Geltung brachten. In anderen Regionen der Welt, die auf künstliche Bewässerung angewiesen waren – Ägypten, Mesopotamien (Irak), Indien, China – besteht seit Jahrtausenden ein enger Zusammenhang zwischen *Wasserbau* und Staatsmacht. Im Innern Spaniens, auf den Gebirgen des Mittelmeerraums und in den Steppen herrschte die *Weide*. Aber auch in der deutschen Vergangenheit werfen Konflikte um Wasser und Weide, ähnlich wie die Forstkonflikte, sehr häufig ein Licht auf den Umgang der Menschen mit ihrer Umwelt. Die von ganzen Dörfern gemeinsam genutzten Wald- und Weidegebiete hießen hier *Allmende* oder *Gemeinheiten*, im Englischen *commons*.

17 Pharao Ramses II. (1290–1224 v. Chr.) vor dem Ischedbaum: Relief in einem von dem Pharao selbst in Auftrag gegebenen Tempel. Die Früchte dieser Bäume, die im alten Ägypten die Ufer der Kanäle säumten, kündigten mit ihrer Reife die Nilflut an.

Die Gemeingüter als Problemfelder

Über die Gemeingüter gibt es nicht nur die meisten Quellen, sondern Umweltprobleme – eine Schädigung und Übernutzung von Ressourcen – sind auch am ehesten dort zu erwarten. Das ergibt sich schon rein logisch: Wo der Einzelne die Folgen seines Tuns ganz allein zu tragen hat und selber für die Herunterwirtschaftung von Feld und Wald mit Hunger und Holzmangel gestraft wird, kann man erwarten, dass er diese seine Umwelt in aller Regel intakt erhält, während für die Allmende, wo der Einzelne das Gemeingut auf Kosten anderer übernutzen kann, nicht das Gleiche gilt. Umweltprobleme sind im Kern auch soziale Probleme: Sie entstehen daraus, dass eine Gesellschaft sich nicht so zu organisieren vermag, dass gemeinsame Interessen wirksam gegen die Egoismen Einzelner verteidigt werden. Je größer und unübersichtlicher der Kreis der Nutzer ist, desto schwieriger wird es, die Nutzungen wirkungsvoll aufeinander abzustimmen.

Ist die Gemeinschaft klüger als der Einzelne?

Es gibt jedoch auch andere Überlegungen. Der einzelne Bauer besaß in der Vergangenheit oft nur einen geringen Handlungsspielraum. Meist stand ihm nur der Dünger zur Verfügung, der auf dem Hof anfiel; Dünger war ein knappes Gut. Er lebte vor allem im Jahresrhythmus und nicht so sehr mit Blick auf längere Zeiträume. Oft stand er unter dem Druck von Schulden und Abgaben und hatte es auch von daher schwer, eine Vorsorge auf lange Sicht zu betreiben. Demgegenüber besaßen größere Gemeinschaften mehr Handlungsmöglichkeiten und manchmal auch mehr Umweltwissen. In vielen Fällen war die Nutzung der Allmende genau geregelt, und Regelverstöße wurden verfolgt. Wenn man sich darüber stritt, wer zu viel Vieh auf die Allmende trieb oder zu viel Wasser aus dem Dorfbach auf die eigenen Wiesen leitete, war man gezwungen, sich über die nachhaltige Nutzung dieser gemeinen Güter Gedanken zu machen. Vieles von dem, was wir heute unter „Umweltbewusstsein" verstehen, entstand beim Umgang mit Wasser und Wald.

Warum waren Wasser, Weide und Wald in vielen Fällen kein Privateigentum, sondern wurden von vielen Menschen gemeinsam genutzt? Die flüssige Natur des Wassers hat es stets schwer gemacht, hier private Rechte genau gegeneinander abzugrenzen, obwohl man sich oft darum bemüht hat. Noch am leichtesten war dies bei Bächen, die auf dem Territorium eines Grundbesitzers flossen; unmöglich wurde es bei größeren Flüssen, die als

18 Shennong, der „göttliche Landmann": Diese chinesische Seidenmalerei aus dem 18. Jahrhundert stellt einen legendären chinesischen Kaiser dar, dem die „Erfindung" der Landwirtschaft und der Heilkunde zugeschrieben wurde. Sein Blätterkleid symbolisiert die von ihm entdeckten Heilpflanzen. Auch in Europa begann die Pflanzenkunde wesentlich als Lehre von den Heilpflanzen.

Verkehrsadern dienten und an denen viele Anrainer lebten. Die Weide wurde häufig von ganzen Dörfern gemeinsam betrieben, weil man dann nur *einen* Hirten zu halten brauchte und abgelegene Weidegründe von den einzelnen Bauern schwer zu beaufsichtigen waren. Zäune zu errichten, war sehr aufwendig, solange es keinen billigen Draht gab. Auch der Wald war früher für viele Bauern vor allem als „Hudewald", als Weidegebiet von Bedeutung; das war ein Grund, weshalb viele Wälder zur Allmende gehörten.

Gemeinsame Nutzung verursacht Konflikte

Die gemeinsame Nutzung führte jedoch zu zahllosen Konflikten. In wasserarmen Gebieten war und ist Wasser ein umkämpftes Gut. Wer einen Bach staut und ableitet, entzieht unteren Bachanrainern das Wasser, ohne das diese nicht leben können. Wer einen Fluss eine Strecke lang eindeicht, verursacht bei Hochwasser flussabwärts unter Umständen schlimmere Überschwemmungen. Bei der Weide ging der Streit darum, wie viel Stück Vieh der einzelne Weideberechtigte „auftreiben" durfte. Hatten die armen Leute, die sich keine Kuh leisten konnten, das Recht, Ziegen in den Wald zu treiben, obwohl diese gründlicher als Rinder und Schafe den Jungwuchs der Bäume fraßen? Um die Ziege ging es auch bei vielen Waldkonflikten auf der ganzen Welt; außerdem darum, wie viel Holz der Einzelne schlagen durfte. Oft flog der Vorwurf des „Waldfrevels" hin und her.
Bei all diesen Konflikten ging es nicht um die Natur als Eigenwert, sondern um die Interessen von Nutzungsberechtigten. Ob sich diese Konflikte auf die Umwelt letztlich vorteilhaft oder zerstörerisch auswirkten, ist eine offene Frage, die sich nicht pauschal beantworten lässt. Es gibt die These, der beste Schutz der Umwelt bestehe in klar abgegrenzten privaten Eigentumsrechten, weil die Umwelt unter diesen Bedingungen durch den Egoismus des Einzelnen geschützt wird. Die Gegenthese besagt, dass die Vielfalt der Natur durch die Interessenvielfalt einer Nutzergemeinschaft besser geschützt wird.

Wechselbeziehungen zwischen Wasser, Weide und Wald

Zwischen Wasser-, Weide- und Waldwirtschaft gibt es Wechselbeziehungen. Die Einsicht in diese Zusammenhänge hat zu dem Entstehen des modernen Umweltbewusstseins wesentlich beigetragen. In manchen Weltregionen wusste oder ahnte man schon seit Jahrhunderten, dass die Abholzung der Wälder die Wasserführung der Bäche und Flüsse unregelmäßiger macht, da die Bäume Wasser speichern, und dazu beiträgt, dass Zeiten der Dürre mit solchen der Überschwemmung abwechseln. Die Waldweide kollidierte in neuerer und neuester Zeit überall mit dem Interesse der Förster, einen dichten geradwüchsigen Hochwald heranzuziehen, der einen maximalen Holzertrag bringt. Die Anlage künstlicher Wiesen, um die Waldweide zu ersetzen, war eine Frage der Bewässerung. Viele mitteleuropäische Bauern waren seit dem 17./18. Jahrhundert vor allem wegen der Wiesenbewässerung stark in Fragen der Wassernutzung engagiert. In vielen Weltregionen ist auch der Ackerbau an künstliche Bewässerung gebunden: Das gilt besonders für die Regionen intensiven Reisanbaus in Ost-, Südost- und Südasien, die seit langem die größten Bevölkerungskonzentrationen der Welt aufweisen.

Der Umgang mit gemeinen Gütern: im Zentrum jeder Kultur

Die Geschichte des menschlichen Umgangs mit den Gemeingütern ist ein Kernstück der menschlichen Kulturgeschichte. Auf der Grundlage eines intensiven bewässerten Reisanbaus entstehen andersartige Kulturen als auf der Grundlage der Weidewirtschaft oder einer Kombination von Getreideanbau, Viehhaltung und Waldnutzung. Die Kulturen wirken ihrerseits auf den Umgang mit den natürlichen Ressourcen zurück. Von straff organisierten Dorfgemeinschaften kann man am ehesten einen nachhaltigen Umgang mit der Allmende erwarten. Wo die Solidarität unter denen, die die Wälder und Weiden gemeinsam nutzen, gering ist, ist es im Allgemeinen auch um den Umweltschutz schlecht bestellt. In dieser Hinsicht gibt es Unterschiede zwischen den Kulturen, deren Wirkung bis heute reicht.

Allmende (engl.: commons): in Mittel- und Westeuropa bis zum 19. Jahrhundert Wald- und Weidegebiete, die von einem bestimmten Kreis von Berechtigten – in der Regel den Dorfgemeinden – gemeinsam genutzt wurden. In anderen Weltregionen gab es ähnliche Formen von gemeinsamen Nutzungsrechten. Auch bei Gewässern ergab sich die gemeinsame Nutzung oft durch die natürlichen Bedingungen. In Mitteleuropa war in vielen Fällen genau geregelt, wie viel Stück Vieh der einzelne Allmendeberechtigte auf die Gemeindeweide treiben durfte. In der Regel durfte er nur so viel Holz aus dem Wald holen, wie er zum eigenen Bedarf brauchte. Holzgerichte („Holthinge") verhängten in Nordwestdeutschland Strafen gegen „Waldfrevel". Seit dem 18. Jahrhundert wurde die Allmende in den meisten Fällen unter den Berechtigten aufgeteilt, da sie dem neuen Zeitgeist – dem Glauben an die schöpferische Kraft des Privateigentums – widersprach. Reste haben sich noch in Süddeutschland und in der Schweiz erhalten.

19 Die Geschichte der Allmende: eine Tragödie?

a) Der amerikanische Biologe Garrett Hardin (geb. 1915) über *The Tragedy of the Commons* (1968):

Man stelle sich also eine Viehweide vor, die allen Bürgern der Gemeinde zur Verfügung steht. Wir können voraussetzen, dass jeder Viehhalter versuchen wird, so viel Vieh als möglich auf der Allmende zu halten. Ein solches Arrangement kann über Jahrhunderte ganz befriedigend funktionieren, weil Stammeskriege, Raubzüge und Krankheiten die Zahl von Mensch und Tier unter der Tragfähigkeit (carrying capacity) des Landes halten. Aber einmal kommt der Tag der Strafe, nämlich dann, wenn das langersehnte Ziel sozialer Stabilität Wirklichkeit wird. Von diesem Punkt an erzeugt die dem Gemeingut inhärente Logik eine erbarmungslose Tragödie.

Als rational denkendes Wesen strebt jeder Viehhalter danach, seinen Gewinn zu erhöhen. Ausdrücklich oder stillschweigend, mehr oder weniger bewusst, stellt er sich die Frage: „Was nützt es mir, wenn ich meiner Herde ein weiteres Stück Vieh hinzufüge?" Diese Nutzung hat eine positive und eine negative Seite.

Die positive Seite ist eine Funktion der Hinzufügung von einem Stück Vieh. Da der Viehhalter den vollen Ertrag vom Verkauf des zusätzlichen Tieres erhält, beträgt der positive Nutzwert nahezu +1.

Die Kehrseite ist eine Funktion der durch ein zusätzliches Tier hervorgerufenen Überweidung. Da deren Auswirkungen jedoch alle Viehhalter treffen, beträgt der negative Nutzwert für jeden einzelnen Viehhalter nur einen Bruchteil von –1.

Wenn er beide Größen addiert, kommt der rationale Viehhalter zu dem Schluss, es sei für ihn das einzig Vernünftige, seiner Herde ein weiteres Tier hinzuzufügen. Und dann noch eins… Aber zu diesem Schluss wird *jeder* rational denkende Viehhalter kommen, der Anteil an einer Gemeinweide hat. Darin liegt die Tragödie. […]

Gemeingüter lassen sich, wenn überhaupt, nur unter den Bedingungen geringer Bevölkerungsdichte rechtfertigen. Als die menschliche Bevölkerung zunahm, musste ein Gemeingut nach dem anderen aufgegeben werden. Als erstes verzichteten wir auf die Gemeingüter beim Nahrungssammeln, beim Ackerbau, bei der Weide, bei der Jagd und Fischerei, auch wenn diese Einschränkung noch nicht auf der ganzen Welt komplett ist. Später sahen wir ein, dass wir von der Allmende auch als Abfallhalde wegkommen müssen. […] Immer noch kämpfen wir dafür, die Allmende gegen die Verschmutzung durch Automobile, Fabriken, Insektenvertilgungs- und Düngemittel und Atomanlagen zu sperren. […] Der allerwichtigste Aspekt jener Notwendigkeit, die wir jetzt anerkennen müssen, ist der Verzicht auf die Freiheit der Vermehrung (wörtl.: the necessity of abandoning the commons in breeding).

Zit. n.: John A. Baden u. a. (Hrsg.): Managing the Commons, Bloomington 1998, S. 6f. und 14f. [Übersetzung Radkau]

b) Johann Nepomuk von Schwerz, ein einflussreicher deutscher Agrarreformer des frühen 19. Jahrhunderts, schreibt 1836 in einem Bericht über die Landwirtschaft im Paderborner Land über die Gemeinweiden:

Die Gemeinweiden in dem gebirgigen Teile des Paderbornschen waren bisher die Stützen der beträchtlichen Schafzucht, welche man in diesem wenig bevölkerten Lande findet, oder vielmehr der dortigen Schafzüchter; daher aber auch die Stütze der Indolenz und der Untergang des Ackerbaues im Allgemeinen. Ich habe noch nie und nirgends etwas gefunden, was mehr die Trägheit nährt, dem Ackerbau hinderlicher, für die Besitzer verderblicher und an sich selbst we-

niger einträglich ist als große ausgedehnte Gemeinweiden und Waldhuten. […] Immer wird bei einer Ackerwirtschaft der größte Vorteil des Viehes aus dem Dunge hervorgehen. Dieser geht aber bei den Gemeindehuten verloren. […]
O wohl Nomaden-Wirtschaft!
Die Sache wird dadurch noch schlimmer, dass die großen, nichts kostenden Weidereviere und die Freiheit, sie nach Belieben zu betreiben, die Berechtigten verleiten, weit mehr Vieh zu halten, als sie es im Verhältnisse zu ihrem übrigen Grundeigentum zu tun vermögen. Das Vieh, heißt es, läuft mit und kostet nichts. Am Abend bringt es doch noch einen Fladen mit nach Haus… Ich gestehe, dass mich vor der Entwicklung solcher unsinnigen Argumente ekelt.
[Er zitiert einen erfahrenen Großbauern aus der Warburger Börde:] „Will man sich ein Unwillen und Erbarmen erregendes Schauspiel denken, so muss man sich einfinden, wenn dieses Vieh im Frühjahr zur Weide gebracht wird. Vom Unflat wie mit einem Panzer überzogen, mit spitz hervorragenden Rippen und Knochen, schleichen die unglücklichen Opfer des menschlichen Unsinnes mit zusammengekrümmtem Leibe heran und bleiben nicht selten im Kote stecken, aus dem man ihnen heraushelfen muss."

J. N. v. Schwerz: Beschreibung der Landwirtschaft in Westfalen (urspr. 1836), Neudruck Münster-Hiltrup o. J., S. 319ff.

c) Der Historiker Rolf Peter Sieferle bemerkt zu der Hardin-These:
In seinem viel zitierten Aufsatz spricht Garrett Hardin von einer tragedy of the commons, was vielfach mit „Tragödie der Allmende" übersetzt wird, wobei häufig nicht zwischen freien Gütern und kollektiv genutzten Gütern unterschieden wird. […] Heute herrscht vielfach die Vorstellung, bis ins 18. Jahrhundert habe der Wald als eine Art Wildnis gegolten, als ein freies Gut, das wie Wasser oder Luft von jedermann genutzt werden konnte, wie es ihm gefiel. Aus einer solchen Perspektive liegt der Schluss nahe, dass die vielfältigen Nutzungen des Waldes schließlich zu seiner Überbeanspruchung führen mussten. Der regel- und gesetzlose Urwald musste irgendwann in eine fundamentale Krise geraten, aus der ihn schließlich nur der regulierende Eingriff des Staates retten konnte. In dieser Sicht war es die Entwicklung einer rationalen Forstwirtschaft, verbunden mit der Aufstellung staatlicher Forstordnungen, was an der Schwelle vom 18. zum 19. Jahrhundert zur Durchsetzung des „Nachhaltigkeitsprinzips" führte. Gerade am Beispiel des Waldes kann aber gezeigt werden, dass die historische Entwicklung nicht etwa von der Regellosigkeit zur Regel verlief, sondern dass lediglich ältere, lokale von neueren, territorialen Formen der Regulierung abgelöst wurden.

Rolf Peter Sieferle: Wie tragisch war die Allmende? In: Gaia Jg. 7/1998, H. 4, S. 304.

a) Stellen Sie die Argumente zusammen, auf die der Biologe Hardin und der Agrarreformer Schwerz ihre Allmende-Kritik jeweils stützen.
b) Diskutieren Sie, ob sich der Erfahrungsbericht des Agrarreformers Schwerz als Bestätigung der Auffassungen Hardins heranziehen lässt.
c) Warum wendet sich Sieferle dagegen, „commons" im Sinne von Hardin mit „Allmende" zu übersetzen?

1. Wasserbau: ein Leitmotiv der Weltgeschichte

Wasser: ein Leitmotiv der Weltgeschichte

Kein anderes Thema der Umweltgeschichte lässt sich dermaßen durch die gesamte Weltgeschichte verfolgen wie das Thema *Wasser*. Von den frühen Hochkulturen bis in die Gegenwart haben die Menschen ihre Umwelt mit Be- und Entwässerungsanlagen, mit Deichen und Staudämmen besonders folgenreich umgestaltet. Von Anfang bis heute war der Wasserbau stets ein Politikum ersten Ranges und zugleich ein Technikbereich, in dem der Mensch Grunderfahrungen im Umgang mit der Natur machte. So kamen Deichbauer immer wieder zu der Einsicht, dass man einen Fluss wie ein lebendiges Wesen behandeln muss, das man nicht allzu sehr zwingen darf, sondern dem man auch Freiräume lassen muss, damit es sich nicht gegen seinen Bezwinger empört.

Wasserbau und frühe Hochkulturen: Ägypten

Die ältesten Hochkulturen der Welt waren Stromkulturen – an Nil, Euphrat, Indus und Hoangho –, deren Ackerbau auf Bewässerung beruhte. Dabei gab es jedoch als Folge der geographischen Gegebenheiten erhebliche Unterschiede. Der Nil überschwemmte in jedem Jahr – mit dem Höhepunkt im August und September – große Teile des Niltals, wobei er nicht nur die Bewässerung, sondern auch die Nährstoffanreicherung des Bodens durch Schlammablagerungen besorgte. Den Menschen blieb nur noch die Aufgabe, das Wasser mit Kanälen gleichmäßiger im Tal zu verteilen. Über das schmale Niltal hinaus den Ackerbau in die höher gelegene Wüste vorzutreiben, war nicht möglich. Daher bestand nach leistungsstarken Wasserhebewerken kein Bedarf, und bis ins 20. Jahrhundert genügte vielfach der Schaduf: ein einfaches mit Menschenkraft betriebenes Schöpfwerk.

Mesopotamien, das Land zwischen den Flüssen Euphrat und Tigris

Anders war es in Mesopotamien, dem „Zweistromland" an Euphrat und Tigris, im heutigen Irak. Da fehlten solche natürlichen Überschwemmungen, auf deren Regelmäßigkeit man sich verlassen konnte. Daher war der Ackerbau ohne künstliche Bewässerung in weiten Teilen unmöglich. Dabei waren der Ausdehnung des Bewässerungsnetzes nicht so enge Grenzen gesetzt wie im Niltal. Der Spielraum für ehrgeizige Bewässerungsprojekte war dort weit größer, zugleich aber auch das mit der Abhängigkeit von künstlicher Bewässerung verbundene Risiko. Der gesamte Charakter der Geschichte dieser beiden Länder wurde durch diese Bedingungen geprägt: die jahrtausendelange Kontinuität der Verhältnisse in Ägypten und das oftmals abrupte Auf und Ab der Staatsbildungen im Zweistromland.

China und der „Gelbe Fluss"

Der älteste Kern des chinesischen Staates entstand um das Tal des Hoangho, dessen einzigartig fruchtbare, leicht zu bewässernde Lößböden frühzeitig einen intensiven Ackerbau und eine dichte Besiedlung ermöglichten. Wie der Nil bewässerte und befruchtete der Hoangho die Felder. Aber hier waren die Verhältnisse viel größer und unberechenbarer. Die Schlammfrachten des Hoangho, des „Gelben Flusses", sind 25-mal so mächtig wie die des Nil! Anders als am Nil, wo die meist sanften und pünktlichen Überschwemmungen von Volksfesten begleitet wurden, waren die Überschwemmungen des Hoangho oft zerstörerisch. Mehr als in Ägypten waren die Menschen gefordert, die Gewalt des Wassers durch ausgedehnte Deich- und Kanalbauten zu bändigen; und immer wieder wurde die menschli-

20 Nilometer auf der Insel Roda. Dort fanden die Feierlichkeiten zur Zeit der kommenden Nilflut statt. An der Messsäule wurde die Höhe der Flut markiert; nach dieser wurde die von den Bauern zu entrichtenden Abgaben berechnet.

che Mühe durch neue Hochwasserkatastrophen zunichte gemacht. Die Autorität des chinesischen Kaisers gründete sich wesentlich auf dessen leitende Funktion beim Wasserbau, wurde jedoch wiederholt durch katastrophale Dammbrüche erschüttert. Der chinesische Staat besaß ähnlich wie der ägyptische eine in der Weltgeschichte einzigartige Kontinuität; diese wurde jedoch durch Zeiten von Not und Chaos unterbrochen.

Der Anreiz zur Bewässerung

Überall auf der Welt hat die in großem Stil betriebene Bewässerung typische Vorzüge, aber auch typische Probleme. Die Vorteile sind zunächst gewaltig: Gerade in warmen Regionen kann der Ertrag der Äcker durch künstliche Bewässerung vervielfacht werden, in einem Maße, wie dies in anderen Weltgegenden bis in die neueste Zeit unvorstellbar war. Der Ertrag der Reisfelder ließ sich durch Bewässerung bis auf das Zehnfache steigern! Statt einer gab es nun mehrere Ernten im Jahr; in vielen Trockenregionen wurde der Ackerbau durch künstliche Bewässerung überhaupt erst möglich. Wenn die Flüsse ganzjährig Wasser führten oder Stauteiche angelegt wurden, machten die Bewässerungsanlagen die Bauern vom Wetter einigermaßen unabhängig. Wo die geographischen Gegebenheiten die Chance boten, war für ehrgeizige Herrscher der Anreiz zur Ausdehnung der Bewässerungsanlagen groß: Sie vermehrten damit ihren Reichtum, ihre Macht und ihre Popularität; sie demonstrierten, dass sie für ihr Volk etwas taten, und konnten zugleich ihre Steuereinnahmen erhöhen. Weil der Anreiz derart groß war, wurden die Kosten und Risiken der künstlichen Bewässerung, die nicht in gleicher Weise in die Augen fielen, oft nur wenig beachtet.

Die Tücken der künstlichen Bewässerung

Ein Hauptnachteil der künstlichen Bewässerung trockener Regionen ist der extrem hohe Wasserverlust durch Verdunstung. Man kann ihn dadurch niedrig halten, dass man das Wasser durch Röhren oder unterirdische Kanäle leitet. Mancherorts geschah das auch – besonders berühmt sind die so genannten Qanate des Iran –; aber mit den technischen Mitteln der vorindustriellen Zeit waren solche Anlagen extrem aufwendig. Wahrscheinlich hat man das Ausmaß der Verdunstungsverluste in früherer Zeit ohnehin nicht erkannt. Durch Verdunstung ging nicht nur ein Großteil des Wassers verloren; schlimmer noch war eine andere Gefahr: Wo das Wasser oder der Untergrund des Bodens Salz enthielt, hatte eine hohe Verdunstung eine zunehmende Versalzung und damit sinkende Fruchtbarkeit des Bodens zur Folge. Durch laufende Wasserabfuhr ließ sich die Versalzung vermindern; aber die Dränage, die keinen unmittelbaren Gewinn brachte, wurde häufig vernachlässigt. Selbst heute, wo das Problem längst bekannt ist, geschieht oft zu wenig dafür; selbst in den USA und Australien versalzen bewässerte Böden. *Ent*wässerung war und ist in der Regel weniger attraktiv als *Be*wässerung.
Im alten Ägypten sorgte der Nil für die Dränage; deshalb blieb die Versalzung dort bis ins 20. Jahrhundert gering. Der ägyptische Ackerbau der alten Zeit besaß ein sehr hohes Maß an Nachhaltigkeit. Den Kontrast dazu bildet Mesopotamien. Der Niedergang dieser Region, die in der Antike zeitweise das reichste Land der damals bekannten Welt war, lässt sich teilweise auf die Versalzung der Böden zurückführen. Betrachtet man die Bewässerungsgebiete der ganzen Welt, sind die mesopotamischen Verhältnisse typischer als die ägyptischen.

Die Mühsal der Bewässerung

Bewässerungsanlagen waren mit enormem Arbeitsaufwand verbunden; denn sie erforderten dauernde Instandhaltungsarbeiten. Dämme, die noch ohne Beton gebaut waren, wurden durch jede größere Flut beschädigt. Wenn an den Bewässerungsanlagen nicht ständig gearbeitet wurde, drohten sie zu verschlammen, für den Ackerbau untauglich zu werden und sich in Brutstätten der Malaria zu verwandeln. Indem die Bauern jedoch immer neu den Schlamm aus den Gräben auf ihre Felder schaufelten, erhielten sie zugleich die Fruchtbarkeit ihrer Felder.

Der Zwang zur Kooperation

Umfangreiche Wasserbauanlagen erforderten eine permanente Kooperation großer Menschengruppen. Das ist vermutlich ein Hauptgrund, weshalb sich die frühesten bekannten Staatswesen der Geschichte auf der Grundlage von Bewässerungsnetzen entwickelten. Von der Zeit der Pyramiden bis heute besteht ein Zusammenhang zwischen dem Wasserbau und der Organisation der Gesellschaft. Die Kooperation großen Stils kann auf autoritär-hierarchische und auf genossenschaftliche Art zustande kommen. Nicht selten sind beide Formen der Organisation gemischt und sowohl Regierungsstellen als auch Dorfgenossenschaften beteiligt. In den altorientalischen Stromkulturen begünstigte der Wasserbau despotische Staatsformen, im neuzeitlichen Holland dagegen eine Staatsstruktur, die durch ihren freiheitlich-genossenschaftlichen Charakter für ganz Europa zum Vorbild wurde. An der deutschen Nordseeküste gab es Deichgenossenschaften, die von oben kontrolliert wurden und in denen die Regel galt: „Wer nicht will deichen, muss weichen."

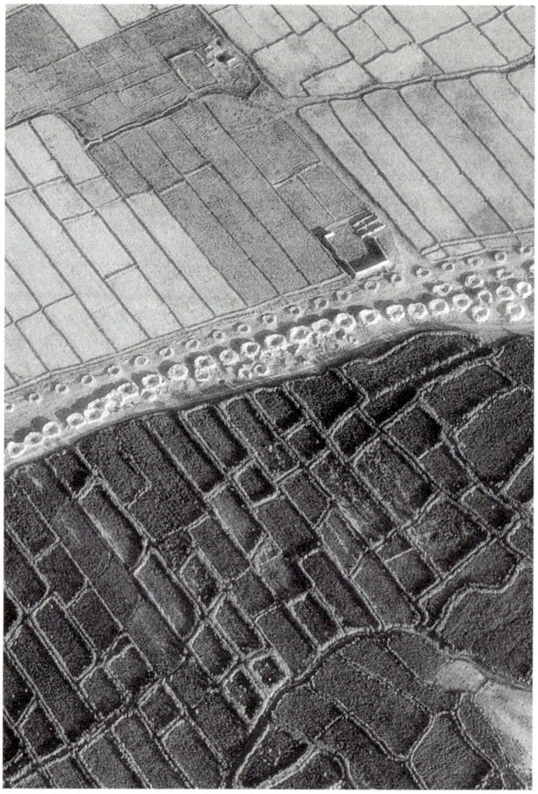

21 Die unterirdischen Kanäle, die weite Teile der Agrargebiete von Xinkiang (China) durchziehen, sind aus der Luft an den pockennarbig wirkenden Brunnenöffnungen zu erkennen. Sie wurden schon vor vielen Jahrhunderten mit der Hand gegraben. Mit dieser sehr mühsamen Methode wurde die Verdunstung des Wassers so gering wie möglich gehalten.

Wasserkonflikte

Eine Notwendigkeit zu sozialer Organisation entsteht nicht zuletzt dadurch, dass wasserbauliche Anlagen eine Menge von Konfliktstoff enthalten, der nach Regelung verlangt. Wer an einem Wasserlauf relativ weit oben angesiedelt ist, hat die technische Chance, anderen „das Wasser abzugraben"; und das ist auch oft genug geschehen. Der „Rivale" ist im ursprünglichen Sinn der Bachanrainer. Ein Müller, der einen Bach in seinem Mühlenteich staut, beeinträchtigt die Wiesenbewässerung der bachabwärts gelegenen Bauernhöfe. Ganz besonders in wasserarmen Gebieten kann der Zugang zum Wasser eine Frage von Leben und Tod werden. Da drohen erbitterte Kämpfe, wenn keine durchsetzungsfähige höhere Instanz die Verteilung des Wassers auf eine Art regelt, die für die Beteiligten erträglich ist.

Bei dem weltweit rapide wachsenden Wasserverbrauch und der zunehmenden Wasserverschmutzung droht das Wasser mehr denn je zu einer internationalen Konfliktquelle zu werden. So werden die Spannungen zwischen Israel, den Palästinensern und den Nachbarstaaten durch Auseinandersetzungen um das knappe Wasser verschärft. Das Wasser ist jedoch zugleich eine Quelle von Konflikten *zwischen* den islamischen Staaten, so etwa zwischen Syrien, dem Irak und der Türkei.

22 Ausschnitt aus einer chinesischen Bildrolle des 17. Jahrhunderts: Bauern bei Deichbauarbeiten am Hoangho. Was man auf diesem Bildausschnitt nicht erkennt: Die Hauptperson des Gesamtbildes ist der Kaiser, dessen Inspektionsreise am „Gelben Fluss" die Bildrolle darstellt.
Diskutieren Sie, ob das Bild etwas darüber aussagt, wieweit die Kaisergewalt den Gewalten des Hoangho gewachsen ist.

Der moderne Assuandamm: eine ökologische Zäsur

In den 1960er-Jahren erfuhr die ägyptische Bewässerungskultur, die fast fünf Jahrtausende bestanden hatte, durch den Bau des Assuan-Hochdamms und die Anlage eines Stausees, der 150 Kubikkilometer Wasser fassen sollte, einen schweren Eingriff. Es war das damals weitaus größte und spektakulärste Technikprojekt der Dritten Welt und für das damalige Ägypten eine Frage des nationalen Prestiges. Es versprach zwei gewaltige Vorteile zugleich: ganzjährige Bewässerung für die Felder und eine Stromproduktion, die einen erheblichen Teil des ägyptischen Elektrizitätsbedarfs deckt. Aber der Preis war hoch: Der Nilschlamm kam von nun an zu 98% nicht mehr auf die Felder, und die Bauern wurden auf chemische Düngemittel angewiesen, die sie kaufen mussten. Während der Schlamm auf den Feldern fehlt, verschlammt der Stausee und seine Speicherkapazität sinkt. Die ganzjährige Bewässerung führt dazu, dass nun auch Ägypten mit dem Versalzungsproblem zu kämpfen hat.

Wasserbau in der europäischen Vergangenheit

Im europäischen Mittelmeerraum war der Bewässerungsackerbau in der Antike noch wenig verbreitet. Die Araber führten ihn in manchen Gegenden des mittelalterlichen Spanien ein. Seit dem 16. Jahrhundert verbreitete er sich mit dem Reisanbau in der Poebene. Auch das antike Römische Reich besaß seine gewaltigen Wasserbauanlagen, die noch heute unter den römischen Ruinen herausragen; aber da handelte es sich um Aquädukte, die die Städte mit Trinkwasser versorgten. Für die Versorgung mit frischem und wohlschmeckenden Trinkwasser betrieben römische Städte einen Aufwand, der in der Weltgeschichte bis in die moderne Zeit nahezu einzig dasteht.

Die Wassermühle als prägendes Landschaftselement

Auch die Wassermühle war bereits bekannt; aber sie war in der Antike nur wenig verbreitet. Ihre große Zeit begann im europäischen Mittelalter. Mit Wasserrädern wurden nicht nur Getreide-, sondern auch Öl- und Walkmühlen, Hammerwerke und Blasebälge betrieben; an den Wasserrädern bereitete sich die Mechanisierung des Industriezeitalters vor. Viele Wassermüller legten Stauteiche an und leiteten zum Antrieb ihrer Mühle Bäche ab; dazu mussten sie über entsprechende

Wasserrechte verfügen. Bis ins 19. Jahrhundert hat die Wassermühle in vielen europäischen Regionen den Umgang mit den Wasserläufen stark geprägt, technisch wie rechtlich. Je mehr Mühlen sich an einem Wasserlauf reihten, desto genauer wurde jeder Zentimeter Gefälle verteilt, und ein Müller, der das Wasser höher als zulässig staute, musste mit Klagen rechnen. Auch eine drastische Absenkung von Flüssen mit nachfolgender Grundwassersenkung war in vorindustrieller Zeit kaum möglich. Erst die großen Flussregulierungen und Kanalisationsnetze des Industriezeitalters schufen eine von Grund auf neue Situation.

23 Römische Wasserleitung in der Eifel, mit einer gesonderten Dränagerinne (rechts) zum Berghang hin, die das Trinkwasser vor Verunreinigung schützen sollte.
Überlegen Sie, was man daraus erkennen kann, dass Köln sein Trinkwasser von weither aus der Eifel bezog und diese Wasserleitungen mit zusätzlichem Aufwand vor dem Eindringen von schmutzigem Wasser schützte.

Brunnen und Nachhaltigkeit

Im nachantiken Europa wurde das Trinkwasser überwiegend aus Brunnen geschöpft. Viele schöne alte Stadtbrunnen zeugen noch heute davon, dass die Wasserversorgung auch in Deutschland zu einem Politikum wurde, mit dem sich eine Stadtobrigkeit profilierte. Die meisten Brunnen waren jedoch privat oder unterstanden nachbarlichen Brunnengenossenschaften, die sich um ihre Instandhaltung zu kümmern hatten. Aus der Sicht der Stadtsanierer des 19. Jahrhunderts waren viele alte Brunnen in einem skandalösen Zustand, da die Abdichtung gegen benachbarte Latrinen häufig zu wünschen übrig ließ. Andererseits ergab sich aus dem Wunsch nach sauberem Trinkwasser auch ein Motiv zur Sauberhaltung der eigenen Umwelt, das später entfiel, als das Trinkwasser aus Fernleitungen bezogen wurde. Entnahm man dem Brunnen zu viel Wasser und sank der Wasserspiegel ab, so bekamen dies die Brunnenbenutzer sogleich zu spüren, indem sie den Brunnen tiefer ausschachten und die Wassereimer länger hochkurbeln mussten. Daher enthielten gerade die Mängel der vormodernen Wasserversorgung einen gewissen Zwang zur Nachhaltigkeit.

24 Nil, Euphrat und Hoangho: Die alten Stromkulturen und ihre Flüsse

a) Der griechische Historiker Herodot (ca. 490–420 v. Chr.) schreibt über Ägypten und Mesopotamien unter Berufung auf eigene Reiseerfahrungen:

Es ist klar und jeder Verständige sieht es […], dass die Gebiete Ägyptens, die von den Hellenen besucht werden, neu gewonnen und ein Geschenk des (Nil-)Stromes sind. Ja auch noch drei Tagereisen stromaufwärts […] steht es mit dem Lande nicht anders. […]

Zur Zeit des Königs Moiris (Amenemhet III., 1840 bis 1792 v. Chr.) brauchte der Fluss nur acht Ellen hoch zu steigen, um das Land unterhalb von Memphis unter Wasser zu setzen. Und als ich dies von den Priestern erfuhr, waren seit Moiris' Tod noch nicht neunhundert Jahre vergangen. Heute aber überschwemmt der Fluss das Land erst, wenn er mindestens fünfzehn oder sechzehn Ellen hoch steigt. Daher glaube ich, wenn das Land in demselben Verhältnis weiter wächst, wird […] das Delta einst nicht mehr vom Nil überschwemmt werden; und dann wird es den Ägyptern in alle Zukunft ebenso ergehen, wie es ihrer Meinung nach jetzt den Hellenen ergeht. Als sie nämlich hörten, dass das ganze Land in Hellas nur durch Regen, nicht wie das übrige durch Übertreten der Flüsse bewässert wird, meinten sie, wenn der Himmel die Hellenen einmal im Stich ließe, müssten sie schmählich Hunger leiden. […]

[In Mesopotamien] regnet es wenig; auf folgende Art bringt man das Korn zum Wachsen: Man bewässert es vom Fluss her, sodass es reift und gedeiht, doch nicht wie in Ägypten, wo man den Fluss über die Felder treten lässt, sondern indem man das Wasser mit der Hand und durch Schöpfwerke über die Felder hingießt. Ganz Babylonien ist wie Ägypten von Gräben durchzogen. […] Kein Land der Erde, das wir kennen, eignet sich so gut zum Getreideanbau wie Babylonien. Fruchtbäume wachsen dagegen gar nicht im Lande, nicht die Feige, nicht der Wein, nicht die Olive. Aber das Getreide gedeiht so vorzüglich, dass es zweihundertfältige Frucht trägt und im günstigsten Fall sogar dreihundertfältige. Die Blätter des Weizens und der Gerste erreichen dort oft eine Breite von vier Fingern. Wie groß die Hirse- und Sesamstauden werden, will ich verschweigen, obwohl ich es weiß; denn wer nicht selber das babylonische Land besucht hat, der wird sicherlich schon meinen Bericht über das Getreide anzweifeln.

Herodot II, 5 und 13; I, 193, zit. nach: Herodot, Historien, übers. v. A. Horneffer, Stuttgart 1971[4], S. 88, 103f.

b) Um 2000 v. Chr. verfasste der ägyptische Dichter Cheti eine vielstrophige Hymne auf den Nil:

Du Verborgener, der dunkel aus der Tiefe zu Tage kommt, du Schlamm Oberägyptens, der die Sümpfe tränkt, von Re [dem Sonnengott] erschaffen, um alle Durstigen zu erquicken. […]

Wenn er [der Nil] zu träge ist, dann verengen sich die Nasen und jedermann verarmt. […]

Wenn er den Geizigen spielt, leidet das ganze Land. Groß und Klein rufen: „Schreite weit aus!“ […] Wenn er steigt, ist das Land in Jubel, jeder Leib ist in Freude, jeder Mund lacht auf mit entblößten Zähnen. […]

Er ist ein Wasser, das über die Hügel strömt und nicht durch einen Damm begrenzt wird, sondern ganz nach eigenem Willen verläuft. Ihn begleiten die Jugend und die Kinder. Man begrüßt ihn als einen König, dessen Gesetze beständig sind und der zu seiner Stunde kommt, um Ober- und Unterägypten zu füllen. […]

Er ist der, der seinen Schlamm ausspeit, wenn er sich über die Felder wälzt, der den einen reich macht, den andern arm, ohne dass man mit ihm rechten kann, der ein Urteil fällt, ohne dass man ihn schelten kann, einer, der sich keine Grenzen setzen lässt.

Georg Brunold u. a.: Der Nil, Basel 1993, S. 158ff.

Auf den Pharao Amenemhet III., den von Herodot erwähnten „König Moiris“, der einen großen Stausee anlegen ließ – den einzigen im alten Ägypten –, sang das Volk:

Er macht Ägypten grünen mehr als der große Nil, er hat die beiden Länder (Ober- und Unterägypten) mit Stärke gefüllt, er ist Leben, das die Nase kühlt. […] Der König ist Nahrung und sein Mund ist Überfluss.

James H. Breasted: Geschichte Ägyptens, Zürich 1954, S. 135.

c) Sima Quian (ca. 145–90 v. Chr.; in älterer Umschrift Ssuma Ch'ien), der berühmteste Historiker des alten China, schreibt in seiner „Abhandlung über den Gelben Fluss und die Kanäle“ über die legendäre Zeit der frühen Kaiser:

Die Dokumente der Hsia-Dynastie (um 2000 v. Chr.) berichten uns, dass Kaiser Yü dreizehn Jahre damit zubrachte, die Fluten zu kontrollieren und zu bändigen, und dass er während dieser Periode, selbst wenn er nahe am Tor seines Hauses vorbeikam, sich keine Zeit nahm, einzutreten. […]

Von allen Strömen verursachte der Gelbe Fluss China den größten Schaden, indem er seine Ufer und das Land überschwemmte. Daher verwandte Yü all seine Aufmerksamkeit darauf, ihn zu kontrollieren. […] Er teilte den Fluss daher in zwei Kanäle. […] Dann fächerte er ihn in die Neun Flüsse auf. […] Als er so die Flüsse der neun Provinzen und die Abzugskanäle der neun Sümpfe geöffnet hatte, zogen Friede und Ordnung in die Länder der Hsia ein, und seine Errungenschaften kamen noch den drei darauffolgenden Dynastien zugute. […]

[Um 110 v. Chr. jedoch durchbrach der Hoangho einen Damm und verursachte eine verheerende Überschwemmung.] Als der Kaiser den Dammbruch besichtigte, überkam ihn Verzweiflung im Gedanken an die Schwierigkeit der Aufgabe, und er verfasste das folgende Lied:

„Der Fluss brach durch bei Hu-tzu; was könnten wir tun? Unter seinen dahinschäumenden Wellen wurden alle Dörfer Flüsse […] und es gibt keine Sicherheit für das Land. […] Der Herr des Flusses hört unsere Klagen. Aber es gibt nicht genug Unterholz. Daran sind die Leute von Wei schuld. Sie haben das Land mit Feuer verwüstet – womit können wir das Wasser bändigen? Wir versenken den Bambus der Wälder und beschweren das Wehr mit Steinen. Wir werden den Durchbruch aufhalten und zehntausendfachen Segen bringen!“

Burton Watson (Hrsg.): Records of the Historian. Chapters from the Shih chi of Ssuma Ch'ien, New York 1969, S. 230f., 234, 236f. [Übersetzung Radkau]

a) Welche Bedeutung konnte der Wasserbau für die Autorität der Regierungen erlangen? Vergleichen Sie die Bedingungen an den drei großen Strömen.
b) Vergleichen Sie an den Liedern in 24 b/c, wie die Ägypter und Chinesen das Wasser erlebten.
c) Suchen Sie nach Anhaltspunkten, wie es in diesen alten Bewässerungskulturen um die Nachhaltigkeit bestellt war.

25 Wasserbau und historisches Umweltbewusstsein

a) In den 1770er-Jahren begannen die preußische und die lippische Regierung mit der Kanalisierung des Flüsschens Werre, um Überschwemmungen zu verhindern und die Schiffbarkeit zu verbessern. Der Bürgermeister von Salzuflen beschimpfte die Gegner des Projekts:

Wenn schon einige Mond- und Milzsüchtige jetzo den wahren Nutzen des Kanals misskennen wollen, sei doch derselbe so unwidersprechlich gewiss, in den Augen leuchtend und durch die auf felsenfesten Gründen beruhende Erfahrung als die beste Lehrmeisterin bewähret gefunden, dass dergleichen […] unreife, leere, gehirnlose Vorurteile keiner Widerlegung bedürfen.

Die Herforder Bürgerschaft dagegen widersetzte sich hartnäckig dem Projekt. 1773 wird über ihre Argumentation berichtet:

So muss erst ausgemacht sein, dass die jährlichen Überschwemmungen der Werre wirklich so schädlich sind als vorgegeben wird und die hiesigen Einwohner dadurch aller Nutzen von den Viehweiden beraubet werden. Anstatt dessen aber behauptet der größte Teil der Interessenten, dass die frühjährigen Überschwemmungen gleich den heilsamen Ausflüssen des Nils ihre Ländereien mit Blumen und schmackhaften Kräutern befruchten.

Johann Esaias Silberschlag (1721–1791), einer der damals führenden preußischen Hydrotechniker:

Ströme sind nicht die besten Nachbarn. Gleich eigensinnigen Freunden sind sie nur so lange dienstfertig, als man ihnen höflich begegnet; tritt man ihrer Strombahn nur einigermaßen zu nahe, so können sie in der Rache nicht leicht ein Ende finden. Indessen sind diese Geschöpfe lange so unbändig nicht, dass man sich nicht durch Klugheit und Arbeitsamkeit ihrer dann und wann bemächtigen kann. […]

Der Strom, der nun so viele tausend Jahre hindurch geflossen, auf welchem alle nur möglichen Vorfallenheiten von harten Eisgängen, Fluten, Stürmen usw. sich so viel hundertmal zugetragen, sollte, dächte ich, wohl endlich sich ein bequemes Lager verschafft haben. Wir sind es, die wir ihn so oft zum Dammkriege herausfordern; wir sind es, die wir ihn nötigen, sich an uns zu rächen.

Aus: Karsten Althöfer-Westenhoff/Bernd Josef Wagner: Geschichte im Fluss. Zur Umweltgeschichte von Werre und Else im östlichen Westfalen, Bielefeld 1997, S. 26, 29 und 42.

b) Johann Gottfried Tulla (1770–1828), unter dessen Leitung ab 1817 die Begradigung und Eindämmung des Oberrheins begann, schrieb 1825:

Die möglichst gerade Leitung der Flüsse, die Abschneidung ihrer Nebenarme […], mit einem Wort: die Rektifikation der Flüsse, ist diejenige Operation,

durch welche ihren Zerstörungen Einhalt getan und ihr Wasserspiegel so gesenkt wird, dass die Nachteile der Überschwemmungen und die der Eisgänge vermindert oder vollkommen beseitigt werden. [...] Ohne die Rektifikation des Rheins werden die Sturmglocken nicht verstummen [...] und bald dieser, bald jener Ort und seine Gemarkung unter Wasser gesetzt werden; die Sümpfe werden nicht nur nicht verschwinden, sondern sie werden bedeutender werden, und die Niederungen, welche früher noch benutzt werden konnten, werden später die Zahl der Sümpfe vermehren. [...]
Mit der Vergrößerung dieser Übel muss sich der Wohlstand der Rheinufer-Bewohner vermindern, ihr physischer Zustand sich verschlimmern und ihr moralischer sinken.

Franz-Josef Brüggemeier/Michael Toyka-Seid (Hrsg.): Industrie – Natur. Lesebuch zur Geschichte der Umwelt im 19. Jahrhundert, Frankfurt 1995, S. 94.

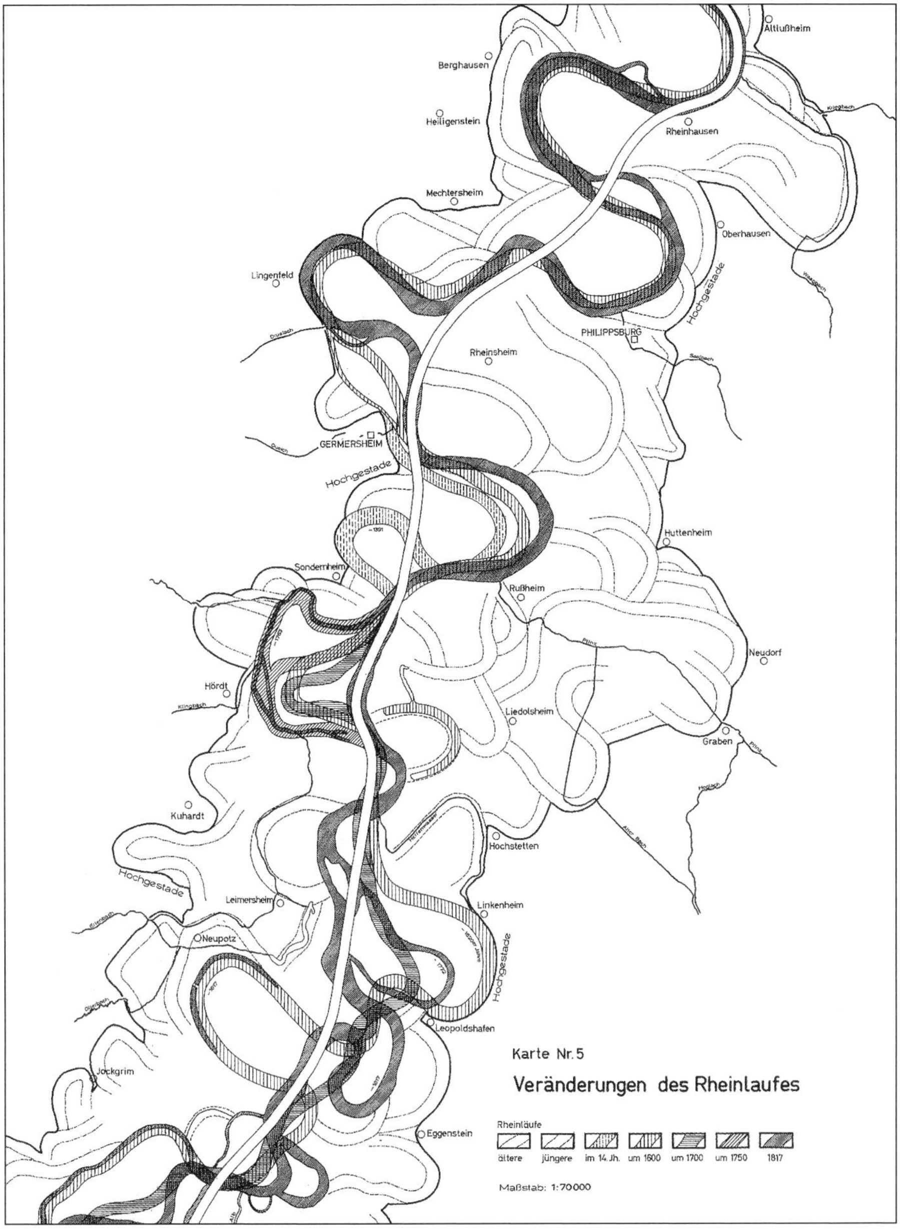

c) Veränderungen des Oberrhein-Flussbetts vom 14. Jahrhundert bis heute (heutiger Stand: der weiße begradigte Strom in der Mitte).
Untersuchen Sie, in welchem Zeitraum die radikalste Veränderung stattgefunden hat. Vergleichen Sie dazu Text 25 b.

d) Der amerikanische Umwelthistoriker J. Donald Hughes urteilt über den Assuandamm:

Seit der Vollendung des Projekts wurde es als nationaler Triumph gerühmt und als ökologische Katastrophe kritisiert; es hat mehr Kontroversen hervorgerufen als jedes andere Entwicklungsprojekt. Es veranschaulicht das wichtige, aber oft vergessene Prinzip, dass Dämme nicht nur Ingenieurarbeiten sind, sondern auch soziale Institutionen darstellen. [...]

Über Jahrtausende bewässerte die jährliche Nilflut Ägyptens Ackerland und hinterließ eine Schicht von Boden bildenden Ablagerungen. Das alte Ägypten ist ein Musterbeispiel, wie ein Volk innerhalb eines begrenzten Ökosystems leben und gedeihen konnte, ohne die grundlegenden Zyklen zu zerstören. Nachhaltige Landwirtschaft kooperierte mit den Rhythmen des Flusses. [...]

Wenn die Erfahrung der Vergangenheit Lehren zu bieten hat, so wurden diese bei der Entscheidung zum Bau des Assuan-Hochdamms nicht begriffen. Die gegenwärtige ökologische Situation Ägyptens ist prekär. Es ist schwer zu sagen, wie der Weg zur Nachhaltigkeit aussehen könnte. [...] Zumindest zwei Probleme mindern die Chance, dass Ägypten zu einem nachhaltigen Umgang mit seinen begrenzten Ressourcen – dem Wasser, dem Land und dem Ökosystem des Niltals – gelangt. Das erste ist das Bevölkerungswachstum (von ca. 10 Millionen Einwohnern um 1900 auf 63 Millionen 1995). [...] Das zweite ist die Urbanisierung. Jahr für Jahr lebt ein höherer Anteil der Ägypter in Städten, besonders in Kairo. [...] [Kairos Bevölkerung ist zwischen 1882 und 1987 von 375 000 auf 13,3 Mio Einwohner gewachsen.]

Donald Hughes: The Dams at Aswan – Could Environmental History Inform Policy? Baltimore 1997. [Übersetzung Radkau]

a) Welche Möglichkeiten gab es, um an der Werre, am Oberrhein und am Nil mit Lehren aus der Geschichte zu argumentieren?
b) Versuchen Sie zu erklären, dass die Erbauer des Assuandamms sich über fünf Jahrtausende Ackerbau-Erfahrung im Niltal hinwegsetzten.
c) Schildern Sie, welches Verhältnis zur Natur die Menschen früherer Zeiten an Flüssen entwickelten. Vergleichen Sie dabei besonders Silberschlag und Tulla.

26 Wasserbewusstsein in Antike und neuerer Zeit

a) Der römische Architekt und Ingenieur Vitruv widmete das achte Buch seiner „Zehn Bücher zur Architektur" (um 25 v. Chr.) dem Wasser. Darin heißt es:

Es ist offenkundig, dass nichts auf der Welt so nötig ist wie Wasser, wenn man bedenkt, dass sich jede lebende Kreatur, wenn ihr das Getreide oder die Frucht oder das Fleisch oder der Fisch entzogen ist, immer noch von anderen Nahrungsmitteln ernähren kann, ohne Wasser jedoch kein Tier und nichts Essbares entstehen und in guter Verfassung erhalten werden kann. Infolgedessen müssen wir der Suche und Auswahl der Quellen große Sorge und Aufmerksamkeit widmen, wenn wir an die menschliche Gesundheit denken.

Quellen sollten im Vorauf auf folgende Weise geprüft werden: Wenn sie frei und offen fließen, dann beobachte, bevor du eine Wasserleitung baust, das Aussehen der Leute, die in der Nachbarschaft wohnen. Wenn ihr Körperbau robust und ihre Gesichtsfarbe frisch ist und wenn ihre Beine gesund und ihre Augen klar sind, dann verdienen die Quellen vollkommene Billigung.

Aus: Vitruv Buch VIII, Einl. und Kap. 3 und 4 (nach der engl. Übers. von Morris H. Morgan, New York 1960)

b) Sextus Julius Frontinus, von 97 bis 103 n. Chr. „Curator Aquarum", Aufseher über die Wasserversorgung Roms:

[Ein] Grund hierfür ist der Betrug der Rohrnetzmeister [lat. aquarii, Unterbeamte der Wasseraufsicht], die ich dabei ertappt habe, dass sie Wasser aus den öffentlichen Wasserleitungen zum rechtswidrigen Privatverbrauch ableiten. Aber auch die Grundbesitzer, bei deren Feldern eine Wasserleitung vorbeiführt, zapfen die Wände der Leitungen an. Das hat zur Folge, dass sie die Leistungsfähigkeit der öffentlichen Wasserleitung zur Nutzung von Privatleuten oder von Gärten beeinträchtigen.

Über derartige Missstände [klagte der Volkstribun] Caelius Rufus in seiner bekannten Rede „Über die Wasserversorgung" vor der Volksversammlung: „Durch strenge Untersuchungen haben wir beweisen müssen, was man sich alles herausgenommen hat, als hätte man ein Recht dazu: Wir finden bewässerte Felder und sogar in Kneipen, Fresslokalen und sogar Absteigen von üblem Ruf ist fließendes Wasser installiert worden."

Sextus Iulius Frontinus: Wasserversorgung im antiken Rom, Hrsg. von der Frontinus-Gesellschaft, München 1983, S. 99, 108, 110.

c) Johann Georg Krünitz klagt 1773 in seiner „Ökonomischen Enzyklopädie":

Wir Menschen sind unaufhörlich ein wahrer Widerspruch mit uns selbst. [...] Wie ekelt uns nicht davor, wenn ungefähr ein Würmchen in unsere Speise und Trank gefallen ist! [...] Dennoch erdulden wir alle insgesamt die größten Unreinlichkeiten unserer Flüsse, (obwohl) doch schwerlich ein lebender Mensch vermeiden kann, das Wasser aus den Flüssen mit unter seiner Speise und Trank zu genießen.

Die Flüsse sind in allen Städten von Europa gleichsam die allgemeine Kloake der Unreinigkeit. Die stinkendsten und ekelhaftesten Dinge, tote Tiere, die Unreinigkeiten der heimlichen Gemächer und kurz alles, wovon man sich entledigen will, wird in die Flüsse geworfen. Allein, eben diese Flüsse sind es auch, worin man die Gefäße, die wir zu unserer Speise und Trank gebrauchen, reiniget, woraus man in den meisten Orten selbst die Speise kochet, woraus man Bier und Branntwein brauet; und alles dieses nehmen die allerreinlichsten Leute in ihren so reinen und zärtlichen Mund und Magen, ohne dass sie der geringste Ekel ankommt. Was für ein ungeheurer Widerspruch!

Diese Unreinlichkeiten der Flüsse geschehen nicht etwa im Verborgenen. [...] O! nein. Vor jedermanns Augen gehen sie vor. Wie oft sieht man nicht in einer Stadt an einer Stelle die den Unflat abführenden Kloaken oder Gräben in den Fluss einfließen [...] und zwanzig Schritte besser hinunter ist ein Brauhaus, wo man [...] das Wasser zum Bierbrauen einschöpfet; und diese Getränke werden von den allerreinlichsten Leuten der Stadt mit großem Appetit getrunken.

Johann Georg Krünitz: Oeconomische Encyclopädie. 14. Teil, Brünn 1788, S. 413f.

d) Hans Walter Flemming, 1940–1946 Hauptgeschäftsführer des Reichsverbandes der Deutschen Wasserwirtschaft:

Wenn mit dem Untergang eines Volkes oft die Vernichtung seiner wasserwirtschaftlichen Einrichtungen verbunden war, sind es nicht immer kriegerische Zerstörungen der Anlagen gewesen, auch Vernachlässigung führte zum Verfall.

Indessen soll damit nicht versucht werden, jeden Volksuntergang auf ein Versagen der Wasserwirtschaft zurückzuführen. Aber eins ist sicher: Je größer die Bevölkerung auf der Erde wird, umso größer und gefährlicher wird die Abhängigkeit vom Wasser, denn die Niederschläge wachsen nicht mit der Zahl der Menschen. Leider muss auch gesagt werden, dass im Gegensatz zu der Tiefe und Vielfalt unserer wissenschaftlichen Erkenntnisse das Wissen um das Wasser durch die Verstädterung in einem geradezu erschreckenden Maße zurückgegangen ist. Der Wasserhahn – heute für uns das Zeichen einer durch die Technik mühelos zu handhabenden Bequemlichkeit – könnte sich einmal als ein Symbol des Untergangs erweisen.

W. Flemming: Wüsten, Deiche und Turbinen. Das große Buch vom Wasser- und Völkerschicksal, Göttingen 1957, S. 14.

a) Erarbeiten Sie vor dem Hintergrund der Materialien a) bis d) zentrale Problemfelder, die aus Sicht der Autoren mit der Wasserversorgung verbunden sind.
b) Diskutieren Sie, wie sich der von Krünitz angeprangerte Widerspruch erklärt.
c) Erläutern Sie Flemmings Warnung, der Wasserhahn könne sich „als ein Symbol des Untergangs erweisen".

27 Wasserkonflikte

a) Johann Nepomuk von Schwerz bemerkt 1836 über die Wasserverhältnisse im Münsterland:

In einem flachen Lande wie dem Fürstentum Münster kann durch den Mangel an Entwässerung der größte Nachteil entstehen. [...] Die Bäche sind an manchen Orten so zugeschlämmt, die Ufer so mit Buschwerk und Schilf verwachsen, dass das Wasser bei jedem etwas starken Regen austritt und schädliche Überschwemmungen verursacht. [...]

Was die Müller allenthalben zur Vermehrung des Übels beitragen, ist bekannt. Die Erfindung der ersten Wassermühle war für die Landwirtschaft die unglücklichste aller Erfindungen. [...] Tausend und abermal tausend Morgen Wiesen würden ohne sie bewässert und ganze jetzt versumpfte Gegenden entwässert werden können. Mancher Fluss würde schiffbar zu machen sein und dem allgemeinen Verkehr zu einem alle Berechnung übersteigenden Nutzen gereichen, statt dass es nun das Ansehen hat, als hätte Gott Bäche und kleine Flüsse bloß zum Nutzen der Müller erschaffen. Die Holländer benutzen den Strom der Luft, der niemanden beeinträchtiget; bei uns verrauscht er durchgehendst unbenutzt.

J. N. v. Schwerz: Beschreibung der Landwirtschaft in Westfalen, (ursp. 1836) Neudruck Münster-Hiltrup o. J., S. 32f.

b) Der österreichische Schriftsteller Alois Brandstetter (geb. 1938) vermittelt aus Erzählungen seines Onkels, eines Wassermüllers, ein Bild von dem Wasserbewusstsein der Müller und von ihren Konflikten mit den Bauern. Einmal wurde der Onkel vor Gericht zitiert, weil er angeblich den Mühlbach zu hoch gestaut hatte.

Der Onkel sagte, dass er sich [...] nichts vorzuwerfen habe, da er am Verhaimungspflock, der die zulässige Stauhöhe anzeigt, nichts verändert und manipuliert habe. [...] Der im Grund des Mühlbaches steckende Pflock, der das Staumaß anzeige, tue dies schon seit Jahrhunderten oder wer weiß wie lange, die Stauhöhe stelle einen alten Besitzstand dar. [...] Sein Mahlpflock sei seit Jahrhunderten an einer Stelle, an der er leicht beobachtet werden könne und für alle Beteiligten zugänglich sei. [...]
[Dann] wandte sich der Onkel auch besonders an die Bauern. Er sagte etwa zu einem: Nun, mein lieber Berger, auf diesen Haimpflock hat schon dein Urgroßvater geschaut, an diesem Holz haben schon unsere Urahnen Maß genommen, das ist ein Baum der guten Nachbarschaft und des Vertrauens. [...] An den Brücken, an den vielen Waschbänken, an allen Weidenstöcken am Bach, an den Inseln im Gerinne haben die Menschen das Ausmaß der Stauhöhe und den Besitzstand des Müllers gekannt. [...] Die Bauern hätten dem Müller ihre besonderen Wünsche vorgetragen, wenn sie etwa an einem bestimmten Tag die Gräben räumen wollten und gern einen niedrigen Wasserstand gehabt hätten, so ließ der Müller auch einmal gegen sein persönliches Interesse den Spiegel des Wassers unter das für ihn günstige und ihm verbriefte Niveau sinken. Oder er staute ein anderes Mal höher, wenn das einem Bauern [...] gerade angenehm gewesen wäre und ein Konsens unter den übrigen Anrainern erreicht worden wäre. Der Bach hat die Anrainer verbunden, sagte der Onkel, nicht entzweit, der Bach war die Lebensader und die Mitte des Zusammenlebens. Der Müller aber sei gerade das gewesen, was die Römer den „curator aquarum" nannten.

Alois Brandstetter: Die Mühle, München 1984, S. 61–66.

c) Alwin Seifert, der bekannteste deutsche Landschaftsschützer der NS-Zeit:

Ich hatte den Vortrag genau gegen den badischen Reichsstatthalter Wagner ausgerichtet, der die zu allen Zeiten urdumme Losung ausgegeben hatte: Kein Quadratmeter deutschen Bodens ohne landwirtschaftlichen Ertrag! Ich fand einen überraschend starken Beifall, hörte mir noch die Klagen badischer Forstleute an, die nur noch Krüppelkiefern hatten, wo früher Eichenwälder standen, und sich verzweifelt bemühten, das Wasser, das die Landwirtschaft in den Rhein hinausleitete, in ihre Wälder zu bekommen. [...]
[Im Januar 1938 hielt er eine ähnliche Rede in Berlin auf der Jahrestagung des Verbandes der Deutschen Kulturtechniker.] Es kam noch ärger. Als ich aus einem Brief des Leiters eines ehemals großen fürstlichen Waldgebietes vorlas, dass dieser Wald im Sterben sei, weil die Entwässerung einer großen nebenan liegenden Moorfläche weiter getrieben werde, als vorher hoch und heilig versprochen worden war, da sprang ein Ministerialrat auf und ging mit gesträubten Haaren und geballten Fäusten auf mich los – wieder hatte ich ein Staatsgeheimnis angerührt, das nicht bekannt werden durfte.

Alwin Seifert: Ein Leben für die Landschaft, Düsseldorf 1962, S. 103 und 110.

a) Inszenieren Sie typische Wasserkonflikte zwischen Müller und Bauern als Rollenspiel und diskutieren Sie, ob es unter heutigen Umwelt-Aspekten einen Sinn hat, dabei Partei zu ergreifen.
b) Wie erklären sich die heftigen Gegenreaktionen auf Seiferts Warnungen?
c) Erläutern Sie, wieso Seifert die Losung des Reichsstatthalters Wagner als „urdumm" bezeichnet. Ziehen Sie dabei Text 8b hinzu.

◆

1. *Erörtern Sie anhand der Geschichte des menschlichen Umgangs mit dem Wasser, inwieweit Hardins These von der „Tragödie der Allmende" zutrifft.*
2. *Erläutern Sie die Unterschiede zwischen Ackerbau mit und ohne künstliche Bewässerung.*
3. *Stellen Sie Anzeichen dafür zusammen, wie und wodurch sich im Verlauf der Geschichte das Verhältnis der Menschen zum Wasser veränderte.*
4. *Erkunden Sie, wie man in Ihrer eigenen Umwelt im Laufe der Zeit mit Wasserquellen umgegangen ist.*

2. Hirten und Bauern: ein weltweites Spannungsfeld

Vorzüge der Kombination von Acker und Weide

Ökologisch und auch ökonomisch gesehen, hatte eine Kombination von Ackerbau und Viehzucht große Vorteile: Der Dünger des Viehs trug dazu bei, die Fruchtbarkeit der Felder zu erhalten; an Berghängen, wo der Ackerbau sehr mühsam gewesen wäre und leicht zu Erosionsschäden geführt hätte, sorgte die Weidewirtschaft dafür, dass der Boden stets mit Vegetation bedeckt blieb; bei Missernten konnte der Bauer auf seinen Viehbestand und bei Tierseuchen auf sein Getreide zurückgreifen. Wenn die mittel- und westeuropäische Landwirtschaft im Weltvergleich relativ robust war – ökonomisch wie ökologisch –, so verdankte sie dies nicht zuletzt der Verbindung von Feldbau und Viehhaltung.

Bauern und Hirten: ein weltweites Spannungsfeld

In dem größten Teil der Welt war es in dieser Hinsicht weitaus schlechter bestellt. Schon in Südeuropa waren die Landwirtschaft, die in den Ebenen und Flusstälern, und die Weide, die in den Bergen betrieben wurde, vielfach verschiedene Welten, die einander fremd und feindselig gegenüberstanden. In weiten Teilen Asiens und Afrikas waren die Verhältnisse noch extremer. Bei dem intensiven Reisanbau Ostasiens spielte die Viehhaltung eine viel geringere Rolle als in Europa. Die Nomaden Innerasiens, deren ganzer Besitz in ihrem Vieh bestand, traten den Bauernkulturen in der Geschichte oft als Feinde und Eroberer entgegen. Auch in Afrika wurden Rinderzucht und Pflanzbau oft von verschiedenen Stämmen betrieben. Im vorkolonialen Amerika fehlte das Großvieh.

Diese Unterschiede haben natürliche, aber auch historische Ursachen. Nur ein sehr kleiner Teil der Wildtiere ist zur Zähmung geeignet, und dieser war über die Welt ungleich verteilt. Anders als im kleinräumigen Europa mit seiner Mischung von Ebene und Mittelgebirge erstreckten sich in anderen Teilen der Welt häufig weite Steppengebiete, die am ehesten für nomadische Tierhaltung geeignet waren, fern

28 Felsbild aus der algerischen Sahara, das schätzungsweise 5000 Jahre alt ist und zeigt, dass es damals inmitten der heutigen Wüste Viehherden gegeben haben muss. Bis heute ist umstritten, ob die Entstehung der Wüste allein auf natürliche Vorgänge (Klimawandel) zurückgeht oder auch durch die menschliche Weidewirtschaft befördert worden ist.

den warmfeuchten Flussebenen, die die Chance zu intensivem Reisanbaus boten. Eine Kluft zwischen Ackerbau und Viehzucht entstand aber auch dadurch, dass die Viehherden andere Besitzer hatten als die Äcker und dass sich auf der Grundlage der Weidewirtschaft andere Gesellschaftsformen und Mentalitäten entwickelten als auf der des Ackerbaus. Die alttestamentliche Geschichte von Kain, dem Bauern, der Abel, den Hirten, erschlägt, spiegelt eine uralte Spannung. Der Sieg der Araber über die alten Kulturen des südlichen Mittelmeerraums, der Mongolen über China und weite Teile Asiens war ein Sieg kampferprobter Hirtenvölker über Bauernvölker, deren Arbeitsalltag kaum kriegerische Eigenschaften hervorbrachte.
Diese Geschichte der Kriege ist jedoch nicht die ganze Geschichte. Es gab stets auch freundlichere Beziehungen. Zwischen Bauern- und Hirtenvölkern wurde ein reger Handel betrieben; man brauchte sich gegenseitig und hatte sich etwas zu bieten. Viele Bauern wussten es zu schätzen, wenn ihre brachliegenden Felder beweidet und auf diese Weise gedüngt wurden – vorausgesetzt, die Hirten achteten

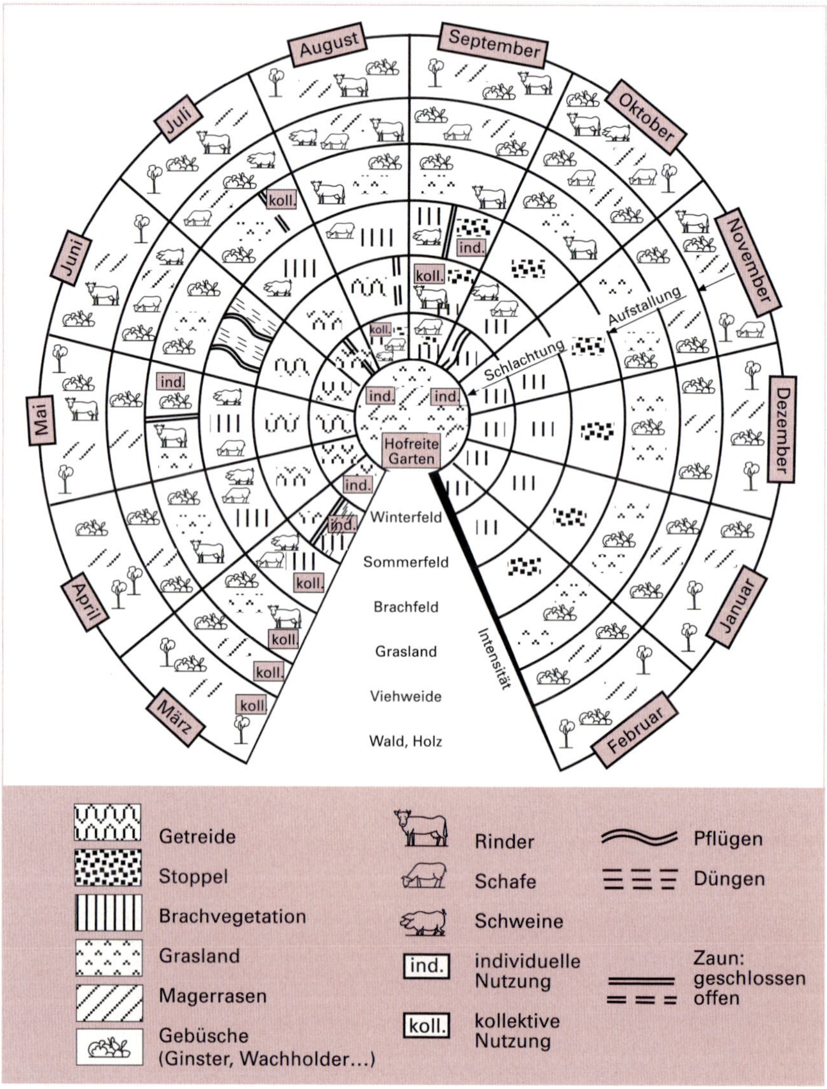

29 Schematische Darstellung des Jahreslaufs unter den Bedingungen der Dreifelderwirtschaft, die zeigt, dass diese auf ihre Art ein wohl ausgedachtes, das ganze Jahr umfassendes System war, das individuelle und kollektive Tätigkeiten ebenso wie Ackerbau, Viehzucht und Waldwirtschaft miteinander kombinierte.

darauf, dass das Vieh nicht auf die gerade bebauten Felder ging. Auch außerhalb Europas bestand zwischen Ackerbau und Weidewirtschaft längst nicht immer eine scharfe Grenze; auch dort gab es Kombinationen und Zwischenformen. Bei Not und Gelegenheit wurden Bauern zu Hirten und umgekehrt.

Typen der Weidewirtschaft

In vereinfachter Form kann man auf der ganzen Welt vier Formen der Weide unterscheiden:

1. In Mittel- und Westeuropa überwiegt die eng mit dem Ackerbau verbundene Form, bei der das Vieh den Bauern gehört. Es weidet in dem Wald, der von dem ganzen Dorf gemeinsam genutzt wird, und auf demjenigen Teil der Äcker, der zur Regeneration der Fruchtbarkeit in regelmäßigem Turnus brachliegt.
2. Im höheren Gebirge entwickelte sich in der Neuzeit die Almwirtschaft: die Viehweide auf Höhen, die für den Ackerbau ungeeignet sind. Zur reinen Almwirtschaft konnten die Bauern erst zu einer Zeit übergehen, in der Handel und Geldwirtschaft so weit entwickelt war, dass sie Getreide einführen und dafür ihr Vieh und Milchprodukte ausführen konnten. Es handelte sich um eine sesshafte Weidewirtschaft, bei der das Vieh im Winter mit Heu ernährt wurde.
3. Typisch für weite Teile Südeuropas war die *Transhumance*, eine Art der Wanderweide, bei der das Vieh im Sommer auf Berghöhen gehütet und bei nahendem Winter in tiefer gelegene Gebiete getrieben wird, wo es noch Weiden gibt. Oft handelte es sich um riesige Herden, die nicht im Besitz der Bauern, sondern reicher Grundherren waren. Das bekannteste Beispiel ist die *Mesta* in Spanien, ein vom Mittelalter bis ins 18. Jahrhundert bestehendes Syndikat mächtiger Schafherdenbesitzer, das von den spanischen Königen gegenüber den Bauern privilegiert wurde. In weiten Teilen der kargen innerspanischen Landschaft hat die Macht der Mesta bis heute ihre Spuren hinterlassen.
4. Am berühmtesten wurden in der Geschichte die *Nomaden*, weil aus ihnen große Erobervölker hervorgegangen sind. Ihre große Zeit begann in der Spätantike, als zuerst die Hunnen von Innerasien bis tief nach Europa vordrangen und danach die islamisierten Araber einen Großteil des Mittelmeerraums eroberten, und endete im Spätmittelalter mit dem Aufstieg und Niedergang des mongolischen Weltreiches. Erst mit den Feuerwaffen und der Ver-

30 Taubentürme sind ein markantes Element der Hofanlagen in manchen französischen und englischen Regionen, aber auch ein Wahrzeichen der griechischen Insel Tinos. Im Mittelalter waren sie ein Privileg der großen Grundherren; die ärmeren Bauern dürften die Tauben, die ihre Saat aufpickten, eher gefürchtet haben. Wohlhabendere Bauern jedoch schätzten das Fleisch und auch den Dünger der Tauben. Je mehr die Bauern nach Steigerung des Ertrags der Felder strebten, desto mehr suchten sie mit allen Mitteln nach zusätzlichem Dünger.

besserung der Festungstechnik wurden die sesshaften Kulturen den Nomaden dauerhaft überlegen, und diese wurden von Verfolgern zu Verfolgten.

Nomaden und Nachhaltigkeit

Waren die Nomaden zu einer *nachhaltigen* Weidewirtschaft fähig? Diese Frage ist bis heute umstritten und durch historische Kontroversen belastet. Wo es heute auf der Welt noch Nomaden gibt, stellen diese in den jeweiligen Staaten in der Regel – von einem Nomadenstaat wie der Mongolei abgesehen – eine machtlose Minderheit dar, die als primitiv und rückständig gilt und sesshaft gemacht werden soll. Dafür genießen sie wegen ihrer urtümlichen Lebensformen die Sympathie der Ethnologen, die gerne betonen, dass die Nomaden keine „Wilden" seien, sondern in ihrer Lebensweise vielhundertjährige Erfahrungen der Anpassung an eine karge

31 Englischer Fleischerladen um 1900.
Vergleichen Sie die Art der Zurschaustellung des Fleisches mit heutigen Fleischerläden.

Natur verkörperten. Gerade durch ihr Wandern verhinderten sie eine Überweidung der Steppe und beugten der Bodenerosion besser vor als Bauern, die den Boden zeitweise kahl liegen lassen. Ob allerdings die Nomaden im Verlauf der Jahrhunderte stets willens und fähig waren, sich ökologisch rational zu verhalten, ist zu bezweifeln. In Zeiten der Kälte und der Dürre engt sich der Spielraum ihrer Wanderungen erheblich ein. Im Übrigen neigen sie dazu, ihr Vieh ohne Rücksicht auf den Boden zu vermehren; denn Wohlstand und Stolz des Nomaden beruhen auf keinem Landbesitz, sondern auf seinem Vieh.
Einiges spricht dafür, dass sich die Nomaden nicht nur den Bedingungen der Steppe und Wüste angepasst, sondern durch ihre Weidewirtschaft auch zur Versteppung und Wüstenbildung (Desertifikation) beigetragen haben – in welchem Maße, ist bis heute umstritten. Die große Dürrekatastrophe in der Sahelzone von 1969 bis 1973 lenkte die Aufmerksamkeit der Weltöffentlichkeit auf gegenwärtige Desertifikationsprozesse und führte 1977 zur ersten UN-Konferenz über Desertifikation in Nairobi. Gerade manche Entwicklungshilfe-Projekte, zu denen die Anlage von Brunnen in Dürregebieten gehörte, haben indirekt zur Verschlimmerung der Situation beigetragen, indem sie den Nomaden ermöglichten, ihre Herden zu vergrößern. Dadurch stieg die Gefahr der Überweidung.

Europa: Von der Waldweide zur Wiesenkultur und zur Stallfütterung

Als Weidegebiete dienten in Mittel- und Westeuropa ursprünglich der Wald und brachliegende Felder. Im Laufe der Neuzeit legten jedoch viele Bauern in Bachtälern bewässerte Wiesen an, die nunmehr Privatbesitz waren und auf denen das Vieh – ohne viel herumzuziehen – den größten Teil des Jahres weiden konnte; zur Fütterung im Winter wurden Heuwiesen gehalten. Seit dem 18. Jahrhundert propagierten viele Agrarreformer die ganzjährige Stallfütterung, damit von dem kostbaren Dünger nichts verloren ging und das Vieh nicht durch Herumlaufen an Gewicht verlor. Diese hat sich jedoch auf breiter Front erst mit den modernen „Tierfabriken“ seit den 1960er-Jahren durchgesetzt. Bis in die 1950er-Jahre hatte sich die alte Wiesenkultur erhalten. Seither hat sich die Viehzucht bis zur Unkenntlichkeit gewandelt. Die über ein Jahrtausend dauernde Kombination von Ackerbau und Viehzucht ist auch in Europa verloren gegangen.

Cowboys und Gauchos

Im amerikanischen Westen wurde die Weidewirtschaft seit dem späten 19. Jahrhundert in riesigem Ausmaß und ohne Verbindung mit dem Ackerbau betrieben. Durch die Kühlhäuser und Kühlschiffe wurde Fleisch seit dem späten 19. Jahrhundert zu einem Exportgut, das in großen Massen über den Atlantik gehandelt werden konnte. Damals nahm die Weidewirtschaft auf den US-amerikanischen Prärien und in der argentinischen Pampa einen gewaltigen Aufschwung. In den USA wurde der Cowboy, in Argentinien der Gaucho zum Nationalhelden. Unter dem Anreiz gewaltiger Gewinnspannen wurde die Weidewirtschaft zunächst in der Regel ökologisch vollkommen rücksichtslos betrieben, jedenfalls so lange, wie man die Weidegründe noch auf Kosten der Indianer und Indios ausdehnen konnte. Die Folge war eine rasche Überweidung. Die Expansion in den Westen vollzog sich nicht nur unter dem Anreiz von ökonomischen Chancen, sondern auch unter dem Druck einer ökologisch labilen Wirtschaftsweise.
In der zweiten Hälfte des 20. Jahrhunderts erfolgte ein neuer Schub: Unter dem Anreiz eines weltweit stark wachsenden Fleischkonsums drang die großflächige Weidewirtschaft in die Tropenwälder vor. Die dadurch hervorgerufenen schweren ökologischen Schäden wurden zur Zielscheibe der Umweltbewegung. Heute halten manche Ökologen die Weidewirtschaft, die einst den Ackerbau stabilisierte, für den schlimmsten ökologischen Krisenfaktor überhaupt.

Formen der Bodenschädigung: Unter **Bodenerosion** versteht man Bodenabtrag durch Wind und Wasser. Am meisten durch Wassererosion gefährdet ist abschüssiges Gelände. Der Erosionsvorgang ist an und für sich ein natürlicher Prozess, der auch ohne Zutun des Menschen vor sich geht. Der Mensch hat jedoch die Erosion häufig weit über den Prozess der Bodenneubildung hinaus beschleunigt, indem er durch Waldrodung, Ackerbau und Weidewirtschaft den Boden zeitweise seiner Pflanzendecke beraubte und dadurch schutzlos der Einwirkung von Wind und Wasser aussetzte. Viele Anzeichen deuten darauf hin, dass sich gerade in neuester Zeit die Erosion weltweit verstärkt hat. Die **Desertifikation**, Wüstenbildung – eigentlich „Wüstenmachung" – kann das Endergebnis der Erosion sein, wenn ein trockenes Klima hinzukommt. **Anthropogene** und **nichtanthropogene** Faktoren – Faktoren menschlichen und nichtmenschlichen, natürlichen Ursprungs – sind bei Erosion und Desertifikation häufig nicht scharf voneinander zu scheiden. Auch erhöhte Verdunstung und Bodenversalzung – beides typische Folgen künstlicher Bewässerung – können zu Desertifikation führen. Selbst in deutschen Heidegebieten sind vegetationsarme Dünenlandschaften durch so genannte Plaggenwirtschaft entstanden, bei der die Bauern Grassoden ausstachen und zur Nährstoffanreicherung der Äcker verwendeten.

32 Nomaden und Nachhaltigkeit

a) Der arabische Historiker Ibn Khaldun (1332 bis 1406):

Bekanntlich sind die Unterschiede zwischen den Völkern das Resultat der verschiedenen Lebensbedingungen. [...] Diejenigen, die vom Weidevieh wie Schafen und Rindern leben, wandern gewöhnlich umher, um für ihre Tiere Weide und Wasser zu finden, da es für sie besser ist, sich im Lande umherzubewegen. Die Schafhirten gehen nicht weit in die Wüste hinein, weil sie dort keine gute Weide finden würden. [...] Diejenigen dagegen, die von der Aufzucht von Kamelen leben, bewegen sich in einem weiteren Umkreis. Sie wandern tiefer in die Wüste hinein. [...] Sie sind die wildesten Menschen, die es gibt. Mit den sesshaften Leuten verglichen, sind sie auf einer Stufe mit wilden, unbezähmbaren Tieren. [...] Sie tragen stets Waffen. Sie beobachten sorgfältig alle Seiten des Weges. Ein flüchtiges Schläfchen leisten sie sich nur, wenn sie im Sattel oder zusammen in Gesellschaft sind. Jedes schwache Geräusch und Gebell weckt ihre Aufmerksamkeit. [...] Tapferkeit ist ihr Charakter und Mut ihre Natur. [...] Orte, die an die [nomadischen] Araber fallen, sind rasch zerstört. Denn die Araber sind ein wildes Volk. [...] Die Ablehnung der Bauwerke, der Grundlage der Zivilsation, liegt in ihrer Natur. [...] Ferner ist es ihre Natur, das zu rauben, was andere Völker besitzen. Ihr Lebensunterhalt liegt dort, wohin der Schatten ihrer Lanzen fällt. Wenn sie den Besitz anderer Völker an sich reißen, kennen sie keine Grenze.

Ibn Khaldun: The Muqaddimah. An Introduction to History, übers. von Franz Rosenthal, Bd. 1, Princeton 1967, S. 249, 251f., 254, 257f., 302f. [Übersetzung Radkau]

b) Thomas Edward Lawrence (1888–1935), der als „Lawrence von Arabien" berühmt wurde, schreibt über die Nomaden im Hinterland von Syrien und Palästina:

Die Kamelmärkte in Syrien, Mesopotamien und Ägypten entschieden, wieviel Menschen die Wüste ernähren konnte, und regelten genau die Höhe ihrer Lebenshaltung. Gelegentlich kam es auch in der Wüste zu einer Übervölkerung im Vergleich zu den Ernährungsmöglichkeiten. Dann begannen die zahl-

Bildtafel 1: „Das goldene Zeitalter", Gemälde von Lucas Cranach dem Älteren (1472–1553). Paradiesgärten dieser Art hat Cranach immer wieder gemalt; sie waren ein beliebtes Motiv, das sich gut verkaufte. Noch in modernen Naturidealen erkennt man den alten Traum vom Paradies.
Erläutern Sie, welche Vorstellungen mit diesem Naturideal verbunden wurden und diskutieren Sie, ob von dort ein direkter Weg zur modernen Öko-Bewegung führt.

Bildtafel 2: Die nach vorangegangener Entwaldung angelegten Ackerbauterrassen haben an diesem Steilhang in Nepal zur Bodenerosion geführt und schließlich einen Erdrutsch ausgelöst. Zehn Jahre später bietet sich ein anderes Bild.
Erörtern Sie, inwieweit ein solcher Erdrutsch als Umweltzerstörung zu werten ist und wie der Blick über einen längeren Zeitraum die Bewertung verändern kann.

Tafel 1

losen Stämme einander zu schieben und zu stoßen, in dem natürlichen Drange, einen Platz an der Sonne zu finden. […] Sie konnten sich nach Osten wenden […], wo sie dann am unteren Euphrat Flussaraber wurden. Oder sie konnten langsam Sprosse für Sprosse die Leiter der westlichen Oasen erklettern. […] Aber auch dann wich der Druck nicht von ihnen: Der unerbittliche Zug nach Norden dauerte an. Die Stämme wurden bis an den Rand der bebauten Gegenden Syriens oder Mesopotamiens gedrängt. Günstige Gelegenheit und die Magenfrage überzeugten sie von den Vorteilen, sich Ziegen und dann auch Schafe zu halten; und schließlich begannen sie Getreide zu bauen, wenn auch nur ein wenig Gerste für das Vieh. Sie waren nun nicht mehr Beduinen und litten ebenso wie die Dörfler unter den Raubzügen der nachdrängenden Nomaden. Ganz von selbst machten sie gemeinsame Sache mit der bereits ansässigen Landbevölkerung und fanden, dass auch sie nun Bauern waren.

T. E. Lawrence: Die sieben Säulen der Weisheit (urspr. 1926), München 1979, S. 16f.

c) Zwei amerikanische Anthropologen schreiben über die Pala-Nomaden in Westtibet:

Da es ohnehin keine Gebiete gibt, in denen im Winter Gras wächst, sehen die Pala-Nomaden keinen Sinn darin, während eines Jahres weit umherzuwandern. Im Unterschied zu den Nomaden Südwestasiens, die alljährlich im Winter Hunderte von Kilometern in tiefere Regionen wandern, wo frisches Gras wächst, können Tibets nomadisierende Viehzüchter dem harten Hochlandklima nicht entfliehen, weil fast alle angrenzenden Gebiete in Tibet die gleiche kurze Wachstumsperiode aufweisen. […] Die Herden […] müssen für acht bis neun Monate von den abgestorbenen Pflanzen leben, die am Ende der Wachstumsperiode übrig geblieben sind. Der begrenzende Faktor ist die Vegetationsmenge am Ende des Sommers, die ausreichend sein muss, um das Vieh bis zum Beginn der nächsten Wachstumsperiode am Leben zu erhalten. […] [Während der Sommerwachstumsperiode] achten die Nomaden sorgfältig darauf, das Vieh abwechselnd auf bestimmten Plätzen des Weidegebietes grasen zu lassen, damit sich die Vegetation (ähnlich unseren Rasensportplätzen) für einige Tage erholen kann, bevor eine erneute Beweidung stattfindet. […]
Ein Nomade erklärte einem der Forscher: „Schau, es ist doch offensichtlich, dass wir ein sehr leichtes Leben haben. Das Gras wächst von allein, die Tiere vermehren sich von allein, sie geben Milch und Fleisch ohne unser Zutun. […] Wir bauen keine Kanäle, um unser Weideland zu bewässern, und wir zäunen es auch nicht ein oder besäen es mit Grassamen, um die Erträge zu steigern."

Melvyn C. Goldstein/Cynthia M. Beall: Die Nomaden Westtibets, Nürnberg: 1991, S. 58, 60, 62, 148.

a) Erörtern Sie, ob die nomadische Lebensweise nachhaltig war. Entnehmen Sie den Texten Argumente, die dafür und dagegen sprechen, und wägen Sie die Argumente gegeneinander ab.
b) Stellen Sie Indizien dafür zusammen, wie unterschiedliche Rahmenbedingungen – natürliche und historisch-politische – verschiedene Arten von Nomadentum begünstigen.
c) Welche historischen Wandlungsprozesse zeichnen sich im Nomadentum ab?

33 Alm und Prärie: Europäische und amerikanische Weidewirtschaft

a) Der Geograph Werner Bätzing schreibt zur historischen Entwicklung und Ökologie der alpinen Almwirtschaft:

Im 14./15. Jahrhundert setzte sich am Alpennordrand eine Entwicklung durch, die eine völlige Umwälzung der traditionellen Almwirtschaft – und darüber dann des gesamten Systems der Bergbauernwirtschaft – mit sich brachte: die völlige Einstellung des Ackerbaus und die Orientierung der gesamten Viehwirtschaft auf den Export von Käse und Vieh. […]
[Eine wichtige Neuerung war die Umstellung der Almwirtschaft von Schaf und Ziege auf das Rind. Diese] hatte Konsequenzen für die Ökologie der Almgebiete. Die Hauptgefahr bei der Schafweide war die Übernutzung durch Kahlfraß: Schafe beißen die Pflanzen direkt am Erdboden ab und hinterlassen kaum einen oberirdischen Rest […], sodass bei intensiver Nutzung eine Vegetationsdecke ernsthaft geschädigt werden kann. Auf der anderen Seite sind die Exkremente der Schafe der beste Naturdünger, der im Bereich der Bergbauernwirtschaft anfällt. […] Mit der Umstellung auf die Rinderhaltung wird also die Dünger-Produktion erheblich verändert, der Kuhdung ist zwar auch fruchtbar, aber das Hauptproblem

besteht jetzt in den langen Transportwegen: Die Rinder und vor allem die Kühe übernachten immer in der Nähe der Almhütte auf festen Plätzen, wo der Dung in großen Mengen anfällt, die Schafe dagegen können dank ihrer Robustheit überall übernachten, man kann sie also bequem dahin bringen, wo der Dünger gebraucht wird, und spart sich so den mühsamen Transport im steilen Gelände. [...] Die Bergbauern haben überall dort, wo die Almwirtschaft kollektiv ausgeübt wurde, die Bestoßung [Vieheintrieb] der Almen zahlenmäßig ganz genau festgelegt und diese unter allen Umständen einzuhalten versucht. [...] Diese Zahlen drücken ein sehr genaues Wissen um die ökologischen Zusammenhänge aus. [...] Eine bestimmte Almfläche erfordert bei einer bestimmten Nutzungsart eine ganz bestimmte Anzahl von Tieren, und diese Zahl kann nicht einfach beliebig unter- oder überschritten werden, soll nicht eine ökologische Katastrophe einsetzen – die Nutzung der Natur ist offenbar nur in ganz bestimmten mengenmäßigen Einheiten möglich.

Werner Bätzing: Die Alpen. Naturbearbeitung und Umweltzerstörung. Eine ökologisch-geographische Untersuchung, Frankfurt 1984, S. 37 und 153f.

b) Ein Wirtschaftshistoriker schreibt über die Geschichte der spanischen Transhumance:

Seit Ende des 13. Jahrhunderts waren die Eigentümer der Schafe auf großer Wanderung in der so genannten Mesta fest organisiert. Jedoch besaß die Mesta als solche keine Schafe, [sondern] hatte die einzige Aufgabe, die Rechte der Wanderschafe und ihrer Eigentümer gegenüber Städten und Dörfern [...] zu wahren. [...] Vergebens zäunten die Ortsgemeinden die ihnen gehörigen Felder ein. Die wandernden Schafherden wurden von mitreisenden Richtern begleitet, die Streitigkeiten kraft der Mestaprivilegien im Interesse der Wanderschafe entschieden. Trotz aller Klagen vonseiten der Landleute, der ortsfesten Schafhalter und der Städte wurde die Mesta von den Herrschern Kastiliens, die ihr die Privilegien verliehen hatten, in ihrem Vorgehen geschützt. [...] Die Wanderschafe bildeten für die Krone eine leicht kontrollierbare, dauernd fließende, von jeder ständischen Bewilligung unabhängige Steuerquelle. [...] Sämtliche Herdenbesitzer stellten sich jedem Versuch entgegen, den ungenutzten Boden zugunsten intensiverer Ackerwirtschaft zu verringern. Die Brache durfte nicht angetastet werden.

Hans Hausherr: Wirtschaftsgeschichte der Neuzeit, Weimar: Böhlau 1955, S. 114ff.

c) Der amerikanische Umwelthistoriker Donald Worster schreibt über die „Cowboy-Ökologie" des amerikanischen Westens im späten 19. Jahrhundert:

Das erste Vierteljahrhundert der amerikanischen Viehwirtschaft war – darüber sind sich alle Historiker, die darüber geschrieben haben, einig – ein durch nichts abgemildertes Desaster – farbig, aufregend, legendär, ja gewiss, aber nichtsdestoweniger ein Desaster. Von Texas bis zu den kanadischen Ebenen und nach Westen bis zum Pazifik sammelten tausende von Unternehmern ihre Herden und trieben sie auf das öffentliche Land, wo ihnen Millionen von acres [1 acre = 4050 Quadratmeter] offen lagen. Sie hatten keine einheimischen Führer, keine alten Urkunden über ihre Rechte und Verantwortlichkeiten, wenig oder gar keine Kenntnisse der von ihnen okkupierten Landschaften und keine Bereitschaft, auf irgendetwas Derartiges zu warten. Die Weide gehörte niemandem, so erklärten sie; daher gehöre sie allen. [...] Einer dieser frisch gebackenen Hirten, Granville Stuart, möge diese verrückte Szenerie im Montana der Boom-Jahre beschreiben:
„Noch 1880 war das Land praktisch unbewohnt. Man konnte meilenweit reisen, ohne auch nur das Zelt eines Reisenden zu sehen. Tausende von Büffeln verdunkelten die Rolling Plains. [...] Im Herbst 1883 war nicht mehr ein einziger Büffel übrig geblieben [...]; [dafür] waren 600000 Stück Vieh auf der Weide."
Aber nur fünf Jahre darauf, 1888, hätte er hinzufügen können, war ein Großteil der Weidewirtschaft des Westens am Ende: ein Opfer rücksichtsloser Überweidung und eisiger Winter. Tausende von Tieren lagen tot auf dem Weideland, verhungert und erfroren. [...] Dieser Kollaps – oder was wir die „Tragödie der Laissez-faire-Allmende" nennen könnten – war einer der größten in der gesamten Geschichte der Weidewirtschaft.

Zit. n. Carolyn Merchant (Hrsg.): Major Problems in American Environmental History, Lexington 1993, S. 319f. [Übersetzung Radkau]

a) Vergleichen Sie die drei dargestellten Formen der Weidewirtschaft und fertigen Sie eine Tabelle über deren politische, ökonomische und gesellschaftliche Rahmenbedingungen.
b) Überprüfen Sie Hardins These von der „Tragödie der Allmende" an diesen Texten. Können Sie erklären, weshalb diese These US-amerikanischen Ursprungs ist?

34 Das Schwein, der Stoffkreislauf und der Wald

a) Ein amerikanischer Geograph schreibt 1962:

Die herrlichen offenen Eichenwälder oder Dehesas mit ihren üppigen süßen Eicheln und ihren Winterweiden stellen eine unstabile Waldformation dar, die nur durch ständiges Eingreifen des Menschen aufrechterhalten wird, der sie seit langem für Nahrung, Futter, Brenn- und Baumaterial ausgebeutet hat. [...] Ein guter Schweinehirt macht aus seiner Arbeit eine wahre Kunst, indem er das Aufnahmevermögen seiner Schützlinge mit Sorgfalt abschätzt. Er beginnt jeden Morgen auf dem rauesten Teil der Dehesa [...] und reserviert [...] die Bäume mit den reifesten und süßesten Eicheln für den späten Nachmittag. [...]
Das Gewebe aus Gesetzen und Gebräuchen, das mit der Nutzung dieser Eichenwälder verbunden ist, ist in seiner Komplexität ohne Beispiel. [...] Während Viehzucht und Schafzucht in der Vergangenheit die Zerstörung der spanischen Wälder förderten, hat die Schweinezucht zu ihrer Erhaltung und Verbesserung beigetragen.

James J. Parsons, in Hans-Wilhelm Windhorst (Hrsg.): Beiträge zur Geographie der Wald- und Forstwirtschaft, Darmstadt 1978, S. 150, 152, 157, 164, 175.

b) Auch in weiten Teilen Deutschlands war bis zum 19. Jahrhundert die Waldmast der Schweine verbreitet, so im Wesergebirge:

1595 brachte in einem 1 500 ha großen Forst des Sollings die Waldmast von 2 000 Schweinen 1 100 Taler Gewinn, die gesamte Holznutzung warf nur 49 Taler ab.
Wie notwendig der Wald als Huteraum war, wird durch die Tatsache unterstrichen, dass man Schweineherden über größere Entfernungen trieb, wenn die eigenen Wälder gerade keine Mast abwarfen. Die Fürsten schlossen sogar untereinander „Mastverträge" ab. [...] [Otto von Schaumburg] ließ seine Schweine nach Limburg, Braunschweig, Holstein und sogar nach Pommern treiben. Diese äußerst unrentable Viehwirtschaft muss für die damaligen Zeiten bei Futtermangel als durchaus annehmbare Lösung und als Ausweg angesehen worden sein. Es gab ja noch keine rationelle Wiesenkultur. [...] So wird verständlich, dass Bucheckern und Eicheln die einzige Mast für das Vieh darstellten. Der Wald war also wirklich die Existenzgrundlage für die damalige Agrarwirtschaft. Aber auch seine starke Überlastung und Verwüstung durch das Weidevieh war nicht zu übersehen. [...]

Helga Knoke: Wald und Siedlung im Süntel, Rinteln 1968, S. 78f.

c) 1872 heißt es in einer populären Darstellung der Landwirtschaft über die Schweinehaltung:

Das Hausschwein [...] ist eines der nützlichsten Tiere wegen der Leichtigkeit, mit der es sich auffüttern und mästen lässt, wegen des guten Geschmacks seines Fleisches [...], wegen der Ausgiebigkeit an Fett. [...] Die Zucht des Schweines ist aber auch um deswillen sowohl im Großen als im Kleinen für den Landwirt empfehlenswert, weil dadurch eine Menge von Abfällen und sonst wertlosen Futterstoffen auf das Beste verwertet wird. [...] Früher glaubte man, es sei gar nicht nötig, auch den Schweinen eine besondere Pflege zu widmen. Heute weiß man aber, dass sich dieselbe ebenso, ja noch weit höher lohnt als bei jedem andern Nutztier. So ist man denn auch dahin gelangt, die elenden Ställe, die man früher gut genug für Schweine hielt, überall da abzuschaffen, wo man die Landwirtschaft mit Verstand treibt, und dafür den Tieren gesunde, geräumige und reinliche Wohnungen anzuweisen. [...] Um die Gesundheit der Schweine zu fördern und zu erhalten, ist den Tieren so lange, bis sie zur Mast aufgestellt werden, ein tägliches Maß an frischer Bewegung zu gönnen.

Wilhelm Hamm (Hrsg.): Das Ganze der Landwirtschaft in Bildern (urspr. 1872), Neudruck Hannover 1985, S. 42.

a) Stellen Sie vor dem Hintergrund der Materialien die Zusammenhänge zwischen Schweinehaltung und Waldnutzung dar.
b) Vergleichen Sie die Schweinezucht in ihren Auswirkungen auf die Landwirtschaft mit der Schaf- und Kuhhaltung.

3. Waldweide, Waldgewerbe und fürstliche Jagd: Der Wald als Gemeingut und als Konfliktfeld

Die Weltgeschichte: eine Entwaldungsgeschichte

Die Weltgeschichte ist, von der Umwelt her betrachtet, über weite Strecken Entwaldungsgeschichte. Heute wissen wir aus der Pollenanalyse, dass dieser Prozess auf weiten Flächen schon vor Jahrtausenden begann: weit früher, als man glaubte, solange man nur die schriftlichen Quellen zur Verfügung hatte. Von den Schriftquellen her stellt sich in Mitteleuropa die Zeit der großen Rodungen des Hochmittelalters (11.–13. Jahrhundert) als tiefste Zäsur der Waldgeschichte dar. Aber durch Weide, Wanderfeldbau und Brandlegung im Jagdinteresse wurden die Wälder vieler Weltregionen schon Jahrtausende davor einschneidend verändert. Man musste sich nicht unbedingt die Mühe machen, die Bäume zu fällen: Durch „Ringeln" – Entfernen eines Rindenstreifens – konnte man sie zum Absterben bringen und in einer Trockenzeit abbrennen. Überall breiteten sich Ackerbau und Weide auf Kosten der Wälder aus.

Rodung und Freiheit

Der Anreiz zur Rodung war lange Zeit stark, ob in Deutschland oder anderswo. Grund- und Landesherren erweiterten ihre Territorien durch Vorstoß in die Wälder zu einer Zeit, als weite Waldgebiete noch ein Niemandsland waren, wo es weder

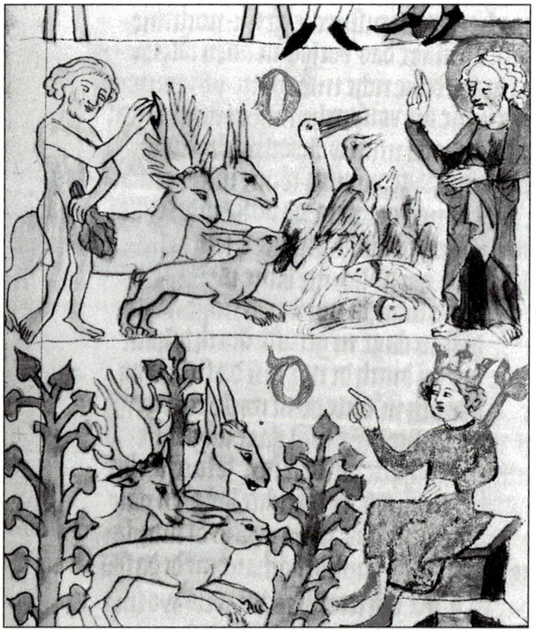

35 Aus dem „Sachsenspiegel" des Eike von Repgow, dem berühmtesten deutschen Rechtsbuch des Mittelalters. Das obere Bild soll zeigen, wie Gott dem neu geschaffenen und daher noch nackten Menschen das Recht auf freie Jagd und Fischfang verlieh – eine Rechtsauffassung, die viele Bauernaufstände leitete! –, das untere Bild dagegen erläutert die Einschränkung der freien Jagd: Es zeigt, wie der König in seinem „Bannforst" dem Wild Frieden gewährt.
Überlegen Sie, auf welche Weise hier die königliche Forstherrschaft gerechtfertigt wird.

36 Karikatur aus den „Fliegenden Blättern" (1852), damals eine der bekanntesten satirischen Zeitschriften. Die Vorstellung, dass die Natur sich für das, was der Mensch ihr antue, rächen werde, verbreitete sich bereits im 19. Jahrhundert.
Diskutieren Sie, ob von diesem satirischen Bild ein Weg zum modernen Umweltbewusstsein führt.

Grenzen noch überkommene Besitzrechte gab. Da das Roden und Urbarmachen von Wäldern Schwerstarbeit war, erhielten Rodungsbauern in vielen Fällen Sonderrechte und waren die erste Zeit von Abgaben befreit. Wenn sie es geschafft hatten, ihr Waldgebiet von Bäumen und Baumwurzeln zu befreien, wurden sie – zumindest in den ersten Jahren – oft durch reiche Ernten belohnt, da sich im Wald viel fruchtbarer Humusboden angesammelt hatte. Von diesem Humusvorrat konnte der Bauer allerdings nur eine begrenzte Zeit zehren; dann musste er eigene Mittel finden, um die Fruchtbarkeit des Bodens zu erhalten: Brache, Düngung, Fruchtwechsel. Auf abschüssigem Gelände zog die Entwaldung Bodenerosion nach sich, sofern der Bauer nicht durch Ackerbauterrassen oder Hecken Vorkehrungen dagegen traf. Außerdem musste man, nachdem die besten Böden unter den Pflug genommen waren, im Lauf der Zeit die Erfahrung machen, dass längst nicht alle Waldgebiete für den Ackerbau geeignet waren und es sich empfahl, den Wald an vielen Stellen stehen zu lassen. In den Bergen war nicht der Ackerbau, sondern die Weide der wichtigste Entwaldungsfaktor.

Der Wald: Freund oder Feind des Menschen?

Oft heißt es, der Mensch habe den Wald traditionell als Feind betrachtet und stets bekämpft. Aber ganz so ist es nicht. Den Menschen muss es immer bewusst gewesen sein, dass der Wald ihnen in vieler Hinsicht nützlich war. Das Holz war im damaligen Leben als Brenn-, Bau- und Werkstoff unentbehrlich. Aber nicht nur als Holzressource wurde der Wald gebraucht; von mindestens ebensolchem Wert war er für die Schweinemast und zur Gewinnung von Futterlaub für das Vieh. Die Schmiede und Hüttenleute brauchten Holzkohle aus dem Wald; die Jäger hatten es auf das Wild abgesehen. Gerade die große Rodungsbewegung schärfte das Bewusstsein für die Notwendigkeit, einen Teil der Wälder stehen zu lassen. Im Spätmittelalter beginnen die städtischen und landesherrlichen Waldschutzverordnungen. Von jener Zeit an manifestiert sich die Macht des Landesherrn nicht mehr nur in der Rodung, sondern mindestens so sehr im Waldschutz. Die Herausbildung der europäischen Territorialstaaten ist in der frühen Neuzeit von einer Fülle von Forstordnungen begleitet.

Wald und Recht

Wem gehört der Wald? Bis weit in die Neuzeit hinein gab es auf diese Frage keine klare Antwort. Um Besitzrechte genau zu bestimmen, hätte es präzise Waldkarten geben müssen; diese wurden jedoch in der Regel erst seit dem 18. Jahrhundert angefertigt. Am frühesten bildete sich Waldbesitz im Umkreis der Siedlungen. Im Übrigen jedoch gab es bis in die Neuzeit in weiten Waldgebieten kein Privateigentum, das alle anderen Nutzungsansprüche ausgeschlossen hätte, sondern nebeneinander bestehende Nutzungsrechte, die sich auf Herkommen und Gewohnheit gründeten. Im Prinzip lag zwar die Oberherrschaft über die Wälder beim Landesherrn, ursprünglich beim König; die Jagdforsten gehörten zu den *Regalien*, den königlichen Rechten. In der Praxis wurden die meisten Wälder jedoch vorwiegend von der dort ansässigen Bevölkerung genutzt.

Dörfliche Holzgerichte

Das heißt nicht, dass die Wälder in historischer Zeit ein vollkommen freies Gut gewesen wären, das jedermann nach Belieben hätte nutzen können. In typischen Fällen besaßen Dörfer an bestimmten umliegenden Waldgebieten, auch wenn diese letztlich dem Landesherrn unterstanden, ein gemeinsames Nutzungsrecht. Diese Nutzerverbände begegnen teilweise unter dem Namen „Waldgenossen" oder „Markgenossen". Je knapper der Wald und je dichter die Besiedlung wurde, desto mehr häuften sich die Konflikte um den Wald und desto genauer wurden die Waldrechte der einzelnen Waldgenossen festgelegt. Verstöße gegen dieses Recht wurden alljährlich auf gemeinsamen Gerichtstagen geahndet, die in Nordwestdeutschland „Holthinge", „Holzgerichte" hießen.

Jagd und Forstherrschaft

Die Initiative bei der schärferen Ausgestaltung der Eigentumsrechte am Wald kam in Deutschland wie auch in Westeuropa von den Landesherren. Ein Ursprung der landesherrlichen Forstpolitik ist die *Jagd.* Einst, in der Frühzeit, hatte die Jagd zur Lebensweise *aller* Menschen gehört; aber im Mittelalter wurde sie zu einem immer eifersüchtiger verteidigten Privileg der oberen Schichten. Von manchen Fürsten heißt es, sie seien vom „Jagdteufel" besessen gewesen: Die Jagd wurde von den Privilegierten mit Lust und Leidenschaft betrieben. Sie diente nicht nur zur Erbeutung von Wild, sondern darüber hinaus zur Körperertüchtigung und zur Demonstration von Macht und ritterlichen Tugenden. Die Liebe zur Wildnis stammt, historisch gesehen, zu einem Gutteil von der Jagd auf das Wild. Bei den Bauern riefen die herrschaftlichen Jagdprivilegien oftmals ohnmächtige Wut hervor; denn diese mussten wehrlos zusehen, wie das Wild und ebenso die Jagdgesellschaften ihre Felder verwüsteten. Immer wieder taucht bei neuzeitlichen Bauernunruhen die Forderung nach „freier Jagd", nach Aufhebung der herrschaftlichen Jagdprivilegien auf.

Montanwesen und Forstherrschaft

Ein anderer Ursprung der landesherrlichen Intervention in den Forsten ist das *Berg-, Hütten- und Salinenwesen*, das großenteils den Landesherren unterstand. Zu einer Zeit, als die Steinkohle in den meisten Regionen noch unbekannt war, waren die Hütten und Salinen die größten Holzverbraucher; ohne Zugang zu nahe gelegenen Waldgebieten konnten sie nicht bestehen. Die Holzversorgung war die Hauptsorge vieler Metallhütten und Salzwerke. So erklärt es sich, dass hier in der Regel am frühesten der Holzschlag mit System betrieben und auch eine gewisse Vorsorge für den Wiederwuchs der Wälder getroffen wurde.

Nachhaltigkeit, heute das Richtziel aller Umweltpolitik, stammt als ein ausdrücklich formuliertes Konzept aus mitteleuropäischen Montan- und Salinenforsten des 17. und 18. Jahrhunderts. Es bedeutete, dass man einen Forst in so viel „Schläge" einteilte, wie die Umtriebszeit betrug, konkret: Wenn man die Bäume im Alter von 80 Jahren fällte, schlug man pro Jahr ein Achtzigstel des Waldes. Dann war – theoretisch zumindest – dafür gesorgt, dass jedes Jahr die glei-

37 Kaiser Maximilian (1459–1519) inspiziert seine Fischgründe: Illustration zu dem „Geheimen Jagdbuch" Maximilians, einem der berühmtesten unter den vielen Jagdbüchern der älteren und neueren Zeit.
Achten Sie auf verschiedene Arten der Jagd, die das Bild zeigt, und beachten Sie den Zusammenhang zwischen Jagd und Wahrnehmung der Landschaft.

38 Hermann Göring um 1938 als „Reichsjägermeister" vor erlegtem Wild. Göring war stolz darauf, mit dem Reichsjagdgesetz von 1934 das Waidwerk wieder zum Vorrecht einer Elite von Jägern gemacht und diese zur Tierhege verpflichtet zu haben. *Diskutieren Sie, wie diese Szene zu der Art und Weise passt, wie sich die NS-Diktatur inszenierte.*

che Menge an schlagreifem Holz zur Verfügung stand. Nicht selten lief die Methodik der Nachhaltigkeit allerdings auf Kahlschlag hinaus, der im Gebirge Bodenerosion verursachen konnte. In dem Fall war die bäuerliche „Plenterwirtschaft" nachhaltiger, die dem Wald je nach Bedarf Einzelstämme entnahm und im Allgemeinen dafür sorgte, dass der Waldboden bedeckt blieb. Die Anhänger der schlagweisen Forstwirtschaft schmähten allerdings die Plenter- als „Plünderwirtschaft", weil diese den Wald ohne System nutzte.

Finanzpolitik und Forstpolitik

Ein weiterer Antrieb der landesherrlichen Forstpolitik war im 18. und 19. Jahrhundert die wachsende Verschuldung vieler Staaten. Hinter der Einführung einer geregelten Forstwirtschaft standen sehr oft finanzielle Motive, auch wenn sie mit drohender Holznot begründet wurden. Im 18. Jahrhundert gingen die Holzpreise europaweit ständig nach oben. Man konnte mit Holzexporten viel Geld verdienen. Das machte es jedoch notwendig, die bäuerliche Subsistenz- (Selbstversorgungs-) wirtschaft im Wald zurückzudrängen. Den Bauern und Köhlern genügte zur Brenn- und Kohleholzgewinnung ein gestrüppartiger Niederwald, zur Weide ein aufgelockerter Hudewald, dessen Bäume durch Viehverbiss oft bizarre Formen annahmen. Für den Landesherren dagegen, der exportfähige Holzqualitäten brauchte, war das alles ein erbärmlich heruntergekommener, fast nutzloser Wald. Aus dieser Situation heraus entstand um 1800 in Deutschland die moderne Forstwirtschaft und Forstverwaltung, die geradwüchsige Hochwälder aufforstete und dabei zunehmend den Nadelwald bevorzugte. Das deutsche Forstwesen wurde im 19. Jahrhundert auf der ganzen Welt, selbst in den USA und in Britisch-Indien, zum Vorbild.

Die Bauern: Feinde des Waldes?

Für viele Förster waren die Bauern „Holzwürmer", Verderber des Waldes. Gewiss liebten die Bauern den Acker mehr als den Wald und neigten stets dazu, Wald zu roden, wo es wertvolles Ackerland zu gewinnen gab. Heutige Ökologen wissen jedoch die bäuerlichen Hude-, Plenter- und Niederwälder zu schätzen, da diese viel artenreicher waren als die am maximalen Holzertrag ausgerichteten Försterwälder und zudem durch Verzicht auf Kahlschlag oft einen besseren Bodenschutz gewährleisteten. So gibt es in der Geschichte der Waldwirtschaft verschiedene Arten der Nachhaltigkeit.

Alarm um den Wald

„Umweltbewusstsein" im Walde ist in mancher Hinsicht schon alt. Alarmrufe, die vor fortschreitender Waldzerstörung und drohender Holznot warnten, ziehen sich durch die gesamte frühe Neuzeit und kulminieren am Ende des 18. Jahrhunderts. Gerade in der Zeit der Französischen Revolution von 1789 wurden weite Teile Europas von einer panischen Angst vor einer katastrophalen Holznot erfasst. Zum Teil wurde diese Angst von Forstschriftstellern gezielt verbreitet, um die Macht der Forstverwaltung gegenüber anderen Waldnutzern zu stärken. Teilweise handelte es sich jedoch auch um die richtige Einsicht, dass der schon damals erkennbare Trend zu einem wachsenden Energieverbrauch in einen gefährlichen Engpass führen musste, solange keine neuen Energieträger verfügbar wurden.

Waldschutz als Umweltschutz

Holzmangel war in Deutschland um 1800, nüchtern besehen, nur ein Transport- und Verteilungsproblem; im Übrigen gab es Flächen genug zur Aufforstung. Das wurde bald nach 1800 allgemein erkannt, und die Alarmrufe verstummten. Als sich seit der Mitte des 19. Jahrhunderts die Steinkohle als Brennstoff durchsetzte, hörte die Holzversorgung vollends auf ein Politikum ersten Ranges zu sein. Stattdessen kam ein neues großes Thema auf: der Nutzen der Wälder für das Klima und den Wasserhaushalt des Bodens. Dieses Thema wurde seit jener Zeit zu einem Leitmotiv der Forstpolitik in der ganzen Welt, besonders in solchen Gebieten, wo sich der Wasserhaushalt zwischen Extremen bewegt und Dürren mit Überschwemmungen wechseln. In der Schweiz war es im 19. Jahrhundert eine Serie von Überschwemmungskatastrophen, die den Waldschutz zur nationalen Aufgabe aufsteigen ließ. Auch in den USA spielte um 1900 der Zusammenhang zwischen Wald und Wasser bei der Begründung der staatlichen Forstverwaltung eine entscheidende Rolle.
Ähnlich wie um 1800 waren nicht alle Alarmrufe begründet. Ob der Wald das Klima wohltuend beeinflusst, ist nicht generell zu sagen; und auch bei großen Überschwemmungen ist ein unmittelbarer Zusammenhang mit Entwaldung oft nicht nachweisbar. Dennoch haben sich solche Sorgen als produktiv erwiesen. Auch wenn man die Aufforstungen auf einer unvollständigen Wissensbasis betrieb, hat man doch auch aus heutiger Sicht in der Regel vernünftig gehandelt.

Der Kampf um den Wald und seine Folgen

In der Geschichte Mittel- und Westeuropas sind unvergleichlich viel mehr Auseinandersetzungen um den Wald dokumentiert als in der vorkolonialen Geschichte aller anderen Weltregionen. Viele große Konflikte der Zeit – vom deutschen Bauernkrieg von 1525 bis zur Revolution von 1848 – wurden nicht zuletzt auch im und am Wald ausgetragen. Wie hat sich dieser Kampf um den Wald auf eben den Wald ausgewirkt? Unsichere Rechtsverhältnisse führten manchmal – besonders im 18. Jahrhundert – zu einem Wettlauf bei der Ausbeutung des Waldes, der sich auf den Wald zwangsläufig ruinös auswirkte. Dass jedoch die Ansprüche der verschiedenen Waldnutzer rechtlich fixiert waren und man für diese Rechte kämpfen konnte, war im Großen und Ganzen für den Wald von Vorteil. Unter solchen Umständen konnten Wälder nicht so leicht wie in anderen Weltregionen ohne Aufsehen verschwinden. Wer von den streitenden Parteien der bessere Waldschützer war, ist oft nicht leicht zu entscheiden. Der Vorwurf des Waldfrevels flog zwischen den Beteiligten regelmäßig hin und her. Aber auf diese Weise fiel auf die Waldzustände ein scharfes Licht und wurde die öffentliche Aufmerksamkeit geweckt. Der europäische Weg der präzisen Verrechtlichung der Umweltnutzung hat sich, auch wenn er zahllose Rechtsstreitigkeiten hervorrief, am Ende als vergleichsweise erfolgreich erwiesen.

Traditionelle bäuerliche Waldformen: Der **Hudewald**, „Hütewald" diente der Viehweide. In Zeiten, als es künstlich angelegte Wiesen noch kaum gab, stand neben den Brachfeldern nur der Wald als Weide zur Verfügung. Da der Viehverbiss das Hochkommen von jungen Bäumen verhindert, sofern diese nicht von undurchdringlichem Dickicht umgeben sind oder das Vieh von ihnen ferngehalten wird, entwickeln sich Hudewälder in vielen Fällen zu aufgelockerten Wäldern, am Ende zu offenen Landschaften mit einzelnen alten Bäumen, die durch Viehverbiss bizarre Formen annahmen. Der **Niederwald** diente der Brennholzgewinnung. Er regenerierte sich durch Stockausschlag aus Baumteilen, die man stehen ließ. Nur bestimmte Laubbäume, die zu kräftigem Stockausschlag fähig sind, waren für den Niederwald geeignet: Eiche, Erle, Esche, Hainbuche, Weide. Da die Bäume oft schon im Alter von zehn oder noch weniger Jahren geschlagen wurden, war er aus der Sicht moderner Förster eher ein Gestrüpp als Wald; jedoch zeichnete er sich durch Artenreichtum aus. Ähnliches gilt für den **Plenterwald**, der der Bauholzgewinnung diente und daher weit höhere „Umtriebszeiten" (Zeiten bis zum Baumschlag) benötigte. Da die Bauern meist nur einzelne Bäume je nach Bedarf entnahmen, entstanden in der Regel keine großen Kahlflächen, und der Wald regenerierte sich durch Samenflug.

39 Die Bauern – „Blutegel der Forsten"?

a) 1773 schildert der Oberforstmeister v. Seydlitz die Wälder des ostpreußischen Forstreviers Gollub als völlig verwahrlost:

Fast gänzlich ausgeholzt, zeigten sie nur hin und wieder Stellen, die den Namen Wald verdienten. [...] Überall fanden sich Rodeländereien mit armseligen Katen und Erdhöhlen, in denen Bauern teils ohne, teils mit Berechtigung ein [...] Dasein fristeten. [...] Der Baron v. Seydlitz [...] nannte sie die Blutegel der Forsten. Von einer wirtschaftlichen Nutzung des Holzes war keine Rede. Die alten Stämme waren geringelt, die jungen in der Mitte zerhauen und mit dem Zopfe auf die Erde gebogen, damit man sie, wenn sie tot waren, anzünden konnte. Die [...] Bauern schlugen Brennholz und brannten Teer und Kohlen. Diese Produkte brachten sie auf der Drewenz nach Thorn.

Friedrich Mager: Der Wald in Altpreußen als Wirtschaftsraum. Bd. 2, Köln 1960, S. 239.

b) Aus dem Weistum (Aufzeichnung des Gewohnheitsrechts) der Hülseder Holzmark (Waldgenossenschaft) im Wesergebirge bei Münder (ins Neuhochdeutsche übertragen):

Weiter wird nach einem Rechtsurteil darüber gefragt, wie fern ein Fremder, der nicht in die Mark gehört, dem Holzgericht bleiben soll? Antwort: So weit man ein weißes Pferd im Feld sehen kann. [...] Von welcher Höhe ab und bis zu welchem Alter die Beschädigung einer Eiche strafbar sei? Antwort: Wenn sie so hoch ist, dass ein Sperber auf ihr einen Sperling essen kann, und bis sie so mürbe ist, dass sie ein Reh mit den Füßen zerbröckeln kann. [Wörtl.: „Wie ferne und lang man auf einer eiche pfanden und brüchen möge? resp. Wann ein sperber einen sperling darauf essen könne und bis solange denselben ein rehe mit den füssen von einander kleien könne."] Wenn einer mutwillig eine Eiche fällt, was soll dessen Strafe sein? Antwort: So viel Fuß die Eiche dick ist, so viel mal sechzig Schillinge.
Wenn einer eine Eiche ringelt, was soll dessen Strafe sein? Antwort: Dessen Darm soll man wieder um die Eiche winden.
Wenn einer eine Eiche köpft, was soll dessen Strafe sein? Dem soll man den Kopf abhauen und an die Stelle setzen. [...]
Wenn einer bei Nacht und Nebel Holz führe, wie man mit dem verfahren solle? Den soll man wie einen Dieb behandeln und ihm Wagen und Pferde nehmen. [...]

August Bernhardt: Geschichte des Waldeigentums. Bd. 1, Aalen 1966 (urspr. 1872), S. 132f.

c) Von 1721 bis 1723 kam es in der waldreichen Grafschaft Sayn-Wittgenstein im südlichen Sauerland zu Zusammenstößen zwischen Obrigkeit und Bauern, die sich gegen die Einschränkung ihrer Gewohnheitsrechte im Wald wehrten. Der Historiker Werner Troßbach schreibt darüber:

Tatsächlich traten sowohl bei den Aktionen im Forst als auch innerhalb der Dörfer jeweils die Gemeinden in Erscheinung, was die Quellen ausdrücklich mit der Formulierung, die „ganze Gemeinde" habe sich opponiert, festhalten. Innerhalb der Gemeinde gab es jedoch eine Gruppe, die bei den kollektiven Aktionen der Jahre 1722 bis 1723 besonders hervortrat: die Gruppe der Dorffrauen. [...] Auseinanderset-

zungen zwischen Bauersfrauen und Förstern gab es zumeist dann, wenn die Förster die Frauen bei „ihrer“ Arbeit störten. Während beim Roden meist Männer zugegen waren und in großer Überlegenheit dafür sorgten, dass die Förster nichts unternahmen, war das Laubsammeln, das [1721] […] genehmigungspflichtig geworden war, eine Sache der Frauen, die meist in kleinen Gruppen dieser Beschäftigung nachgingen. […]
Am 16. März 1723 hatten die Förster Zode und Arnoldt einer Frau beim Laubsammeln den Rechen abgenommen und das ganze Laub zerstreut. Die Drohung der Frau, „sie wollte andern Tags mit einer gantzen Compagnie kommen“, nahmen die Förster nicht ernst. Am Nachmittag des folgenden Tages sahen sich die Förster aber gleich zwölf Frauen gegenüber, die gemeinsam Laub zusammenrechten. […] Zode wurde von einem Rechen am Kopf getroffen, parierte andere Schläge aber mit seinem Gehstock. […] [Als] das Forstpersonal erneut eingreifen wollte, hatten ihn die Frauen „niedergerissen und mit Steinen auf ihn geworfen, dass wenn der Förster Arnoldt ihm nicht wäre zu Hilfe gekommen, sie ihn zu Tode gesteinigt oder geschlagen hätten“.
[…] [In] der mittelalterlichen, vom Volk bewahrten Tradition galt die Steinigung als Strafe für Diebe. Als solche wurden offenbar [der Graf] und sein Forstpersonal empfunden, hatte man die Förster doch schon öfter als Diebe tituliert und dem Grafen vorgeworfen, er entziehe den Bauern die Nahrung.

Werner Troßbach: Widerstand als Normalfall. Bauernunruhen in der Grafschaft Sayn-Wittgenstein 1696–1806, in: Westfälische Zeitschrift Jg. 135/1985, S. 68–70.

d) Besonders zäh verteidigten die Tiroler Markgenossenschaften ihre Waldrechte gegenüber den Landesherren, trotz der Niederlage im Tiroler Bauernaufstand von 1525/26. Ein Forsthistoriker schreibt dazu:

Das Jus regulandi silvas, d. i. das Recht, die Nutzungen im Walde unter Strafsanktion einer Ordnung zu unterwerfen, ist ein Ausfluss der Grundherrschaft. […] Dieses Recht wird in erster Zeit schon von den Markgenossenschaften in Anspruch genommen. […] Erst zur Zeit der Ausbildung der Landeshoheiten nahmen letztere es […] in Anspruch. Auch in Tirol wird der Versuch, den Markgenossenschaften das Jus regulandi silvas zu entziehen, unter König Heinrich 1330 durch die Erklärung eingeleitet: „Alle Wälder und Wässer der Herrschaft sind“. […] Dieser Eingriff in die Rechte der Markgenossen löste einen 500-jährigen Kampf aus, der mit dem Siege der letzteren im Jahre 1847 endete, in welchem Kaiser Ferdinand […] den Gemeinden das Eigentumsrecht an den Gemeindewäldern überließ. Dieser lang andauernde Kampf hinterließ viel Verbitterung im Volke, woraus die Kampfstellung desselben gegenüber der Forstbehörde auch in späterer Zeit zu erklären ist sowie das mangelnde Interesse am Walde von Seiten des Volkes wie auch der Intelligenz im Lande.

Heinrich Oberrauch: Tirols Wald und Waidwerk. Ein Beitrag zur Forst- und Jagdgeschichte, Innsbruck 1952, S. 21f.

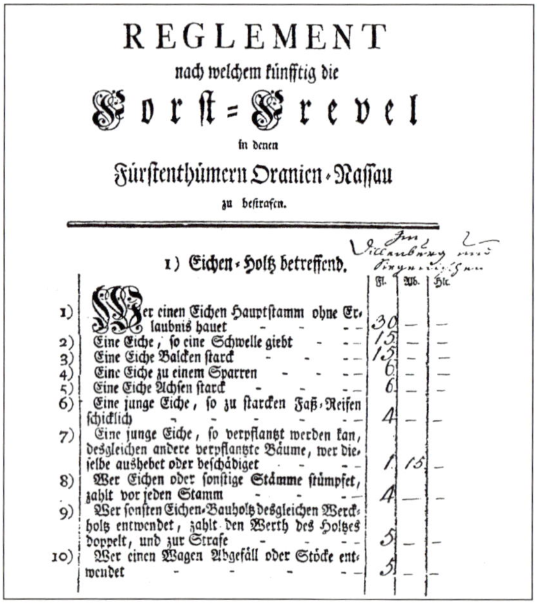

REGLEMENT
nach welchem künfftig die
Forst-Frevel
in denen
Fürstenthümern Oranien-Nassau
zu bestrafen.

1) Eichen-Holtz betreffend.

		Fl.	Alb.	Hlr.
1)	Wer einen Eichen Hauptstamm ohne Erlaubnis hauet	30	–	–
2)	Eine Eiche, so eine Schwelle giebt	15	–	–
3)	Eine Eiche Balcken starck	15	–	–
4)	Eine Eiche zu einem Sparren	6	–	–
5)	Eine Eiche Achsen starck	6	–	–
6)	Eine junge Eiche, so zu starcken Faß-Reifen schicklich	4	–	–
7)	Eine junge Eiche, so verpflantzt werden kan, desgleichen andere verpflantzte Bäume, wer dieselbe aushebet oder beschädiget	1	15	–
8)	Wer Eichen oder sonstige Stämme stümpfet, zahlt vor jeden Stamm	4	–	–
9)	Wer sonsten Eichen-Bauholtz desgleichen Werckholtz entwendet, zahlt den Werth des Holtzes doppelt, und zur Strafe	5	–	–
10)	Wer einen Wagen Abgefäll oder Stöcke entwendet	5	–	–

e) Aus einem Verzeichnis der für „Forst-Frevel“ in Nassau zu entrichtenden Strafgelder (1766). Das seitenlange „Reglement“ liest sich wie eine Preisliste. Die Höhe der Geldbußen konnte in den Vordruck, den steigenden Holzpreisen entsprechend, von Jahr zu Jahr neu eingetragen werden.
Diskutieren Sie, was sich aus dieser Liste über die Forstfrevel und über den Wert verschiedener Holzarten erkennen lässt.

a) Stellen Sie am Beispiel der Auseinandersetzungen zwischen Obrigkeit und Bauern dar, welche grundsätzliche Bedeutung die Wälder für die Landbevölkerung besaßen.
b) Diskutieren Sie, wieweit die Hardin-These von der „Tragödie der Allmende“ auf die historischen Waldgenossenschaften zutrifft.
c) Suchen Sie nach Erklärungen für die Strafandrohungen in Text 39b.
d) Wie erklärt sich die besondere Rolle der Frauen in Text 39c?

40 Der Holznot-Alarm des 18. Jahrhunderts und die Gegenstimmen

a) Nikolaus David Müller, der Sprecher der Salzsieder in Schwäbisch-Hall (1738):

Die limburgischen Wälder stehen da (Zusatz: und der Holzgott lebt ja noch): Kein Gericht Gottes hat sie angezündet oder umgestürzet, und Seine Gnade wird es noch weiter abwenden. Sie werden auch alle Tage besser und nicht so schlimm, als zuvor [vom Rat] gesagt. Die Klagen über den Holzmangel sind uralt, dass einem Augen und Ohren wehe tun, die Akten davon zu lesen, da in der jährlichen Holzrechnung die mehr als 200-jährige Leier derentwegen angestimmt und wiederholt worden, gleichwohl aber, sobald man sich verglichen [geeinigt], das Holz wieder in Abundanz [im Überfluss] vorhanden gewesen. Nicht der Holzmangel, nimmermehr nicht, sondern der beiderseitige (kurzsichtige) Eigennutz und Missbrauch sind die Feinde, welche die von Gott durch die Natur in mutuum quasi per tot saecula conservatum consortium [zum wechselseitigen über so viele Jahrhunderte erhaltenen Nutzen] so weise vereinbarten hallischen Salzquellen und limburgischen Holzflöße [...] alarmiert und aufgehalten hat.

Stadtarchiv Schwäbisch Hall, Haalamt, A 366, 20. 12. 1738.

b) Georg Forster (1754–1794), einer der berühmtesten Naturforscher und Weltreisenden seiner Zeit, unternahm 1790 eine Reise am Niederrhein. Forster notierte in Aachen:

Der immer steigende Mangel an den zur Feuerung unentbehrlichen Brennmaterialien drohet den hiesigen Fabrikanstalten, wie so vielen andern, mit einer Erhöhung ihrer Kosten, welche den zu erwartenden Gewinn beträchtlich schmälern kann. Seit langer Zeit sind die Wälder in diesen Gegenden und in den Niederlanden überhaupt durch den starken Anbau und die zunehmende Volksmenge verschwunden. Die Natur hat indes für das Bedürfnis der Einwohner durch unterirdische Wälder, ich will sagen: durch ansehnliche Steinkohlenflöze, reichlich gesorgt. Überall sieht man schon in hiesiger Gegend Kamine und Steinkohlenöfen, und niemand heizt noch mit Holz. Wie aber, wenn auch die Gruben endlich sich erschöpfen lassen und kein neues Substitut erfunden wird, zu dessen Wärme wir im Winter unsere Zuflucht nehmen und wobei wir unsere Speisen bereiten können? Was unserer mit Physik verbundenen Chemie noch möglich sei oder nicht, wage ich zwar keineswegs zu bestimmen; sie erfindet vielleicht ein Netz, in welchem sich das zarte Element des Feuers fangen und verdichten lässt; aber das ist auf allen Fall eine höchst unsichere Aussicht. Wahrscheinlicher kommt es mir vor, dass der Mensch zuletzt die Eis- und Nebelländer und die von Waldung ganz entblößten Gegenden des so genannten gemäßigten Erdstriches als unbewohnbar wird verlassen müssen.

Georg Forster: Ansichten vom Niederrhein. Stuttgart 1965, S. 56f.

c) Wilhelm Pfeil (1783–1859), ein führender preußischer Forstlehrer seiner Zeit, attackierte den damaligen Entwaldungsalarm. Ein moderner Forsthistoriker schreibt:

Pfeil spottete über „das lächerliche Geschrei eines zu befürchtenden Holzmangels“ und sieht – im Gegensatz zu allen seinen Zeitgenossen – die Ursache des Übels in der zu großen Waldfläche, in dem Überfluss an Holz und in dem (gesetzlichen) Schutz, in welchen man die Forsten gegen die fortschreitende Landeskultur nehmen wollte; in Wahrheit ist es dieser Schutz, „welcher ihren Ruin beförderte und ihren besseren Anbau hinderte“. Die zahlreichen Vorschläge zur Verbesserung des Forstwesens wurden nur deshalb nicht beachtet, weil bei der großen Menge vorhandenen Holzes gar keine Notwendigkeit zum Sparen bestand. [...] Eine ungeheure Menge von absterbendem und verfaulendem Holz bleibt in den Forsten liegen, und selbst 10–15 Meilen von Berlin gebe es Forsten, wo aus Mangel an Absatz das Holz in ganzen Stämmen verfault. [...]

[Pfeil 1821 über die Forstleute seiner Zeit:] „Sie kämpfen ewig mit der Nation um den Wald, weil sie die Interessen beider nicht zu vereinigen verstehen. Im ewigen Kampf mit dem Feldbau, jedes nützliche Haustier mehr hassend als das wütendste Raubtier, den Pflug mehr als die Pest, [...] kämpft der schlechte Forstmann den ewigen Kampf mit der Vermehrung des Nationalwohlstands, der steigenden Bevölkerung. Er zertritt die Menschen gleichgültig für das Wohl der Bäume. Er kämpft mit Erfolg, weil er das Gespenst des Holzmangels zu seinem Verbündeten gegen die zagenden Menschen macht.“

Karl Hasel: Studien über Wilhelm Pfeil. Hannover 1982, S. 43, 55 und 193.

a) Diskutieren Sie, inwieweit solche Warnungen vor Waldzerstörung berechtigt waren.
b) Schildern Sie Möglichkeiten, mit dem Holzmangel-Argument Politik zu betreiben.
c) Überlegen Sie, auf welche Weise man auf der Grundlage der überlieferten Quellen ermitteln kann, ob wirkliche Holznot bestand und die Entwaldung ein bedenkliches Ausmaß angenommen hatte.

41 Die Anfänge einer nachhaltigen Waldwirtschaft

a) Ein Forstmann schreibt über die Saline Reichenhall:

Seit 1590 macht sich […] eine Unruhe bemerkbar, die stetig zunimmt und sich am Anfang des 17. Jahrhunderts zu einer Angstpsychose im Hinblick auf eine kommende Brennholz- und Sudnot steigert. […] Holzsparmaßnahmen setzen überall ein. […] Nie aber darf es bei aller Not so weit kommen, dass der alte, seit 1509 verfolgte Grundsatz der unbedingten Schonung junger Wälder, der Einhaltung der Umtriebszeit, der Erhaltung des „ewigen" Waldes verletzt wird. Diese uralte Forderung für die Reichenhaller Sudwälder, so früh wohl nirgends gestellt, wird zur obersten Maxime erhoben. Ohne Nachhaltigkeit der Wälder keine Nachhaltigkeit der Sieden!

[Ein] Ratskanzlerschreiben aus dem Jahre 1661 erläutert den Begriff des „ewigen" Waldes dahin: „Gott hat die Wäldt für den Salzquell erschaffen, auf dass sie ewig wie er continuieren mögen/also solle der Mensch es halten: Ehe der alte [Wald] ausgehet, [dafür zu sorgen, dass] der junge bereits wieder zum verhackhen hergewaxen ist".

Götz v. Bülow: Die Sudwälder von Reichenhall. München 1962 (= Mitt. aus der Staatsforstverwaltung Bayerns Heft 33), S. 159f.

b) Nachhaltigkeit wurde von den Forstlehrern des 18. und 19. Jahrhunderts nur auf den Holzertrag der Wälder bezogen. Durchsetzung der Nachhaltigkeit bedeutete daher für die damaligen Forstverwaltungen, alle anderen Nutzungen, allen voran die Waldweide, so weit wie möglich aus den Wäldern zu verdrängen oder zumindest zu „Nebennutzungen" herunterzustufen. Ein moderner Forstwissenschaftler schildert die Folgen dieser epochalen Forstreform:

Im Walde, in dem es Jahrhunderte hindurch vom Hundegebell und Hörnerklang der höfischen Jagden, von dem Geschrei der Viehhirten, dem Blöken, Muhen, Meckern und Grunzen des Viehs, dem Axthieb der Felgen- und Bohlenhauer und dem Pochen der Eisenhämmer geschallt hatte, wo allenthalben die Kohlenmeiler, die Teeröfen und Aschengruben geraucht, die Schmelzöfen gequalmt hatten, wurde es nach und nach still. Er war nun nicht mehr Lebensraum wie bisher, sondern wurde Stätte einer planmäßigen, systematischen Holzproduktion, die nur noch möglichst viel und möglichst wertvolles Holz liefern sollte. Eine planmäßige Forstwirtschaft hatte begonnen. […]

Freilich war der Neuaufbau des Waldes auf großen Flächen nur zu bewältigen, indem man im Kahlschlag die noch vorhandenen Reste überalterter Bestände fällte und die Flächen dann mit *einer* Holzart aufforstete. Dass die so entstandenen reinen Kiefern- und Fichtenbestände auch ihre Schattenseiten haben, haben wir in vielfachen Katastrophen, durch Wild, Schmetterlings- und Käfervermehrungen, durch Sturm, Schnee und Feuer, zur Genüge kennengelernt.

Gerhard Mitscherlich: Zustand, Wachstum und Nutzung des Waldes im Wandel der Zeit. Freiburg 1963, S. 14–16.

c) Der Biologe Emil Adolf Roßmäßler forderte 1859 im Interesse des weltweiten Waldschutzes einen „internationalen Kongress der Zukunft":

Der Wald hat das Unglück, von aller Welt geliebt und dabei von aller Welt verkannt zu werden. Von der poetischen Waldliebe an, zu der sich jedermann bekennt, bis zu der staatsweisen Waldbewirtschaftung treffen doch weder diese beiden Endpunkte, noch eine der zahlreichen dazwischen liegenden Abstufungen das Wahre, den Kernpunkt in der Beurteilung des Wertes der Waldungen. […]

Bis vor nicht langer Zeit galt es als höchste und staatsweiseste Auffassung, den Wald so zu bewirtschaften, dass er eine nachhaltige Quelle der Befriedigung des Holzbedarfes der Staatsangehörigen sei und bleibe. Heute stehen wir an dem Punkte, von wo an die klimatische Bedeutung des Waldes als die höchste und am meisten maßgebende erkannt zu werden anfängt; und ich trage keinen Augenblick Bedenken, es auszusprechen: *Wir sind höchstwahrscheinlich auf dem Punkte bereits angekommen, von welchem aus jede wesentliche Verminderung unserer mitteleuropäischen Waldbestände ein Verbrechen an der Zukunft ist.*

Günter Bayerl/Ulrich Troitzsch (Hrsg.): Quellentexte zur Geschichte der Umwelt von der Antike bis heute, Göttingen 1998, S. 264f.

a) Was lässt sich aus diesen Texten über Herkunft und historische Hintergründe des Nachhaltigkeitskonzeptes erkennen?

b) Diskutieren Sie, wieweit es sich bei der Nachhaltigkeit im Forstwesen lediglich um ein ökonomisches oder auch um ein ökologisches Konzept handelte.

c) Stellen Sie die in Text 41c erkennbare Weiterentwicklung des ursprünglichen Nachhaltigkeitskonzeptes dar!

42 Im Zentrum der Waldkonflikte: die Jagd

a) Aus dem Klagegedicht des Sturm-und-Drang-Dichters Gottfried August Bürger „Der Bauer an seinen Fürsten" (1773):

Wer bist du, Fürst? Dass über mich
Herrollen frei dein Wagenrad,
Dein Roß mich stampfen darf?
Wer bist du, Fürst? Dass in mein Fleisch
Dein Freund, der Jagdhund, ungebläut
Darf Klau' und Rachen haun?
Wer bist du? Dass durch Saat und Forst
Das Hurra deiner Jagd mich treibt,
Entatmet wie das Wild?

Joachim Radkau/Ingrid Schäfer: Holz. Ein Naturstoff in der Technikgeschichte, Reinbek 1987, S. 177.

b) Wilhelm Pfeil betonte die Standortgebundenheit aller Forstlehren und pries in diesem Zusammenhang 1849 die Jagd:

[Der Forstmann muss] sein Wissen den Eigentümlichkeiten des Waldes anpassen, seine Wirtschaft diesen gemäß zu führen imstande sein, nötigenfalls sogar etwas Neues erfinden. [...] Dazu gehört jedoch, dass man den Wald studiert, auf alle Erscheinungen darin achtet, alles Ungewöhnliche in seinen Ursachen und Wirkungen verfolgt, dass man die Theorien vergisst und bei der Natur in die Schule geht. Dazu regt nichts mehr an als die Jagd. Von ihr weiß der Forstmann, dass seine Handlungen, wenn sie Erfolg haben sollen, stets den Umständen angepasst werden müssen [...] und dass es keine Regeln gibt, die niemals eine Ausnahme erlitten. [...] Forstmänner gibt es aber genug, welche die ganze Wirtschaft des Waldes nach der Formel regeln wollen, die ihnen ein Lehrbuch [...] empfiehlt. Alle Forstmänner, welche Jäger sind und die Jagd verstehen, haben auch Sinn für den Wald [...] und huldigen niemals leeren Theorien.

Karl Hasel: Studien über Wilhelm Pfeil. Hannover: Niedersächsische Landesforstverwaltung 1982, S. 167

c) Zwei heutige, in der Umweltbewegung engagierte Forst- und Jagdexperten schreiben über den Zusammenhang zwischen Revolution, Jagd und Waldgeschichte:

Es war die Französische Revolution, die in Europa auch eine jagdpolitische Wende einleitete. Die Abschaffung des Jagdregals in Frankreich begünstigte seine allmähliche Aufweichung auch in den deutschen Fürstentümern. Nach wie vor aber litt die Landbevölkerung unter den Flurschäden überhöhter Schalenwildbestände. So verwundert es nicht, dass die ländliche Bevölkerung in der bürgerlichen Revolution von 1848 auch aus dem Widerstand gegen das im Kern noch bestehende Jagdregal motiviert war.

In ihrer 91. Sitzung bestimmte die Nationalversammlung zu Frankfurt am Main: „Die Jagdgerechtigkeit auf fremdem Grund und Boden, Jagddienste, Jagdfron und andere Leistungen für Jagdzwecke sind ohne Entschädigung aufgehoben. Jedem steht das Jagdrecht auf eigenem Grund und Boden zu." Von jetzt an konnte jeder Grundeigentümer auf seinem Grund und Boden dem Wild nachstellen, eine von der Landbevölkerung mit großer Freude aufgenommene und seit Jahrhunderten verlangte Freiheit. [...] In nur wenigen Jahren waren die Schalenwildarten und insbesondere das Rotwild [...] radikal dezimiert. Für den Wald war die historische Entwicklung eine Wohltat. Die Bemühungen der jungen Forstwirtschaft um Vorratsaufbau, Waldbegründung auf Öd- und Kahlflächen und natürliche Verjüngung [...] konnten unter diesen Bedingungen waldangepasster Wildbestände gedeihen. Noch heute lebt die deutsche Forstwirtschaft von dieser Tatsache. [...] Demokratische Veränderung hat dem Wald noch nie geschadet.

Wilhelm Bode/Elisabeth Emmert: Jagdwende. Vom Edelhobby zum ökologischen Handwerk, München 1998, S. 111f.

a) Nennen Sie Ursachen dafür, dass die Jagd über die Jahrhunderte eine soziale Konfliktquelle ersten Ranges war.

b) Setzen Sie sich mit den Argumenten auseinander, mit denen Pfeil seine Liebe zur Jagd begründet.

♦

1. *Inwieweit besteht ein Zusammenhang zwischen der Holznot und dem Konzept der Nachhaltigkeit?*
2. *Bringen Sie bei Wäldern Ihrer Umgebung in Erfahrung, wie alt sie sind, in welchem Besitz sie sich befinden, und mit welchen Zielen sie bewirtschaftet werden. Suchen Sie nach Hinweisen auf frühere Hude- und Niederwaldwirtschaft und achten Sie auch darauf, ob sich bei den jüngsten Waldbeständen Anzeichen einer „ökologischen Wende" finden.*
3. *Sammeln Sie kontroverses Informationsmaterial und führen Sie eine Pro-und-Kontra-Diskussion darüber, ob und wie sich die Jagd mit der Nachhaltigkeit im Wald verträgt.*

Zur Diskussion

Ist der Kern aller Umweltprobleme das Bevölkerungswachstum?

Ein heiß umstrittenes Thema!

Aus der Sicht Garrett Hardins wächst die Gefahr einer zerstörerischen Übernutzung der Gemeingüter mit dem Anwachsen der Bevölkerung. *„Übervölkerung"*: Wohl über kein anderes Thema ist in der weltweiten Diskussion über Umwelt und Entwicklung heftiger gestritten worden als über dieses; denn da geht es um weltanschauliche und sozialpolitische Grundpositionen.

Am Anfang: Malthus

Die gesamte Debatte ist historisch belastet, und dies schon seit zwei Jahrhunderten: durch die anhaltende Kontroverse über den britischen Ökonomen *Thomas Robert Malthus* (1766–1834) und dessen erstmals 1798 veröffentlichten „Essay on the Principle of Population". Malthus vertrat die These, die Menschen neigten in der Unvernunft ihres Sexualtriebes stets dazu, sich über ihren Nahrungsspielraum hinaus zu vermehren. Daher seien von Zeit zu Zeit Hungersnöte, Kriege und Seuchen unvermeidlich, um das gestörte Gleichgewicht zwischen Bevölkerungszahl und Ernährungsbasis wieder herzustellen. Hilfe für die Armen sei sinnlos und schädlich, da diese sich dann nur noch stärker vermehrten, als sie das ohnehin täten. In jüngster Zeit ist der *Malthusianismus* mit ökologischer Argumentation noch verschärft worden: Indem eine übermäßige Bevölkerungszunahme zur Übernutzung und Herunterwirtschaftung der natürlichen Ressourcen führe, verschlimmere sie noch das Ungleichgewicht. So entstehe ein Teufelskreis, der die Menschheit letztlich in den Abgrund stürzen werde.

Ist Malthus durch die Geschichte widerlegt?

Die englische Entwicklung der Folgezeit schien Malthus Lügen zu strafen. Gerade im 19. Jahrhundert erlebte England ein ungeheures wirtschaftliches Wachstum, das der Bevölkerungszunahme vorauseilte und die Lebensbedingungen auch der breiten Masse auf die Dauer verbesserte. Ein solches Wachstum ist in der Geschichte jedoch kein Normalzustand. In früheren Zeiten war ein starker Bevölkerungszuwachs in vielen Regionen von einer allgemeinen Verschlechterung der Ernährungslage begleitet; und in weiten Teilen der Dritten Welt ist das noch heute so. In China, dem bevölkerungsreichsten Land der Welt, wurde der Malthusianismus zwar während der radikalkommunistischen Ära Mao Tse-tuns als reaktionäre Ideologie verfemt; aber etwa seit 1980, nach dem Ende des Maoismus, gilt das Bevölkerungswachstum auch dort als große Gefahr für die Ernährungslage und die Umwelt.

Bevölkerungswachstum schädigt nicht automatisch die Umwelt

Ob bestimmte Wirtschaftsformen der Umwelt dauernden Schaden bringen oder nicht, ist in der Tat wesentlich eine Frage der Bevölkerungsdichte. Bei dünner Besiedlung ist so gut wie jede Wirtschaftsweise umweltverträglich, egal ob sie mit Raubbau an Wald und Feld oder mit Flussverschmutzung verbunden ist. Kann man daraus folgern, dass das Bevölkerungswachstum prinzipiell umweltschädlich ist? An dieser Frage scheiden sich die Geister. Wer diejenige Natur am höchsten schätzt, die vom Menschen am wenigsten beeinflusst ist, für den ist die Sache klar: Eine Vermehrung der Menschen ist stets schädlich. Wenn man jedoch meint, dass auch die menschliche Kultur die Natur bereichern kann, und nicht die Wildnis, sondern die nachhaltige Nutzung als Leitbild setzt, dann wird die Situation mehrdeutig. Denn gerade die Bevölkerungsverdichtung ermöglicht nachhaltige Arten des Ackerbaus mit sorgfältigem Bodenschutz. So sind die Nassreisterrassen Ost- und Südostasiens, die zum Teil über Jahrhunderte, vielleicht sogar Jahrtausende zurückreichen, an eine hohe Bevölkerungsdichte gebunden. Bei starkem Bevölkerungsrückgang geraten sie mitsamt den Bewässerungssystemen in Verfall.

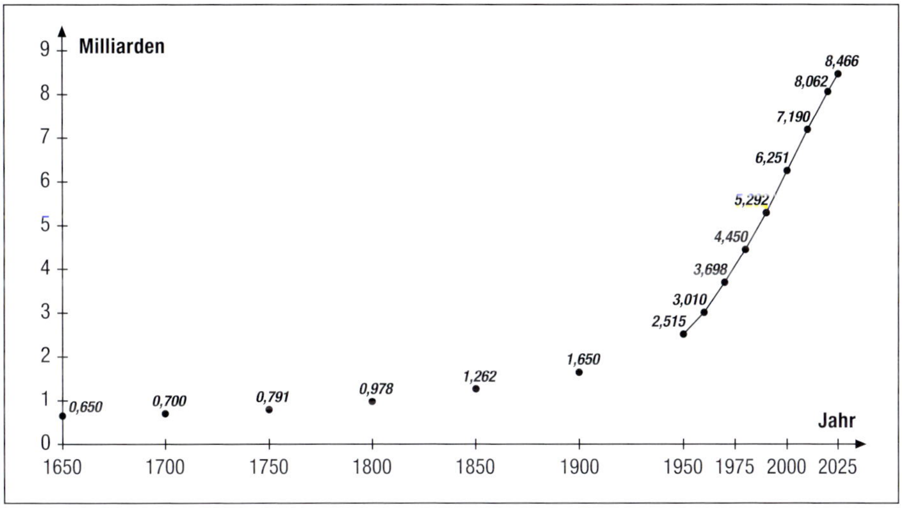

43 Wachstum der Weltbevölkerung von 1650 bis um 2000 (Prognose bis 2025).
Wo lassen sich historische Zäsuren erkennen? Setzen Sie diese zu den Ihnen bekannten historischen Epochen in Beziehung.

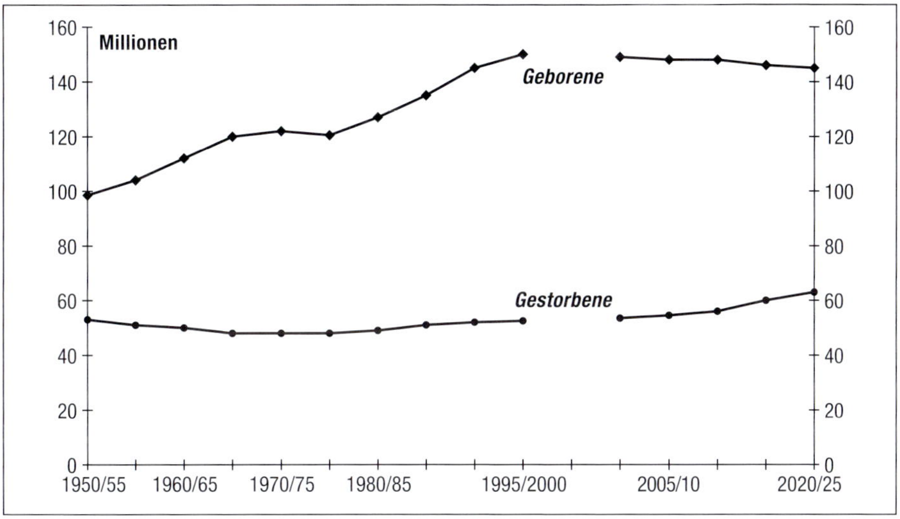

44 Anzahl der Geborenen und Gestorbenen in der Welt ab 1950.

Gegen Malthus: Esther Boserup

Die dänische Agrarökonomin *Esther Boserup* (1910–1999) setzte gegen Malthus die These, gerade die Bevölkerungsverdichtung sei eine Kraft des agrarischen Fortschritts hin zur optimalen Bodennutzung. Ob dies zutrifft, ist jedoch nicht nur eine Frage der Umwelt, sondern auch der Kultur und Gesellschaft. Gut funktionierende Bewässerungsterrassen erfordern eine kollektive Arbeitsdisziplin, die eine entsprechende Gesellschaft und Kultur voraussetzt. Wenn dagegen die Bevölkerungsverdichtung – wie etwa in weiten Teilen Afrikas – nur dazu führt, dass Wanderweide und Wanderfeldbau in einem engeren Radius betrieben werden, wirkt sie sich auf Boden und Vegetation zerstörerisch aus.

Die Theorie vom demographischen Übergang

Es gibt noch eine weitere Position, die zwar die Schädlichkeit eines ohne Ende fortgesetzten Bevölkerungswachstums nicht leugnet, jedoch behauptet, dass sich die Bevölkerungszahl auf die Dauer von selbst den veränderten Bedingungen anpasse. Das sehe man an den hoch entwickelten Industriestaaten, wo die Bevölkerungszahl vielfach stagniere oder sogar im Schrumpfen begriffen sei. Durch Urba-

45 Jährliche Zuwachsrate der Weltbevölkerung ab 1960.
Vergleichen Sie mit dem Informationstext und den beiden vorigen Schaubildern: Welche Theorie könnte dieses Schaubild stützen? Diskutieren Sie, ob es den von Schaubild 44 hervorgerufenen Eindruck korrigiert.

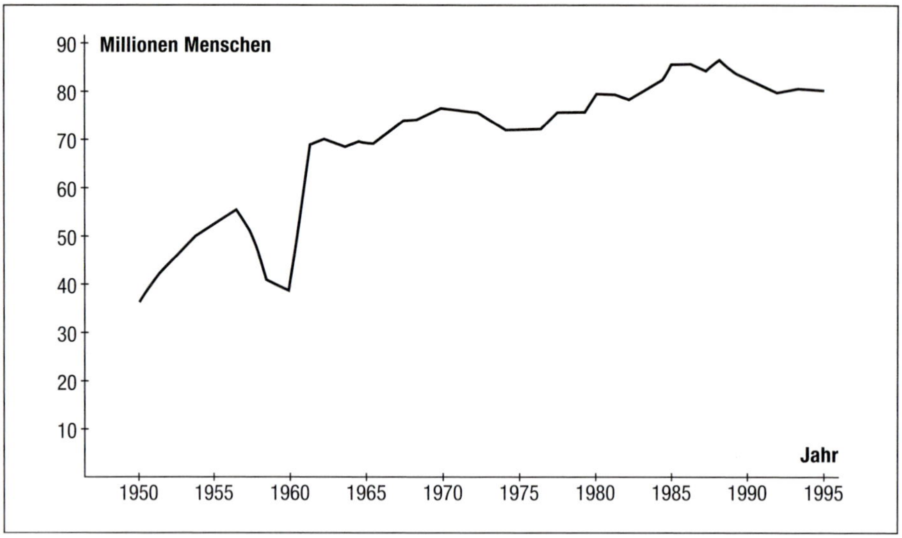

nisierung und Massenmedien verbreiteten sich Lebensstile, die mit einer hohen Kinderzahl nicht mehr vereinbar seien. Das historisch einzigartige Bevölkerungswachstum vor allem in der zweiten Hälfte des 20. Jahrhunderts sei eine Übergangserscheinung, die vor allem auf die Senkung der Sterblichkeit durch die Zurückdrängung der Infektionskrankheiten mit den Mitteln der modernen Medizin zurückgehe. Aber schon gegenwärtig nehme der Bevölkerungszuwachs in weiten Teilen der Dritten Welt ab, und es sei damit zu rechnen, dass er sich auf die Dauer der erhöhten Lebenserwartung anpasse. Das ist die Theorie vom *demographischen Übergang.* Allerdings ist nicht sicher, ob es sich dabei um ein verlässliches Gesetz handelt, das in allen Kulturen gilt. Und selbst wenn dies der Fall ist, könnte die Anpassung erst zu einer Zeit erfolgen, da die Umwelt bereits schwer geschädigt ist.

46 Was entspricht der „Natur" des Menschen: grenzenloses Bevölkerungswachstum oder Bevölkerungsbegrenzung?

a) Der Biologe Hubert Markl, von 1986 bis 1991 Präsident der Deutschen Forschungsgemeinschaft, vertritt folgende Position:

Von Natur aus sind wir […] gerade dadurch besonders gefährdet, weil und wenn wir uns weiterhin besonders „naturgemäß" verhalten. Allerdings ist dies ein anderes „naturgemäß", als die meisten heute darunter verstehen. Im evolutionsbiologischen, wissenschaftlichen Naturverständnis heißt nämlich „naturgemäß" nicht, sanft und bescheiden, rücksichtsvoll und selbst beschränkend zu leben, sondern mit allen Mitteln eigener Fähigkeiten die Steigerung der eigenen reproduktiven Fitness zu fördern, koste es, was es wolle. […]

Es mag überraschen, dass ich als Biologe die katastrophale und ständig weiter anschwellende Massenvermehrung der Menschheit keineswegs unnatürlich finde. Ganz im Gegenteil! Ich finde sie jedoch in höchstem Maße moralisch unverantwortlich und zutiefst inhuman. […] Wir verhalten uns im Wortsinne „bestialisch", nämlich genauso wie die wilden Tiere, für deren Vermehrung eben keine selbst gesetzten moralischen Schranken gelten. […]

Übervölkerung der Erde mit Menschen ist kein biologisches, sondern ein moralisches Problem, obwohl es biologische Ursachen in kreatürlicher Vermehrungsbereitschaft hat und obwohl man sie als durchaus natürlich bezeichnen kann. Wir selbst sind es, die

– aus eigenem Interesse wie aus der sittlichen Erwägung, nicht zu zerstören, was uns wertvoll ist [...] und was wir nicht wiederherstellen könnten – uns selbst Einhalt gebieten müssen.
So neu wäre das übrigens keineswegs. Vieles spricht nämlich dafür, dass die Gesamtbevölkerung der Menschheit während des mehrere hunderttausend Jahre währenden Kulturzustandes als paläolithische Steinzeit-Sammler und -Jäger nicht etwa deshalb weltweit kaum über 10 Millionen anwuchs, weil die natürlich gegebene Zuwachsrate dies nicht erlaubt hätte, sondern weil die Menschen während dieser langen Zeit ihre Vermehrung aktiv [...] genau so kontrollierten, dass die ihnen zugänglichen Ressourcen der verfügbaren Lebensräume für die Versorgung hinreichten.

Hubert Markl: Wissenschaft gegen Zukunftsangst. München 1998, S. 101f. und 109ff.

b) Ein französischer Historiker schreibt über das Bevölkerungswachstum in den Cevennen im 16. und 17. Jahrhundert:

Das Bergland erscheint [um 1550] ebenso dicht besiedelt und stark bevölkert wie die Ebene von Nîmes: 132 Häuser pro Dorf. Gewaltige Gemeinden des 16. Jahrhunderts, die sich an einen kalten, rauen Boden klammern. Wenn man die Armut der landwirtschaftlichen Ressourcen des Hochlands bedenkt, kommt diese Gleichheit des Bevölkerungsstandes mit dem der Ebene einer Übervölkerung des Gebirges gleich; die Menschendichte der Cevennen im Jahre 1552 hat etwas Erschreckendes und auch Deprimierendes, denkt man an den erbärmlich niedrigen Lebenszuschnitt und Gesundheitszustand: Ärzte des 16. Jahrhunderts berichten über die riesigen Kröpfe der Menschen [...]; die Skrofeln, mit denen in den Tuchmacherorten die Spinner behaftet sind. [...]
Die Bevölkerungsdichte macht einen Sprung nach vorn, während die Weizenproduktion auf der Stelle tritt. Warum dieser Stillstand? Konkurrenz der Pflanzungen? [...] In Wirklichkeit hat die Kurzatmigkeit der Weizenproduktion tiefere Ursachen. Sie hängen zusammen mit den Strukturen der mittelmeerländischen Landwirtschaft, mit der Natur ihrer Rodungen. [...] (Es gab nur noch steinigen und trockenen Boden zu roden.) Und die mühsame, kostspielige Rodung stößt sich buchstäblich immer wund an der unbarmherzig sinkenden Rentabilitätsschwelle. Unter diesen Umständen hat das Roden etwas Absurdes, fast Nutzloses.

Emmanuel Le Roy Ladurie: Die Bauern des Languedoc. Stuttgart 1983, S. 83f., 88f. und 271.

c) Der französische Historiker Fernand Braudel (1902–1985), für viele der bedeutendste Historiker seiner Zeit, gibt für das späte 18. Jahrhundert ein anderes Bild:

1758 spricht der südfranzösische Geistliche Jean Novi de Caveirac von jenen Männern, die „ohne Bedauern auf den köstlichen Namen Vater" verzichten, „die einen, indem sie ihre Begierden zügeln, die anderen, indem sie *die Natur betrügen*". 1763 verweist Turmeau de la Morandière, ein „Demograph aus Liebhaberei", auf den Fortschritt der Empfängnisverhütungspraktiken: Die Ehepaare wollen nur noch ein Kind oder überhaupt keines mehr. [...] Ebenso entschieden äußert sich 1778 Moheau: „Nicht nur die reichen Frauen [...] betrachten die Fortpflanzung der Art als *Schwindel, auf den sich früher einmal Narren einließen*; schon sind diese *verderblichen Geheimnisse*, die kein Lebewesen außer dem Menschen kennt [...], bis aufs Land gedrungen; selbst in den Dörfern betrügt man die Natur." [...] Diese Zeugnisse lassen keinen Zweifel: Die Empfängnisverhütung mittels Coitus interruptus breitet sich wie eine ansteckende Krankheit aus und findet immer mehr Anhänger.

Fernand Braudel. Frankreich Bd. 2. Die Menschen und die Dinge. Aus dem Französischen von S. Summere und G. Kurz. Stuttgart 1990, S. 182f.

a) Wie bestimmt Markl „natürliches" wie „moralisches" Verhalten?
b) Schildern Sie den Wandel in der französischen Mentalität, der aus den Texten 46b/c hervorgeht, und erläutern Sie die Bewertung dieses Wandels durch Braudel.
c) Erläutern Sie den Ausdruck „die Natur betrügen" (46c) sowie das dahinter stehende Interesse und diskutieren Sie, auf welche Weise man bestimmen kann, was die menschliche Natur ist.
d) Wie passen diese Texte zu der These, dass nur der wirtschaftliche Fortschritt das Bevölkerungswachstum in der Dritten Welt zum Stillstand bringen kann, und zu der Theorie vom „demographischen Übergang"?

47 Malthus oder Boserup: Was beweist das Beispiel China?

a) Ein amerikanischer Ethnologe, der die chinesischen Kleinbauern mit denen anderer Weltregionen vergleicht, gelangt zu dem Resultat:

China ist das Musterland der intensiven Kleinbauernwirtschaft. Keine andere Gesellschaft der Erde hat die gleiche ungebrochene Geschichte einer dichten ländlichen Bevölkerung, die im Kontext einer großen und dauerhaften Zivilisation einen permanenten, nachhaltigen Ackerbau praktiziert. [...] China ist in vieler Hinsicht eine gigantische Bühne, auf der sich über die vergangenen zwei Jahrtausende die Boserup'sche Logik von Bevölkerungswachstum, schrumpfendem Pro-Kopf-Areal und Kompensation durch intensive Landnutzung abgespielt hat. [...] Die Chinesen mussten aus ihren kleinen Ackerflächen das Beste machen. Sie konnten sich nicht den Luxus einer ausgiebigen Brache mit natürlicher Regeneration der Bodenfruchtbarkeit oder eines Wechsels von Ackerbau und Weide leisten. [...] Mochten auch Dürrezeiten, Überschwemmungen und Seuchen selbst den fleißigsten Bauern überwältigen, so war dieser doch unermüdlich in seinen Bemühungen, sein Risiko zu vermindern und seine Produktion zu stabilisieren. Die intensiven Bauern Chinas investierten in Terrassen, Be- und Entwässerung, Gründünger, Kompost, Fruchtwechsel und präzise Düngung: in all das, was den nachhaltigen Ackerbau kennzeichnet. [...]

Eine Beschreibung der Stadt Hangtschou aus dem 13. Jahrhundert erwähnt Schwärme von Booten, die den Abfall und die Nachterde [menschliche Exkremente] aus den Städten beförderten. [...] Ein städtisches Leben ohne stinkende Gossen und Wasserläufe und ein Agrarsystem, das auf der Rezyklierung von wertvollem organischen Material beruhte, hatte sich zu einer ökologischen Symbiose vereint, die in der westlichen Welt unerreicht war.

Robert McC. Netting: Smallholders, Householders. Farm Families and the Ecology of Intensive, Sustainable Agriculture. Stanford 1993, S. 232f., 236 und 48. [Übersetzung Radkau]

b) Ein führender Experte für die Umweltgeschichte Chinas interpretiert die chinesische Agrargeschichte als „drei Jahrtausende von nicht-nachhaltigem Wachstum":

Was geschieht bei wirtschaftlichem Wachstum unter vormodernen Bedingungen? Ein Reisfeld chinesischer Art bietet ein aufschlussreiches Beispiel: Es muss eingeebnet und eingedeicht werden, was einen beträchtlichen Einsatz von menschlicher Energie erfordert. [...] Es muss bewässert werden, was die Anlage eines hydraulischen Systems von Dämmen, Stauteichen und Verteilungskanälen erfordert. Dieses System wird stets bis zu einem gewissen Grade instabil sein, hauptsächlich wegen der Sedimentablagerungen in den Kanälen und der Verschlammung der Stauteiche und des Flussbetts. Von daher ist ein immer höherer Energieeinsatz nötig. [...] In China führte der verbreitete Gebrauch un- oder kaum behandelter menschlicher Fäkalien als Dünger in den Reisfeldern, wo die Bauern barfuß arbeiteten, zur Verbreitung von Wurmkrankheiten. [...]

Um 1900, am Ende der Kaiserzeit, war der größte Teil des chinesischen Kerngebiets seiner Wälder beraubt, die es vor drei Jahrtausenden bedeckt hatten. [...] Eine Kurzcharakteristik des chinesischen Wirtschaftsstils der letzten Jahrhunderte würde das Bild einer dynamischen, aber relativ armen Gesellschaft zeichnen, die ständig von der Expansion der Bevölkerung dazu getrieben wird, sich neue Umwelten zu unterwerfen, und dies auch mit Geschick und geduldiger Zähigkeit bewerkstelligt, die jedoch auf lange Sicht diese Umwelten in der Regel schädigt oder zerstört.

Mark Elvin: 3000 Years of unsustainable growth: China's environment from archaic times to the present. In: East Asian History (Canberra) Jg. 6/1993, S. 12 und 29. [Übersetzung Radkau]

a) Stellen Sie verschiedene Methoden zusammen, mit denen sich unter vormodernen Bedingungen ein Bevölkerungswachstum bewältigen ließ.

b) Überlegen Sie, ob sich beide Urteile über die chinesische Agrargeschichte ganz und gar widersprechen oder sich bis zu einem gewissen Grade miteinander vereinbaren lassen.

c) Untersuchen Sie die Rolle, die die Gemeingüter Wasser, Wald und Weide in beiden Texten spielen.

III. Fremde Naturen: Der Kolonialismus als ökologische Wende

Mit dem Kolonialzeitalter beginnt eine neue Ära nicht nur in der Welt-, sondern auch in der Umweltgeschichte: zunächst und vor allem für die kolonisierten Gebiete, auf die Dauer jedoch auch für Europa. Schon auf die Entdeckung und Eroberung von Madeira ab 1419 durch die Portugiesen folgten radikale Eingriffe in die dortige Umwelt, wie sie für den Kolonialismus dann typisch wurden. Die Insel war bis dahin dicht bewaldet gewesen – „Madeira" bedeutet „Holz" –, wurde von den Portugiesen jedoch zum Zentrum des Zuckerrohranbaus gemacht; diesem fiel der Großteil der Wälder zum Opfer.

Zucker und Sklaverei

Neben dem Drang nach Edelmetallen war die Zuckergewinnung bis zum 18. Jahrhundert eine Haupttriebkraft der kolonialen Eroberungen; denn Zucker war damals eine begehrte Kostbarkeit, und eine Zuckergewinnung aus heimischen Rüben kannte man in Europa noch nicht. Mit den Zuckerrohrplantagen hat der Kolonialismus der frühen Neuzeit manche Landschaften der eroberten Gebiete besonders einschneidend verändert: nicht nur durch die Plantagen selbst, sondern auch durch den gewaltigen Holzverbrauch beim Zuckersieden. Zudem wurde das Zuckerrohr zu einem Hauptantrieb, schwarzafrikanische Sklaven nach Amerika zu verschleppen. Diskussionen darüber, ob der Rohrzucker unentbehrlich oder schädlich sei, waren im 18. und 19. Jahrhundert zugleich Diskussionen über die Sklavenhaltung.

48 Der Kampf zwischen Zuckerrohr und Zuckerrübe: Karikatur von Honoré Daumier (1836). Der Konkurrenzkampf zwischen dem kolonialen Rohrzucker und dem aus der einheimischen Zuckerrübe gewonnenen Zucker beschäftigte im 19. Jahrhundert die Öffentlichkeit. Der einheimische Rübenzucker wurde aus politischen Gründen gefördert, konnte jedoch lange Zeit nicht mit dem Rohrzucker konkurrieren: Hier liegt die Zuckerrübe, obwohl mit Auszeichnungen behängt, am Boden.
Kommentieren Sie die Darstellung des siegreichen Zuckerrohrs.

Kolonialismus und biologische Invasion

Einen umwelthistorischen Einschnitt bedeutet der Kolonialismus am allermeisten in Amerika und Australien, weit weniger in Asien und Afrika, wo die einheimische Natur den europäischen Eindringlingen einen viel zäheren Widerstand entgegensetzte und es zu keinen großflächigen Dauersiedlungen von Europäern kam. Asien und Afrika waren mit Europa stets in Kontakt gewesen, Amerika und Australien dagegen nicht. Da gelangten europäische Pflanzen, Tiere und Bakterien in ein Neuland, das gegenüber den Eindringlingen durch keine Immunität und keine natürlichen Feinde gewappnet war und wo sich daher manche Arten über geraume Zeit ungehemmt ausbreiten konnten. Für Australien, das mit seiner Flora und Fauna von der übrigen Welt am stärksten isoliert gewesen war, galt das noch mehr als für Nord- und Südamerika.

Amerika – ein „wildes" Land?

Das heißt nicht, dass die Kolonisatoren in weiten Teilen der Neuen Welt eine vollkommene Wildnis, eine „unberührte Natur" vorgefunden hätten. Viele Europäer haben das lange Zeit geglaubt; aber wir wissen heute, dass diese Annahme ein Irrtum war. Auch die Ureinwohner Amerikas und Australiens haben die dortigen Landschaften auf weiten Flächen verändert: vor allem durch Feuerlegen. Der Eindruck einer fast menschenleeren Wildnis entstand in vielen Regionen erst als Folge der verheerenden Wirkungen der von den Europäern eingeschleppten Seuchen. Wie ein Indianerforscher sagte, handelte es sich bei Nordamerika nicht, wie die Europäer meinten, um „jungfräuliches", sondern um „verwitwetes Land".

Begingen die Maya ökologischen Selbstmord?

In Mexiko, Mittel- und Südamerika gab es indianische Hochkulturen, die ihren Kernregionen die natürlichen Ressourcen durch dichte Besiedlung und intensiven Ackerbau bis an die Grenzen nutzten, wenn nicht gar übernutzten. Über die Ursachen des abrupten Zusammenbruches der Maya-Hochkultur auf der Halbinsel Yucatan nach 840 n. Chr. ist viel gerätselt worden. Viele Forscher sehen die Ursache darin, dass die Maya auf leicht zerstörbaren Tropenböden eine viel zu dichte Bevölkerung konzentriert und zu ihrer Ernährung permanent und ohne Düngung Mais angebaut hätten, der den Boden auslaugt. Andere Archäologen glauben auch bei der aztekischen Kultur im Hochland von Mexiko, die um 1520 von den spanischen Eroberern unter Hernando Cortez zerstört wurde, Anzeichen von Übervölkerung zu erkennen; denn das aztekische Kerngebiet um die heutige Hauptstadt Mexiko war weitaus dichter besiedelt als alle damaligen Regionen Europas. Es gibt sogar die These, dass die aztekischen Menschenopfer, die in ihrer Massenhaftigkeit in der überlieferten Geschichte einzig dastehen und mit Kannibalismus verbunden waren, auf eine chronische Ernährungskrise hindeuten.

Seuchen als ökologische Phänomene

Auch die Seuchen gehören zur ökologischen Geschichte; denn sie können sich nur dann rapide verbreiten, wenn der Seuchenerreger bei den von ihm befallenen Lebewesen eine „ökologische Nische" findet. Diese ist naturgemäß in solchen Regionen, die mit dem Seuchenerreger noch nie Kontakt hatten und keinerlei Immunität ausbilden konnten, besonders groß. Über die eingeschleppten Seuchen hat der Kolonialismus die amerikanische Bevölkerung und Landschaft am schnellsten und stärksten beeinflusst, auch wenn dies den damaligen Europäern nur wenig bewusst war. Es handelte sich um Pocken, Pest, Typhus und Malaria, aber auch um Krankheiten wie Masern, Grippe, Keuchhusten und Windpocken, die in der Alten Welt im Allgemeinen nicht zum Tode führten, bei solchen Menschen jedoch, die keinerlei Immunschutz dagegen hatten ausbilden können, oft tödlich wirkten. Vor allem dadurch wurden viele Indianervölker in kurzer Zeit bis auf einen Bruchteil dezimiert, in manchen Fällen sogar völlig ausgerottet. Ohne diese furchtbare Schwächung der einheimischen Bevölkerung wäre es kaum zu erklären, dass sich die europäische Herrschaft hier, anders als in Asien und Afrika, rasch und dauerhaft durchsetzen konnte, obwohl die Zahl der europäischen Siedler in ganz Amerika bis zum 18. Jahrhundert kaum die Millionengrenze erreichte. In der Ära der Segelschiffe hielt sich der Menschen- und Warentransport über die Ozeane in engen Grenzen. Nur die Mikroben und auch manche Tier- und Pflanzenarten breiteten sich in den neuen Welten rascher aus.

Absichtliche und unbeabsichtigte Umweltwirkungen

Wenn man die ökologische Tragweite des Kolonialismus untersucht, muss man – wie stets in der Umweltgeschichte – zwischen *beabsichtigten* und *unabsichtlichen* Wirkungen unterscheiden; die Seuchen sind ein Beispiel dafür, dass die unbeabsichtigten Folgen oft von größter Tragweite sind. Unter den beabsichtigten Umweltfolgen der Kolonisation stehen die Auswirkungen der *Weidewirtschaft* obenan, zumal die amerikanische Urbevölkerung kaum Weidetiere besaß. Die Schafherden gaben den höher gelegenen Regionen Mexikos ähnlich wie denen Spaniens ein neues karges, waldarmes Gepräge. Das Pferd, auf das sich ursprünglich ein Gutteil der militärischen Überlegenheit der Spanier gegründet hatte, wurde auch zu einem Bestandteil indianischer Kulturen; damit erlangten manche Indianervölker eine bis dahin nicht gekannte Mobilität. Die altindianischen Kulturen hatten das Wagenrad nicht gekannt. Mit dem Rind kam der Pflug in die Neue Welt, der auf vielen Böden einen intensiveren Ackerbau möglich machte, allerdings gegenüber dem indianischen Grabstock die Gefahr der Bodenerosion erheblich erhöhte.

Bergbau und Waldzerstörung

Besonders einschneidend veränderten die Kolonisatoren die in Amerika vorgefundene Natur durch die Plantagen – großflächige Monokulturen – und durch das Berg- und Hüttenwesen. Der Drang nach Edelmetallen war ursprünglich das Hauptmotiv der kolonialen Eroberungen gewesen; und nirgends wurden die Indios schlimmer ausgebeutet als in den Bergwerken. Der ungeheure Holzbedarf der Schmelzhütten hat vermutlich zur Zerstörung weiter Waldgebiete geführt. In Europa wurde der Brennstoffbedarf des Montanwesens zu einer Triebkraft, die Waldwirtschaft im Sinne der Nachhaltigkeit zu regeln. Überall, wo das Berg- und Hüttenwesen florierte, wurde die Holzversorgung zu einer Hauptsorge; das galt auch für die Neue Welt. Aber unter kolonialen Bedingungen ließen sich Einschränkungen in der Waldnutzung weit schwerer durchsetzen als in Europa. Dennoch waren die durch den Bergbau und ähnlich die durch die Plantagen bewirkten Umweltveränderungen bis ins 19. Jahrhundert auf einen kleinen Bruchteil des amerikanischen Territoriums beschränkt.

Am weitreichendsten: moderne Fernwirkungen des Kolonialismus

Eine allumfassende Auswirkung des Welthandels begann erst im 19. Jahrhundert, in der Ära der Eisenbahn und des Dampfschiffs, als sich Nord- und Südamerika von den Kolonialmächten unabhängig gemacht hatten. Wichtig war auch die Erfindung der Kühlmaschine und des Kühlschiffs, das es möglich machte, Frischfleisch in beliebiger Menge über den Atlantik zu transportieren, und das daher der Rinderweide – in der US-amerikanischen Prärie wie in der argentinischen Pampa – einen ungeheuren Aufschwung gab. Im 20. Jahrhundert war mit dem motorisierten Straßenverkehr hier wie überall ein neuer großer Schub in der Umweltveränderung verbunden; erst jetzt drang der moderne Verkehr bis in entlegene Regionen. Während bis zum 19. Jahrhundert weite Teile Amerikas eher untervölkert

49 Seifengoldgewinnung (durch Auswaschen von Ablagerungen in Flusssanden) durch schwarze Sklaven in Westindien: Kupferstich von 1728. Im Vordergrund links Züchtigung von Sklaven. Der Bergbau in den Kolonien ging mit Menschen oft ebenso rücksichtslos um wie mit der Umwelt.

waren und sich Umweltprobleme schon von daher in Grenzen hielten, war das 20. Jahrhundert auch hier wie fast überall in der Welt von einem starken Bevölkerungsanstieg und einem noch stärkeren Wachstum städtischer Ballungszentren gekennzeichnet. Wenn mit der Kolonialzeit eine neuere Ära beginnt, so fällt die flächendeckende Auswirkung des damals beginnenden Welthandels doch erst in die postkoloniale Zeit.

Fremdsteuerung und Umweltschädigung

Eine Kontinuität besteht seit dem 16. Jahrhundert in der zunehmenden Fremdsteuerung, der die Wirtschaftsweise der einheimischen Bevölkerung in den Kolonialländern unterlag. Durch das spanische Steuer- und Abgabensystem wurden die Indios gezwungen, einen Teil ihrer alten Ackerbautraditionen aufzugeben und sich auf die Bedürfnisse der Kolonialmacht umzustellen. Nach Amerika wurden vom 16. bis zum 19. Jahrhundert Millionen schwarzafrikanischer Sklaven verfrachtet, die nicht über dortige Traditionen des Bodenschutzes verfügten. In Haiti, dem 1791 aus einem Aufstand schwarzer Sklaven hervorgegangenen Staat, nahm die vom Menschen verursachte Bodenerosion die vermutlich in ganz Lateinamerika schlimmsten Ausmaße an. Nordamerikanische Indianerstämme wurden durch die europäische Nachfrage nach Biberpelzen dazu verführt, die Biberbestände zu überjagen.
Nicht nur durch Zwänge, sondern auch durch ökonomische Anreize schritt eine Außensteuerung der einheimischen Wirtschaft voran, die die Balance zwischen Mensch und Natur teilweise gefährdete. Auf der anderen Seite bewies die überkommene indianische Subsistenzwirtschaft, in deren Zentrum der kombinierte Anbau von Mais und Bohnen stand, bis weit ins 20. Jahrhundert hinein in weiten Regionen Lateinamerikas eine beachtliche Zähigkeit. Mais und Bohnen ergänzen sich in ihrem Nährwert gegenseitig; und die Kombination beider Anbauarten wirkt der Bodenerschöpfung entgegen. Durch die zunehmende weltwirtschaftliche Verflechtung in der zweiten Hälfte des 20. Jahrhunderts ist diese traditionelle Selbstversorgungswirtschaft noch weit stärker zurückgedrängt worden als durch die spanischen Eroberer des 16. Jahrhunderts.

Rückwirkungen auf die Alte Welt

Als Folgewirkung der kolonialen Expansion beginnt auch in der Alten Welt eine neue Ära der Agrar- und Umweltgeschichte. Die folgenreichsten Arten, die von Amerika übernommen wurden, waren die *Kartoffel* und der *Mais*. Nicht nur in weiten Teilen Europas, sondern bis nach Afrika und Ostasien brachten diese beiden Arten, gefolgt von Bohnen, Tabak und Tomaten, einen epochalen Wandel. Sie besitzen einen sehr hohen Nährwert pro Flächeneinheit und ermöglichten daher eine Bevölkerungsverdichtung, wie es sie bis dahin vorwiegend in den Gebieten des intensiven Reisanbaus gegeben hatte. Mit der Kartoffel ließen sich Böden beackern, die für den Getreideanbau nur wenig geeignet waren; die Kartoffelschalen machten die Schweinemast im Eichen- und Buchenwald unnötig. Der Mais bietet ein hochwertiges Viehfutter, laugt jedoch den Boden aus und befördert auf abschüssigem Gelände die Erosion. In Deutschland breitete sich der Maisanbau allerdings erst im 20. Jahrhundert stärker aus. Der Kolonialismus der frühen Neuzeit hatte ökologische Fernwirkungen, die über jene Zeit weit hinausreichen.

50 Das große Sterben unter den Ureinwohnern Amerikas und Australiens

a) Die berühmteste Anklage gegen die spanischen Konquistadoren stammt von *Bartolomé de Las Casas* (1474–1566), einem Mitglied des Dominikanerordens, der zum offiziellen „Verteidiger der Indios" beim spanischen Königshof aufstieg. In dieser Funktion schrieb er für Kaiser Karl V. seinen *Kurzgefassten Bericht von der Verwüstung der Westindischen Länder*, in dem er daran erinnert:
In denjenigen Gegenden, die bis zum Jahr 1541 bekannt geworden sind, wimmelte es von lebendigen Geschöpfen wie in einem Bienenstock. Es schien nicht anders, als habe Gott die ganze Masse, oder

doch wenigstens den größten Teil des Menschengeschlechts, in diesen Erdstrich verpflanzt.
All diese unzähligen Menschen von verschiedenem Schlage schuf Gott einfältiglich, ohne Falsch und Arg. […] Es sind Leute von schwächlicher, zarter Leibesbeschaffenheit; sie können nicht viel Beschwerden ertragen und sterben leicht an der geringsten Unpässlichkeit. […] Ihre Nahrung ist von der Art, dass selbst die heiligen Väter in der Wüste nicht spärlicher, armseliger, kümmerlicher gelebt haben mögen. […]
Unter diese sanften Schafe […] fuhren die Spanier wie Wölfe, Tiger und Löwen, die mehrere Tage der Hunger quälte. Seit vierzig Jahren haben sie unter ihnen nichts anderes getan, und noch bis auf den heutigen Tag tun sie nichts anderes, als dass sie dieselbigen zerfleischen, erwürgen, peinigen, martern, foltern. […] Hierdurch brachten sie es dahin, dass gegenwärtig von mehr als drei Millionen Menschen, die ich ehedem auf der Insel Hispaniola (Haiti) mit eigenen Augen sah, nur noch zweihundert Eingeborene vorhanden sind.

Las Casas: Bericht von der Verwüstung der westindischen Länder, hrsg. von Hans Magnus Enzensberger. Frankfurt 1966, S. 9f. und 40.

b) Charles Darwin (1809–1882), der berühmteste Naturforscher des 19. Jahrhunderts, begründete das moderne *evolutionistische* Naturbild: die Vorstellung, dass sich die Natur in ständigem, wenn auch meist unmerklichem Wandel befindet. Besonders bekannt wurde er durch seine These, dass der *Kampf ums Dasein* (struggle for existence) der Motor der Evolution sei. 1836 notiert er nach seiner Ankunft in Australien, das ab 1788 zu einer britischen Kolonie geworden war:

Endlich warfen wir in der Bucht von Sydney Anker. […] Am Abend ging ich durch die Stadt und kehrte voll Bewunderung zurück. Es ist ein äußerst großartiges Zeugnis für die Kraft der britischen Nation. Mein erstes Gefühl war, dass ich mir gratulierte, als Engländer geboren zu sein. […]
Die Zahl der Eingeborenen nimmt reißend ab. […] Diese Abnahme muss ohne Zweifel zum Teil eine Folge der Einführung von Spirituosen, von europäischen Krankheiten (denn selbst die milderen Formen derselben, wie z. B. die Masern, treten hier äußerst zerstörend auf) und zum Teil von der allmählichen Ausrottung der wild lebenden Tiere sein. […]
Außer diesen offenbaren Ursachen der Zerstörung scheint ganz allgemein irgendein anderer geheimnisvoller Einfluss tätig zu sein. Wo nur immer der Europäer seinen Fuß hingesetzt hat, scheint der Tod den Eingeborenen zu verfolgen. Wir können auf die großen Flächen von Amerika, nach Polynesien […] und Australien blicken: Wir finden dasselbe Resultat. […] Die Varietäten des Menschen scheinen aufeinander in derselben Weise einzuwirken wie verschiedene Spezies von Tieren – die stärkere unterdrückt immer die schwächere. Es war sehr niederdrückend, in Neuseeland die schönen energischen Eingeborenen sagen zu hören, dass sie wohl wüssten, das Land wäre dazu bestimmt, von ihren Kindern auf andere überzugehen.

Charles Darwin: Reise um die Welt, 1831–36. Stuttgart 1993 (urspr. 1839), S. 319, 322f.

c) Darwin-Karikatur: Der mit einem Affenkörper versehene Darwin fühlt einer Gesellschaftsdame den Puls. Populär wurde von der Evolutionslehre Darwins besonders die Konsequenz, „dass der Mensch vom Affen abstammt", allgemeiner gesagt: dass der Mensch mit dem Tierreich verwandt ist. Da konnte man den beschleunigten Pulsschlag einer Frau beim Anblick eines ungewöhnlichen Mannes als animalischen Reflex deuten.

d) William H. McNeill (geb. 1917), ein Pionier der historischen Seuchenforschung, schreibt über die Eroberung Amerikas durch die Spanier:

Die ungewöhnliche Geschichte der Eroberung Mexikos – ebenso später die Eroberung des Inkareiches – war in Wirklichkeit nur Teil eines größeren Rätsels.

Nur verhältnismäßig wenige Spanier haben jemals den Ozean zur Neuen Welt überquert, und doch gelang ihnen, einer ungleich größeren Zahl von Indianern die spanische Kultur aufzuzwingen. Die der europäischen Zivilisation innewohnende Anziehungskraft und [...] technische Überlegenheiten der Spanier reichen jedoch nicht aus, um die vollständige Abkehr von älteren indianischen Lebens- und Glaubensformen zu erklären. Warum sind beispielsweise die alten Religionen Mexikos und Perus so restlos verschwunden? [...]
Ein beiläufiger Hinweis in einem der Berichte über Cortez' Eroberung [...] brachte mich der Antwort auf diese Fragen ein Stück näher. [...] Denn in der Nacht, in der die Azteken Cortez und seine Leute aus (ihrer Hauptstadt) Tenochtitlán vertrieben und viele von ihnen töteten, wütete in der Stadt eine Pockenepidemie. Der Mann, der den Angriff auf die Spanier geführt hatte, befand sich unter denen, die noch in derselben [Nacht] starben. [...] Die lähmende Wirkung einer tödlichen Seuche erklärt weitgehend, warum die Azteken die geschlagenen und demoralisierten Spanier nicht verfolgten und ihnen damit Zeit und Gelegenheit gaben, sich auszuruhen [...] und schließlich doch noch den Sieg zu erringen.

William H. McNeill: Die großen Epidemien. Bergisch Gladbach 1983, S. 7f.

a) Untersuchen Sie Las Casas' Anklage gegen die Spanier darauf, ob sie aufschlussreiche Hinweise auf umwelthistorische Zusammenhänge enthält.
b) Welche Beziehungen zwischen seiner Theorie und seinen Eindrücken in Australien lassen sich bei Darwin erkennen?
c) Worauf führt McNeill den Untergang des Aztekenreiches zurück?

51 Im Zentrum der Kolonialwirtschaft: die Zuckerrohrplantage

a) Über den Zusammenhang von Zucker, Weltwirtschaft und Sklaverei schreibt der Historiker Albert Wirz:

Zucker, Plantagen und Sklaverei gehören zusammen, und zusammen bestimmten sie den Gang der Entwicklung in der Karibik. [...] Zuckerrohr war außer Edelmetall das einzige Exportprodukt, auf dem sich eine Kolonialwirtschaft in dieser Region aufbauen ließ. Nicht nur gedieh das ursprünglich aus Südostasien stammende Zuckerrohr besonders gut im tropischen Klima Westindiens. Der Zucker hatte überdies den Vorteil, dass er leicht zu transportieren und praktisch unverderblich war. Außerdem erzielte er in Europa hohe Preise. Anders als westindische Baumwolle, Tabak, Gewürze und Farnhölzer stieß Zucker in Europa nur auf verhältnismäßig wenig Konkurrenz, ehe es 1786 Franz Carl Achard gelang, ein Verfahren zu entwickeln, das die Zuckergewinnung aus Rüben ermöglichte, die auch in gemäßigten Klimazonen gedeihen. [...]
Selbst wenn der Arbeitsrhythmus auf einer Plantage des 17. und 18. Jahrhunderts gemächlicher war als derjenige auf einem modernen Betrieb – ein Erntearbeiter von heute schneidet gut fünfmal soviel Zuckerrohr wie ein Sklave von damals –, war die Arbeit der Sklaven doch knochenbrecherisch, zumal nur einfachste Arbeitsgeräte zur Verfügung standen. Wie die afrikanische Landwirtschaft gründete die Plantagenwirtschaft der Karibik im Wesentlichen auf der langstieligen Hacke. Mitte des 18. Jahrhunderts unternommene Versuche mit Pflügen hatte man bald wieder eingestellt [...], weil der Einsatz von Pflügen die Bodenerosion vorantrieb.

Albert Wirz: Sklaverei und kapitalistisches Weltsystem. Frankfurt 1984, S. 93f., 110f.

b) Alfred W. Crosby, ein Pionier in der Erforschung ökologischer Auswirkungen des Kolonialismus, schreibt über den Zuckerrohranbau auf den Kanarischen Inseln, der zum Modell auch für die westindischen Kolonien wurde:

Zucker wurde zum Katalysator des sozialen und ökologischen Wandels. Die neue Elite der Kanarischen Inseln importierte für die Zuckerrohrfelder und -mühlen Tausende von Arbeitskräften aus Europa und Afrika – einige als freie Arbeiter und viele als Sklaven – und transformierte das Ökosystem zum vornehmlichen Zweck der Zuckergewinnung. Anstelle der Wälder entstanden Zuckerrohrfelder, Weideflächen und kahle Bergflanken. Das Holz der gefällten Bäume wurde für Neubauten und vor allem als Brennstoff gebraucht, um die aus dem Zuckerrohr herausgepresste Melasse zum Kochen zu bringen. [...] Die Regierung auf Teneriffa sah sich bald genötigt, die Wälder vor den Holzfällern zu schützen, und erließ im Jahre 1500 die ersten – wirkungslosen – Vorschriften.

Das Abholzen leistete der Bodenerosion Vorschub, ließ die Flüsse abwechselnd zu reißenden Fluten anschwellen oder völlig versiegen und bewirkte – wie schon in Madeira und auf den Azoren – auch auf den Kanarischen Inseln eine Reduzierung der Niederschlagsmengen, worauf übrigens schon Christoph Kolumbus und nach ihm viele andere Beobachter hingewiesen haben.

Alfred W. Crosby: Die Früchte des weißen Mannes. Ökologischer Imperialismus 900–1900, Frankfurt 1991, S. 98

c) Ein englischer Geograph schreibt über Entwicklungen in der Plantagenwirtschaft auf den Westindischen Inseln im Laufe der frühen Neuzeit:

1720 bedeutet ein kritisches Jahr in der Innovationsgeschichte der westindischen Pflanzergesellschaften [...], weil die erneuerbaren Ressourcen vieler Inseln immer mehr erschöpft wurden, vor allem als Folge der Ausbreitung des Zuckerrohranbaus über die gesamte Region. Diese Ressourcenverminderung wurde in erster Linie durch großflächige Entwaldung hervorgerufen [...], aber auch dadurch, dass dem Boden durch das Zuckerrohr fortwährend Nährstoffe entzogen und nicht zurückgegeben wurden, wobei kümmerliche Anbaupraktiken obendrein zur Bodenabschwemmung führten. [...]

Zu jener Zeit besaß man nur eine unzulängliche Kenntnis der Tropenböden. [...] Daher glaubten die meisten Pflanzer immer noch, alle westindischen Böden, auf denen ein artenreicher tropischer Regenwald wuchs, seien fruchtbar und würden fruchtbar bleiben; denn die gesamte Landschaft *wirkte* überreich an Ressourcen, vor allem im Vergleich zu der relativen Kargheit der Vegetation auf dem heimatlichen Ackerland. Dieser Glaube wurde durch die außergewöhnlich hohen Zuckerrohr-Ernten auf neu gerodetem Land bestärkt, dessen Nährstoffgehalt durch die Asche des abgebrannten Waldes erhöht worden war. [...] Im Laufe der Zeit sollte die Erfahrung beweisen, dass diese Anschauungen [...] eine gefährliche Vereinfachung enthielten. [...] Anzeichen von Bodenerschöpfung wurden [...] schon früh auf Tabakplantagen entdeckt. [...] Aber das Ausmaß und die Intensität der Bodenerschöpfung nahm durch den Zuckerrohranbau in spektakulärer Weise zu, als das bepflanzte Land ununterbrochen ohne Ruhepause genutzt wurde. [...] [Auf Barbados] sahen sich die Pflanzer nunmehr häufig gezwungen, „hohe und starke Mauern und Wehre zu bauen, um den Humusboden festzuhalten, der ausgewaschen wird"; und all jener Boden, der noch weiter talabwärts rutschte, wurde wieder zurück nach oben befördert, „in Karren oder auf den Köpfen der Neger; unsere Neger arbeiten wie Ameisen und Bienen". [...] Eine weitere Neuerung [...] war die Düngerfarm. [...] Da hielt man vor allem Rinder, Schweine und Pferde. [...] Deren Exkremente wurden mit Maisstroh, Gräsern, Zuckerrohrrückständen und anderem geeigneten Grünzeug, das zur Hand war, gemischt; mit diesem Dünger wurde Handel getrieben.

David Watts: The West Indies. Patterns of Development, Culture and Environmental Change since 1492. Cambridge 1987, S. 393, 396f., 400. [Übersetzung Radkau]

a) Stellen Sie verschiedene Aspekte der Umweltveränderung durch den Zuckerrohranbau zusammen.

b) Inwiefern bestehen Zusammenhänge zwischen den ökologischen Problemen des Zuckerrohranbaus und der Sklaverei?

c) In welcher Weise haben sich durch Erfahrungen mit dem Zuckerrohr Frühformen von Umweltbewusstsein entwickelt? Ziehen Sie Vergleiche zu heutigen Diskussionen über den Tropenwald.

d) Die Kanarischen Inseln, Madeira und die Inseln der Karibik sind heute beliebte Reiseziele. Untersuchen Sie einschlägige Reiseführer und Tourismus-Prospekte, wie diese die dortige Landschaft wahrnehmen und ob sie umwelthistorische Hinweise enthalten.

1. „Naturvölker" im Einklang mit der Natur? Die Indianer und das Feuer

Die zwei Kontrastbilder des „Wilden"

In der US-amerikanischen Tradition gibt es zwei zueinander kontrastierende Bilder des Indianers: zum einen das des gefährlichen Wilden, den es zu vernichten gilt; zum andern das des edlen Wilden, der – durch die moderne Kultur unverdorben – den Zivilisationsmenschen an dessen verlorene Natur erinnert. Aber in dem einen wie dem anderen Fall bleibt der Indianer der Wilde. Wenn die Indianerstämme – ebenso wie viele andere Völker außerhalb der durch Baudenkmäler und schriftliche Überlieferung dokumentierten „Hochkulturen" – als „Naturvölker" galten, so enthielt diese Charakteristik ein Stück Romantik, aber sie besaß zugleich ein Element der Abwertung; denn man dachte sich die „Naturvölker" im Gegensatz zu den „Kulturvölkern".

Auch die „Naturvölker" waren Kulturvölker

Diese Sichtweise hat sich im Lauf des 20. Jahrhunderts gewandelt. Die Indianer wurden zum bevorzugten Objekt der Ethnologen; und diese stellten bei vielen Indianervölkern überraschend komplizierte soziale Beziehungen, religiöse Vorstellungen und Verhaltensregeln fest. Die vermeintlichen „Naturvölker" waren auf ihre Art ebenfalls Kulturvölker. Ihr Verhalten ließ sich nicht einfach aus einer Anpassung an die sie umgebende Natur herleiten, sondern war – ebenso wie das der Zivilisationsmenschen – aus kulturellen Verhaltensmustern zu erklären. Daraus ergab sich die Folgerung, es wäre falsch, bei Indianervölkern unbesehen davon auszugehen, sie hätten in Harmonie mit ihrer Umwelt gelebt, sondern man müsse damit rechnen, dass sie ihre Umwelt verändert und in mancher Hinsicht gestört haben.

„Die" Indianer gab es nicht

Pauschalaussagen über *die* Indianer sind unmöglich; es gab unter ihnen sehr unterschiedliche Lebensweisen. Die indianischen Kulturen blieben auch nicht ewig gleich, sondern wandelten sich im Lauf der Jahrhunderte. Einst galt die *Jagd* als die charakteristische Lebensform der Indianer; aber es gibt Anzeichen dafür, dass die Vorfahren der späteren Indianer schon vor Jahrtausenden das Großwild derart überjagten, dass sie von der Jagdbeute allein nicht mehr leben konnten. Auch der Ackerbau hat bei den Indianern schon eine jahrtausendelange Tradition. Der Mais, das Hauptgetreide in ganz Amerika, ist seit etwa 7000 Jahren belegt. Vor allem die Frauen betrieben bei zahlreichen altamerikanischen Völkern einen intensiven Gartenbau. Formen einer nachhaltigen Wirtschaftsweise findet man am ehesten dort, nicht bei der Jagd.

52 „Gebet zu dem Geist des Büffels": Darstellung von Joseph Sharp (1920).
Kommentieren Sie die Vorstellung vom Indianer und dessen Beziehung zur Natur, die in diesem Bild zum Ausdruck kommt.

Das Feuer als Allzweckmittel

Besonders großflächig haben die Indianer die Landschaft durch Feuerlegen verändert. Allem Anschein nach ist das *Feuer* in vorkolonialer Zeit der

53 Indianerfrauen bei der Feldarbeit (hinten) und beim Zapfen des Saftes von Ahornbäumen (vorne): Kupferstich aus dem zweibändigen Werk des Jesuitenpaters Lafiteau über die Irokesen (1724), einer der ältesten und berühmtesten Quellen über das Leben der Indianer vor dem Einbruch der Europäer.

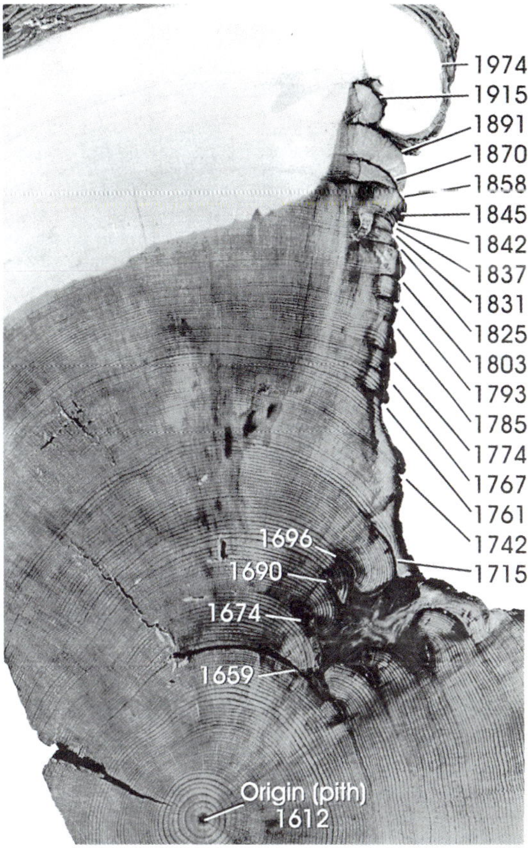

54 Schnitt durch einen Baumriesen des amerikanischen Westens: Dunkle „Narben" (scars) zeugen von früheren Waldbränden, die sich an den Baumringen exakt datieren lassen. Man erkennt, dass Waldbrände in dieser Region etwas Normales waren, mit dem solche Bäume leben konnten.

umweltverändernde Faktor Nummer eins. In welchem Ausmaß das der Fall ist, hat man erst in den letzten Jahrzehnten erkannt, als Dendrochronologen bei der Untersuchung der Baumringe auf viele Spuren früherer Brände stießen und man aus älteren Berichten über die Indianer systematisch alle Hinweise auf vom Menschen verursachte Brände sammelte. Da man mit den Indianern lange Zeit die fixe Idee der Naturmenschen verbunden hatte, verstand man die indianischen Feuer meist nur als Ausdruck achtloser Wildheit, nicht so sehr als systematisch angewandtes Mittel einer absichtsvollen Umgestaltung der Umwelt. Für einige – nicht alle – Indianervölker war das Feuer geradezu ein Allzweckmittel: Es wurde für Zwecke der Jagd, zur Gewinnung und Fruchtbarerhaltung von Ackerland, zur Nachrichtenübermittlung und als Kriegswaffe eingesetzt.

Bedeutet Brandlegen Umweltzerstörung?

Wie ist dieser Umgang mit dem Feuer ökologisch zu bewerten? Diese Frage ist seit langem umstritten; und die Kontroverse darüber ist zugleich ein Streit über die Bedeutung der Indianer für die Umwelt. Ende des 19. Jahrhunderts wurden die Indianer aus den damals geschaffenen Nationalparks ausgesiedelt, weil man sie als Brandstifter fürchtete. Die US-amerikanische Forstverwaltung sah seit ihren Anfängen um 1900 ihr oberstes Ziel in der Bekämpfung der Waldbrände. „Smokey Bear" – ein kleiner Bär, der zur Verhütung von Waldbränden aufruft – wurde ihr populäres Symbol. Vor allem seit den 1960er-Jahren meldete sich jedoch immer stärker die Kritik an dieser Strategie zu Wort. Die Kritiker argumentierten, man müsse zwischen leichten und schweren Bränden unterscheiden. Leichte Brände, die nur das Unter- und Totholz verzehrten, seien für den Wald von Nutzen; denn indem sie die Massierung von leicht entflammbarem Material verhinderten, beugten sie dem Entstehen von Großbränden vor, die auch große Bäume und die Humusschicht des Bodens schädigten. „Light burning" schaffe den Baumriesen den nötigen Raum zum Wachstum. Solche Brände seien ein notwendiger Bestandteil vieler Ökosysteme; ihnen sei die Schönheit der Wälder des amerikanischen Westens zu verdanken. Der Kampf der Forstbehörden gegen jegliche Waldbrände dagegen habe die Wälder geschädigt und das Risiko der Großbrände erhöht.

Die Kontroverse um das Feuer: zugleich eine Kontroverse über die Indianer

Diese Argumentation rückte die Rolle der Indianer in ein neues Licht. Selbst wenn man anerkannte, dass das Feuerlegen zu den Gewohnheiten vieler Indianervölker gehört habe, konnte man darauf beharren, dass die Indianer im Einklang mit der Natur gelebt hätten: wenn sich nämlich diese Brände auf „light burning" beschränkt und nicht zu oft die gleiche Fläche abgebrannt hätten. Die entscheidende Frage ist nun die, ob es die Indianer verstanden, die Brände im Blick auf die jeweiligen Umweltbedingungen zu kalkulieren und zu kontrollieren. Denn ein ökologisch harmloses Mittel ist das Feuer nicht. Es vernichtet viele Tiere und deren Wohnsitze und bedroht die oberste Humusschicht des Bodens. Durch die Asche wird zwar der Boden zunächst stark mit Nährstoffen angereichert; aber diese erhöhte Fruchtbarkeit wird durch den Ackerbau im Allgemeinen binnen weniger Jahre verbraucht. Ob diese so genannte *Slash-and-burn*-Wirtschaft nachhaltig ist oder nicht, hängt davon ab, in welchem zeitlichen Turnus sie betrieben wird, ist also letztlich eine Frage der Bevölkerungsdichte.

55 „Reutebrennen" im Schwarzwald: Waldrodung mithilfe des Feuers, das mit der Asche den Boden düngte und auf diese Weise für eine gewisse Zeit fruchtbares Acker- und Weideland entstehen ließ. Diese sehr alte und weltweit verbreitete Praktik hielt sich selbst in manchen Regionen Mitteleuropas bis ins 20. Jahrhundert.

Die Brandwirtschaft: ein weltweites Phänomen

Die Frage ist nicht nur für die Umweltgeschichte Nordamerikas, sondern für die der ganzen Welt von großer Bedeutung; denn Formen der Brandwirtschaft waren weltweit verbreitet, auch in Mitteleuropa, und haben sich in manchen abgelegenen Gebieten bis in unsere Zeit gehalten. Erst in neuester Zeit hat man die Verbreitung und weit zurückreichende Geschichte der Feuer-Praktiken in vollem Umfang erkannt. Dadurch hat sich das Bild von der Beziehung des vor- und frühgeschichtlichen Menschen verändert. Mit dem Feuer konnte der Mensch der Frühzeit weit stärker in die Landschaft eingreifen, als man ihm lange Zeit zugetraut hatte. Da das Feuer etwas Unberechenbares hat, enthielt auch das Eingreifen des Menschen in seine Umwelt schon früh ein unberechenbares Element.

Jedes Feuer ist anders

Die ökologischen Wirkungen des Feuers sind je nach Boden, Klima und Häufigkeit der Brände – wobei auf natürliche Weise durch Blitzschlag entstandene Brände hinzukommen – sehr verschieden. Je trockener das Klima und je dünner die Humusschicht des Bodens ist, desto nachhaltiger können Brände die Vegetation schädigen. Solange die Bevölkerungsdichte jedoch gering ist und die Bevölkerung nicht durch kommerzielle Motive dazu veranlasst wird, ihr Acker- und Weideland so weit wie möglich auszudehnen, hielten sich die Auswirkungen der Brandwirtschaft vermutlich in engen Grenzen.

Brandwirtschaft: Schon seit Urzeiten war es eine über die ganze Welt verbreitete Praxis, zu Zwecken der Jagd, der Weide und des Ackerbaus die Vegetation abzubrennen. In manchen Gegenden besteht diese Praxis, obwohl sie von den Regierungen meist verboten wird, bis heute fort; selbst in manchen mitteleuropäischen Gebieten reichte sie bis ins 20. Jahrhundert. Auf den abgebrannten Flächen wächst viel frisches Grün: Das lockt das Wild an und gibt gutes Weideland. Die Asche düngt den Boden und ermöglicht reichhaltige Ernten, allerdings nur für wenige Jahre: Dann muss man den erschöpften Boden der Wiederbewaldung oder Verbuschung überlassen. Daher ist der Brandfeldbau stets ein **Wanderfeldbau**. Wenn die Rotationsrhythmen als Folge der Bevölkerungsverdichtung zu kurz werden, so wie es in neuerer Zeit häufig der Fall war, werden die Vegetation und die Böden heruntergewirtschaftet. Wird jedoch die Brandwirtschaft in längeren Rhythmen betrieben, entsteht oft eine sehr artenreiche Vegetation. Viele vermeintliche „Wildnisse" der Welt sind in Wirklichkeit aus menschlicher Brandwirtschaft hervorgegangen.

56 Wie kontrolliert waren die indianischen Feuer?

a) Der amerikanische Umwelthistoriker J. Donald Hughes erwähnt in seinem Buch über die „indianische Ökologie" das Feuerlegen nur kurz, weit ausführlicher dagegen den respektvollen Umgang der Indianer mit den Bäumen:

Von allen Pflanzen machten die Bäume auf die Indianer den stärksten und mächtigsten Eindruck […], und sie wurden von ihnen mit tiefem Respekt behandelt. […] Wie von Tieren, so glaubte man von Bäumen, diese hätten einen unsterblichen Geist und die Kraft, zu helfen oder Schaden zuzufügen. […] Als Brennholz bevorzugte man tote Bäume, und Holz wurde niemals vergeudet; „sonst würden alle anderen Bäume im Wald weinen, und das würde auch unsere Herzen traurig machen", wie sich die Fox-Indianer ausdrückten. […] Weil sie eine solche Einstellung hatten und so sorgsam mit dem Wald umgingen, kann ein kompetenter Ökologe zu dem Schluss kommen, dass sie dem Wald keinen ausgedehnten Schaden zufügten.

Das bringt uns auf die Frage der Waldbrände. Trifft es nicht zu, dass die Indianer gewohnheitsmäßig Brände im Wald legten? Das stimmt; aber ihr Umgang mit dem Feuer muss im Licht ihrer behutsamen Einstellung gegenüber Bäumen gesehen werden. Zweifellos gebrauchten die Indianer das Feuer, um in Dorfnähe Felder zum Pflanzen offen zu legen; aber diese Feuer wurden sorgfältig kontrolliert. Sie trieben manchmal Wild mit Feuer, aber […] legten die Feuer so, dass sie in einem Kreis von außen nach innen brannten. […] Sie kalkulierten ihre Waldbrände je nach Jahreszeit, Wetter und örtlichen Gegebenheiten, sodass diese nur oberflächlich über den Boden brannten und nicht zerstörerisch auf die Baumkronen übersprangen.

J. Donald Hughes: North American Indian Ecology. El Paso: Texas Western Press 1983, S. 52f., 55f. [Übersetzung Radkau]

b) Die berühmteste Forschungsreise in den Nordwesten der USA zu einer Zeit, da die dortigen Indianerstämme mit der europäischen Kultur noch kaum in Berührung gekommen waren, war die von Präsident Jefferson veranlasste Expedition von Lewis und Clark (1804–1806). Der Expeditionsbericht enthält nur kurze und sporadische Hinweise auf Brände, die von Indianern gelegt wurden:

(29. 10. 1804, bei den Mandanen am oberen Missouri) Die Prärie wurde von einem jungen Mann der Mandanen in Brand gesetzt (oder geriet durch Zufall in Brand). Das Feuer verbreitete sich mit solcher Schnelligkeit, dass es einen Mann und eine Frau, die sich nirgends in Sicherheit bringen konnten, tödlich verbrannte. Ein Mann, eine Frau und ein Kind erlitten schwere Brandwunden, und andere entkamen den Flammen nur mit knapper Not. […] Gestern Abend um acht Uhr kam das Feuer an unserem Lager vorbei. Es hatte ein großes Tempo und sah schrecklich aus.

(25. 6. 1806, weiter westlich am Rand der Rocky Mountains) Gestern abend unterhielten uns die Indianer, indem sie Nadelbäume in Brand setzten. Diese haben eine große Zahl trockener Äste nahe dem Stamm, die, wenn sie angesteckt werden, ganz plötzlich eine riesige Flamme vom Gipfel bis zum Boden auflodern lassen. Das ist in der nächtlichen Dunkelheit ein schöner Anblick, der mich an ein Feuerwerk erinnerte. Die Eingeborenen versicherten uns, mit diesem Brand wollten sie uns für unsere Reise schönes Wetter verschaffen.

John Bakeless (Hrsg.): The Journals of Lewis and Clark. New York 1964, S. 97, 333. [Übersetzung Radkau]

c) Aus einer neueren Untersuchung über den „ökologischen Indianer“:

Es ist klar, dass Brände, wenn sie zur optimalen Jahreszeit gelegt werden, auf das Wachstum von Gras und Tierfutter eine positive Wirkung ausüben. Die Indianer in ihrem Pragmatismus kümmerten sich jedoch nicht immer darum, wie weit, schnell oder heiß jedes Feuer brannte. Wenn es darum ging, Signale zu geben oder Feinde zu töten oder in Schwierigkeiten zu bringen – und das waren die am häufigsten berichteten Zwecke der Brände in der Prärie –, dann waren diese Ziele nicht immer mit Brandkontrolle vereinbar. Und Berichte über Brände, die über tausende von Acres dahinrasten, gibt es in großer Zahl. […] All das bedeutet nicht, dass die Indianer keine Ahnung von ökologischen Zusammenhängen gehabt oder dass sie nie an die ökologischen Konsequenzen all der von ihnen gelegten Feuer gedacht hätten. Die aus Kriegs- oder Kommunikationsgründen entzündeten Feuer wurden nicht mit der gleichen Überlegung entfacht wie diejenigen Feuer, die die Produktivität ökologischer Nischen erhöhen sollten.

Shepard Krech: The Ecological Indian. Myth and History. New York 1999, S. 110f.

a) Vergleichen Sie die Argumentationsweise von Hughes mit der von Krech, und achten Sie dabei besonders auf das Verhältnis von empirischen Befunden und spekulativen Gedankengängen.
b) Diskutieren Sie, wieweit sich die Darstellungen von Hughes und Krech an einem Augenzeugenbericht wie dem von Lewis und Clark überprüfen lassen, und welche Schwierigkeit sich bei der Auswertung solcher Augenzeugenberichte ergeben.
c) Was meint Krech mit dem „Pragmatismus“ der Indianer?

2. Von Tenochtitlán zu Mexico City: Die Veränderung des Ökosystems einer Metropole

Tenochtitlán: die Stadt im See und ihre „schwimmenden Gärten“

Tenochtitlán, die Hauptstadt des Aztekenreiches, das um 1520 von den Spaniern erobert und zerstört wurde, lag an der gleichen Stelle wie das Stadtzentrum der heutigen mexikanischen Hauptstadt. Dennoch besaß die Aztekenstadt eine ganz andere Umwelt als die moderne Metropole; denn sie lag mitten in einem See – dem Texcoco-See –, von dem heute nur Reste übrig geblieben sind, und war nur über drei Dämme mit dem Festland verbunden. Da der See keinen Abfluss besaß, war er infolge der hohen Verdunstung salzhaltig. Südlich von Tenochtitlán wurde er jedoch durch Süßwasserquellen gespeist; und daher ließ ein Aztekenherrscher um 1440 östlich der Stadt einen Damm durch den See bauen, um eine gegen das Salz-

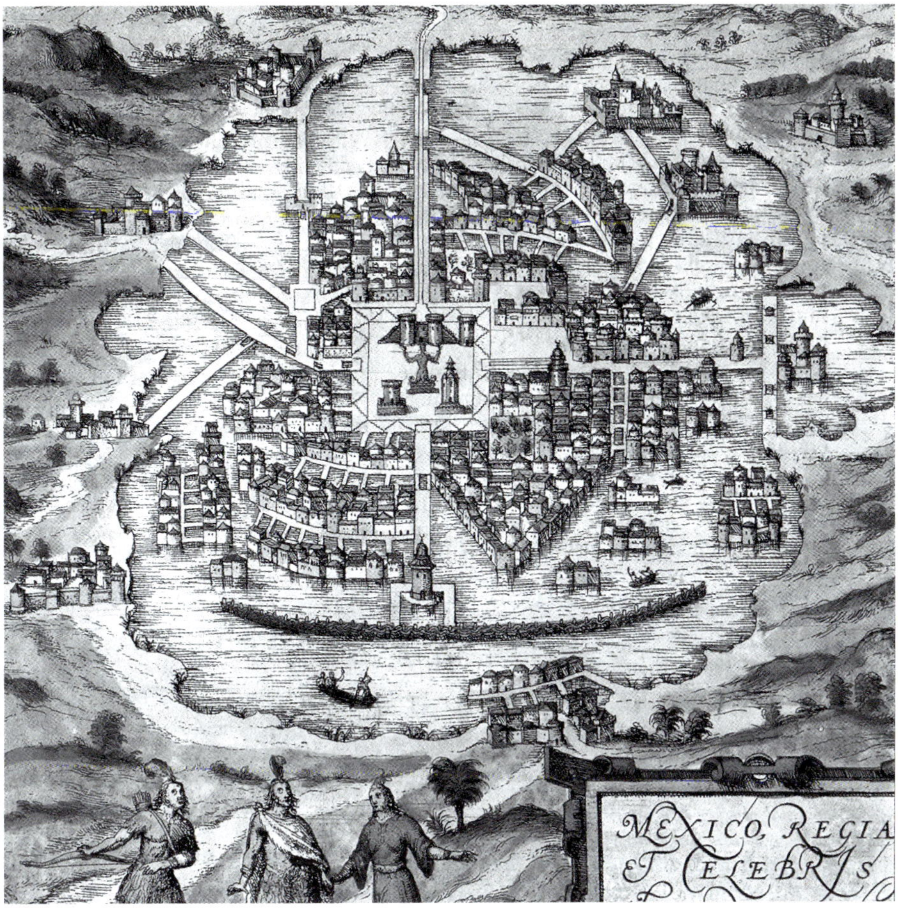

57 Die Aztekenhauptstadt Tenochtitlán mit ihrem See, nach der Darstellung des Italieners Benedetto Bordone (1528). Bordone wies auch auf die Trinkwasserversorgung der Inselstadt hin, wie der Hinweis oben auf dem Bild zeigt: „Aus diesem Fluss führten sie das Wasser in die Stadt."

wasser geschützte Süßwasserzone zu schaffen. Da konnten die *Chinampas* angelegt werden, die den Spaniern wie „schwimmende Gärten" erschienen: im Wasser künstlich aufgeworfene Felder, die mit Schlamm aus dem See gedüngt wurden und sehr hohe Erträge brachten. Es war eine rettende Neuerung, da die über die lokalen Ressourcen hinausgewachsene Aztekenmetropole von Hungersnöten bedroht wurde. Heute wird die Chinampa-Tradition im Zeichen des biologischen Landbaus wieder in Erinnerung gerufen.

Das „Venedig des Westens": für die Spanier eine Falle

Die Azteken, ein Erobervolk, hatten ihre 1325 gegründete Hauptstadt wohl vor allem aus Gründen militärischer Sicherheit in den See gelegt. Tenochtitlán war von Kanälen durchzogen, und der Verkehr spielte sich hauptsächlich auf dem Wasser ab. Die Spanier verglichen die Stadt gerne mit Venedig. Im Unterschied zu Venedig hat die mexikanische Stadt jedoch, als sie zur Metropole der spanischen Kolonialmacht wurde, ihren durch das Wasser bestimmten Charakter nicht erhalten. Denn die Spanier, mochten sie auch das Venedig der Neuen Welt schöner als alle Städte Spaniens finden, waren keine Venezianer; ihr Transportmittel war nicht das Boot, sondern das Pferd. Bei der Eroberung von Tenochtitlán hatten sie bereits erlebt, wie diese Stadt für berittene Truppen zur tödlichen Falle werden konnte. Außerdem verstanden sie es nicht, das aztekische Ökosystem zu erhalten. Die Azteken hatten streng darauf geachtet, dass Abfälle und Fäkalien nicht in die Kanäle entsorgt, sondern mit Booten aufs Festland befördert wurden. Das war umso wichtiger, als der flache abflusslose See im Unterschied zu der venezianischen Lagune ein stehendes Gewässer war. Da die Spanier diese Notwendigkeit nicht beachteten, verkamen die Kanäle bald zu stinkenden Kloaken. Daher und aus militärischen Gründen ließen die Spanier mehr und mehr Kanäle zuschütten.

Im Zeichen der Überschwemmungen und der Entwässerungspolitik

Zugleich verschlammten Teile des Sees mit dem Rückgang der Chinampa-Kultur. Mit alledem kam jedoch eine neue und größere Gefahr auf die Bewohner der Stadt zu: In regenreichen Zeiten wurde die Stadt von Überschwemmungen bedroht. Diese hatte es schon zur Aztekenzeit gegeben; aber durch die verstärkte Abholzung des umliegenden Berglandes wurde der Wechsel zwischen Zeiten der Dürre und der Hochflut extremer als zuvor; und mit dem Schrumpfen des Texcoco-Sees verringerte sich zugleich dessen Rückhalte-Kapazität bei Hochwasser. Ein natürlicher Wasserabfluss fehlte in dem abgeschlossenen Hochtal. Vom 16. bis zum 19. Jahrhundert wurde Mexico City immer wieder von verheerenden Überschwemmungen heimgesucht. Daher stand die Umweltpolitik dieser Stadt die längste Zeit im Zeichen der „Desague", der Entwässerung. Kurz nach 1600 wurde der erste Kanaltunnel zur Ableitung von Hochwasser gebaut. Aber jahrhundertelang waren die Dränage-Kanäle zu klein und blieben die Erfolge gering. Ihren Höhepunkt erreichte die „Desague"-Politik erst um 1900 unter der Diktatur von Porfirio Diaz.

Von der Überschwemmung zur Dürre

Doch je größer die Erfolge bei der Entwässerung wurden, desto unangenehmer zeigte sich die Kehrseite: Nun wurden Teile des Tals zu trocken. Das Grundwasser sank ab und mit ihm die ganze Stadt. Dabei wurden Wasserleitungen zerstört,

58 Das Zentrum von Mexico City heute: Nach Jahrhunderten der Politik der Entwässerung (desague) und übermäßiger Grundwasserentnahme ist die City mitsamt der Kathedrale um den Hauptplatz der Stadt um neun Meter abgesunken. Die Atmosphäre ist extrem durch Staub und Smog belastet.

Brunnen versiegten, und die Felder waren ohne künstliche Bewässerung nicht mehr zu bebauen. Im Umfeld der Stadt begann sich eine öde Salzsteppe auszubreiten, deren Staub bei Sturm den Stadtbewohnern zu schaffen machte. Aber bis ins 19. Jahrhundert wuchs die Einwohnerzahl von Mexico City kaum über die der Aztekenzeit hinaus, ja war unter spanischer Herrschaft zunächst sogar viel geringer; daher hielten sich die Umweltprobleme in Grenzen.

Die größte Stadt der Welt – und die schlimmste ökologische Krisenregion

Noch um 1940 galt Mexico City mit seinen Gärten und Laubengängen als eine der schönsten Städte der Welt. Diese Stadt jedoch, die noch um 1850 etwa 200 000 Einwohner gehabt hatte, erreichte gegen Ende des 20. Jahrhunderts die 20-Millionen-Grenze: Sie war zur größten Stadt der Welt geworden! Und auch mit der Massierung großstädtischer Umweltprobleme hatte Mexico City einen Gipfel erreicht, am allerschlimmsten mit der Luftverschmutzung: 1991 wurden in der Stadt Sauerstoffkabinen zum Auftanken der Lungen aufgestellt. Wie die meisten Metropolen der Welt löste Mexico City seine Wasserprobleme auf Kosten des Umlandes, pumpte Wasser aus immer entfernteren Regionen heran und leitete es ihnen als Abwasser zurück.

59 Das „Venedig des Westens" und die Politik der Entwässerung

a) Der detaillierteste Augenzeugenbericht über die Eroberung Mexikos durch die Spanier – wenn auch erst fünfzig Jahre danach niedergeschrieben – stammt von einem einfachen Soldaten, der Cortés auf allen seinen Feldzügen begleitete: von Bernal Diaz del Castillo (1492–1581). Da schildert er, wie die Spanier im November 1519 zum ersten Mal den See von Texcoco erreichen und mitten im See die Hauptstadt liegen sehen:

Von dort aus sahen wir alle zum ersten Mal die große Zahl der Städte und Dörfer, die mitten in den See gebaut waren, und die noch weitaus größere Zahl der Ortschaften an den Ufern, und schließlich die sehr gepflegte, kerzengerade Straße, die in die Stadt Mexiko führte. Wir waren bass erstaunt über dieses Zauberreich, das fast so unwirklich erschien wie die Paläste in dem Ritterbuch des Amadis. Hoch und stolz ragten die fest gemauerten, steinernen Türme, Tempel und Häuser mitten aus dem Wasser. […] [Die Spanier werden zunächst in Palästen der Stadt Iztapalapa am Ufer des Sees einquartiert.] Zu diesen Palästen gehörten herrliche Gartenanlagen mit vielerlei blühenden Bäumen, Rosenhecken und Blumenbeeten, mit Obstgärten und einem Teich, der durch einen Kanal mit dem See verbunden war. […] Auf den verschiedenen Gewässern schwammen vielerlei Vögel. Alles war so schön und anmutig, dass man sich gar nicht satt sehen konnte. Fürwahr, ich glaube nicht, dass vor unserer Zeit schönere Länder entdeckt worden sind. […] Heute ist von alldem nichts mehr zu sehen. Kein Stein dieser schönen Stadt steht mehr auf dem anderen. […] Heute ist die ganze Gegend ausgetrocknet. Wo man einst mit den Kanus fuhr, wird jetzt gesät und geerntet. Alles ist verändert, und wer heute die weiten Maisfelder sieht, kann sich nicht vorstellen, dass hier einmal ein großer See war.

Bernal Diaz del Castillo: Geschichte der Eroberung von Mexiko. Frankfurt 1982, S.199f.

b) Um 1780 wurde der mexikanische Mathematiker Joaquín Velásquez de León von dem in Mexiko residierenden spanischen Vizekönig damit beauftragt, ein Projekt zur Verhinderung weiterer Überschwemmungen auszuarbeiten. Im Unterschied zu früheren Plänen, die teilweise die Rückhaltekapazitäten der verbliebenen Seen verbessern wollten, plädierte der Mathematiker für die gänzliche Entwässerung des Tals:

Wahrhaftig, wie alle intelligenten Leute wissen, ging ich ein großes Risiko ein, als ich diese Arbeit übernahm, die es erforderte, über zwölf Meilen (hier à 4,8 km) von überwiegend sumpfigem Terrain zu vermessen und im Höhenniveau zu berechnen, wofür ich mehrmals hindurchgehen musste. Zudem war ich abwechselnd der Sonnenhitze und dem Wind ausgesetzt. […] Aber das, was in den Papieren und Dokumenten stand, war so verwirrend, irreführend und zueinander in krassem Widerspruch, dass ich daraus kein schlüssiges Bild zu gewinnen vermochte. […] Die Dringlichkeit des Projektes [gänzliche Trockenlegung des Tales von Mexico City] ist offenkundig

und kann von niemandem bezweifelt werden, der die Situation dieser Stadt und der sie umgebenden Seen kennt. [...] Die Regengüsse, die am 6. September 1772 im Norden und Nordwesten fielen, füllten die Seen und überschwemmten das Land binnen weniger Stunden, zerstörten die Häuser mehrerer Städte und Dörfer und verwandelten das Land in eine Wasserwüste. [...]
[Bei gänzlicher Trockenlegung des Tals durch einen großen Abflusskanal] könnten weite Landstriche mit gutem Boden, die gegenwärtig als künstliche Rückhaltebecken für das Wasser gebraucht werden, zu Acker- und Weideland gemacht werden. Außerdem könnten die Handelsverbindungen der Stadt durch die völlige Beseitigung all der Feuchtgebiete, die zur Regenzeit den Zugang erschweren, erleichtert werden.

Ana Maria Calavera (Hrsg.): Documentos relativos a la desecacion del Valle de Mexico (span. und engl.). Mexico: INTEMAC 1991, S. 116, 118, 251f., 256. [Übersetzung Radkau]

c) Ein US-amerikanischer Historiker vergleicht um 1840 Mexico City seiner Zeit mit der alten Aztekenhauptstadt:

Nach wiederholten Überschwemmungen ist Mexiko [durch einen Entwässerungskanal] endlich aus dem Bereich der Flut gesetzt worden. Doch was für das Nützliche errungen wurde, erkaufte man in diesem Falle, wie in einigen anderen, auf Kosten des Schönen. Durch dieses Zurückdrängen der Gewässer sind die einst von diesen umspülten, glänzenden Städte und Dörfer einige Meilen weit ins Innere versetzt worden, während ein unfruchtbarer und durch die auf seiner Oberfläche angesetzte Salzrinde geisterhaft erscheinender Landstrich an die Stelle des üppigen Pflanzenwuchses, der einst die Ufer des Sees schmückte, und der dunklen Eichen-, Zedern- und Maulbeerhaine getreten ist, die ihre breiten Schatten über seine Tiefen warfen. Die Chinampas [...] sind auch beinahe verschwunden.

William Prescott: Der Untergang der indianischen Kultur. Wien o. J., S. 387f.

d) In einer ZDF-Sendung *Mexico City: Geschluckt vom eigenen Durst* am 23. 7. 1998 beginnt der Sprecher:

Mexico City, ein Monster mit zwanzig Millionen Einwohnern. [...] Die Stadt wächst sich zu Tode. Die Diagnose lautet: Tod durch Verdursten. Schon in acht oder zehn Jahren geht dem Moloch das Wasser aus. [...] In Iztapalapa [s. o. Text 59a; heute ein Teil von Mexico City] sind die Wasserwagen von morgens bis abends im Einsatz. [...] Hier, im Osten der Stadt, ist die Situation besonders schlimm, weil das Grundwasser fast völlig erschöpft ist. Jahrzehntelang ausgebeutet von hunderten von Bohrungen allein hier in Iztapalapa. Aus den Wasserleitungen kommt nur noch Luft. Auch die Tankwagen kommen viel zu selten oder gar nicht. Seit Wochen ist der Kampf um das tägliche Wasser die Hauptsache im Leben der Leute von Iztapalapa. [...]
Anderswo sprudelt es nur so aus den Leitungen und Schläuchen. In den Vierteln der Reichen, wo es Wasser in scheinbar noch unbegrenzten Mengen gibt. Hier steht keiner Schlange. Hier bewässert man ausgiebig die gepflegten Grünflächen oder man lässt bewässern. Saftiges Grün inmitten der Stadt ist gut für die Lunge und Zeichen des Wohlstandes. [...]
Den Preis für den üppigen Wassersegen in der Stadt zahlen andere. Noch hunderte von Kilometern entfernt sind die Folgen zu sehen, die der Durst der Hauptstadt für das Land hat. Die Obstbäume sind tot. Das Wasser, das sie hätte am Leben halten können, sprudelt 250 Kilometer entfernt aus den Wasserhähnen von Mexico City. [...] Die Menschen der angrenzenden Regionen leben in der Angst, die nächsten zu sein, denen man das Wasser wegnimmt. [...]
Mexico City ist Weltmeister im Absinken. Allein in diesem Jahrhundert um neun Meter. Venedig dagegen, die dafür berühmte Lagunenstadt, sank im gleichen Zeitraum nur ganze 23 Zentimeter. [...]
Der mexikanische Schriftsteller und Umweltschützer Homero Arijidis: „Wir leben in einem zentralistischen Staat, wo der Bewohner der Hauptstadt den Reichtum des Landes verschlingt. [...] [Mexico City] erscheint mir wie ein gewaltiger Wasserkopf, ausgehalten von einem rachitischen, zum Skelett abgemagerten Körper. Es ist eine Ironie der Geschichte, dass diese Stadt, die von den aztekischen Vorfahren im Wasser erbaut wurde, an Wassermangel zugrunde gehen wird!"

a) Welches Verhältnis zum Wasser kommt in den Texten zum Ausdruck? Wie erklären sich unterschiedliche Einstellungen?
b) Nach welchen Kriterien lässt sich die Trockenlegung des Tals bewerten? Inwieweit darf man von unserem heutigen Umweltbewusstsein ausgehen?
c) Stellen Sie Anhaltspunkte zu der Frage zusammen, inwieweit die gegenwärtigen Umweltprobleme von Mexico City kolonialen oder sogar aztekischen Ursprungs sind.

3. Koloniales Umweltbewusstsein

Umweltzerstörung und Umweltbewusstsein liegen nahe beieinander.

Die Konquistadoren und die, die nach ihnen kamen, haben, soweit es zu ihrem Vorteil war und im Bereich ihrer technischen Möglichkeiten lag, rücksichtslos in die Umwelt der eroberten Länder eingegriffen und teils absichtlich, teils unabsichtlich viele Schäden angerichtet. Aber zumindest ein Teil dieser Umweltschäden blieb im Laufe der Zeit nicht unbemerkt; im Gegenteil: Ein historischer Ursprung des modernen Umweltbewusstseins liegt bei den von den Europäern in den Kolonien gemachten Erfahrungen.
Von Anfang an verfielen viele Europäer beim Anblick tropischer Urwälder in Begeisterung; hier glaubten sie das Paradies gefunden zu haben. Bei der Sehnsucht „Zurück zur Natur!", die seit Rousseau zu einem Leitmotiv der europäischen Kultur wurde und sich bis in den modernen Tourismus zieht, hatte man nicht zuletzt die üppige Natur der Tropen vor Augen. Auch Gegner des Kolonialismus ließen sich von den Regionen inspirieren, die durch die kolonialen Eroberungen ins europäische Blickfeld gelangten. Mitunter jedoch und im 19. Jahrhundert zunehmend mischte sich in diese Begeisterung die Sorge, die tropischen Paradiese könnten vom Menschen zerstört werden. Am frühesten kam diese Sorge auf manchen tropischen Inseln auf, deren Natur von den Kolonisatoren relativ rasch bis zur Unkenntlichkeit verändert werden konnte, ohne dass sie sich durch Samenflug von Nachbargebieten zu regenerieren vermochte. Da bemerkte man auch am

60 Moderne Rekonstruktion des Dodo, eines flugunfähigen großen Laufvogels, der nur auf der Insel Mauritius bezeugt ist und dort im 17. Jahrhundert ausgerottet wurde. Der Dodo ist in seiner unbeholfenen Wehrlosigkeit zum Symbol der durch den Menschen bedrohten Artenvielfalt der Welt geworden.

61 Ein von einer Riesenschlange umschlungener Königstiger; nach einem Gemälde von Alexandre Isidore Leroy de Barde (1814).
Schildern Sie die Naturvorstellung, die hier zum Ausdruck kommt, und vergleichen Sie sie mit der Natursymbolik des Dodo.

frühesten die Ausrottung einzigartiger Tierarten wie – das berühmteste Beispiel! – des großen Laufvogels Dodo auf Mauritius.

Die Entdeckung der ökologischen Folgen von Entwaldung

Besonders augenfällig war in tropischen Regionen die Zerstörung von Wäldern mitsamt ihren Folgen. In Mittel- und Westeuropa war der Holzschlag schon in der frühen Neuzeit durch eine Fülle von Forstordnungen reguliert; in vielen Kolonien dagegen konnte man – zumindest in der ersten Zeit – noch rücksichtslos weite Wälder abholzen. Hinzu kam, dass in vielen Tropengegenden die Regenfälle heftiger und die Humusschichten des Bodens dünner sind als in Europa. Deutlicher als in vielen europäischen Regionen wurde man dort als Folge großflächiger Entwaldung mit Bodenerosion und Störungen des Wasserhaushalts konfrontiert. Zudem wurden Schlüsselbereiche der Kolonialpolitik wie der Schiffbau und das Berg- und Hüttenwesen durch Holzmangel gefährdet. Mancherorts bekam man zu spüren, welchen Aufwand die künstliche Bewässerung erforderte und dass sie oft die Ausbreitung der Malaria nach sich zog: Probleme, wie man sie bis dahin im nördlichen Europa nur wenig gekannt hatte.

Tropische Ursprünge der Naturbegeisterung

Aber nicht nur aus Sorgen entstanden Frühformen von Umweltbewusstsein, sondern auch aus der Begeisterung für die tropische Natur und aus dem Bestreben, tropische Pflanzen in Europa zu „akklimatisieren“. Der botanische Garten entstammt dem Kolonialzeitalter. Die Gartenliebhaber bemühten sich seit dem 18.

62 Europäische Großwildjäger posieren in Indien vor erlegten Tigern. Die Großwildjagd spielte in der Selbstdarstellung des Kolonialimperialismus eine kolossale Rolle. Leidenschaftliche Imperialisten waren in typischen Fällen auch leidenschaftliche Großwildjäger.
Ziehen Sie zum Vergleich das Göring-Foto (M 38) hinzu und diskutieren Sie, ob Fotos dieser Art auch politische Dokumente sind.

Jahrhundert unablässig um die Akklimatisation exotischer Pflanzen, erlebten dabei jedoch viele Enttäuschungen und gewannen darüber Einsichten über die Umweltabhängigkeit der Natur. Ähnliches gilt für die zoologischen Gärten, die seit dem 19. Jahrhundert zu einer Hauptattraktion europäischer Metropolen wurden. Die gesamte Biologie und Geographie wie überhaupt die Gedanken über die „Natur" wurden durch die Kolonien inspiriert.

Führt Umweltbewusstsein zu wirksamer Umweltpolitik?

Welche Auswirkungen hatten derartige Einsichten auf die Kolonialpolitik? Manche Diskussionen des 19. Jahrhunderts über die Tropenwälder wirken erstaunlich modern; aber beeinflussten sie die kolonialpolitische Praxis? Weitaus am besten dokumentiert ist die Forstpolitik Britisch-Indiens. 1860 richtete die britische Kolonialverwaltung in Indien eine Forstabteilung ein: Das war die erste und bestausgestattete Forstverwaltung der kolonialen Welt. Unter deutschen Leitern betrieb sie eine energische und wirkungsvolle Waldschutzpolitik, allerdings vor allem im Dienste der kommerziellen Interessen Englands und oft unter Verletzung überkommener Gewohnheitsrechte indischer Dörfer an ihren Wäldern. Auf diese Weise wurde die Waldschutzpolitik unpopulär und zu einem Element des Kolonialismus. Das hat das Verhältnis vieler Inder zum Wald noch lange nach der Unabhängigkeit (1947) getrübt.

Afrika: Großwildjäger als Wildschützer

Eine vergleichbare Konstellation entstand im tropischen Afrika. Die treibende Kraft wurden hier am Ende des 19. Jahrhunderts die weißen Großwildjäger, die zu den Führungsschichten der Kolonialmächte gehörten. Sie waren darüber erbittert, dass ihnen afrikanische Eingeborene bei der Jagd auf das Wild Konkurrenz machten, und übertrieben die Gefahr, dass das Großwild ausgerottet würde. Auf ihre Initiative fand im Jahr 1900 in London eine erste internationale Konferenz über das afrikanische Wild statt, die eine Reglementierung der Jagd – vor allem auf Kosten der Eingeborenen – durchsetzte. Die Großwildjäger gründeten damals eine Wildschutz-Vereinigung, die in der britischen Presse den Spitznamen „penitent butchers", „bußfertige Schlächter" bekam.

Wildschutz und Tsetse-Fliege

Genau zu jener Zeit wurde das Thema noch auf ganz andere Art kontrovers: nämlich durch die Schlafkrankheit (Trypanomiasis), die sich ab 1900 vor allem im Osten des tropischen Afrika rapide ausbreitete und erhebliche Bevölkerungsteile dahinsiechen ließ. Zur gleichen Zeit vernichtete die auf ähnlichem Wege übertragene Nagana-Seuche viele afrikanische Rinderherden. Wie sich herausstellte, lebt die Tsetse-Fliege, der Wirt des Seuchenerregers, in Symbiose mit dem Großwild. Unter diesen Umständen wurde der Schutz des Großwildes zu einem Verstoß gegen afrikanische Lebensinteressen. Aus Großwildreservaten entstanden die ersten afrikanischen Nationalparks, so etwa der 1925 im Kongo eröffnete Prinz-Albert-Nationalpark oder der 1926 in Südafrika geschaffene Krüger-Nationalpark. Wo die Nationalparks durch den Tourismus zur einträglichen Devisenquelle geworden sind, werden sie auch von den unabhängig gewordenen afrikanischen Staaten energisch geschützt. Immer wieder jedoch wurden Einheimische aus den Nationalparks ausgesiedelt oder in ihren überkommenen Rechten beschnitten; und nach wie vor droht die Schlafkrankheit. Wiederum stellt sich Naturschutz als etwas dar, das nicht im Interesse der Einwohner, sondern der fernen Industrieländer geschieht.

63 Naturschutz und Tsetse-Fliege

a) Ein Seuchenhistoriker über die Verbreitung der Schlafkrankheit:

Durch die Sklavenjagden wurden die Siedlungen gewöhnlich ihrer kräftigsten Männer beraubt. Der Mangel an Arbeitskräften bewirkte, dass die Rodungsarbeiten an Intensität nachließen oder völlig erloschen, was notgedrungenermaßen ein Näherrücken von Wald und Busch an die Siedlungen zur Folge hatte, womit auch der künstlich errichtete Schutzdamm gegen die Tsetsefliege (die außer dem Großwild auch den Schatten des Waldes braucht) wegfiel. Die natürliche Folge davon waren gehäufte Erkrankungen unter den Dorfbewohnern und eine Dezimierung, mitunter sogar eine völlige Ausrottung der Haustiere und schließlich ein wirtschaftlicher Rückfall von nie dagewesenem Ausmaß. [...] [Die belgische, französische und britische Kolonialherrschaft verursachte am Ende des 19. Jahrhunderts die Ausbreitung der Seuche in weitere afrikanische Gebiete, als sie die Afrikaner mit teilweise mörderischen Mitteln zum Kautschuksammeln im Urwald zwang.] Nachdem Ende der neunziger Jahre eine schwere Hungersnot [...] Uganda heimgesucht hatte, brach die Seuche im Jahr 1900 mit elementarer Gewalt über die geschwächte Bevölkerung herein. Ganze Landstriche wurden völlig entvölkert. [...] Offen blieb jedoch, woher die Tsetsefliegen selbst den Erreger bezögen. [...] [Der englische Militärarzt David Bruce entdeckt den Erreger und die Übertragungswege der Schlafkrankheit.] Bei [seinen] Überlegungen fiel Bruce die Behauptung der Zulus ein, wonach die eigentliche Ursache der Nagana [Schlafkrankheit] beim Hochwild zu suchen sei. [...] Da Bruce bei seinen Naganastudien in Natal festgestellt hatte, dass sich die Tsetsefliegen als Überträger der Trypanosomen am verseuchten Hochwild (Antilopen, Zebras, Wasserböcke usw.) infizierten, empfahl er eine möglichst große Verminderung des Hochwilds im Fliegengürtel. [...] Da es noch keine Möglichkeit des Zerstäubens von wirksamen Insektiziden aus Flugzeugen gab, empfahl Bruce (1903), dass alle Verbote von Verfolgung und Tötung des Wildes in Tsetseregionen aufzuheben seien.

Stefan Winkle: Geißeln der Menschheit. Kulturgeschichte der Seuchen. Düsseldorf 1997, S. 804, 812, 817, 819.

b) Auch der Bakteriologe Robert Koch, damals die führende medizinische Autorität für Infektionskrankheiten, sprach sich zeitweise dafür aus, zur Bekämpfung der Schlafkrankheit das Großwild zu dezimieren. Dieser Vorschlag führte 1908 in Berlin zu einer Protestversammlung. Ein deutscher Großwildjäger schrieb aus Südafrika:

Nachgerade hört alle Gemütlichkeit bei diesen „Kulturtaten" der Bakteriologen auf, die sich gebärden, als seien sie die einzig berufenen Retter des Menschengeschlechtes und seiner tierischen Magenbedürfnisse, und als gebe es kein höheres Ziel der Menschheitsentwicklung als das: ein Massenproletariat zu züchten, für das schließlich dieser unglückliche Planet, Afrikas Steppen miteingerechnet, gar keinen Raum mehr bieten würde. Ich bin der Meinung, dass es schon viel zu viele Menschen gibt, dass der alte, von Generation zu Generation nachgeplapperte Satz, die Geburtenziffer bezeichne auch die gesundeste Entwicklung und den Grad der Zivilisation eines Volkes, grundfalsch ist und dass Mutter Natur Kriege und Seuchen wohlweislich schuf, um der sinnlosen, kaninchenartigen Überproduktion von „Herren der Erde" Schranken zu setzen. [...]

Gewiss gönne auch ich den Weißen wie den Negern des schwarzen Erdteils einen angemessenen Besitz von Herden; aber keinen übertrieben großen. Zunächst lebt die Mehrheit der Eingeborenen im heißen Klima unseres Erdteils vernünftigerweise hauptsächlich (Millionen sogar ausschließlich) von vegetarischer Kost; und der Weiße, der sich hier dauernd akklimatisieren will, sollte es ihnen nachmachen. Nun ist die natürliche Vermehrung der Rinder, Schafe und Ziegen in diesem Klima um ein so Beträchtliches größer als in Europa, dass Afrika sehr bald von Viehherden überschwemmt sein würde, wenn die Natur diesem Plus nicht selbst durch allerlei Seuchen, Raubtiere und Weidemangel als Folge oft Jahre anhaltender Dürre Schranken setzte.

Dass unter den Korrektivmitteln der Natur die Tsetsefliege eine gewisse Rolle spielt, ist erwiesen. [...] Ohne Zweck hat die Natur sie sicher nicht in ihren Haushalt eingestellt.

In: Die Zukunft Bd. 64/1908, S. 81f.

c) Zur Tsetsefliege äußerte sich zur gleichen Zeit auch Paul Rohrbach, ein einflussreicher Publizist und Kolonialexperte im damaligen Deutschen Reich:

Das Land, auf das wir hinausblicken [Kamerun], ist angebaut und bevölkert, es ist von einem günstigen Himmel mit aller Fruchtbarkeit beschenkt, die es gibt, aber kein Pflug geht durch die fette Erde. Alle Feldarbeit wird von Weibern mit der Hacke getan [...]; kein Rind zieht einen Pflug, denn hier gibt es *Tsetse*! Die Tsetsefliege hat von Anbeginn der menschlichen Entwicklung im tropischen Afrika die

Züchtung *des* Haustiers unmöglich gemacht, mit dessen Gebrauch anderswo der erste Kulturaufstieg einsetzte: des Rindes! [...] Was ist die Tsetse? Ein unscheinbares Insekt, eine Fliege, aber dieses Kleinlebewesen entwertet das Leben eines Erdteils! [...] Es gibt in Afrika weder sehr viele, noch sehr große wirklich fruchtbare Gebiete. [...] Düngung könnte wohl helfen, aber dazu bedürfte es der Rinderhaltung, und die ist wegen der Tsetsefliege nicht möglich. Also muss der Neger die bestellte Fläche stets wechseln, und daher entsteht ein unverhältnismäßig hoher Landbedarf. Die Hauptsache aber ist, dass der Boden mit der Hacke bestellt wird, und bei allen primitiven Völkern ist die Hacke Weiberwerkzeug. Der körperlich überlegene Mann spart sich die Arbeit und legt sie den Weibern auf. Davon geht eine unendliche Schädigung der Kulturfähigkeit der schwarzen Rasse im Ganzen aus. [...]
Glückt es der deutschen Wissenschaft, den Weg zur Bekämpfung des Tsetse-Unheils zu finden [...] – dann wird die ganze afrikanische Welt vom Rande der großen Wüste im Norden bis zu den Steppen des Südens dem deutschen Geiste ein neues Leben danken und ihm zu dienen willig sein!

Paul Rohrbach: Weltpolitisches Wanderbuch 1897–1915, Königstein 1916, S. 212ff., 217.

d) Zur Tsetsefliege äußerte sich in nachkolonialer Zeit auch Bernhard Grzimek (1910 – 1987), in den 1950er- und 60er-Jahren mit seinen Büchern und Fernsehserien der wohl öffentlichkeitswirksamste Tierschützer der Welt, der besonders durch seinen Kampf für den ostafrikanischen Nationalpark Serengeti bekannt wurde.

„Raum für alle hat die Erde", sagt Herr Schulze am Stammtisch. [...] Eine verhängnisvolle Schlagwortlüge. Wir sitzen unter grauen Dunsthauben, die das Sonnenlicht fahl machen, zu Millionen in unseren Riesenstädten; sie schwellen wie böse Furunkel an, saugen dem Lande das Grundwasser weg und verjauchen mit ihren widerlichen Abwässern die Flüsse. [...]
Wir als Europäer haben es uns leisten können, neun Zehntel der Wälder, die einst fast ohne Lücken unseren Erdteil überzogen, hartnäckig zu vernichten, denn die Winde vom Atlantischen Ozean bringen uns trotzdem immer wieder Wolken und Regen. Wir konnten uns hemmungslos vermehren, weit stärker als Europa trotz mustergültiger Landwirtschaft jemals Brot für uns liefern kann. Wir haben andere Erdteile gezwungen, für den Parasiten Europa zu hungern und uns die Fruchtbarkeit ihrer Böden zu opfern.
Afrika aber bekommt bis zwei Drittel seiner Regenfälle von den Wasserdämpfen, welche die Sonne täglich aus den feuchtgrünen Schwämmen seiner riesigen Urwälder emporkocht. [...] Wenn man in Afrika die Wälder tötet, vertrocknet der Kontinent. [...] Große Teile des feuchten, tropischen Afrikas am Äquator werden bisher noch von der Tsetsefliege beschützt. Deswegen sind sie heute noch reich an Wildtieren und Regenspender für den ganzen Erdteil. [...] In einzelnen englischen Kolonien ist man auf einen schrecklichen Weg verfallen, die Tsetsefliege zu vernichten (indem man planmäßig das Hochwild abschoss). [...] Und nur der Einspruch von uns Naturschützern konnte im letzten Augenblick verhüten, dass man weite Teile Rhodesiens in gleicher Weise leer schoss.

Bernhard Grzimek: Kein Platz für wilde Tiere. München 1973 (urspr. 1955), S. 11ff.

a) Untersuchen Sie den Argumentationsgang der Textbeiträge und arbeiten Sie heraus, inwieweit sich die Verfasser von weltanschaulichen Überzeugungen leiten ließen. Greifen Sie dabei auch auf die Materialien zum Thema „Übervölkerung" (Texte 46/47) zurück.

b) Diskutieren Sie, wieweit die Texte von Natur- und Umweltbewusstsein oder von anderen Interessen zeugen.

Zur Diskussion

Gefahr durch biologische Invasionen? Die Neophyten-Kontroverse

Was ist heimisch und was ist fremd?

Welche Natur *ist* wirklich einheimisch? Ein Großteil der Tier- und Pflanzenarten Mitteleuropas ist irgendwann eingewandert. Ohne Arten fremder Herkunft sähen unsere Gärten arm aus. Als *Neophyten* bezeichnet man Pflanzen, die erst in historischer Zeit in einer Region nachgewiesen sind. Analog dazu wurde der Begriff *Neozoen* für neu eingewanderte Tiere geprägt. Was heißt hier „neu"? 1995 einigten sich Fachleute auf die Definition: *seit 1492*, also seit der Entdeckung Amerikas.

Gefahr für Europa?

Wie dringlich ist das Problem und wieweit kann der Mensch überhaupt etwas tun? Die europäische Natur hat sich bisher zumindest in historischer Zeit als relativ robust erwiesen: Zwar sind viele neue Arten eingewandert, aber oft zum Nutzen der Menschen; und nur wenige haben sich in einer Weise vermehrt, die bestehende Arten vernichtete und weiträumige Ökosysteme veränderte. Wieweit man sich allerdings auf diese Robustheit verlassen kann, ist ungewiß. Die Geschichte enthält auch warnende Beispiele: Im späten 19. Jahrhundert vernichtete die amerikanische Reblaus den größten Teil der europäischen Weinkulturen. In der ersten Hälfte des 20. Jahrhunderts bedrohte der amerikanische Kartoffelkäfer die europäische Landwirtschaft. Obwohl der Kontakt zwischen Europa und Amerika seit einem halben Jahrtausend besteht, kann er noch biologische Überraschungen bescheren; das gilt auch im Bereich der Seuchenerreger. Am anfälligsten gegen Invasoren war bislang die Natur Australiens und Neuseelands. Dort bedeutet „Naturschutz" einen ständigen, mitunter dramatischen Kampf gegen Eindringlinge.

> **Neophyten:** Pflanzenarten – in neuerem Sprachgebrauch auch Tierarten (Neozoen) –, die in eine Gegend neu eingewandert sind und dort wild leben, also nicht nur in Gärten und Parks vorkommen. Die meisten der mitteleuropäischen Pflanzen- und Tierarten sind irgendwann Neophyten bzw. Neozoen gewesen. Als Neophyten bzw. Neozoen gelten nach heutiger Definition Pflanzen- und Tierarten, die seit 1492, als seit der Entdeckung Amerikas durch Kolumbus, neu eingewandert sind: Der Begriff soll also vor allem die vom Kolonialismus ausgelösten „biologischen Invasionen" erfassen. Wandernde Arten können sich nur dann in fremden Umwelten erfolgreich ausbreiten, wenn sie dort eine **„ökologische Nische"** vorfinden: Lebens- und Nahrungsspielräume, wo sie keiner übermächtigen Konkurrenz ausgesetzt sind. Dann können sie in einem Maße anwachsen, dass sie nicht nur eine bestehende „Nische" besetzen, sondern einheimische Arten verdrängen.

64 Ist die Abwehr von Neophyten ein Zeichen von Fremdenfeindlichkeit?

a) Aus einem „Spiegel"-Gespräch zwischen dem Ökologen Josef Reichholf und dem Tropenmediziner Rüdiger Disko:

SPIEGEL: Viele Ökologen warnen, dass fremde Tier- und Pflanzenarten die heimische Artenvielfalt bedrohen. Manche beklagen gar eine „McDonaldisierung" der Natur. Sehen Sie diese Gefahr auch in Mitteleuropa?

Disko: Selbstverständlich. Diese Entwicklung ist bereits eingetreten, wenn auch mit nicht ganz so katastrophalen Folgen wie auf anderen Kontinenten. In Europa macht beispielsweise der Marderhund Probleme. Er kommt ursprünglich aus Nordchina und Ostsibirien und wurde vor dem Zweiten Weltkrieg als Pelztier in den Westen gebracht. Dann ist er aus den Pelzfarmen entwischt und hat sich bis nach Frankreich ausgebreitet. Jetzt richtet er ungeheure Schäden in der Vogelwelt an, etwa im Donaudelta. Ein großes Übel ist auch der Riesen-Bärenklau. Diese Staude wächst in Massen an Waldrändern und Bachufern, unterdrückt alles andere und ist hochgiftig. Bei Sonnenschein verursacht sie Verbrennungen wie mit dem Bügeleisen. [...]

Reichholf: Der Riesen-Bärenklau ist der einzige Fall, der wirklich negative Auswirkungen hat. Der Marderhund ist merkwürdigerweise nur bei Jägern unbeliebt. [...] Es gibt im Übrigen viele Arten, die schon vor Jahrhunderten nach Europa gekommen sind, keinerlei Schäden anrichten und heute ganz selbstverständlich zu unserer Flora und Fauna gehören – die Türkentaube etwa oder der Girlitz, der um die Jahrhundertwende aus dem Mittelmeerraum zu uns kam. Manche dieser Arten stehen sogar unter Naturschutz, wie die Feldlerche, der Vogel des Jahres 1998. Sie stammt aus den Steppen im Südosten Europas und konnte erst nach der Rodung der mitteleuropäischen Wälder einwandern. [...]

SPIEGEL: Die Verbreitung eingeschleppter Arten gilt nach der Zerstörung von Lebensräumen als zweitwichtigste Ursache für den weltweiten Artenschwund. Ist das für Sie nicht mehr aktuell?

Reichholf: Heute ist dieser Prozess auf jeden Fall besser unter Kontrolle als in früheren Jahrhunderten. In Mitteleuropa spielt diese Frage überhaupt keine Rolle. Wenn wir die Problematik allerdings weltweit betrachten, ist Kontrolle in der Tat wichtig. Besonders anfällig sind Arten auf Inseln. [...]

SPIEGEL: Sie sehen in der Diskussion auch ideologische Motive?

Reichholf: Die scharfe Trennung zwischen heimisch und fremd ist die ideologische Fortsetzung der Denkweise im Dritten Reich. [...] Es wäre fatal, unter dem Deckmantel der Ideologie Fremdenfeindlichkeit zu schüren. Als Deutsche sollten wir da besondere Sensibilität zeigen.

Disko: Da geht es doch um vollkommen verschiedene Dinge. Letztlich vertreten doch Sie eine bedenkliche Ideologie, nämlich das Recht des Stärkeren. Ihnen zufolge haben die Erfolgreichen der Evolution das Recht, die Schwächeren zu verdrängen. Ich hingegen bin der Meinung, wir sind verpflichtet, schwächere Arten vor aggressiven Allerweltsarten zu schützen.

„Der Spiegel" 1/1999, S. 136ff.

b) Abbildung aus einer DDR-Broschüre (um 1950). In den 1930er- und 40er-Jahren wurden die deutschen Kartoffelernten – wie schon vorher die französischen – durch den in den 1870er-Jahren aus den USA eingeschleppten Kartoffelkäfer schwer geschädigt. Die NS-Propaganda behauptete, britische Flieger hätten Kartoffelkäferlarven über Deutschland abgeworfen; im Kalten Krieg erhob die sowjetische Propaganda ähnliche Vorwürfe gegen die USA und nannte die Käfer „die sechsbeinigen Botschafter der Wall Street".

c) In einem Überblick über „biologische Invasionen" früher und heute heißt es:

Da die Welt immer enger zusammenrückt [...], wächst sich die organismische Reisefreudigkeit – ob als blinder Passagier oder als gehätschelter Pflegling – zu einem riesengroßen Problem aus. Prominente Wissenschaftler halten es neben der immer weiter fortschreitenden Biotopzerstörung für die größte Gefahr, die den verbliebenen Naturräumen dieser Erde heute droht. [...] Die öffentliche Aufmerksamkeit ist minimal, zumindest bei uns in Europa. [...] 1859 brachte das Schiff Lightning 24 Wildkaninchen nach Australien. Sie wurden in Victoria im Südosten Australiens freigelassen und entzündeten einen regelrechten Flächenbrand, eine der dramatischsten Tierinvasionen, die jemals aufgezeichnet wurde. Durch weitere Aussetzungen zusätzlich angefacht, bewegte sich die hoppelnde Besiedlungsfront mit 100 bis 300 Kilometern pro Jahr voran und eroberte drei Viertel des Südkontinents. [...] Die Nager durchwühlten den Boden, fraßen die Pflanzen, die eigentlich die Schafe ernähren sollten, und lieferten die entblößte Erde der Erosion aus. Die Schäden für die Landwirtschaft und die Kosten der Bekämpfungsmaßnahmen summierten sich zu Hunderten von Millionen Dollar. [...]

[Allerdings] können sich Werturteile ändern und je nach Interessenlage ganz unterschiedlich ausfallen. Der Riesen-Bärenklau, von Leidtragenden erbittert bekämpft, wurde und wird von Imkern, die ihn als ergiebige Bienenweide schätzen, durch Aussaat aktiv verbreitet. [...] Zum Beispiel ist sehr fraglich, wer in Australien und Neuseeland die größeren Schäden angerichtet hat: der „Schädling" Kaninchen oder das „Nutztier" Schaf. „Natürlich" im Sinne von einheimisch sind dort weder die einen noch die anderen.

Bernhard Kegel: Die Ameise als Tramp. Von biologischen Invasionen. Zürich 1999, S. 9, 277, 315.

a) Diskutieren Sie, inwieweit es in der Neophyten-Kontroverse um Fakten oder um Weltanschauungen geht.
b) Überlegen Sie mögliche Kompromisse in dieser Kontroverse.
c) Wie stellt sich die Neophyten-Problematik dar, wenn man vom Leitbild „Artenvielfalt" ausgeht?

1. Unterscheiden Sie Umweltfolgen des Kolonialismus nach verschiedenen historischen Epochen und Weltregionen.
2. Veranstalten Sie eine Pro-und-Kontra-Diskussion, ob es berechtigt ist, wenn Drittweltländer dem Kolonialismus die Schuld an gegenwärtigen Umweltproblemen geben.

IV. Stadt und Stoffkreislauf: Die Großstadt als Brennpunkt der Umweltprobleme und die neue Situation im Zeitalter der Kohle

Die Stadt: ökologisch ein Parasit?

Der Ökologe Eugene P. Odum (geb. 1913), ein Begründer des Ökosystem-Konzepts, hielt es für wichtig, „die Stadt als einen Parasiten der sie umgebenden Natur- und Kulturlandschaft zu erkennen. Sie produziert keine Nahrung und reinigt nicht die Luft und das Wasser, das sie entlässt." Das Gegenbild zur Stadt waren die traditionellen Bauernhöfe. Da wurden fast alle Abfälle unter Einschluss der Exkremente von Mensch und Tier kompostiert und dem Boden als Dünger zurückgeführt. Auf diese Weise entstand ein nahezu geschlossener Stoffkreislauf, der im Idealfall zwei Aufgaben zugleich bewältigte: die Fruchtbarkeit des Bodens zu erhalten und die Abfälle zu entsorgen.
Dieser Stoffkreislauf wurde durch die Stadt gestört. In der Stadt selbst entstand ein wachsendes Abfallproblem; zugleich litten ländliche Regionen unter einer Verknappung des Düngers. Es gibt viele Schreckensberichte darüber, wie die alten Städte vor der Einführung von Kanalisation und Müllabfuhr in Gestank und Abfällen erstickten; und es gibt ebenfalls viele Berichte über den Dünger- und Futtermangel bei ärmeren Bauern, der diese dazu zwang, die Wälder zu plündern. Die Schauergeschichten über die alte Stadt stammen allerdings meist aus dem späten 18. und 19. Jahrhundert, als sie dazu dienten, Städtesanierungsprojekte zu begründen.

Chancen für den Stoffkreislauf Stadt – Land in der alten Stadt

War die Situation wirklich so verzweifelt, und war sie dies seit der Ausbreitung des Städtewesens im Spätmittelalter stets gewesen? Denn die Menschen waren gegenüber diesen Missständen auch in älterer Zeit nicht blind; man brauchte kein modernes ökologisches Wissen, um sie zu erkennen. Im Prinzip war stets mehr oder weniger klar, dass man beide Probleme zugleich – den Unrat in der Stadt und den Düngermangel auf dem Lande – auf *einen* Schlag lösen konnte: indem man die Abfälle der Städte kompostierte und aufs Land transportierte. Da der Müll der Städte in vormoderner Zeit noch keine Kunststoffe und Industrieabfälle enthielt, ließ er sich unbedenklich als Dünger nutzen.
Hinzu kam, dass die meisten Städte bis ins 18. Jahrhundert nach modernen Begriffen geradezu winzig waren und nur wenige tausend Einwohner umfassten. Diese warfen in aller Regel ohnehin nichts weg, was sich noch irgendwie verwenden ließ. Daher waren die Abfallmengen im Vergleich zu heute ganz gering. Das Ackerland war von den meisten Stadtbewohnern nicht weit entfernt. Daher war – so sollte man meinen – eine Schließung des Stoffkreislaufs, die alle Umweltprobleme löste, im Prinzip möglich; ja sie hätte eigentlich von selbst, auch ohne Verordnungen, erfolgen müssen. Tatsächlich sind viele städtische Abfälle dem Land als Dünger zurückgeführt worden.

Die Urbanisierung sprengt den Stoffkreislauf

Durch die Industrialisierung und Urbanisierung, das explosionsartige Wachstum vieler Industriestädte im 19. Jahrhundert wurde es immer schwieriger, den Stoffkreislauf zwischen Stadt und Land in Gang zu halten. Die Masse des Mülls, die hinzukommenden Industrieabfälle, die Kohle, die wachsenden Hygieneansprüche: All das kam zusammen, um die Aufgabe immer aussichtsloser erscheinen zu lassen, mit der Entsorgung der Städte zugleich für die Düngung des Landes zu sorgen.
Dennoch faszinierte gerade zu jener Zeit die Idee des großen Kreislaufs viele Wissenschaftler und Techniker mehr denn je. Justus Liebig, einer der Begründer der modernen Chemie, verkündete, das Schicksal der Menschheit sei eine „Kloakenfrage" und hänge davon ab, ob die Fäkalien der Städte wieder dem Land als Dünger zurückgeführt würden. Bis ins 20. Jahrhundert bestand der Ehrgeiz vieler Stadttechniker darin, diese Rückführung durch großtechnische Systeme zu be-

65 „Wasserklosett" in alter Zeit: Ausschnitt aus dem Gemälde „Die niederländischen Sprichwörter" von Pieter Breughel dem Älteren (gest. 1569).

werkstelligen. Dazu wurden die Abfallmassen jedoch viel zu groß. Ihr Düngerwert wurde obendrein durch Industrieabfälle beeinträchtigt. Eine Schließung der Stoffkreisläufe ist bei Großstädten nicht auch nur annähernd gelungen. Stattdessen ist das Entsorgungsproblem in den Städten extrem gewachsen, und auf dem Lande haben sich chemische Düngemittel durchgesetzt.

Widersprüchliche Wünsche: Recycling und Abfallentfernung

Noch ein anderer Umstand verhinderte einen perfekten Stoffkreislauf, und zwar schon in vormoderner Zeit: Stets konkurrierte die Rückführung der Abfälle mit dem anderen Ziel, Ekel erregende und stinkende Abfälle so rasch und so weit wie möglich aus dem Gesichts- und Geruchsfeld zu entfernen. Dieses Bestreben verstärkte sich im 19. Jahrhundert, als die Bakteriologen vor der Seuchengefahr warnten, die von Exkrementen ausging. Wo jedoch war die „endgültige Senke", wo man die Abfälle für alle Zeiten los war? Im fließenden Wasser? Im Boden? Je mehr

66 Arme Leute stöbern in der Müllhalde von Bostons Nobelviertel Back Bay: Graphik von Winsley Homer (1859). Die Abfallentsorgung wurde erst später als die Wasserver- und -entsorgung zu einer öffentlichen Aufgabe. Das „Recycling" von Abfällen blieb bis in die neueste Zeit dem Belieben der Privatpersonen überlassen. In Zeiten der Massenarmut regelte sich die Wiederverwertung vieler Dinge von selbst.

man die gesamte Erde als dynamisches System begriff, wo alles zusammenhängt, desto zweifelhafter wurde es, ob es eine solche Senke überhaupt gab.

Die Kanalisation: Beginn einer neuen Ära

Die Idee der Kanalisation, wenn auch erst mit der modernen Technik in großem Stil verwirklicht, geht bis in die frühe Neuzeit zurück: Schon damals begannen manche Städte, die Abfälle über Gräben und Kanäle in die Flüsse zu leiten; und Regengüsse, die die Abfälle wegschwemmten, halfen dieser Art von Entsorgung nach. Wenn sich die Abfallmengen in Grenzen hielten, die Flüsse ein gewisses Gefälle besaßen und die nächste Stadt flussabwärts erst in einiger Entfernung lag, funktionierte diese Methode. Im 19. Jahrhundert pflegte man sie mit der Theorie von der *Selbstreinigungskraft der Flüsse* zu rechtfertigen. Aber gerade zu jener Zeit musste man mehr und mehr erkennen, dass diese Selbstreinigungskraft durch die Abfallmassen der wachsenden Großstädte weit überfordert wurde und die Städte ihr Abfallproblem auf Kosten ihrer flussabwärts liegenden Nachbarn lösten.

Die Entsorgungsproblematik sprengt die Grenzen der Stadt

Zu jener Zeit überschritt die Entsorgungsproblematik sichtbar die Grenzen der Kommunen: im Wasser und auch in der Luft durch die Rauchschwaden der in den Großstädten massierten Schornsteine. Es dauerte jedoch lange, bis die Politik auf diese Situation reagierte. Die Entsorgung der Abfälle galt die längste Zeit als ein Problem der Einzelhaushalte und der Kommunen, nicht als eines der Staatsführungen. Vom Mittelalter bis ins frühe 20. Jahrhundert reicht eine Großepoche der Umweltgeschichte, während derer Entsorgungsprobleme – wenn überhaupt – fast nur in den Städten als dringender Notstand wahrgenommen und mit Gegenmaßnahmen angegangen wurden. Die neueste Ära der Umweltgeschichte dagegen ist dadurch gekennzeichnet, dass die Emissionsproblematik, die die längste Zeit in der Regel nur lokal war oder zumindest nur lokal wahrgenommen wurde, deutlich überregionale, ja teilweise globale Ausmaße angenommen hat.
Vor allem dadurch wurde die Umweltpolitik zu einem Politikfeld eigener Art. Früher war der Umgang mit Umweltproblemen – ob bei der Bewässerung oder der Wald- und Weidewirtschaft – untrennbar mit der Sicherung der wirtschaftlichen Existenz des eigenen Hofes oder Dorfes verbunden. Mit zunehmender Wasser- und Luftverschmutzung dagegen ging es auch um Gesundheit und Wohlbefinden immer weiterer Regionen und um die Schönheit der Landschaft.

67 Der Salzbrunnen von Schwäbisch Hall mit seinen zehn Schöpfgalgen, überragt von gewaltigen, sorgfältig geschichteten Holzstößen (Kupferstich von 1715). Das Bild lässt erkennen, dass die Salzproduktion, wenn Salz durch Versieden gewonnen wurde, an der Holzversorgung hing.

Zugleich eine weitere Epochenwende: vom Holz zur Kohle

Die beginnende Industrialisierung schuf nicht sofort eine neue Situation; denn sie vollzog sich in der Mehrzahl der Regionen zunächst auf der Grundlage von Wasser-, Tier- und Menschenkraft und mit Holz und Holzkohle als Brennstoff. Das führte das wirtschaftliche Wachstum zunächst, in der Phase der so genannten *Protoindustrialisierung*, aus den Städten hinaus in die Wälder und entlang den Flüssen und Bächen: Da gelangte man zu den Energieressourcen. Eine ganz neue Situation dagegen entstand durch die *Steinkohle*. Zwar wurde diese an manchen Orten schon seit dem Mittelalter abgebaut; aber bis ins 18. Jahrhundert blieb sie zumeist nur ein lokaler Holzersatz. Erst mit Dampfmaschine, Tiefbau und Eisenbahn wurde die Kohle zu einem überall und massenhaft zugänglichen Energieträger, auf dessen Grundlage sich ein industrielles Wachstum entwickelte, wie es in der Weltgeschichte ohne Beispiel war. Von da ab vollzog sich die wirtschaftliche Entwicklung zunehmend auf einer nicht regenerativen Energiegrundlage.

68 Ansichtskarte der Bielefelder Firma Dürkopp um 1900.
Beachten Sie die Bauweise des Schornsteins und erläutern Sie an diesem Bild, was hohe und rauchende Schornsteine für viele Menschen zu jener Zeit bedeuteten. Muss man daraus schließen, dass jene Zeit keinerlei Umweltbewusstsein besaß?

69 Zwei Wassertürme in Lüneburg: die frühneuzeitliche „Rats-Wasserkunst" und ein Wasserturm von 1907. Wassertürme waren um 1900, als der Trend in den Großstädten zur Zentralisierung der Wasserversorgung ging, häufig architektonisch markante Wahrzeichen der Städte.
Führen Sie Gründe dafür an, weshalb die Städte mit ihren Wassertürmen einen derartigen baulichen Aufwand trieben.

Ratlosigkeit gegenüber der „Rauchplage"

Die Grenzen der fossilen Energieressourcen bekam man vorerst, so lange immer neue Kohleflöze erschlossen wurden, nicht zu spüren, umso mehr jedoch den Kohlerauch, der unangenehmer und auch viel massierter war als der altgewohnte Geruch der Holzfeuer und zudem Schwefel enthielt. Manche Wissenschaftler versicherten dennoch, der Kohlerauch sei gesund; aber die Mehrzahl der Menschen wollte ihnen nicht glauben. Von Anfang an war die auf Kohle basierende Industrialisierung zwar von vielen Hoffnungen, aber auch von viel Unbehagen begleitet. Dieses Unbehagen blieb jedoch in vielen Fällen hilflos und ohne praktische Handlungsmöglichkeit. In mancher Hinsicht verschlechterten sich im 19. Jahrhundert sogar die Widerstandsmöglichkeiten: Denn bei den Gerichten und Gewerbeaufsichtsbehörden, die über Klagen zu entscheiden hatten, setzte sich mehr und mehr die Auffassung durch, dass das industrielle Wachstum im Interesse des Gemeinwohls notwendig sei; und außerdem wurde es bei Rauchschäden unmöglich, noch einzelne Schuldige nachzuweisen, als sich ein Wald von Schornsteinen über den Industriestädten erhob. Die wohlhabenden Schichten lösten das Problem für sich selbst, indem sie in industrieferne Viertel im Westen der Städte zogen, wo der häufige Westwind den Qualm in entgegengesetzte Richtung blies.

London: Vorreiter städtischer Umweltprobleme

Vor allem in einer Stadt Europas massierte sich die für das Industriezeitalter typische Umweltproblematik schon Jahrhunderte davor: in London. Da hatten die Kohlefeuerung und die Klagen über den Kohlenrauch schon im Mittelalter begonnen; und da verband sich der Qualm mit dem dort häufigen Nebel zu einer atembeklemmenden Dunstglocke, die auf dem Londoner Hygienekongress von 1905 den Namen Smog („smoke" + „fog") bekam. Während man sich in Paris noch das gesamte 19. Jahrhundert hindurch – wenn auch mit sinkendem Erfolg – bemühte, die städtischen Fäkalien zu Dünger – der so genannten Poudrette – zu verarbeiten, begann man in London schon früh mit der systematischen Einleitung der Abwässer in die Themse: Nicht nur das Luft-, sondern auch das Wasserverschmutzungsproblem wurde dort besonders früh akut. Dass die Themse zur Kloake verkam, wurde zum öffentlichen Skandal, als der von dem Fluss ausgehende „Great Stink" selbst die Arbeit des dort gelegenen Parlaments ernsthaft beeinträchtigte. Doch auch mit Gegenmaßnahmen ging London, als es Hauptstadt des reichsten Landes der Welt war, international voran. Zugleich nahmen jedoch auch die Emissionen weiter zu. 1952 verursachte eine viertägige Smog-Konzentration den Tod von schätzungsweise 4000 Londonern; sie galt als die bis dahin größte Luftverschmutzungskatastrophe der Welt. In den 1950er-Jahren begann international eine neue Ära der Luftreinhaltung, diesmal mit stärkerer Initiative des Staates.
Bis ins 19. Jahrhundert waren die großen Städte im Allgemeinen ungesunder als das Land. Nur durch Zuzug vom Lande konnten sie ihre Bevölkerungszahl halten, sogar vergrößern. Im Jahre 1888 dagegen sank die durchschnittliche Sterblichkeit in den deutschen Städten erstmals unter die der Dörfer. Vor allem die verbesserte Versorgung mit sauberem Trinkwasser führte damals zum Rückgang von Typhus und Cholera, der für damalige Großstädte typischen Seuchen. Dennoch wurde gerade zu jener Zeit das Unbehagen über die Naturferne der städtischen Häusermeere größer denn je.

Urbanisierung: Verstädterung großer Teile der Gesellschaft mitsamt der Landschaft. Es handelt sich also nicht nur um das Entstehen und Anwachsen von Städten – um einen Prozess, der schon seit der Antike im Gange ist, sondern darüber hinaus um die Prägung der gesamten Zivilisation durch die Städte. Das ging mit einem weiträumigen Auswuchern der Städte in die Landschaft einher, wie es erst durch die modernen Verkehrsmittel möglich wurde. Innerhalb der Urbanisierung setzte sich im 20. Jahrhundert ein Trend zur **Suburbanisierung** durch: eine Abwanderung vor allem der besser verdienenden Schichten in neu errichtete Vorstädte, um den Umweltbelastungen der Innenstädte (Lärm, Rauch, Abgase) zu entgehen.

Stoffkreislauf: „Kreislauf" ist eine Metapher für den Vorgang, dass Stoffe über verschiedene Verwandlungen am Ende wieder in ihren Ausgangszustand und an ihren Ursprung zurückgelangen. „Kreisläufe" solcher Art vollziehen sich in der sich selbst überlassenen Natur ständig und sind die Grundlage ihrer unendlichen Fortdauer; denn alle Organismen führen die in ihnen enthaltenen Nährstoffe durch ihre Ausscheidungen und am Ende durch ihren eigenen Zerfall wieder dem Boden zurück und machen dadurch neues Leben möglich. In der **Subsistenzwirtschaft**, der Wirtschaft für den Eigenbedarf, ist der lokale Stoffkreislauf noch gewährleistet. Mit der Zunahme der Handelbeziehungen und der Zentralisierung der Abfallentsorgung werden die Stoffkreisläufe jedoch zunehmend gestört. Der Stoffkreislauf wird von der natürlichen Realität zu einer immer schwerer zu erfüllenden Norm. Umso mehr wurde die zumindest teilweise Schließung der Stoffkreisläufe im Interesse der Abfallentsorgung und der Erhaltung der Bodenqualität im Zuge der Industrialisierung und Urbanisierung zu einem Ziel der „Stadttechnik". Bei dem idealen Kreislauf gibt es keine **Emissionen**, die die Umwelt belasten. Daher fordern Umweltpolitiker von der Industrie „geschlossene Kreisläufe".

70 Schließung des Stoffkreislaufs durch Düngung mit städtischen Fäkalien?

a) Johann Georg Krünitz schreibt 1789 in seiner „Ökonomisch-technologischen Encyclopädie" über „Gebrauch und Nutzen des Menschen-Kotes als Dünger":

Manche wollen ihn, des üblen Geruchs wegen, nicht gern gebrauchen; andre bilden sich ein, er gebe den Gewächsen einen garstigen Geschmack. Doch sie treiben [...] die Zärtlichkeit zu weit. Man braucht ihn mit gutem Nutzen an vielen Orten in Frankreich, durch ganz Flandern, und ich glaube auch, nicht weniger vorteilhaft um ganz London herum. [...]

Ein vernünftiger Landmann versteht aus den verworfensten und übel riechendsten Abgängen und Auswürfen Nutzen zu ziehen; der Stadtmann hingegen muss, um sich ihrer zu entledigen, Geld obendrein geben. Sollte sich dieses nicht abändern lassen: Sollte man die Bewohner großer Städte nicht wenigstens unentgeltlich der natürlichen Unreinigkeiten entledigen und der Staat überdem daraus Vorteil ziehen können? [...]

Um diese die Geruchsnerven beleidigenden Auswürfe aus den Augen zu schaffen, sind die Abtritte oder die so genannten heimlichen Gemächer erfunden; weil sich diese aber mit der Zeit anfüllen, so musste man ganz natürlich darauf denken, den stinkenden Unrat mit der geringsten Unbequemlichkeit weiter zu entfernen. [...]

Man glaubte kein leichteres und wirksameres Mittel zu finden, als mehrgedachte Unreinigkeiten bei Nachtzeiten in den benachbarten Flüssen ersaufen zu lassen. Man trug dieses Geschäft teils in Orten den Abdeckern und andern, geringen Leuten auf, die man z. B. in Wien Nacht-Könige nennt; sie sind angewiesen, ihr Geschäft bloß bei Nachtzeiten zu verrichten. [...]

Nur ist der Eindruck, seine eigenen Auswürfe so wenig zu achten, ja vielmehr bloß an geheimen Orten zu verlieren, seltsam, und damit wird besonders in großen Städten und volkreichen Plätzen der Erde das Beste entwendet. [...]

Die Erde, unsere gütige Mutter, gibt uns alles und wir geben ihr nichts zurück, verbergen die ihr zuträglichen Nahrungsteile in ihrem Schoße, in geheimen Orten, wo davon kein Gebrauch gemacht werden kann. Somit wird alle Jahre der Erde ungemein viel entzogen und nichts gegeben als das wenige, so mit dem Auswurf des Viehes auf die Felder kommt. Unsere Unvorsichtigkeit demnach entkräftet die Felder.

Günter Bayerl/Ulrich Troitzsch (Hrsg.): Quellentexte zur Geschichte der Umwelt von der Antike bis heute. Göttingen 1998, S. 210ff.

b) In seinen „Chemischen Briefen" schreibt Justus Liebig (1803–1873) zum gleichen Thema:

Es kann keinem Zweifel unterliegen, dass wir mit der Zufuhr dieser Exkremente die in der Ernte entzogenen Bodenbestandteile wieder zurückbringen, dass wir damit dem Boden wieder das Vermögen geben, einer neuen Ernte Nahrung darzubieten – wir stellen das gestörte Gleichgewicht wieder her. [...]

In den Feldfrüchten verkauft der Landwirt sein Feld [...]; indem er diese Feldfrüchte veräußert, raubt er dem Felde die Bedingungen ihrer Wiedererzeugung; eine solche Wirtschaft trägt mit Recht den Namen einer Raubwirtschaft. [...] Die Wirkungen der Raubwirtschaft sind nirgends sichtbarer und augenfälliger als in Amerika, wo die ersten Kolonisten [...] Länderstrecken vorfanden, welche nach einmaligem Pflügen und Säen viele Jahre lang eine Reihe von Weizen- und Tabakernten lieferten, ohne dass der Landwirt nur daran zu denken brauchte, zu ersetzen, was er dem Boden in dem Korn und den Tabaksblättern genommen. [...]

Das europäische Kulturverfahren, genannt die intensive Landwirtschaft, ist nicht die rohe Beraubung des amerikanischen Farmers, sondern es ist ein feinerer Raub, dem man auf den ersten Blick nicht ansieht, dass es Raub ist: Es ist der Raub mit Selbstbetrug. [...] [Vor allem] die großen Städte verschlingen allmählich, bodenlosen Abgründen gleich, die Bedingungen der Fruchtbarkeit der größten Länder. In dieser Weise [...] verschlangen nach einer Reihe von Jahrhunderten die Kloaken der ungeheuren Weltstadt [Rom] den Wohlstand des römischen Bauers, und als dessen Felder die Mittel zur Ernährung ihrer Bewohner nicht mehr zu liefern vermochten, so versank in diesen Kloaken der Reichtum Siziliens, Sardiniens und der fruchtbaren Küstenländer von Afrika.

Justus von Liebig: Chemische Briefe. Volksausgabe, Leipzig 1865, S. 369, 466, 470, 491.

c) Der Liebig-Schüler Max von Pettenkofer (1818–1901) war lange Zeit von großem Einfluss auf die städtische Hygienepolitik. 1876 bemerkte er in einem Vortrag:

Es haben wirklich bis in die neueste Zeit noch Goldwäschereien im Inn bestanden [...], aber diese Goldwäscher sind immer arme Leute geblieben. Unsere Abtrittgruben, in denen der Unrat am meisten konzentriert ist, sind auch solche Goldgruben. Aber noch alle Poudrettefabriken, die den Inhalt dieser Gruben verwerteten, sind zugrunde gegangen. Die Massen sind zu verdünnt und zerstreut; die Gewinnung derselben und die Verwandlung in eine trans-

port- und marktfähige Ware lohnte sich nicht, ebenso wie es sich nicht lohnt, aus dem Inn Gold zu waschen. Wir können vom hygienischen Standpunkte aus [...] sagen: Wir verlangen nichts, als dass die Exkremente so behandelt werden, dass sie uns die Luft und den Boden des Hauses nicht verpesten; das andere ist Sache des Kalküls. [...]
Jetzt wollen die Ökonomen uns zwingen, ihnen den Dünger auf ihre Felder zu führen und dafür, dass wir den Dünger auf ihren Äckern abladen dürfen, sogar noch zu bezahlen. Das ist ein unnatürliches Verhältnis und wird deshalb auch, namentlich in größeren Kommunen, nicht durchdringen. Der Wassertransport ist, wie im Allgemeinen, so auch für die Exkremente billiger als der Transport zu Lande. Dies wird der einfache Grund sein, dass – solange die Landwirtschaft für die Abfuhr nichts bezahlt – die Exkremente dem Spülsystem zufallen.

Gottfried Hösel: Unser Abfall aller Zeiten. München 1987, S. 205.

d) 1896 erschien im Auftrag der Deutschen Landwirtschafts-Gesellschaft ein umfangreiches Handbuch über die Verwertung der städtischen Fäkalien. Da heißt es über Latrinengruben jener Städte und Stadtbezirke, die noch nicht das Wasserklosett eingeführt hatten:

Die nicht gedichteten Wände solcher Gruben gewähren den flüssigen Bestandteilen der Absonderungen den Eintritt in den Untergrund. Es bleiben nur die festen und dickflüssigen Bestandteile zurück. Infolgedessen dauert es sehr lange, ehe eine solche Grube gefüllt ist. Die nicht versickernden Bestandteile der Absonderungen gehen in Zersetzung über und verunreinigen durch die sich hierbei bildenden übel riechenden Gase die Wohnräume. Diese Gruben verunreinigen mithin Untergrund und Luft in bedenklicher Weise. Die in den Gruben zurückbleibenden vergorenen Absonderungen haben für die Landwirtschaft einen verhältnismäßig geringen Wert, da die meisten leicht löslichen Pflanzennährstoffe versickert und die [...] stickstoffhaltigen Bestandteile bei der eingetretenen Gärung in Gasform entwichen sind. [...]
In den meisten Städten Deutschlands, welche das Grubensystem eingeführt haben – es sind dies weit über 90 % aller deutschen Städte –, ist das Auszementieren der Gruben polizeilich vorgeschrieben. In unzähligen Fällen werden indessen die [...] Vorteile des Auszementierens schon bei der Anlage der Grube wieder dadurch hinfällig gemacht, indem man an einer für das Auge der Polizei schwer auffindbaren Stelle eine Verbindung mit dem Untergrunde herstellt. [...] Die Grube wird sich infolgedessen nie füllen, und der Eigentümer des Hauses spart die oft nicht unerheblichen Kosten für das Ausleeren derselben.

J. H. Vogel: Die Verwertung der städtischen Abfallstoffe. Berlin 1896, S. 18f.

a) Mit welcher Absicht spricht Krünitz von „Mutter Erde“?
b) In welcher Weise veränderte das Wachstum der Städte den vorindustriellen Stoffkreislauf zwischen Stadt und Land?
c) Erläutern Sie neue Aspekte, die sich aus Liebigs Darstellung für die umwelthistorische Bedeutung des Kolonialismus ergeben.
d) Pettenkofer argumentiert ökonomisch und kritisiert zugleich die „Ökonomen“. Welche unterschiedlichen Begriffe von „Ökonomie“ sind im Spiel?

71 Londoner Luft

a) John Evelyn (1620–1706) über den Londoner Smog:

Es empört mich in höchstem Maße, dass in einer Stadt, die einen solchen Überfluss an allen Dingen hat, sodass ihr Volk das glücklichste der Erde sein könnte, die Gesundheit und das Glück so vieler unter der schmutzigen und verfluchten Habgier einiger weniger spezieller Personen zu leiden haben. Dass Menschen, deren Lebenselement die Luft ist, diese nicht frei atmen dürfen, wie sie wollen, sondern wie die Untertanen eines Tyrannen zu diesem Elend und Rauchschlucken verdammt sind, ist eine befremdliche Dummheit. Und doch sehen wir sie, wie sie in London herumgehen und sich miteinander unterhalten, stets verfolgt und gejagt von diesem höllischen Rauch, wohin auch immer sie sich zurückziehen wollen. [...]
Die Schuld liegt nicht bei den Küchenfeuern; denn die sind so schwach, dass der Rauch so leicht in der Luft zerstreut wird, dass er kaum zu erkennen ist, sondern bei einigen wenigen besonderen Feuerungen, die nur Brauern, Färbern, Kalkbrennern, Salz-

und Seifensiedern und einigen anderen Privatunternehmern gehören und deren Qualm die Luft schlimmer verschmutzt als alle Kamine Londons zusammen. [...] Wenn diese aus ihrem rußigen Schlund Feuer speien, gleicht die Stadt London eher den Vulkanen Ätna oder Stromboli oder dem Vorhof der Hölle als einer Stätte vernünftiger Kreaturen und dem Regierungssitz unseres unvergleichlichen Königs. [...] Es ist dieser abscheuliche Qualm, der unsere Kirchen schwärzt und unsere Paläste alt aussehen lässt, der unsere Kleider stinkend macht und unser Wasser verdirbt, sodass selbst der Regen und der erfrischende Tau zu allen Jahreszeiten diesen unsauberen Rauch mitführt, der alles, was ihm ausgesetzt ist, befleckt und verschmutzt. [...]

[Zu dem damals vorgebrachten Argument, dass Kohlenrauch gut gegen die Pest sei:] Zugegeben, London ist nicht als einzige Stadt besonders anfällig für die Pest. Aber ist es nicht klar, dass dieser Rauch in vieler anderer Hinsicht auch eine Pest und ebenso unerträglich ist, ja schlimmer ist als der Tod, da er nicht plötzlich tötet, sondern zu langsamem Siechtum führt? Denn nirgends auf der Welt hört man so viel Gehuste und Geschnaufe wie in Londoner Kirchen und Volksversammlungen, wo das Bellen und Spucken kein Ende nimmt und höchst aufdringlich ist.

John Evelyn: Fumifugium or the Inconvenience of the Aer and Smoake of London, neu hrsg. von Robert Barr, Elmsford o. J., S. 6f., 15f., 20f. [Übersetzung Radkau]

b) Der Göttinger Physiker und Philosoph Georg Christoph Lichtenberg (1742–1799), für den England das kulturelle Vorbild war, schrieb im Januar 1775 aus Kew bei London:

Die Aussicht gegen Osten begrenzt die Rauchwolke, die beständig über dem unermesslichen London ruht, das etwas über eine deutsche Meile entfernt ist, und hinter dieser Rauchwolke, aber – aber über 100 Meilen weiter hinaus (denke ich oft, wenn ich an dem Fenster stehe), da liegt Göttingen mit einigen wenigen, sehr wenigen Freunden von mir, die ich aber nicht um alle dazwischen liegenden Reichtümer entbehren wollte. [...] Wenn es nebelt, gütiger Himmel, was für ein Ort ist Kew da? Die Nebel sind nicht allein häufiger als bei uns und am Rhein, sondern auch dicker. [...] Der Engländer zieht den Kragen seines Überrocks über die Nase und schleicht in seinen Grillen fort, einige weissagen, andere bekehren sich und andere erschießen sich, und was tue ich? Ich sehe zuweilen stundenlang in mein Kaminfeuer, suche Gesichter in den Kohlen und ihre Gestalten und denke an Göttingen, [...] an meine Freunde und Freundinnen. Meine Gesundheit ist in diesem Jahr schlechter als jemals. [...] Wenn uns die Sonne etwas näher kommt und ich dieses feuchte Nest verlassen kann, so soll es, will's Gott, besser werden.

Georg Christoph Lichtenberg, Brief an E. G. Baldinger, 10. 1. 1775. Zit. nach: G. Chr. Lichtenberg, Schriften und Briefe, 4. Bd. Frankfurt a. M. o. J., S. 209, 210, 216

c) Der Arzt Samuel Hahnemann (1755–1843), der spätere Begründer der Homöopathie, veröffentlichte 1787 eine Schrift zur Widerlegung der „Vorurteile gegen die Steinkohlenfeuerung". Darin schrieb er:

Eine Menge Schriftsteller, unter denen verzärtelte Reisebeschreiber vorzüglich hervorstechen, haben die Gegenden und Städte, wo Steinkohlen allgemein gebrannt werden, schmählich verschrien. Alles werde davon durchräuchert, alles schmutzig; eine Nacht von Dampfe hülle diese Städte ein, der Gestank sei giftig, unerträglich usw.

Aber wo ist eine große, gewerbereiche Stadt, wo irgend ein Fabrikort, in denen viele Holzfeuer nötig sind, die man nicht wie Paris, Wien, Berlin usw. von weitem wie im Nebel begraben sähe? [...] Oder verträgt sich die Torf- und Steinkohlenfeuerung nicht mit der Nettigkeit in den fast übertrieben reinlichen Niederlanden, oder in London, dem Sitze der Pracht und der feinsten Lebensart? [...] Auch sollte man eine Feuerung, die zu fast allen möglichen Gegenständen zweckmäßiger als die Holzfeuerung ist, nicht als eine elende Zuflucht des armseligen Pöbels verachten, da nichts Nutzbares verächtlich sein kann, und da von jeher der Stolz der glücklichsten Nationen Industrie war. [...]

(Die Gegner rufen:) „Welcher Gestank! Wie fällt er auf die Brust, wie viele Menschen sterben nicht jährlich in London, in welcher Rauchwolke sieht man nicht Lüttich, Aachen, London vergraben!"

Der Gestank der Steinkohlen kann nicht unerträglich sein, da ihn so eine ungeheure Menge Menschen von so verschiedenem Körperbau leicht verträgt, und da sich selbst Reisende von feinstem Nervengewebe in London nach wenigen Tagen daran leicht gewöhnen. [...] Vorzüglich Brustkrankheiten und Lungeneiterung soll der Steinkohlenrauch verursachen. Aber man nehme nur genaue und detaillierte Totenlisten großer Städte und ihrer Hospitäler zur Hand, und man wird keine geringere (oft größere) Sterblichkeit in denen finden, welche Holz brennen. In keinem Londoner Spitale stirbt der fünfte, wie im Hoteldieu zu Paris. In einigen Wiener Spitälern habe ich fast immer den dritten Teil der Kranken an der Lungensucht darnieder liegen gesehn.

Samuel Hahnemann: Abhandlung über die Vorurtheile gegen die Steinkohlenfeuerung, Dresden 1787, S. 4, 5, 8.

a) Organisieren Sie vor dem Hintergrund des Wissenstandes des 18. Jahrhunderts (Texte 71 a)–c)) eine Pro-und-Kontra-Diskussion über eine sinnvolle Verwendung der Steinkohle.

b) Auf welche Weise konnte zu jener Zeit eine Beunruhigung gegenüber dem Rauch in den Großstädten entstehen? Überlegen Sie, welche Rolle dabei die sinnliche Erfahrung, die Wissenschaft und bestimmte Interessen spielen konnten.

1. Die alte Stadt, der Schmutz und das Wasser

Das Wasserklosett: ein alter Wunschtraum

Im Jahre 1184 kam es im Erfurter Bischofspalast zu einer Katastrophe: Unter der Last der zu einem Königsbesuch versammelten Menge brach eine Geschossdecke ein, die Menschen stürzten in die im Untergeschoss befindliche Kloake, und einige ertranken in dem darunter strömenden Fluss. Wie man sieht, konnte sich ein Erzbischof schon damals mitten in einer großen Stadt ein „Wasserklosett" leisten. Eine Sehnsucht nach dem geruchlosen Abort gab es schon im Mittelalter. Aber wenn alle Häuser ihre Latrinen in den Stadtbach entleert hätten, wäre dieser zur Kloake verkommen und hätte weder Trink- noch Brauchwasser abgegeben. Viele Stadtverwaltungen suchten daher derartige Praktiken zu unterbinden, oft allerdings nur mit halbem Erfolg.

Das Städtewachstum verschärft die Entsorgungsprobleme

Solange viele Stadtbewohner noch ihr eigenes Stück Land hatten – und das war in vielen kleineren deutschen Städten noch bis ins 19. Jahrhundert der Fall –, war die Entsorgung kein großes Problem: Viele Haushalte hatten ihre Misthaufen und ihre Schweine als Abfallverwerter und Fleischlieferanten. Aber je größer die Städte wurden, desto mehr wurden Schweine und Misthaufen in der Stadt – unter dem Aspekt des Stoffkreislaufs eigentlich von Vorteil – für den Reinlichkeitssinn zum Skandal. Die Gärten innerhalb der Stadt wurden kleiner, und der Transport der Abfälle hinaus aufs Land lohnte sich nur dann, wenn der Weg nicht zu weit war. Von daher wuchs die Versuchung, die Abfälle in die Wasserläufe zu werfen. Die Alternative dazu waren die Senkgruben; aber je tiefer man diese grub, um den Gestank der Fäkalien zu vermindern, desto mehr gefährdete man das Grundwasser. Oft waren sie nicht dicht und verschmutzten nahe gelegene Brunnen. Auch in älterer Zeit war man für diese Unannehmlichkeiten nicht ganz blind. Solange jedoch die Wasserversorgung und die Entsorgung der Fäkalien im Umkreis des Hauses geschahen, besaß man keinen großen räumlichen Spielraum. Daraus ergab sich in moderner Zeit der Antrieb, Ver- und Entsorgung zu zentralisieren. Diese Zentralisierung schuf jedoch neue Probleme.

Elemente des Gleichgewichts zwischen der alten Stadt und ihrer Umwelt

Die alte Stadt mit ihrem Mauerring und ihren auf Abwehr der Konkurrenz bedachten Zünften strebte noch nicht nach dauerndem Wachstum und schon gar nicht nach einer ständigen Vermehrung der „Feuergewerbe", die große Massen von dem oft knappen Holz verbrauchten. Nürnberg, obwohl eine Hochburg der Metallverarbeitung, verlegte ab 1460 aus Sorge um die Holzversorgung der Stadt Schmelzhütten zur Silber- und Kupfergewinnung in den Thüringer Wald. Durch die Tendenz zur Selbstbeschränkung, die später von den Vorkämpfern der Industrialisierung als drückende Enge empfunden wurde, enthielt die alte Stadt ein Element des Gleichgewichts mit ihrer Umwelt.

Balanceakte zwischen Stadt und Wasser

Auch das Verhalten vieler alter Städte gegenüber dem Wasser enthielt ein Element der Balance. Die meisten Städte lagen an einem Fluss; denn vor dem 19. Jahrhundert war der Transport zu Wasser in den allermeisten Fällen viel billiger und schnel-

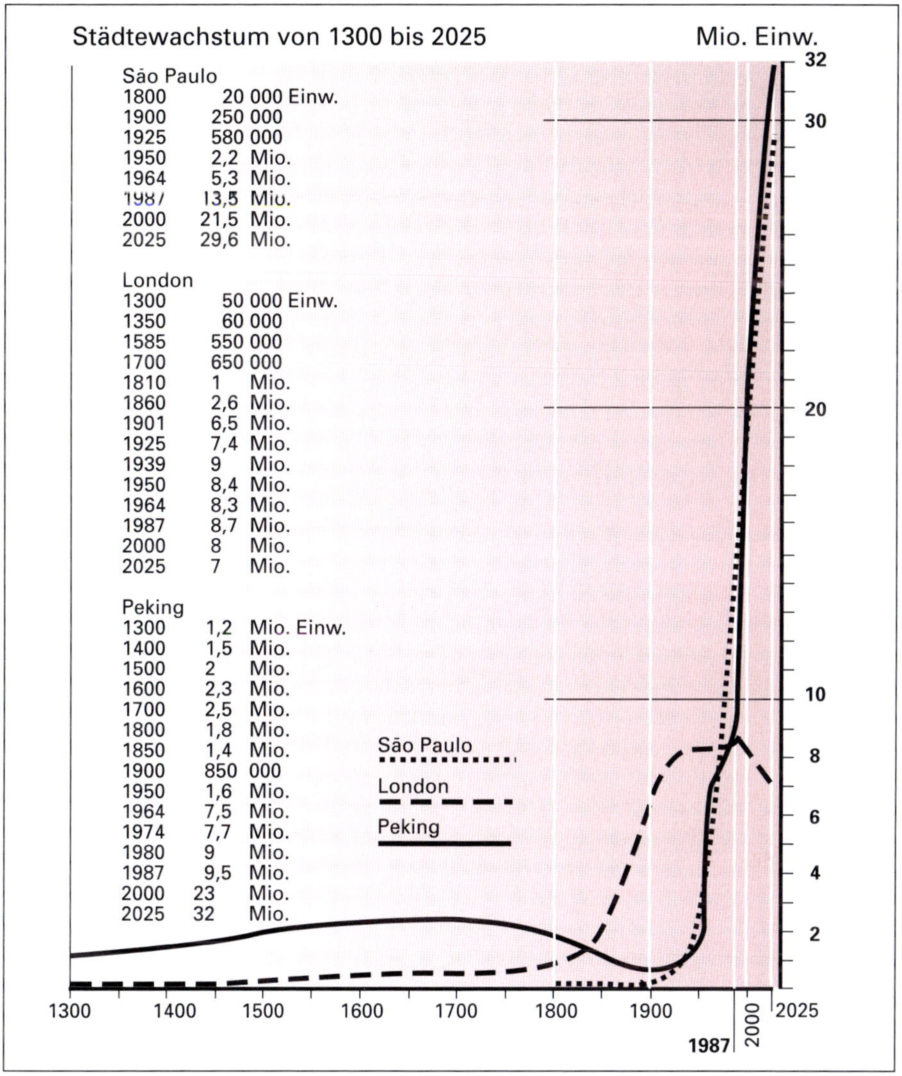

72 Wachstum dreier Metropolen im Laufe der Neuzeit.
Suchen Sie weitere Informationen über London, Peking und Sao Paulo und erklären Sie die Unterschiede in den Wachstumskurven.

ler als der zu Lande. Andererseits drohten von vielen Flüssen Überschwemmungen; und da war es gefährlich, wenn Städte sich allzu dicht am Fluss entlang zogen. Fließendes Wasser wurde in den Städten für die Mühlen und die Antriebsräder anderer Gewerbebetriebe gebraucht; man benötigte Trinkwasser, Wasser für die Feuerlöschteiche und die Stadtgräben. Andererseits gab es jedoch in älterer Zeit, als der Grundwasserspiegel vielerorts höher war als heute, eine im Lauf der Zeit zunehmende Angst vor Versumpfung und stehenden Gewässern; denn von diesen drohte das „Sumpffieber", die Malaria. Alles in allem verhinderten die unterschiedlichen Interessen am Wasser zumindest in Mitteleuropa im Allgemeinen drastische Eingriffe in den Wasserhaushalt einer Region. Einer allzu starken Wasserverschmutzung standen die Interessen der Fischer, Brauer und Bleicher entgegen. Oft behalf man sich jedoch damit, dass man extrem Wasser verschmutzende Gewerbe wie die Gerber und Färber flussabwärts am unteren Ende der Stadt ansiedelte.

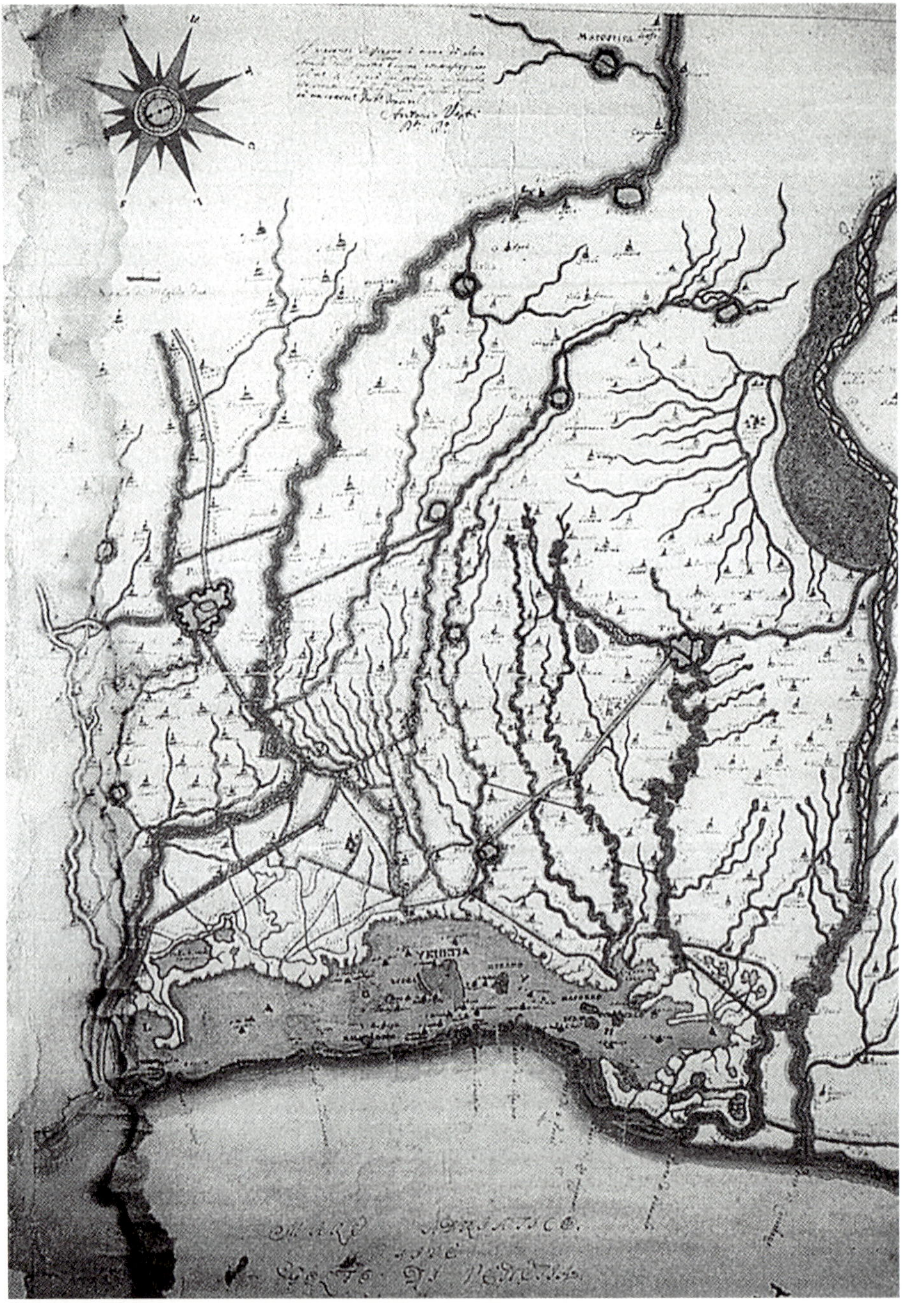

73 Die Wasserläufe im Umkreis der venezianischen Lagune: Venezianische Karte von 1709. Links und rechts erkennt man die Flüsse Brenta und Piave, die von den Venezianern um die Lagune herumgeleitet wurden, da sie diese zu verschlammen drohten. Nach heutigen Maßstäben ist die Karte nicht exakt. Sie führt jedoch vor Augen, dass zu Venedig auch seine Umwelt gehörte – die Lagune und deren Zuflüsse –, und dass die Venezianer diese ihre Umwelt geregelt hatten.

Wasserpolitik in Venedig

Das aus Laguneninseln zusammengewachsene Venedig war in älterer Zeit nicht ganz so außergewöhnlich wie heute; denn viele alte Städte waren von einem Netz kanalisierter Wasserläufe durchzogen und mussten zwischen den Gefahren des Wassermangels und der Überschwemmung balancieren. Aber nur wenige Städte gelangten vor dem 19. Jahrhundert in Wasserangelegenheiten zu einer mit System betriebenen zentralen Planung. Der berühmteste Fall ist Venedig, dessen Schick-

sal vom Wasser abhing und das bis zum 16. Jahrhundert eine der reichsten und mächtigsten Handelsstädte Europas war: Da wurde der Wasserbau zum Politikum ersten Ranges. Das Leben in der Lagunenstadt war, sofern man nicht bewusst auf Hygiene achtete, nicht gesund; viele reiche Venezianer erwarben daher und zur Lebensmittelversorgung Landgüter auf dem Festland und hätten dazu am liebsten große Teile der Lagune in Ackerland verwandelt. Aber dann hätte Venedig seine Einzigartigkeit, seine historische Natur verloren.
Nicht nur für den Schiffsverkehr, sondern auch als militärischer Schutz war die Lagune von Vorteil: Die Venezianer brauchten nur die Markierungsstöcke an den Schifffahrtsrinnen in der flachen Lagune zu entfernen, damit kein feindliches Schiff zur Stadt durchkam. *Wie* man jedoch die Lagune am besten erhielt, war nicht leicht zu sagen und wurde in Venedig oft Gegenstand von Kontroversen. Sollte man die in die Lagune mündenden Flüsse ableiten? Sie brachten in die Lagune Süßwasser, aber auch Schlamm. Drohte die größte Gefahr vom Meer, oder kam es der Gesundheit der Stadt zugute, wenn sie möglichst viel vom Salzwasser durchspült wurde? Früher als in den meisten anderen Städten wurde die Umweltpolitik in Venedig zum Objekt einer dauernden Diskussion.

74 Verkamen die alten Städte im Schmutz?

a) Schon 1573 erschien in Frankfurt am Main ein erstes Standardwerk über die Sauberkeit und Luftreinhaltung in den Städten, das die städtische Hygienepolitik der Folgezeit beeinflusste:

Weil nicht wenige Häuser keinen eigenen Abort haben, soll denn solcher Unrat spät abends, wenn es Nacht wird, aus der Stadt gut verdeckt herausgetragen und alles zusammen in das fließende Wasser oder sonst an ferne Orte weggeschaffen werden, damit nicht durch Sonnenhitze und Wind ein größerer und schädlicher Gestank verursacht wird. […]
Die öffentlichen und privaten Brunnen (und ebenso die Ufer der fließenden Gewässer) sollen jährlich richtig und gut gereinigt und gefegt werden. Denn ebenso wie an der gesunden Luft sehr viel gelegen ist, so auch an dem gesunden Trink- und Kochwasser, insbesondere der armen Leute. Denn sehr oft muss viel Volk und Vieh, ebenso wie von vergifteter Luft, an ungesundem Wasser sterben, auch ehe man das so recht bemerkt. […]
Die Sauställe, Schweinekoben, Sauschwemmen und Gänseställe sollen mitsamt ihrem Mist und ähnlichem stinkenden Unflat weit genug hinaus in die Vorstädte, ja wo immer möglich gar aus den Städten hinaus verlegt werden, da diese besonders böse ansteckende Luft bringen. Alle Nebel – vor allem die, die so lang, oft einen Tag und eine Nacht, stehen – sollen wo irgend möglich gemieden werden, da sie in Wahrheit Menschenfresser sind, die gewiss gar bald das Herz durch den unvermeidlichen Atem anstecken. […]
Die Kadaver der toten Tiere sollen allesamt an einen ganz fernen Ort oder mitten in die Gewässer geworfen oder von den dafür zuständigen Leuten begraben werden. […]
Durch solche Anordnungen würden wir vermittelst göttlicher Gnade reinere, fröhlichere und gesündere Wohnungen, Häuser, Gassen, Brunnen und Städte haben. Wer wollte nicht viel lieber in einer solchen Stadt wohnen als auf einem faulen und stinkenden Misthaufen, der die Körper vor der Zeit korrumpiert und verdirbt?

Günter Bayerl/Ulrich Troitzsch (Hrsg.): Quellentexte zur Geschichte der Umwelt von der Antike bis heute. Göttingen 1998, S. 159ff.

b) In einer Geschichte der Abwasser- und Fäkalienentsorgung, in deren Zentrum Zürich steht, heißt es:

Der Luzerner Chronist Renward Cysat (1545–1614) riet, die Fäkaliengruben […] bis zum Grundwasserspiegel abzutiefen und sich so der Jauche bequem zu entledigen. Die schriftlichen Quellen und die archäologischen Befunde zeigen in der Stadt Zürich für das Mittelalter und die frühe Neuzeit jedoch eher das Gegenteil, nämlich dass die Einwohner ihre Fäkaliengruben, welche sie unverblümt „Schissgruoben“ nannten, mit großer Sorgfalt abzudichten versuchten und lecke Kloaken von Zeit zu Zeit sanierten. […]
Es scheint, dass man im alten Zürich die Fäkaliengruben häufig leerte und den Inhalt als Dünger verwertete. Im Gegensatz zu Nürnberg, wo die Fäces in

den Fluss gekippt wurden, oder zu norddeutschen Städten, wo ganze Schwindgruben mit den Überresten des mittelalterlichen Kots mitsamt darin eingeschlossenem Fundgut gefüllt geblieben sind, beklagen sich die Zürcher Stadtarchäologen geradezu über die Leere der Kloaken in ihrem Arbeitsgebiet.

Martin Illi: Von der Schissgruob zur modernen Stadtentwässerung, Neue Zürcher Zeitung 1987, S. 37f.

c) Eine Historikerin schildert die Hamburger Wasserversorgung im 18. und frühen 19. Jahrhundert:
Der mittellosere und größte Teil der Bevölkerung deckte seinen Wasserbedarf aus den Flüssen Alster und Elbe […], zumal man dann nicht in die Gefahr geriet, von vorwiegend weiblichen Wasserträgern getäuscht zu werden, die manchmal Alster- und Elbwasser als teures Brunnenwasser verkauften. Das Elbwasser war am reinsten. […] Am häufigsten wurde allerdings Alsterwasser verwendet, das bräunlich aussah und moorig schmeckte, wenn es nicht nach starken Regengüssen aus den „Hasenmooren“ (Kloakenkanäle) ekelhafte Einschwemmungen erhielt oder etwa durch eine in der Nähe liegende Pferdetränke, Gerbereien, Seidenfärbereien, das Schlachthaus oder gar eine Kattunfabrik verunreinigt war. […] Es wurde durch Schöpfwerke, so genannte Wasserkünste, zu privaten und öffentlichen Brunnen geleitet und nach einem ausgeklügelten, kontrollierten System abgegeben. […] Bedenkt man, dass alle Abwässer aus den an der Alster und den Fleeten (kanalisierten Alster-Nebenarmen) gelegenen Häusern in diese Wasserläufe abgeleitet wurden, kann das von den Wasserkünsten gelieferte Wasser nicht sonderlich genießbar gewesen sein. Die Meinungen der Zeitgenossen gingen darüber allerdings auseinander. Die einen betonten, dass das durch Ebbe und Flut von der Elbe her begünstigte fließende Wasser allen Unrat schnell zersetzen würde. […] Den gegenteilig und härter Urteilenden entspricht vielleicht eher die folgende Schilderung [von 1801]:
„Wer an einem Fleete wohnt, darf es ungescheut zum Rezipienten seiner tierischen Ausleerungen machen, und das tut auch ein jeder. […] Dagegen ist es verboten, tote Hunde, Steine, Kehricht, Mist und andere Dinge hineinzuwerfen, und besonders dazu besoldete Schauer oder Fleet-Kieker haben den Auftrag, darüber zu wachen. Allein unsere Gesetzgeber haben hierbei mehr die Erhaltung der Schiffbarkeit der Fleete und des Hafens als die Gesundheit der Einwohner vor Augen gehabt.“

Marie-Elisabeth Hilger: Umweltprobleme als Alltagserfahrung in der frühneuzeitlichen Stadt? In: Die alte Stadt Jg. 11/1984, S. 123f.

a) Überlegen Sie, welche gesundheitlichen Folgen die Umweltzustände in vormodernen Städten gehabt haben dürften.
b) Wie funktionierte der Stoffkreislauf zwischen Stadt und Land? Vergleichen Sie dazu den Text 70 d.
c) Problematisieren Sie, ob es Zielkonflikte in der Umweltpolitik der alten Städte gab.

75 Venedig und seine Lagune

a) Der Venezianer Alvise Cornaro (1475–1566), der sich für die Ausdehnung des Ackerlandes auf Kosten der Lagune einsetzte, schrieb 1560 über die euganeischen Berge, nachdem diese „von den schädlichen und hässlichen Sümpfen befreit“ worden waren:
Diese Berge sind, nach dieser ihrer wunderbaren Befreiung, von solcher Fröhlichkeit erfüllt, dass sie allenthalben wahrhaft lachen. Dies ist jetzt der Wohnsitz der Freude und des Lachens. Es lachen ihre Wiesen, die voll anmutiger und mannigfaltiger Blumen und von Wohlgerüchen erfüllt sind. Es lachen, mit frischem und gar heiterem Grün bekleidet, die Wälder. Es lachen die Obstbäume, vollbehangen von köstlichen Früchten aller Art. Es lachen die Reben und verbreiten einen gar holden Duft in ihrem jetzigen Blühen. Es lachen die Wasser ihrer Quellen, die klarer fließen als je zuvor. […] Es singen die zahllosen Vögel aller Art, von der reinen und neuen Luft unwiderstehlich herbeigezogen. […] Es singen, lachen, springen, tanzen und musizieren die Hirten angesichts des üppigen Weidelandes und der saftstrotzenden Kräuter, die eine so süße und fette Milch erzeugen, dass sie bei der herrschenden Teuerung keiner andern Nahrung mehr bedürfen. […] Das schreibe ich aus den euganeischen Bergen, im Mai 1560, in meinem 85. Jahre, da ich so frisch und gesund bin, dass ich bei dieser feierlichen Lustbarkeit tanzen und singen konnte. […]
So sahen denn die Herren [vom venezianischen Magistrato dei beni inculti, dem Amt für das unbebaute Land, zu dem Cornaro in enger Verbindung stand],

dass diese Trockenlegung der unbebauten Ländereien eine Verschönerung und Bereicherung der Welt bedeutet, nachdem sie darüber unterrichtet waren, dass bisher, ja schon viele Jahre lang, die Einwohner dieses Gebietes, die sich so sehr vermehrt haben, Mangel an Brot gelitten und (ohne diese Urbarmachung) noch mehr zu leiden hätten.

Cornaro: Vom mäßigen Leben und der Kunst, ein hohes Alter zu erreichen. Basel 1925, S. 93ff.

b) Cornaros bedeutendster Gegenspieler, der dahin wirkte, dass die Lagune ungeschmälert erhalten blieb, war der Wasserbauingenieur Cristoforo Sabbadino, der die venezianische Wasserbehörde (Magistrato all'aqua) hinter sich hatte. Er klagte: „Drei Sorten von Menschen zerstören die Lagune: Die Grundherren [die am meisten], die Ingenieure und die Privatleute". Sie alle hätten es darauf abgesehen, um jeden Preis Land trockenzulegen. Zu diesem Konflikt schreibt ein moderner Historiker:

Venedig galt im Mittelalter und beginnender Neuzeit vielen als [...] „von Gott errichtet im Wasser, mit Mauern aus Wasser, Toren und Straßen aus Wasser, die zu erhalten es keiner Steine, nicht Mörtels, Holzes oder Eisens, sondern des Glaubens, der Klugheit und der Gerechtigkeit" bedürfe, wie es der Ingenieur Cristoforo Sabbadino einst formulierte. [...] Von Sabbadino stammt auch eine anthropomorphe Deutung der Struktur Venedigs, wonach die Stadt das Herz dieses Körpers ist und die Kanäle die Adern sind, welche Lagune und Stadt durchziehen. Das Haupt, der Ort, wo Venedig dem Meer gewissermaßen die Stirn bietet, sind die Lidi, die sich in weitem Bogen bis Chioggia erstrecken. Um diesen Körper am Leben zu erhalten, ihm Schönheit, Gesundheit und Kraft zu bewahren, sei es nötig, alles in seiner Gesamtheit zu sichern, mit allen seinen inneren und äußeren Teilen – und die Speise dieses Körpers seien die Wasser des salzigen Meeres: Venedig erhalte sie alle sechs Stunden und gebe sie in weiteren sechs Stunden zurück. Hieraus entsteht ein Programm zur Erhaltung und Stärkung des Organismus „Venedig", und es geht um die Bewahrung eines diffizilen Gleichgewichts zwischen Salzwasser und Süßwasser, um die Sicherung des Gemeinwesens vor dem Ansturm der Fluten, um die Erhaltung der Morphologie der Lagune. [...]

Cornaro war überzeugt davon, dass man in großem Stil Land kultivieren, also die Lagune teilweise trockenlegen müsste, um die vielen Menschen ernähren zu können. Sabbadino hielt solche Überlegungen für Unsinn. Cornaro [der sich ebenfalls im Prinzip für die Erhaltung der Lagune aussprach] habe einen falschen Begriff von der Lagune. „Lagune" sei für ihn nur, was (dauernd) vom Wasser bedeckt sei. „Ich aber nenne Lagune, soweit das Wasser, was vom Meer kommt, steigen kann, mit seinen üblichen und außergewöhnlichen Fluten."

Bernd Roeck: Wasser, Politik und Bürokratie. Venedig in der frühen Neuzeit. In: Die alte Stadt Jg. 20/1993, S. 207ff.

c) Johann Wolfgang Goethe (1749–1832) kam zum ersten Mal 1786 nach Venedig. Von einer Fahrt auf die Lidi, die vorgelagerten Landzungen, notierte er in seinem Tagebuch:

Ein köstlicher Tag, vom Morgen bis in die Nacht! Ich fuhr bis Pelestrina gegen Chiozza [Chioggia] über, wo die großen Baue sind, Murazzi genannt, welche die Republik gegen das Meer aufführen lässt. Sie sind von gehauenen Steinen und sollen eigentlich die lange Erdzunge, Lido genannt, welche die Lagunen von dem Meere trennt, vor diesem wilden Elemente schützen.

Die Lagunen sind eine Wirkung der alten Natur. [...] Die Kunst hat sich der höchsten Stellen bemächtigt, und so liegt Venedig von hundert Inseln zusammen gruppiert und von hunderten umgeben. Zugleich hat man, mit unglaublicher Anstrengung und Kosten, tiefe Kanäle in den Sumpf gefurcht, damit man auch zur Zeit der Ebbe mit Kriegsschiffen an die Hauptstellen gelangen kann. Was Menschenwitz und Fleiß vor Alters ersonnen und ausgeführt, muss Klugheit und Fleiß nun erhalten. [...]

Übrigens hat Venedig nichts zu besorgen; die Langsamkeit, mit der das Meer abnimmt, gibt ihr [der Stadt] Jahrtausende Zeit, und sie [die Venezianer] werden schon, den Kanälen klug nachhelfend, sich im Besitz zu erhalten suchen.

Wenn sie ihre Stadt nur reinlicher hielten, welches so notwendig als leicht ist, und wirklich, auf die Folge von Jahrhunderten, von großer Konsequenz. Nun ist zwar bei großer Strafe verboten, (etwas) in die Kanäle zu schütten (und) Kehricht hineinzuwerfen; einem schnell einfallenden Regenguss aber ist's nicht untersagt, allen den in die Ecken geschobenen Kehricht aufzurühren, in die Kanäle zu schleppen, ja, was noch schlimmer ist, in die Abzüge zu führen, die nur zum Abfluss des Wassers bestimmt sind, und sie dergestalt zu verschlammen, dass die Hauptplätze in Gefahr sind, unter Wasser zu stehen. [...] Wenn ein Tag Regenwetter einfällt, ist ein unleidlicher Kot, alles flucht und schimpft. [...] Das Wetter wird wieder schön, und kein Mensch denkt an Reinlichkeit.

Goethe: Italienische Reise, 9. 10. 1786. Zit. nach: Goethes Werke. Hamburger Ausgabe Bd. 11, Hrsg. v. E. Trünz, München 1978, S. 90ff.

a) *Welcher Art ist die Naturliebe Cornaros? Vergleichen Sie sie mit Goethes Beziehung zur Natur und achten Sie dabei auf das Verhältnis zwischen Natur und Kunst. Was meint Goethe in diesem Zusammenhang mit „Kunst"?*
b) *Wo erkennen die drei Autoren die Hauptgefahr für Venedig, und wie erklärt sich ihre unterschiedliche Sichtweise?*
c) *Vergleichen Sie die Umweltgeschichte Venedigs mit der des „amerikanischen Venedig" Tenochtitlán/Mexiko City (Kapitel III.1) und versuchen Sie die sehr unterschiedlichen Entwicklungspfade beider Städte zu erklären.*

2. Kohle, Cholera, Kanalisation: Die erste industrielle Umweltkrise

Kohle und Urbanisierung

Der massenhafte Abbau von Steinkohle zusammen mit der Eisenbahn, die einen raschen und billigen Massentransport ermöglichte, markiert eine neue Ära der Stadtgeschichte. Vor allem seit jener Zeit beginnt die *Urbanisierung*, die zunehmende Verstädterung weiter Landschaften und die fortschreitende Zunahme des Anteils der Städter an der Gesamtbevölkerung. Von jetzt ab wurde es in einem bis dahin unvorstellbaren Maße möglich, Industrien mit hohem Energieverbrauch an *einem* Ort zu konzentrieren. Mit der Bevölkerungszahl wuchs zudem die Zahl der Schornsteine. Auf diese Weise entstanden Rauchglocken von einem Ausmaß, wie man das bis dahin nur vereinzelt, so in London, gekannt hatte. Obendrein wirkte der Kohlenrauch, der noch bis ins 20. Jahrhundert vielfach mit schwarzen Rußpartikeln durchsetzt war, auf viele unangenehmer als der Rauch der Holzfeuer.

Der Kohlerauch und die Kunst der Verdrängung

Es war allerdings nicht leicht, gegen den Rauch mit Erfolg zu prozessieren; denn dazu musste man eine Schädigung von Menschen an Eigentum und Gesundheit nachweisen. Ob und wie schädlich der Kohlenrauch war, darüber waren sich die Mediziner nicht einig. Manche meinten sogar, der Rauch reinige die Luft, da er in Pestzeiten zur Desinfektion benutzt wurde. Der Verdacht, dass Rauch Krebs auslöst, verstärkte sich erst im 20. Jahrhundert. Nachweisbar war vor allem die Schädigung der Vegetation; und auch Schäden beim Vieh wurden anerkannt. Daher haben vor allem Bauern mit Erfolg Entschädigungen bei Fabrikbesitzern durchgesetzt. Da die „Rauchbauern" jedoch zu einem Gutteil von solchen Entschädigungen lebten, verloren sie das Interesse, die Rauchplage abzustellen.
Auch bei anderen typischen Lösungen des Rauchproblems handelte es sich lediglich um Problemverschiebungen. Das galt für allem für die bis weit ins 20. Jahrhundert übliche Standardlösung: die Erhöhung der Schornsteine. Hohe Schornsteine beförderten den Rauch aus der unmittelbaren Umgebung hinweg und entsprachen insofern dem Prinzip der guten Nachbarschaft. Manche versicherten, dort oben in der Höhe verschwinde der Rauch in dem unendlichen Luftmeer. Aber schon im 19. Jahrhundert verbreitete sich die Einsicht, dass der Rauch auch durch hohe Schornsteine nicht verschwand. Die oberen Schichten vieler Städte suchten sich dem Rauch dadurch zu entziehen, dass sie in den Westen zogen. Auch das nützte nichts, wenn man dort in die Windfahne einer weiter westlich gelegenen Stadt geriet. Zudem hatte die soziale Separierung der Wohnviertel eine politisch bedenkliche Konsequenz: dass die Umweltschäden den sich ohnehin sammelnden sozialen Zündstoff erhöhten.

Die Cholera als kommunale Gesundheitspolizei

Im Übrigen bedrohten die von den Vierteln der Armen ausgehenden Seuchen auch andere Teile der Stadt. Hatten viele Bürger zunächst geglaubt, Seuchen moralisch deuten und auf „liederlichen" Lebenswandel zurückführen zu können, so schreckte die Öffentlichkeit auf, als 1831 in Berlin der Philosoph Hegel an der Cholera starb, einer damals neuen und Schrecken erregenden Seuche, die aus Asien eingeschleppt worden war. Viele begannen den Zusammenhang zwischen der Cholera und verschmutztem Wasser zu ahnen. Von da ab waren die zentrale Versorgung der Städte mit sauberem Wasser und die zentralisierte Entsorgung der Abwässer die obersten Ziele aller Stadtsanierer. Der Spruch ging um, die Cholera sei die beste Gesundheitspolizei.

Die Umweltrevolution durch das Wasserklosett

Das fließende Wasser aus dem Wasserhahn in der Wohnung und das Wasserklosett wurden zum Inbegriff des neuen „sauberen" gutbürgerlichen Wohnstandards. Dadurch vervielfachten sich jedoch der Wasserbedarf ebenso wie die Abwassermenge. Wohin mit dem Abwasser, das die Fäkalien, also potenziell wertvollen Dünger enthielt? Jahrzehntelang diskutierte man intensiv über die Rückführung dieser Nährstoffe auf die Äcker, und von Ort zu Ort erprobte man eine Reihe unterschiedlicher Lösungen. Auf die Länge der Zeit setzte sich jedoch fast überall, wenn auch nach heftigen Auseinandersetzungen, die *Mischkanalisation* (auch: *Schwemmkanalisation*) durch, die alle Abwässer und Fäkalien der Haushalte zusammen mit dem Regenwasser fortspülte. Sie hatte den Vorteil der großen einheitlichen Lösung; und der Gestank wurde bei wachsender Geruchsempfindlichkeit zum Totschlagargument gegen das alte „Plumpsklo".

76 „Monster-Suppe, die gemeinhin Themse-Wasser genannt wird, oder korrekte Darstellung des kostbaren Stoffs, der an uns ausgeteilt wird": Karikatur von William Heath (1828). Das Bild zeigt, wie das Mikroskop neue Einblicke in die Wasserverunreinigung gewährt, die Ekel und Entsetzen hervorrufen – gerade bei einer Dame der guten Gesellschaft! So ließ sich die bürgerliche Sauberkeitsmoral gegen die Wasserverunreinigung mobilisieren.

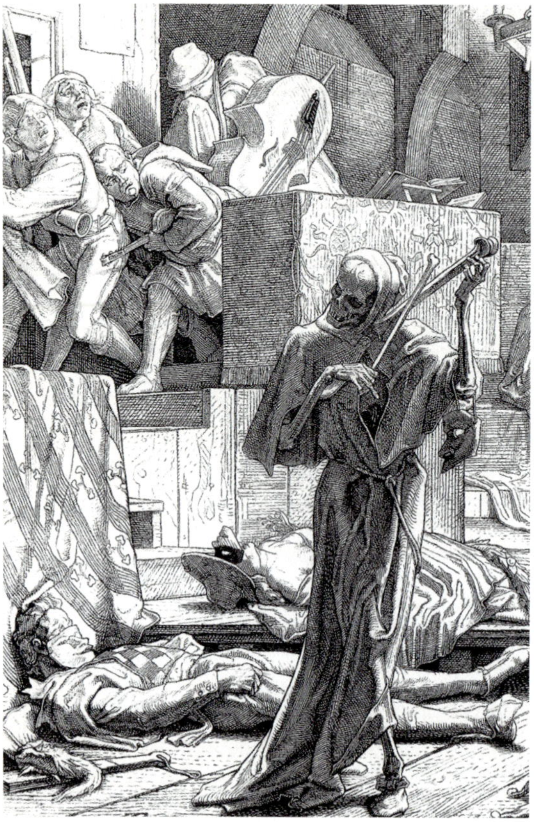

77 Allegorische Darstellung der Cholera: 1848. Die Zeichnung von Alfred Rethel steht noch in der Tradition der spätmittelalterlichen Totentänze, die den Menschen an seine Sterblichkeit und an die Nichtigkeit von weltlichem Glanz erinnern sollten. Sie spielt auf einen Maskenball in Paris an, auf dem die Cholera 1848 ausgebrochen sein soll.

78 Allegorische Darstellung der Cholera: 1892. Die auf die Hamburger Cholera von 1892 bezogene Karikatur aus der Zeitschrift „Deutsche Wespen“ spielt wohl auf die Zeichnung Rethels an, ist aber von einem ganz anderen Geist getragen: einer Kritik an der altmodischen Hamburger Verwaltung – man beachte die Perücken und Zöpfe! –, der die Schuld an der Katastrophe gegeben und deren Reform gefordert wird. *Stellen Sie am Vergleich dieser beiden Bilder den Wandel der Einstellung zur Cholera im Verlaufe des 19. Jahrhunderts dar und versuchen Sie diesen Wandel zu erklären.*

Der Prototyp: London

Edwin Chadwick (1800–1890), der führende britische Vorkämpfer der Stadtsanierung, wollte die Abwassermassen zur Berieselung und Düngung der Äcker verwenden, um auf diese Weise den Stoffkreislauf zwischen Stadt und Land zu schließen. Dessen ungeachtet leitete London seine Abwässer in die Themse. Als die Stadt 1858 durch den „Great Stink“ aufgeschreckt wurde, der selbst die Arbeit in dem flussnah gelegenen Parlament zur Qual machte, reagierte sie lediglich damit, dass sie die Abwässer ein Stück weiter flussabwärts einleitete. In Paris, das viel weiter vom Meer entfernt liegt, versuchte man es zeitweise mit Rieselfeldern. Doch die Anwohner, die den Gestank scheuten, wehrten sich massenhaft und heftig dagegen. Berlin mit seinem dünn besiedelten und sandigen Umland war da in einer günstigeren Lage. Hier fanden um 1900 die größten Rieselfelder-Experimente der Welt statt. Als allgemeine und dauerhafte Lösung des Entsorgungsproblems haben sich die Rieselfelder jedoch nicht durchgesetzt. Die Verdünnung mit Wasser und das Hinzukommen industrieller Abwässer beeinträchtigten den Düngewert der Fäkalien.

Hamburg: Der Kanalisation folgt die Cholera

Hamburg, das nach dem großen Brand von 1842 als erste deutsche Großstadt ein stadtweites Kanalisationssystem angelegt hatte, leitete die Abwässer in die Elbe. Deren Gefälle ist dort jedoch sehr gering; und bei dem häufigen Rückstau durch die Meeresflut gerieten Abfälle in die Hamburger Wasserversorgung. Das führte zu der Hamburger Cholera von 1892, dem letzten großen Cholera-Ausbruch in Deutschland. Das benachbarte Altona dagegen, damals noch eine Stadt für sich, blieb von der Epidemie verschont. Diese flussabwärts gelegene Nachbarstadt, der die Hamburger Abwässer zuflossen, hatte schon 1859 eine Sandfiltrieranlage für das Trinkwasser angelegt, während viele Hamburger ihr Elbwasser noch für sauber hielten. Die Cholera-Katastrophe von 1892 war der schlagende Beweis für die Notwendigkeit von Kläranlagen und auch dafür, dass die Seuche auf dem Wasserweg übertragen wurde.

Die gespaltene Hygienebewegung

Damit war ein Streit entschieden, der die Hygieniker bis dahin gespalten hatte. Seit dem internationalen Hygienekongress von 1852 kann man von einer europaweiten Hygienebewegung reden, die mehr und mehr Ärzte, Ingenieure und Kommunalpolitiker umfasste und schon vieles von der heutigen Umweltbewegung vorwegnahm. Bei Konflikten um Luft- und Wasserverunreinigung waren noch bis weit ins 20. Jahrhundert in der Regel Mediziner die maßgeblichen Experten; denn die Gefährdung der Gesundheit war für Gewerbeaufsichtsbeamte und Richter der entscheidende Punkt. Aber fast das gesamte 19. Jahrhundert hindurch stritten sich zwei Medizinerschulen über die Ursache der Seuchen: die der Miasmatiker und die der Kontaginisten. Die Miasmatiker mit Pettenkofer (Text 70 c) an der Spitze sahen die Hauptursache in „Miasmen“: einer Verunreinigung und Versumpfung des Bodens, die Kontaginisten dagegen in der Ansteckung („Kontagion“) durch Bakterien, die nicht ortsgebunden sind, sondern sich durch organische Partikel, die vom Wasser mitgeführt werden, verbreiten können. In der Befürwortung der Kanalisation waren sich Angehörige beider Schulen einig; die Dringlichkeit kostspieliger Kläranlagen dagegen wurde von den Miasmatikern bezweifelt. Mit der Hamburger Cholera erlebten sie ihre letzte große Niederlage; Pettenkofer endete 1901 durch Selbstmord.

Kläranlagen: eine unendliche Geschichte

Eine befriedigende Dauerlösung war jedoch auch mit dem Sieg des Prinzips der Wasserklärung nicht erreicht. Denn selbst wenn die Städte pflichtgemäß Kläranlagen bauten, so hieß das noch lange nicht, dass diese perfekt funktionierten und dem Abwasser die Trinkwasserqualität zurückgaben. Bis heute hinkt die Kläertechnik hinter den sich stets wandelnden Abwasserqualitäten hinterdrein; und die Akkumulation von schadstoffhaltigem Klärschlamm schafft ein neues Entsorgungsproblem. In vielen deutschen Städten zog sich der Bau wirkungsvoller Kläranlagen bis in die zweite Hälfte des 20. Jahrhunderts hin; und in dem größten Teil der Welt gibt es bis heute keine Klärwerke. Dass die Mischkanalisation, die enorme Wassermengen verbraucht und in regenreichen Gebieten eingeführt wurde, auch in trockenere Gebiete der Welt übertragen wurde, gehört zu den verhängnisvollsten Vorgängen der neuesten Umweltgeschichte.

Misch-, Schwemmkanalisation: ein Kanalisationssystem, das zusammen mit dem Regen- und Abwasser auch die Fäkalien wegbefördert. Seit dem späten 19. Jahrhundert setzte sich die Mischkanalisation als Entsorgungssystem auf der ganzen Welt durch: zuerst in den Metropolen, dann auch in kleineren Städten. Sie war in der Anfangszeit umstritten; denn sie führte, solange es keine gut funktionierenden Klärwerke gab, zu einer rapide ansteigenden Gewässerverschmutzung und machte es praktisch unmöglich, die Fäkalien als Düngemittel zu nutzen, auch wenn man dies zeitweise auf „Rieselfeldern" versuchte, auf die die Abwässer geleitet wurden. Noch bis ins 20. Jahrhundert wurden alternative Fäkalienentsorgungssysteme diskutiert; diese konnten sich bislang jedoch nur lokal und vorübergehend durchsetzen.

Hygienebewegung: „Hygiene" wurde im 19. Jahrhundert zu einem ähnlich umfassenden Begriff wie „Umwelt" im 20. Jahrhundert und ebenfalls zur Parole einer weit verzweigten Bewegung, die die gesamten Industriestaaten jener Zeit erfasste. Mit „Hygiene" waren eine gesündere Lebensweise, gesündere Wohnung, Kleidung und Ernährung gemeint, aber auch eine gesündere Gestaltung der städtischen Umwelt. Zunächst standen die Seuchenbekämpfung und daher die Versorgung mit sauberem Trinkwasser und die Entsorgung der Abwässer und Fäkalien ganz im Mittelpunkt. Je mehr diese Ziele jedoch erreicht wurden, desto mehr traten neue Ziele in den Vordergrund: mehr „Licht und Luft" in den Städten – bessere Luft durch Rauchbekämpfung und Grünanlagen, noch besser durch Gartenstädte oder Gartenvorstädte. Mit zunehmender Lärmbelastung und Reizüberflutung wurde „Hygiene" auch auf die Nerven bezogen. Sie wurde als Aufgabe der Städtebau-, Umwelt- und Sozialpolitik, nach 1900 jedoch auch der „rassischen" Höherzüchtung des Volkes begriffen („Rassenhygiene"). Hygiene-Parolen gab es daher in der Politik von links bis rechts.

79 Die Stadt und der Rauch

a) Im Oktober 1862 richteten Ulmer Bürger ein Gesuch an das bayerische Innenministerium, dieses möge eine „allgemeine Verfügung erlassen, durch welche Nachbarn gegen außergewöhnliche Belästigungen" wie die Rauchmassen von Fabrikschornsteinen geschützt würden. Sie begründeten den Antrag folgendermaßen:

In neuer Zeit hat dahier die Feuerung mit Steinkohlen [...] bei größeren Gewerben [...] sehr überhand genommen, so zwar dass einzelne Wohnungen von solchen Einrichtungen förmlich von allen Seiten umringt sind. [...] Bei heftigem Wind oder wenn Nebel den Rauch herabdrückt, Erscheinungen, welche bekanntlich in hiesiger Stadt nur zu häufig sind, geschieht es, dass die in der Nähe solcher Feuer-Einrichtungen befindlichen Häuser in einem Rauch-Meer schwimmen. Es wird dadurch nicht bloß der Zutritt der frischen Luft gänzlich abgeschnitten, sondern es verbreitet sich dann auch, weil die [hiesigen] Kohlen viel Schwefel enthalten, ein durch alle Öffnungen dringender, den Aufenthalt sogar im Innern der Häuser unerträglich machender, ja der Gesundheit gefährlicher pestilenzialischer Geruch. Der Rauch und Qualm, welcher aus den Kaminen aufsteigt, führt überdies ganz feine Bestandteile von Asche und Ruß mit sich, welche in den Zimmern an den Tapeten sich ansetzen und Vorhänge und Möbel verunreinigen. Ganz unmöglich aber ist bei ungünstigem Wind der Aufenthalt in Hofräumen und Gärten.

Wir verkennen nun zwar nicht, dass Nachbarn sich gegenseitig manches zugute halten müssen. Auf der anderen Seite aber ist ebenso gewiss daran festzuhalten, dass alles, auch das Recht auf die Nachsicht anderer, seine Grenzen haben muss. Hat der eine das Recht auf freie Verfügung über sein Eigentum, so hat der andere das Recht zu verlangen, dass er in der Benutzung seines Eigentums nicht gefährdet werde. [...]

[Die bestehenden Gesetze] gewähren Hilfe gegen solche Belästigungen durch die Eigentumsbenutzung des Nachbars, welche durch die Immission körperlicher Stoffe, Rauch, Staub erfolgen, sofern dies in Folge einer außergewöhnlichen Benutzungsweise, namentlich mittels besonderer Anstalten hierfür, geschieht. Sie gewähren ferner Schutz, wo die Eigentums-Benutzung in einer Weise geschieht, dass die körperliche Integrität der Nachbarn gefährdet wird. [...]

[Dazu bemerkte die bayerische Zentralstelle für Gewerbe und Handel:]

Das Feuern mit Steinkohle ist gegenüber der Benutzung anderer Brennstoffe in den meisten Teilen des Landes so wohlfeil, dass die Anwendung dieses Brennmaterials bei uns immer allgemeiner wird, für gewöhnliche Zimmer- und Küchenheizung, wie für den technischen Betrieb. Selbst die kleineren Heizungen mit Steinkohlen in Privathäusern bringen schon manchen Nachteil durch Verbreitung von Ruß, wie sich beim Trocknen der Wäsche, beim Sammeln des Regenwassers von den Dächern zeigt. Solche Übelstände treten natürlich bei größeren Feuerungsanlagen, bei Brauereien noch mehr hervor. Bei den großen Vorteilen der Steinkohlenfeuerung, besonders in Bezug auf die Kosten gegenüber anderen Brennstoffen, lässt sich jedoch die immer allgemeinere Benutzung dieser Kohlen für den Privatverbrauch wie für industrielle Betriebe nicht verhindern.

Wo solche Benutzung neu ist, werden zuerst unfehlbar Klagen laut werden, insofern für das neue Brennmaterial Feuerungsanlagen benutzt werden, welche für Steinkohlen weniger geeignet sind, und die Heizer noch nicht die Behandlung dieses Brennstoffes kennen. [...]

Immerhin dürfte den Beklagten aufzugeben sein, für rauchfreie Verbrennung der Steinkohlen Sorge zu tragen, nötigenfalls durch Erhöhung des Kamins, besonders durch sorgfältiges Schüren und durch zweckmäßige Roste, was im eigenen Interesse der Feuerungsbesitzer liegt, die dadurch an Brennmaterial sparen.

Franz-Josef Brüggemeier/Michael Toyka-Seid (Hrsg.): Industrie – Natur. Lesebuch zur Geschichte der Umwelt im 19. Jahrhundert. Frankfurt 1995, S. 67ff.

b) In der alten Bergbaustadt Freiberg, wo das Hüttenwesen unter der Regie des sächsischen Staates stand, gab es einen staatlichen Kommissar für Hüttenrauchschäden. Dieser schrieb 1906 an das sächsische Finanzministerium:

Meine Tätigkeit als Kommissar für Erörterung und Abschätzung von Hüttenrauchschäden hat sich in den nahezu 13 Jahren, die ich die Ehre habe, als solcher bestellt zu sein, in demselben Rahmen und unter Beobachtung derselben Grundsätze abgespielt. Mein Hauptbestreben war es, den Staatsfiskus vor Schadensprozessen zu bewahren, die einerseits dem Ansehen des Staates nur abträglich sein können und andererseits in ihrem Ausgange sehr ungewiss sein dürften. Denn dieser Letztere wird immer bedingt sein durch die Gutachten der Sachverständigen, und es ist notorisch, dass die von den Kalamitosen [Schadensklägern] zugezogenen Sachverständigen leicht geneigt sind, in jedem verdächtigen Merkmale den Beweis für das Vorhandensein eines Rauchschadens zu erblicken. Darum ist es mir eine große Freude und Genugtuung, dass während der ganzen Zeit meines Kommissariats nicht ein einziger Schadensprozess gegen den Fiskus anhängig gemacht worden ist.

Auch das Verfahren ist [...] seither immer dasselbe gewesen. Die im Hüttenrauch-Rayon liegenden Grundstücksbesitzer melden [...] unter Bezeichnung der erkrankten Tiere ihre Schadensansprüche [...] bei dem Kommissar an und bitten um Erörterungen, Taxation und Vergütung des behaupteten Schadens. Diese Anmeldung wird hierauf je nach Lage des einzelnen Falles dem von dem Königlichen Finanzministerium ernannten, in Eidespflicht stehenden Sachverständigen (Landwirt, Pflanzenphysiolog, Bezirkstierarzt, eventuell Forstmann) zur Besichtigung und gutachtlichen Auslassung zugefertigt. [...] Aufgrund des Ergebnisses dieser Untersuchung, welches übrigens, weil lediglich für den Sachverständigen bestimmt, den Beteiligten niemals mitgeteilt wird, gibt dann der Letztere sein Gutachten ab. Die Eröffnung desselben sowie die Mitteilung der Höhe der zu gewährenden Entschädigungsbeträge erfolgt alsbald [...] an die Beteiligten.

Wollen sich dieselben hierbei nicht beruhigen, so bleibt es ihnen unbenommen, einen eigenen Sachverständigen zuzuziehen. Wird zwischen diesem und dem staatlichen Sachverständigen eine Einigung nicht erzielt, so muss ein Obergutachten eingeholt werden; der Geschädigte hat jedoch den von ihm zugezogenen Sachverständigen ebenso wie die etwa von ihm veranlassten Analysen aus eigenen Mitteln zu bezahlen.

Sächsisches Hauptstaatsarchiv Dresden, Finanzministerium Nr. 2891 Bl. 15ff. [Diese Akte wurde von Frank Uekötter zur Verfügung gestellt.]

c) Einer der angesehensten deutschen Rauchschadensexperten um 1900 war Hans Wislicenus, Professor an der Forsthochschule zu Tharandt (Sachsen) in der Nähe des Freiberger Bergbau- und Hüttenreviers. Er erklärte 1901 in einer Ansprache vor dem Verein deutscher Chemiker:

Die Schmerzenskinder unserer Industrie, die Staubplage, die Rußbelästigungen, die Abwässerfrage, die Rauchschäden sind in ein Entwicklungsstadium getreten, wo die väterliche Fürsorge der Staatsgemeinschaft beginnt, auf dem Wege reichs- oder landesgesetzlicher Operationen ernstlich Wandel zu schaffen. [...] Die Rauchschädenfrage führt fort und fort zwei der mächtigsten Kulturkräfte, die land- und forstwirtschaftliche Bodenkultur und die Industrie, zu Streitigkeiten, die sie nicht vermeiden können. Zur Schlichtung dieser Streitigkeiten etwas beizutragen, wäre eine ebenso wertvolle wie schwierige Aufgabe. [...]

Wohl jeder Gutachter hat einmal den Boden unter seinen Füßen wanken gefühlt, wenn er sich gewissenhaft über *alle* oder auch nur *alle notwendigsten* einschlägigen Beurteilungsmomente Klarheit zu verschaffen gesucht hat. [...]
[Zur Frage der Schädigung des Waldes:] Wer wollte es wagen, zu entscheiden, auf welcher Seite die Schuld an dieser Erscheinung der Überkultur liegt, bei der rapide steigenden Technik oder vielleicht bei einer allzu sorgsamen forstlichen Kulturpflege, irrigen Durchforstungslehren, ehemaligen Fehlern in der Bodenpflege usw.! Es liegt ja im Wesen der forstlichen Experimente, dass Fehler infolge der hohen Umtriebszeiten erst nach langen Zeiträumen hervortreten können. [...]
[Die Aufzucht „rauchharter" Forsten ist bislang nicht gelungen.] Auf den technischen Maßnahmen der Fabriken ruhen also allein alle Hoffnungen. Es ist aber auch ganz selbstverständlich, dass die Industrie nicht eher an solche freiwilligen Komplikationen und Erschwerungen ihres Betriebes herantritt, als bis zwingende Gründe entstehen und einfache Mittel in Aussicht sind. [...]
Bei uns in Sachsen ist es die Staatsregierung selbst, die zu den äußersten Anstrengungen ihre technischen Anstalten immer wieder angeregt und mit den nötigen Mitteln versehen hat. [...] Das nach außen sichtbare Zeichen dafür, wie konsequent der nächstliegende Gedanke: die Verdünnung der Gase durch Einführung in höhere Luftschichten erfolgt ist, ist die Halsbrücker hohe Esse. [...] Unvergleichlich günstig ragt sie bis auf 140 Meter in die verwehende Atmosphäre hinein. Nur wenige ihresgleichen finden wir auf dem Erdenrund. Der Erfolg gab sich wohl dadurch zu erkennen, dass die nähere Umgebung ihre Kulturfähigkeit wiedergewann. *Aber!* Die gleichmäßig strömenden Westwinde treiben den Gasstrahl nur unvollkommen verdünnt nach dem Tharandter Fichtenwald hinüber.

Hans Wislicenus: Zur Beurteilung und Abwehr von Rauchschäden, in: Zeitschrift für angewandte Chemie Jg. 1901, Heft 28, S. 689f., 700, 708, 710.

a) Was lassen die Texte über die rechtlichen Grundlagen, die Öffentlichkeitswirkung und die Erfolgschancen damaliger Rauchklagen erkennen? Vergleichen Sie die Situation von Stadtbewohnern mit der von Land- und Forstwirten bei derartigen Klagen.
b) Welche Rolle spielten die Behörden bei diesen Konflikten und was lässt sich über ihre Interessen und Handlungsspielräume erkennen?
c) Diskutieren Sie am Beispiel hoher Schornsteine die Effizienz damaliger Gegenmaßnahmen.
d) Kennzeichnen Sie die Problemlage, in der sich die Experten befanden, die bei Rauchkonflikten hinzugezogen wurden.

80 Der Streit um Hygiene, Kanalisation und Flussverschmutzung

a) Der Chemiker Justus Liebig schreibt 1862 über die Folgen der Einführung von Wasserklosett und Mischkanalisation in England:

Es hat die Einführung des Wasserklosetts in den meisten Städten Englands die Folge, dass jährlich die Bedingungen zur Wiedererzeugung von Nahrung für 3,5 Millionen Menschen unwiederbringlich verloren gehen. Die ganze ungeheure Menge von Düngstoffen, welche England jährlich einführt, fließt zum bei weitem größten Teil wieder in den Flüssen dem Meere zu. [...] Das Schlimme ist, dass der nämliche Prozess der Selbstvernichtung in allen europäischen Ländern, wenn auch nicht in dem großen Maßstabe wie in England, statthat. [...]
Großbritannien raubt allen Ländern die Bedingungen ihrer Fruchtbarkeit, es hat die Schlachtfelder von Leipzig, Waterloo und der Krim bereits nach Knochen gewühlt und die in den Katakomben Siziliens angehäuften Gebeine vieler Generationen verbraucht und zerstört jährlich noch die Wiederkehr einer künftigen Generation von 3,5 Millionen Menschen; einem Vampir gleich hängt es an dem Nacken Europas, man kann sagen der Welt, und saugt ihr das Herzblut aus, ohne zwingenden Grund und ohne dauernden Nutzen für sich.
Es ist unmöglich, sich zu denken, dass solch ein sündhafter Eingriff in die Weltordnung ohne Strafe bleibe, und die Zeit wird für England noch früher vielleicht wie für andere Länder kommen, wo es mit allen seinen Reichtümern an Gold, an Eisen und Steinkohlen nicht den tausendsten Teil von den Lebensbedingungen wird zurückkaufen können, die es seit Jahrhunderten so frevelhaft vergeudet hat.

Justus v. Liebig: Die Chemie in ihrer Anwendung auf Agricultur und Physiologie, Teil I, Braunschweig 1862, S. 128 und 133. [In späteren Auflagen ist dieser Angriff auf England fortgefallen!]

b) Der einflussreichste Vorkämpfer der städtischen Hygiene in Deutschland war zu jener Zeit der Frankfurter Kommunalpolitiker Johann Georg Varrentrapp (1809–1886). 1868 schloss er eine programmatische Schrift „Über die Entwässerung der Städte" mit folgenden Ausführungen:

Wo immer bis jetzt den Häusern reichlich Wasser zugeführt worden ist, haben sich überall solche Schwemmapparate für die menschlichen Ausleerungen, Wasserklosette, eingebürgert, wodurch zugleich die Fallrohre rein erhalten und der rein gehaltene Abtrittssitz durch Wasserverschluss von ihnen und den Kanälen abgeschlossen wird; es scheint nicht, als ob Verbote gegen Wasserklosette in der Wirklichkeit irgendwo durchzuführen wären. Hiermit ist jede Art der Aufspeicherung der Exkremente in oder um unsere Wohnungen radikal beseitigt; eine absichtliche oder unabsichtliche Versickerung und damit Durchjauchung, Vergiftung des Bodens ist ausgeschlossen, während ohne Wasserklosette immerhin wenigstens eine zeitweise Aufspeicherung nicht zu vermeiden und eine vollständige und nach allen Seiten befriedigende Abfuhr noch nicht gegeben ist – wofür allein die stets neu erfunden und angepriesen werdenden Abfuhr-Methoden sprechen, deren eine die andere verdrängt, keine sich zu erhalten vermocht hat. Die Annehmlichkeit des Wasserklosetts für den Einzelnen ist so groß, dass es weder von Einzelnen noch von einer Nation, die es einmal besessen, wieder aufgegeben wird.

Aber – es soll damit eine unsere nächste Zukunft mit agrarischer Zerrüttung bedrohende Dungvergeudung notwendig geworden sein. Diese Behauptung ist nach allen Seiten irrig. Man darf nicht den theoretischen Wert, man muss den wirklichen praktischen Wert, den Marktpreis beachten. Solange uns die Natur in unerschöpflicher Menge andere Dungstoffe (Guano [...], Staßfurter Kali usw.) zu wohlfeilerem Preis zur Verfügung stellt, ist es verkehrt, 10 Gulden für Aufspeicherung [...] und Abfuhr des Menschenkotes zu zahlen, wenn man [...] nur 1 Gulden dafür erhält. [...]

Schließlich und hauptsächlich aber ist hervorzuheben, dass durch solche Aufspeicherung unsere Häuser von Ausdünstungen erfüllt, der Boden von Jauche durchtränkt, das Brunnenwasser verdorben, unsere Gesundheit somit ernstlich bedroht wird.

Varrentrapp: Über die Entwässerung der Städte. Über Werth und Unwerth des Wasserclosetts. Berlin 1868, S. 193f.

c) Der Arzt Georg Bonne, seit 1900 Vorstandsmitglied des Internationalen Vereins gegen Verunreinigung der Flüsse, des Bodens und der Luft, schrieb 1907 in einer Streitschrift „Deutsche Flüsse oder deutsche Kloaken?":

Bereits vor acht Jahren äußerte ein hoher Regierungsbeamter auf dem westdeutschen Fischereitage zu Hameln: „Wir haben 1870 für den deutschen *Rheinstrom* gekämpft – unsere Söhne werden in einem neuen Kriege für die deutsche *Rheinkloake* kämpfen können!" Eine Umfrage, die ich im Jahre 1904 im Namen des Internationalen Vereins zur Reinhaltung der Flüsse, des Bodens und der Luft bei den deutschen Binnenschifferei-Vereinen veranstaltete, um festzustellen, inwieweit der Fischreichtum der deutschen Binnengewässer durch die ständig zunehmende, gesetzwidrige, unhygienische, unwirtschaftliche und gewissenlose Verunreinigung der Gewässer bereits gefährdet oder vernichtet sei, ergab das erschreckende Resultat, *dass weit über hundert Flüsse und Seen bereits durch die an ihnen liegenden Städte und Industrien derart verpestet sind, dass dem Fischleben in ihnen zeitweise die größte Gefahr droht; ja, aus 13 Flussgebieten wurde gemeldet, dass der Fischbestand in ihnen völlig vernichtet, der Fluss bereits völlig zur Kloake umgewandelt sei.* [...]

Und während (die Fischerei), die über 50000 deutschen Männern ein gesundes und auskömmliches Brot gibt, weite Volkskreise mit einer vorzüglichen und preiswerten Nahrung versorgt [...], unserer Handels- und Kriegsmarine aber einen schätzenswerten und hochwichtigen Nachwuchs sichert, durch die zunehmende Verunreinigung unserer Gewässer in vielen Gegenden Deutschlands seinem sicheren Ruin entgegengeht, verliert die Landwirtschaft durch die Abschwemmung der Fäkalien der Stadtbewohner in die Flüsse alljährlich viele, viele Millionen an Düngewerten. [...] Und während die deutsche Binnenfischerei in ihren Erträgen immer weiter zurückgeht, fischen wir mit unseren Fischdampferflotillen die Nordsee in immer weiteren Bezirken ab. [...]

Wir bauen in unseren Städten Schwimmhallen für unsere Jugend, unbekümmert darum, dass das Baden im geschlossenen Bassin, in überdeckten Hallen, niemals gesundheitlich noch geistig die Stählung auf unsere Jungen ausüben kann wie das Baden im freien Flusse unter freiem Himmel, mit seinen Kämpfen gegen die Strömung und seiner Abhärtung durch die freie Luft. [...]

(Auch die Klärwerke beseitigen nicht wirklich die von der Mischkanalitation hervorgerufene Flussverschmutzung.) Die Gewässer, in die diese „Kläranstalten" ihre graubraungelben trüben Fluten entlassen, bilden ein übel riechendes Menetekel, eine ernste Warnung vor dieser Misswirtschaft. [...]

Aber es ist, als ob ein Taumel die Bevölkerung erfasst habe, wenn sie von Wasserklosetts schwärmen hören, und als ob ihre Magistrate und Stadtverordneten hypnotisiert wären – aber ihre Hypnotiseure, die Herren Techniker, lachen sich ins Fäustchen und machen ein Riesengeschäft.

Georg Bonne: Deutsche Flüsse oder deutsche Kloaken? Eine ernste Mahnung in letzter Stunde an unsere Regierungen und an unser Volk. Hamburg 1907, S. 3ff., 8, 13f.

d) Die allermeisten kleineren Städte besaßen zu jener Zeit noch keine Mischkanalisation. Daher konnte sich dort auch das Wasserklosett vorerst nur wenig durchsetzen. Waren die Bewohner mit diesem Zustand zufrieden? Darüber gibt es unterschiedliche Berichte; so etwa über Weimar. Dazu schrieb Bonne 1905:

Zunächst mögen die verehrlichen Weimaraner Gott und ihrem Oberbürgermeister danken, dass sie keine Wasserklosetts und somit keine Schwemmkanalisation haben. [...] Hier haben sie ihr vortrefflich verwaltetes Tonnensystem für die Fäkalien. Da lässt sich in der Tat mit einer entsprechenden Reinigung ihrer übrigen städtischen Abwässer meines Erachtens eine geradezu mustergültige Anlage schaffen! [...] Sie würden durch die Fettgewinnung in der ersten Kläranstalt und durch die Speisung der Karpfenteiche mit den Abwässern der zweiten Anstalt und dem Gewinn aus diesen (immer nur unter der Voraussetzung, dass die Fäkalien dauernd aus den Abwässern fortbleiben!) mit Sicherheit die Kosten des Betriebes decken können und somit in ästhetischer, hygienischer und wirtschaftlicher Beziehung auf jede Weise eine Musteranstalt schaffen, die ein Zielpunkt der Spaziergänge der Städter und der Fremden werden könnte!

Franz Josef Brüggemeier/Michael Toyka-Seid (Hrsg): Industrie – Natur. Lesebuch zur Geschichte der Umwelt im 19. Jahrhundert. Frankfurt 1995.

In dem Handbuch von 1896 über die Verwertung der städtischen Fäkalien (Text 70 d) heißt es über Weimar (S. 587):

„Viele Einwohner wünschen das Tonnensystem beseitigt, andere, Aborte mit Wasserspülung vorgeschrieben zu sehen."

a) Kennzeichnen Sie vor dem Hintergrund der Attacken Liebigs gegen die Einführung von Wasserklosetts und Mischkanalisation in England dessen Grundüberzeugung von der Erhaltung der Bodenfruchtbarkeit.

b) Erläutern Sie unterschiedliche Auffassungen über Hygiene im 19. Jahrhundert. Zeigen Sie beispielhaft, dass das Problem (Hygienebewusstsein vs. Umweltbewusstsein) auch in der Gegenwart fortbesteht.

c) Fassen Sie die verschiedenen Positionen zur Kanalisationsfrage zusammen und setzen Sie unterschiedliche Hygienebegriffe zu der Kanalisationskontroverse in Beziehung (s.o., Texte 70 b/c).

3. „Licht und Luft" – Großstadtkritik und Gartenstadtbewegung

Stadtluft macht frei – und krank

Die Großstadt hat die Menschen stets fasziniert; zugleich aber stand sie seit jeher bei vielen in schlechtem Ruf. Schon in der frühen Neuzeit begann der Trend, dass sich die Wohlhabenden aus dem Wunsch nach Ruhe und Gesundheit ein Landhaus zulegten. Gerade in Seuchenzeiten galten die Städte als todbringende „Pesthöhlen". Die Kritik an den großen Städten ist alt; sie beginnt schon im Rom der Antike, der ersten europäischen Millionenstadt. Hier wurde erstmals die Schädigung der Menschen durch eine vom Menschen selbst geschaffene schlechte Umwelt zu einem großen Thema. Die Klage über die miserablen großstädtischen Umweltbedingungen – den Lärm und den Gestank – war gewöhnlich mit sozialen und moralischen Motiven verbunden: der Klage über den Luxus der Reichen und über die Sittenlosigkeit. Im 19. Jahrhundert jedoch nahmen ökologisch-hygienische Bedenken deutlich zu. Auswege konnten in zweierlei Richtung gesucht werden: in der Sanierung der Großstadt oder in der Flucht aus den großen Städten.

Sanierung: das erste Ziel moderner Städtereformer

Für die Reformer innerhalb der Stadtverwaltungen war die Sanierung das große Ziel; und dabei standen im 19. Jahrhundert die Versorgung mit sauberem Trinkwasser und die Abwasserentsorgung obenan. Daher kreiste jahrzehntelang alles um die Kanalisation. Diese war jedoch sehr kostspielig und zwang zu einer Zeit, da der Steuersatz noch gering war, viele Städte zur Verschuldung. Noch am vergleichsweise billigsten war sie bei dichter Bebauung. Dieser Umstand, vor allem jedoch die steigenden Grundstückspreise führten dazu, dass viele Bauherren in den Großstädten so hoch und so dicht bauten, wie es von den Bauvorschriften gerade noch zugelassen wurde, und dass die Gärten, die es bis dahin auch innerhalb vieler Städte zahlreich gegeben hatte, aus den Innenstädten verschwanden.

Die neue Sehnsucht: „Licht und Luft"

Diese Situation führte um 1900, als die großstädtischen Wasserprobleme im Prinzip als gelöst galten, zu einer neuen Periode der Großstadtkritik und der städtereformerischen Ideen. Die „Mietskaserne" wurde zum bevorzugten Angriffsobjekt der Reformer. Die Bakteriologie hatte darauf aufmerksam gemacht, in welchem Maße das dichte Zusammenwohnen die Verbreitung von Seuchen begünstigt. Aber auch ältere medizinische Vorstellungen von der Schädlichkeit schlechter Luft und der Heilkraft der Sonne wirkten fort und wurden von der Naturheilbewegung aufgegriffen, die sich gegen Ende des 19. Jahrhunderts besonders in Deutschland über alle sozialen Schichten verbreitete. „Licht und Luft"; „Hinaus ins Grüne"; „Wo die Sonne hinkommt, kommt der Arzt nicht hin"; „Man kann den Menschen mit einer Wohnung erschlagen wie mit einer Axt": Das waren typische Parolen einer neuen Generation von Stadt- und Gesundheitsreformern.

81 Auch das Urlaubs-, Kur- und Badewesen ist ein Ursprung des modernen Umweltbewusstseins. In Kurorten wurden frühzeitig strenge Maßstäbe angelegt. Die Kehrseite der Industriegesellschaft kollidiert mit der Freizeitgesellschaft.

Städtische Umweltpolitik als Sozialpolitik

Die Villenvororte und die Kurorte der oberen Schichten machten als erste vor, was sich alles tun ließ: Da wohnte man im Grünen und entspannte sich auf der Veranda, die viel Sonnenlicht hereinließ, und da verstand man es frühzeitig, rauchende und lärmende Industrieunternehmen rigoros herauszuhalten. Wieweit Fabriken in einem Stadtviertel zugelassen waren, bemaß sich in Deutschland ab 1900 wesentlich an der „Ortsüblichkeit"; und „ortsüblich" waren in den Vierteln der besseren Stände allenfalls Betriebe, die die Nachbarschaft nicht störten. Im Ruhrrevier dagegen, wo eine Menge Rauch „ortsüblich" war, wurden die Chancen von Klägern immer schlechter, sofern es nicht um nachweislich hochschädliche Chemie-Emissionen ging. Zwischen Umweltproblemen und sozialer Benachteilung entstand eine enge räumliche

Beziehung; sie besteht vielerorts bis heute. Umweltpolitik war in vielen Städten zugleich Sozialpolitik.

Die Gartenstadt: Natur- und Gesellschaftsutopie

Die meisten Städtereformer waren keine Revolutionäre: Sie gingen davon aus, dass hohe Einkommensunterschiede stets bestehen bleiben würden, und konzentrierten sich auf die Aufgabe, unteren Schichten auf *billige* Weise ein gesundes Wohnen zu ermöglichen. Das Zauberwort wurde um 1900 die *Gartenstadt*: die von viel Grün umgebene Siedlung abseits der Großstädte, wo die Luft noch gut und die Grundstücke noch billig waren. Durch Eisenbahn, Straßenbahn und Fahrrad waren auch ohne Kutsche, die sich nur Wohlhabende hatten leisten können, neue Möglichkeiten der Verkehrsanbindung gegeben; man musste aus Verkehrsgründen nicht mehr so gedrängt wohnen wie zuvor.
Die Gartenstadt wurde damals gerne mit sozialen Utopien verbunden: mit Selbstverwaltung, Selbstversorgung, Gemeineigentum an Boden, Gemeinschaft ohne Klassentrennung und gesundem Leben ohne Alkohol und Nikotin. Die ersten Gartenstädte entstanden in England. Der englische Schriftsteller George Orwell schreibt 1937 mit ironischem Rückblick, die Gartenstadt habe „mit magnetischer Kraft jeden Fruchtsaftapostel, Nudisten, Sandalenträger, Sexualverrückten, Quäker, Naturheilpfuscher, Pazifisten und Feministen in England wie magisch" angezogen. In Deutschland war es nicht anders.

Suburbanisierung: Von der Gartenstadt zur Schlafstadt

In der Regel entstand in den Gartenstädten jedoch keine neue Gesellschaft, und die Anziehungskraft der Großstädte blieb bestehe – verbunden jedoch mit der Sehnsucht nach dem Wohnen „im Grünen". Daher setzte sich in der Regel ein Kompromiss durch: die *Vorstadt* mit Ein- und Zweifamilienhäusern, die zumindest

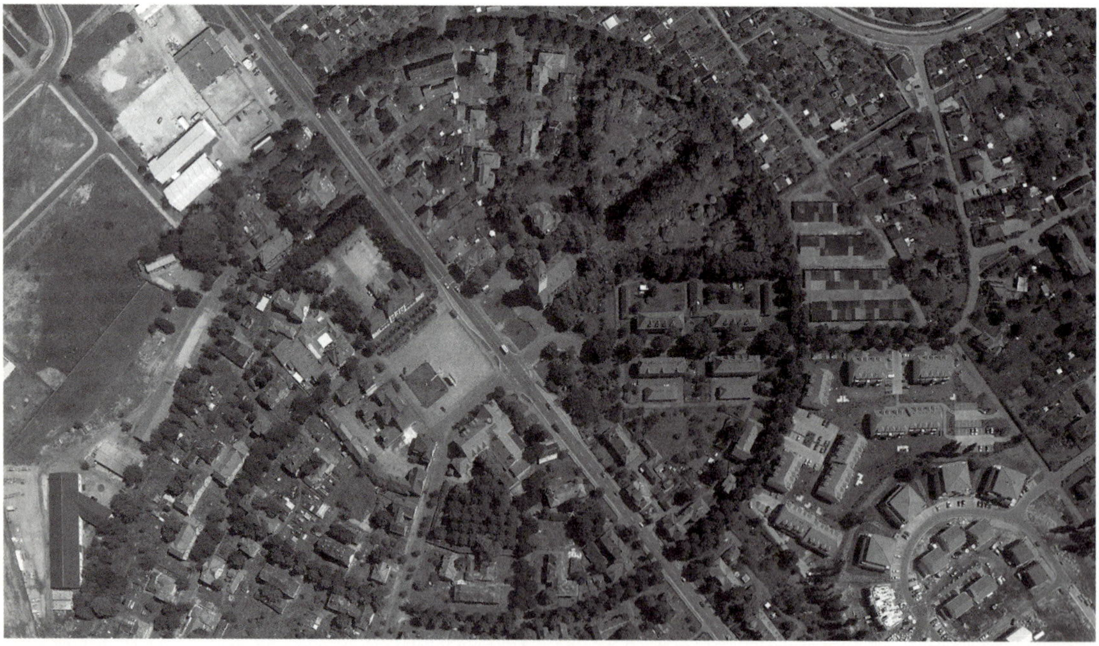

82 Die Gartenstadt Marga in Brieske in der Lausitz, die um 1900 im Auftrag eines Fabrikanten für Arbeiter des dortigen Braunkohle-Bergbaus gebaut wurde. Zeitweise halb verfallen, wird sie seit den 1990er-Jahren restauriert. Aus der Luft erkennt man den für Gartenstädte typischen kreisförmigen Grundriss: Diese Siedlungen waren als eine kleine Welt für sich gedacht, bei allem Streben nach Naturnähe doch konsequent durchgeplant.

ihre Vorgärten haben. Die *Suburbanisierung* wurde im 20. Jahrhundert zu einem weltweiten Trend, der die Mischung von Anziehungs- und Abstoßungskraft der Großstädte spiegelt. Wie sich zeigte, hatte er seine Kehrseite: In aller Regel war er mit wachsender Motorisierung verbunden. Um wirklich Ruhe zu haben, musste man immer weiter nach draußen und war auch dort nicht davor sicher, in Zukunft vom Großstadtverkehr wieder eingeholt zu werden. Für die Berufstätigen verlängerte sich der Anfahrtsweg zur Arbeit; und die anderen – die Hausfrauen und die Jugendlichen – litten oft unter der Monotonie der „Schlafstädte", in denen „nichts los" war. Gerade in der zweiten Hälfte des 20. Jahrhunderts, als sich die Vorstädte immer weiter in die Landschaft zogen, verstärkte sich die Sehnsucht nach einer neuen „Urbanität". Man erinnerte sich wieder daran, dass nicht nur die Nähe zur grünen Natur, sondern auch das Streben nach Geselligkeit und nach einer Vielfalt von Anregungen zur menschlichen Natur gehört. Statt der Gartenstadt wurde die Durchgrünung und Dezentralisierung der bestehenden Städte zu einem Leitziel neuer Reformer.

Umweltbewegung und neue Urbanität

Die Umweltbewegung, die seit den 1970er-Jahren auch die Stadtplanung beeinflusste, war auf der einen Seite von einer starken Sehnsucht nach der grünen Natur getragen, lieferte auf der anderen Seite jedoch auch neue Argumente für eine Wohnungsverdichtung und für eine Verringerung der Distanz zwischen Wohn- und Gewerbevierteln. „Stadt der kurzen Wege" wurde die neue Parole. Denn der größte Energieverbrauch und die stärkste Belastung der Atmosphäre resultieren vom Verkehr und vom Heizen; und die Ausbreitung des Einfamilienhauses ist der größte Einzelfaktor der Bodenversiegelung. Durch dichtere Wohnweise und kürzere Wege werden all diese Arten der Umweltbelastung verringert.

83 Leitmotive der Großstadtkritik

a) Christoph Wilhelm Hufeland (1762–1836), einer der berühmtesten deutschen Ärzte seiner Zeit, schreibt 1796 in einem Buch über die „Kunst, das menschliche Leben zu verlängern":

Eines der größten Verkürzungsmittel des menschlichen Lebens ist: *das Zusammenwohnen der Menschen in großen Städten.* Fürchterlich ist das Übergewicht, das die Mortalität derselben in den Totenlisten hat. In Wien, Paris, London und Amsterdam stirbt [wohl gemeint: pro Jahr] der 20. bis 23. Mensch, während rund herum, auf dem Lande, nur der 30. oder 40. stirbt. Rousseau hat vollkommen recht, wenn er sagt: Der Mensch ist unter allen Tieren am wenigsten dazu gemacht, in großen Haufen zusammenzuleben. Sein Atem ist tödlich für seine Mitgeschöpfe, und dies gilt ebenso wohl im eigentlichen als im figürlichen Sinn. Die Feuchtigkeit oder, wie man es gewöhnlich nennt, die Dickheit der Luft ist es nicht allein, was sie so schädlich macht, sondern die Animalisation, die sie durch so viele aufeinander gehäufte Menschen bekommt. Man kann höchstens viermal die nämliche Luft einatmen, so wird sie durch den Menschen selbst aus dem schönsten Erhaltungsmittel des Lebens in das tödlichste Gift verwandelt. [...] Dazu die luxuriöse Lebensart, die Sittenlosigkeit, die Umkehrung der natürlichen Lebensordnung, aus Nacht Tag und aus Tag Nacht zu machen, die beiden Extreme, übermäßiger Reichtum und die bitterste Armut – alles unzertrennliche Eigenschaften großer Städte – und [...] man wird es begreifen, warum mit Zunahme und Aufeinanderdrängung der Volksmenge die Sterblichkeit so außerordentlich steigt. [...]

Wer es also kann, meide den Aufenthalt in großen Städten; sie sind offene Gräber der Menschheit, und zwar nicht allein im physischen, sondern auch im moralischen Sinn.

Christoph Wilhelm Hufeland: Makrobiotik. Frankfurt 1984, S. 130f.

b) Friedrich Engels (1820–1895), der Mitstreiter von Karl Marx, schrieb 1845 in seinem Buch „Die Lage der arbeitenden Klasse in England" über die Verhältnisse in Manchester, der damals größten englischen Industriestadt:

[Ich habe] eine so systematische Absperrung der Arbeiterklasse von den Hauptstraßen, eine so zartfühlende Verhüllung alles dessen, was das Auge und die Nerven der Bourgeoisie beleidigen könnte, nirgends gefunden als in Manchester. [...] [In der Altstadt ist man] wirklich in einem fast unverhüllten Arbeiterviertel, denn selbst die Läden und Kneipen der Straße nehmen sich nicht die Mühe, etwas reinlich auszusehen. Aber das ist all noch nichts gegen die Gassen und Höfe, die dahinter liegen und zu denen man nur durch enge, überbaute Zugänge gelangt, in denen keine zwei Menschen aneinander vorbei können. Von der unordentlichen, aller vernünftigen Baukunst Hohn sprechenden Zusammenwürfelung der Häuser, von der Gedrängtheit, mit der sie hier förmlich aneinander gepackt sind, kann man sich keine Vorstellung machen. Und es sind nicht nur die aus der alten Zeit Manchesters hinterlassenen Gebäude, die die Schuld davon tragen; Die Verwirrung ist in neuerer Zeit erst auf die Spitze getrieben worden, indem überall, wo die ganze Bauart der früheren Zeit noch ein Fleckchen Raum ließ, später nachgeflickt und angebaut wurde, bis endlich zwischen den Häusern kein Zoll breit Platz blieb, der sich noch hätte verbauen lassen. [...] In der Tiefe fließt oder vielmehr stagniert der Irk, ein schmaler, pechschwarzer, stinkender Fluss, voll Unrat und Abfall. [...] Oberhalb der Brücke stehen hohe Gerbereien, weiter hinauf Färbereien, Knochenmühlen und Gaswerke, deren Abflüsse und Abfälle samt und sonders in den Irk wandern, der außerdem noch den Inhalt der anschießenden Kloaken und Abtritte aufnimmt.

Engels: Die Lage der arbeitenden Klasse in England. München 1973, S. 67ff.

c) Konrad Adenauer (1876–1967), von 1917 bis 1933 Kölner Oberbürgermeister und von 1949 bis 1963 deutscher Bundeskanzler, schrieb 1927 den Lexikonartikel „Großstadt" Da schilderte er die Großstadt zunächst als unvermeidliche Folge moderner Entwicklungen, um dann fortzufahren:

Andererseits liegen die Schäden der Großstädte in ihrer heutigen Gestalt für das körperliche und für das seelisch-geistige Leben zunächst ihrer Bewohner klar zu Tage. Die Zusammenballung so großer Menschenmassen auf engem Raum reißt den Menschen los von dem in seinem innersten Wesen begründeten notwendigen Zusammenhang mit der Natur, sie schädigt ihn dadurch körperlich und geistig auf das Schwerste. Die nahe Berührung, in der die Menschen in der Großstadt leben müssen, steigert die Ansteckungsgefahr für körperliche und geistige Erkrankungen außerordentlich. [...] Die üble Großstadtkultur mit ihren geistigen und seelischen Verfallserscheinungen breitet sich in einer Zeit, in der die Verkehrsmittel, Zeitungen und Kinos bis in das kleinste Dorf dringen, auf das ganze Volk aus. Die Reform der Großstadt ist, das kann nicht oft genug betont werden, nicht nur Sache der Großstadtbewohner selbst, sie ist eine Angelegenheit des ganzen Volks und nicht zuletzt auch des flachen Landes. [...] Die Richtung, in der die Reform der Großstadt sich zu bewegen hat, ist leicht erkennbar, wenn man die Wurzeln der Schäden sich klar macht und sich weiter von der Anschauung loslöst, als wenn der *heutige Typ der Großstadt* zu ihrem Wesen gehöre. Die von uns nicht zeitig genug beeinflusste Entwicklung hat es mit sich gebracht, dass wir mit dem Begriff Großstadt das Bild eines großen Häusermeeres, eines Steinhaufens, hier und da durchbrochen von spärlichen, künstlichen Grünanlagen verbinden. [...] Warum soll der Großstädter ein Höhlenbewohner sein, in dessen Mauern Sonnenaufgang und Sonnenuntergang, der weite Horizont des Himmels, das Sternenmeer, das Wachsen, Blühen und Welken der Natur, der Erdgeruch nicht mehr zu sehen, zu spüren ist! [...]

Man gebe der Großstadt die Möglichkeit zu einer möglichst großen räumlichen Entwicklung. Es ist ganz falsch und eine Verkennung der Interessen der kleineren Gemeinden und insbesondere auch des flachen Landes, um jeden Quadratmeter Raum mit der Großstadt zu feilschen und den Versuch zu machen, sie in engen örtlichen Grenzen zu halten. Gerade das Gegenteil ist richtig. [...] Man sorge auch dafür, dass durch eine verständige Bodenpolitik den Großstädten die Möglichkeit einer solchen Dezentralisation gegeben wird und bleibt. Es würde falsch sein, den Boden der Großstadt vollständig in eine Hand zu bringen. [...] Aber das öffentliche Interesse, soziale und sittliche Gesichtspunkte verlangen gebieterisch, dass das Privateigentum an Grund und Boden sich den höheren Zielen unterordnen muss.

Staatslexikon, hrsg. von Hermann Sacher. Bd. 2, Freiburg 1927, Sp. 913f.

a) Hufeland, Engels und Adenauer setzen bei ihrer Großstadtkritik jeweils unterschiedliche Akzente. Stellen Sie ihre jeweiligen Motive zusammen und erklären Sie die Akzentverlagerung.

b) Könnte man an den heutigen Großstädten noch die gleiche Kritik üben wie Adenauer 1927 – hat sich im Prinzip nichts verändert oder hatte die damalige Großstadtkritik Folgen?

84 Die lange Suche nach dem naturnahen Wohnen

a) Die „Magdeburgische Zeitung" vom 9. Oktober 1890 berichtet über die Industriepolitik von Steglitz, einem damals noch nicht eingemeindeten Villenvorort Berlins:

Steglitz will sich den Charakter eines Villenortes nicht nehmen lassen. Vor einiger Zeit kam die Firma Gebrüder bei der Behörde um die Erlaubnis ein, auf einem der Feldmark Steglitz gehörigen, bisher unbebauten Grundstücke eine Karbolineum-(Steinkohleteeröl-)Fabrik errichten zu dürfen. Darob entstand in ganz Steglitz eine kaum zu beschreibende Aufregung, weil jedermann fürchtete, die bisher so gute Luft werde verdorben und weiteres Wohnen in Steglitz unmöglich werden. [...]

Das schließlich angerufene Verwaltungsgericht konnte für die geplante Anlage zwar gewisse Vorsichts- und Sicherheitsmaßnahmen verlangen, in der Sache selbst aber diese nicht verbieten. In der (amtlichen Auskunft) war indessen darauf verwiesen worden, dass dergleichen Fabrikanlagen durch örtliche Polizeiverordnungen von vornherein verboten werden könnten. Diesen Fingerzeig auffassend, hat nunmehr [...] der Amtsvorsteher von Steglitz [...] eine entsprechende Orts-Polizeiverordnung erlassen. Danach ist für Steglitz die Errichtung von Fabrikgebäuden oder solcher Anlagen, welche beim Betriebe durch Verbreitung schädlicher Dünste [...] oder durch Erregung ungewöhnlichen Geräusches Gefahren, Nachteile oder Belästigungen des Publikums herbeiführen, untersagt.

Franz-Josef Brüggemeier/Michael Toyka-Seid (Hrsg): Industrie – Natur. Lesebuch zur Geschichte der Umwelt im 19. Jahrhundert. Frankfurt 1995.

b) Im Jahr 1902 wurde nach englischem Vorbild die Deutsche Gartenstadtgesellschaft gegründet, wobei Angehörige des Bildungsbürgertums, aber auch Sozialdemokraten mitwirkten. Der erste Paragraph ihrer Satzung lautete :

Das Ziel der Gartenstadtgesellschaft ist die Gewinnung breiter Volkskreise für den Gedanken der Errichtung von Gartenstädten auf der Grundlage des Gemeineigentums am Stadt- und Landboden sowie die Förderung aller Maßnahmen, die diesem Ziel dienen.

Die Gartengesellschaft empfiehlt eine Innenkolonisation, d. h. eine wirtschaftlich harmonische Aufteilung des platten Landes und seine zweckmäßige Durchsetzung mit Städten; sie erstrebt eine Wohnungsreform durch eine organisierte Wanderung der Industrie auf das platte Land, wo ein weitläufiger, hygienischer und ästhetischer Bau bei voller Berücksichtigung der Bedürfnisse der Industrie möglich ist und wo auch der sich angliedernden Landwirtschaft neben nahen Märkten billige mechanische Kraft und gute Verkehrsverbindungen gebracht werden können.

Franziska Bollerey u. a. (Hrsg.): Im Grünen wohnen – im Blauen planen. Hamburg 1990, S. 102f.

c) Ein einflussreicher Stadtplaner war von den 1930er- bis in die 1950er-Jahre Hans Bernhard Reichow (1899–1974). 1948, als die Kriegszerstörungen den Stadtplanern eine einmalige Chance boten, schrieb er:

Das Grenzenlose und Unübersichtliche, Chaotische und Ungeordnete der Großstadt, das dauernde Gefühl des Ungeborgen- und Nichtsesshaftseins, die Hast des beruflichen und privaten Lebens [...], der dauernde Wechsel in Rhythmus und Lebenslauf – das alles zusammen macht den Großstädter zu dem überreizten, verwirrten und seelisch labilen Menschentyp. [...]

Wir haben der Natur ihre Reinheit und Kraft genommen – durch Verschmutzung der Gewässer, durch Verpestung und Verqualmung der Luft, durch bedenkenlose Grundwassersenkungen und nicht zuletzt durch die Störung ihrer biologisch wichtigen Kreisläufe. [...]

Die Lehre daraus ist eine vielfältige und einschneidende. Wie etwa im gesunden Dauerwald das biologische Optimum dieses Organismus Bäume verschiedenster Art und Alters bedingt, so auch das Wohnviertel einer gesunden Großstadt den möglichst umfassenden, soziologischen Querschnitt der Gesamtbevölkerung.

Die Vermassung im Villen- und Landhausviertel ist sozial und volksbiologisch also ebenso gefährlich wie die Vermassung im Mietskasernenviertel. [...]

[Die] Aufhebung der Vermassung [...] setzt eine Gliederung der bisher so unübersichtlichen, endlosen Wohngebiete unserer Großstädte voraus. Es läuft auf die Bildung der kleinsten Wohngebietsglieder, der Zellen, nach dem Kindergarten- und Spielplatzradius hinaus, während nach dem gleichen Gesetz optimaler Leistung für die größeren [...] der Elementarschul- und Sportplatzradius und für die größten, die Stadtbezirke, derjenige der höheren Schulen sowie der kulturellen, in der Gesamtstadt nicht einmaligen Einrichtungen maßgebend wird.

H. B. Reichow: Organische Stadtbaukunst. Braunschweig 1948, S. 6, 28, 30, 9.

d) Ähnlich Epoche machend war zwei Jahrzehnte darauf die Streitschrift des Psychoanalytikers Alexander Mitscherlich (Text 16b) über *Die Unwirtlichkeit unserer Städte.* Darin heißt es:

Die Unwirtlichkeit unserer wiedererbauten, unentwegt in die Breite verfließenden, statt kühn in die Höhe konstruierten, monoton statt melodisch komponierten Städte drückt sich in deren Zentrum ebenso aus wie an der Peripherie; dort, wo sich der Horizont der Städte immer weiter hinausschiebt und die Landschaft in der Ferne gar nicht mehr erkennen lässt, wo Sicht und Zukunft des Städters gleichermaßen verbaut erscheinen.

Bleiben wir an dieser Peripherie. Jeder hat seine Augenblicke, die ihn schockieren und zu neuem Bedenken eines Zustandes provozieren. Bei mir waren es Gänge durch Villenvororte in verschiedenen Ländern: Deutschland, Italien, Holland, England, die mich zur Rechenschaft zwangen. Durchstreift man diese oft reichen Einfamilienweiden, so ist man überwältigt von dem Komfortgräuel, den unsere technischen Mittel hervorzubringen erlauben [...], (der) Anhäufung von Zufälligkeiten des Gestaltungswillens. [...] Das Einfamilienhaus, ein Vorbote des Unheils, den man immer weiter draußen in der Landschaft antrifft, ist der Inbegriff städtischer Verantwortungslosigkeit und der Manifestation des privaten Egoismus. [...]

Alte Städte hatten ein Herz. Die Herzlosigkeit, die Unwirtlichkeit der neuen Bauweise hat jedoch eine ins Gewicht fallende Entschuldigung auf ihrer Seite: das Tabu der Besitzverhältnisse an Grund und Boden in den Städten, welches jede schöpferische, tief greifende Neugestaltung unmöglich macht.

Alexander Mitscherlich: Die Unwirtlichkeit unserer Städte. Anstiftung zum Unfrieden. Frankfurt 1965, S. 11, 36, 60, 19.

a) Überlegen Sie, ob die Autoren der Texte b–d realistische Vorstellungen über die Planbarkeit der Stadtentwicklung haben , und erörtern Sie in diesem Zusammenhang die Probleme, die sich aus den Eigentumsverhältnissen an Grund und Boden ergeben.

b) Diskutieren Sie, wieweit die Texte neue Gesellschaftskonzepte, ökologische Überlegungen und subjektive Geschmacksurteile enthalten.

Zur Diskussion

Ist Umweltpolitik im kommunalen Rahmen historisch überholt?

Die Diskussion über Umweltpolitik ist seit geraumer Zeit, in Deutschland und anderswo, von zwei gegenläufigen Trends bestimmt: einem Trend zur Globalisierung und einem anderen zur Regionalisierung. Manchmal wird beides miteinander kombiniert, so in der Parole „Global denken – lokal handeln". Die Handlungsempfehlungen der UN-Umweltkonferenz in Rio de Janeiro 1992 – die *Agenda 21* – beziehen sich zwar auf die Situation in der ganzen Welt, betonen jedoch in ihrem Kapitel 28 die Bedeutung der lokalen Ebene und sprechen sich für die Förderung lokaler Initiativen aus. Mit Bezug darauf sind seither in vielen deutschen Städten „Agenda"-Projekte entstanden. Oder handelt es sich dabei lediglich um eine politisch bedeutungslose Spielwiese für umweltbewusste Bürger, die irgendetwas tun möchten? Könnte man nicht gerade aus historischer Sicht zu bedenken geben, dass die Umweltprobleme den lokalen Rahmen seit langem überschritten haben, ja dass es geradezu gefährlich sei, diese Problematik in einem lokal beschränkten Horizont anzugehen? Auf welchen Feldern hat eine lokale Umweltpolitik heute überhaupt Erfolgsaussichten?

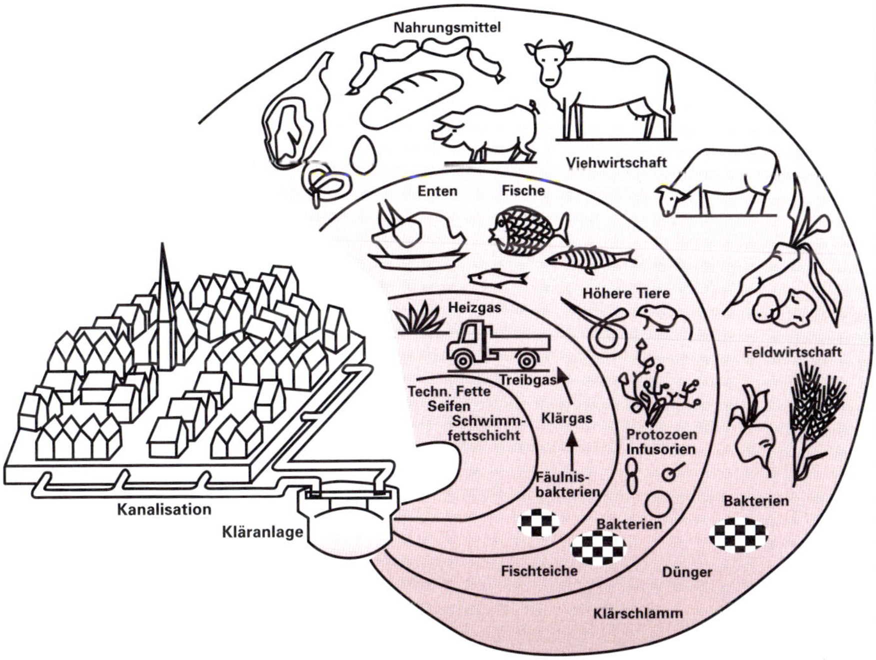

Abwasserverwertung ist möglich durch:

1. Fettgewinnung aus dem Abwasser (Schlachthöfe, Großküchen).
2. Klärmethangewinnung aus dem Faulschlamm (Treibgas für Kfz.). Durchgeführt in: Stuttgart, Berlin, Hannover, Osnabrück u. a. Städten.
3. Humusdüngererzeugung aus dem Klärschlamm. Bereitung aus ausgefaultem Schlamm. Geruchsbelästigung!
4. Landwirtschaftliche Verwertung des Abwassers durch weiträumige Verteilung. Durchgeführt in: Leipzig, Darmstadt, Dülmen i. W. Anwendungsmöglichkeit für die aufgelockerte Stadt „beschränkt".

85 Der Abwasserkreislauf als Beispiel eines der organischen Kreislaufsysteme der idealen Stadtlandschaft. Das Schaubild zeigt das Konzept von Hans Bernhard Reichow, der von den 1930er- bis in die 1950er-Jahre einer der führenden Stadtplaner war.
Erläutern Sie das Schaubild und diskutieren Sie, was daran Realität und was Ideal bzw. Propaganda ist.

86 Ist Nachhaltigkeit in der modernen Stadt möglich?

a) Der Soziologe Ulrich Beck schreibt in seinem Buch *Risikogesellschaft* (1986), das die soziologische Umweltdiskussion stark beeinflusste, über die „Globalisierung der Zivilisationsrisiken":

Auf eine Formel gebracht: *Not ist hierarchisch, Smog ist demokratisch.* Mit der Ausdehnung von Modernisierungsrisiken – mit der Gefährdung der Natur, der Gesundheit, der Ernährung etc. – relativieren sich die sozialen Unterschiede und Grenzen. Daraus werden immer noch sehr verschiedene Konsequenzen gezogen. *Objektiv* entfalten jedoch Risiken innerhalb ihrer Reichweite und unter den von ihnen Betroffenen eine *egalisierende* Wirkung. Darin liegt gerade ihre neuartige politische Kraft. In diesem Sinne sind Risikogesellschaften gerade keine Klassengesellschaften; ihre Gefährdungslagen lassen sich nicht als Klassenlagen begreifen, ihre Konflikte nicht als Klassenkonflikte.

Dies wird noch deutlicher, wenn man sich den besonderen Zuschnitt, das besondere Verteilungsmuster von Modernisierungsrisiken vor Augen hält: Sie besitzen eine *immanente Tendenz zur Globalisierung.* Mit der Industrieproduktion geht ein Universalismus der Gefährdungen einher, unabhängig von den Orten ihrer Herstellung: Nahrungsmittelketten verbinden praktisch jeden mit jedem auf der Erde. Sie tauchen unter Grenzen durch. […]

Diese Globalisierungstendenz lässt Betroffenheiten entstehen, die in ihrer Allgemeinheit wiederum unspezifisch sind. […] Der ökologische Endzeitfatalismus lässt das private und politische Stimmungspendel in *jede* Richtung ausschlagen. Handeln ist sowieso von gestern. Vielleicht lässt sich den Überall-und-immer-Pestiziden mit (In)Sekt(en) beikommen?

Ulrich Beck: Risikogesellschaft. Auf dem Weg in eine andere Moderne. Frankfurt 1986, S. 48.

b) Die Studie *Zukunftsfähiges Deutschland* (1996) des Wuppertal-Instituts für Klima, Umwelt und Energie präsentiert in dem Kapitel „Stadt als Lebensraum" Heidelberg und Erlangen als Vorbilder:

[Heidelberg] Die Stadt ist bekannt für ihre Innovationsfreudigkeit und Bürgerbeteiligung. So hat sie im letzten Jahr in all ihren Stadtteilen Bürgerämter eingerichtet, um die kommunalen Leistungen zu den Menschen zu bringen und nicht umgekehrt. […] Über 60 % der BesucherInnen kommen zu Fuß oder mit dem Fahrrad. […] Dass es der Stadt mit der Bürgerbeteiligung ernst ist, zeigte sich nicht nur 1992 bei ihrer Aktion zum Klimaschutz „Gemeinsam gegen dicke Luft", bei der die Stadtwerke Heidelberg, die Universität, Bürgerinitiativen, Institute und Firmen auf verschiedenen Ebenen gemeinsame Aktionen durchführten. Ziel des Klimaschutzes unter anderem ist […], die „erneuerbaren Energiequellen" als „einzige nachhaltige alternative Energieform" zu fördern, bis 1999 „den Energieverbrauch in kommunalen Gebäuden und Einrichtungen sowie im Bereich der kommunalen Fuhrparks um mindestens 15 %" zu reduzieren und bis 2005 insgesamt eine Energieeinsparung um 20 % zu erreichen. […]
[Erlangen] Seit den frühen siebziger Jahren gibt es in Erlangen ein umfassendes Verkehrskonzept (mit dem) Ziel, das Leben in Erlangen so attraktiv zu machen, dass sich die Einwohnerinnen und Einwohner fühlen, als ob sie im Urlaub wären. Das Konzept sieht vor, den Durchgangsverkehr umzuleiten, Hauptstraßen in der Innenstadt zu Fußgängerzonen und verkehrsberuhigten Straßen zu machen, Fahrradwege und -straßen zu bauen und den öffentlichen Verkehr zu verbessern. […] Neue Wohnquartiere werden von vornherein mit Fuß- und Fahrradwegen angebunden. Sie erlauben den Weg in die Innenstadt, ohne direkt Hauptverkehrsstraßen zu kreuzen. Inzwischen existiert ein 175 Kilometer langes Fahrradwegenetz, das zum überwiegenden Teil unabhängig von Autostraßen ist. […] Das Fahrrad hat in Erlangen den gleichen Status wie das Auto, mit dem Ergebnis, dass inzwischen 25 % aller innerstädtischen Wege mit dem Fahrrad zurückgelegt werden.

BUND/MISEREOR (Hrsg.): Zukunftsfähiges Deutschland. Ein Beitrag zu einer global nachhaltigen Entwicklung. Basel 1996, S. 262ff.

c) In Nordrhein-Westfalen wurde 1988 mit Unterstützung des Landes eine „Arbeitsgemeinschaft Fahrradfreundliche Städte" (AGFS) gegründet. Mehr und mehr Städte versuchten, in die AGFS aufgenommen zu werden. In einer Zwischenbilanz der Wirksamkeit des Programms im Jahr 2000 heißt es über Münster und Essen:

Münster darf sich laut einer Umfrage der Verbraucherzeitschrift „Test" aus dem Jahre 1997 „Fahrradfreundlichste Stadt Deutschlands" nennen. […] Der

87 Die Halsbrücker „Hohe Esse" bei der sächsischen Bergbaustadt Freiberg: bei ihrer Erbauung 1888/89 der höchste Schornstein der Welt und eine monumentale Antwort auf die Rauchklagen – und dennoch, wie Fachleute schon bald erkannten, nur eine Problemverlagerung. *Erläutern Sie die Denkweise, die hinter dieser „Politik der hohen Schornsteine" stand!*

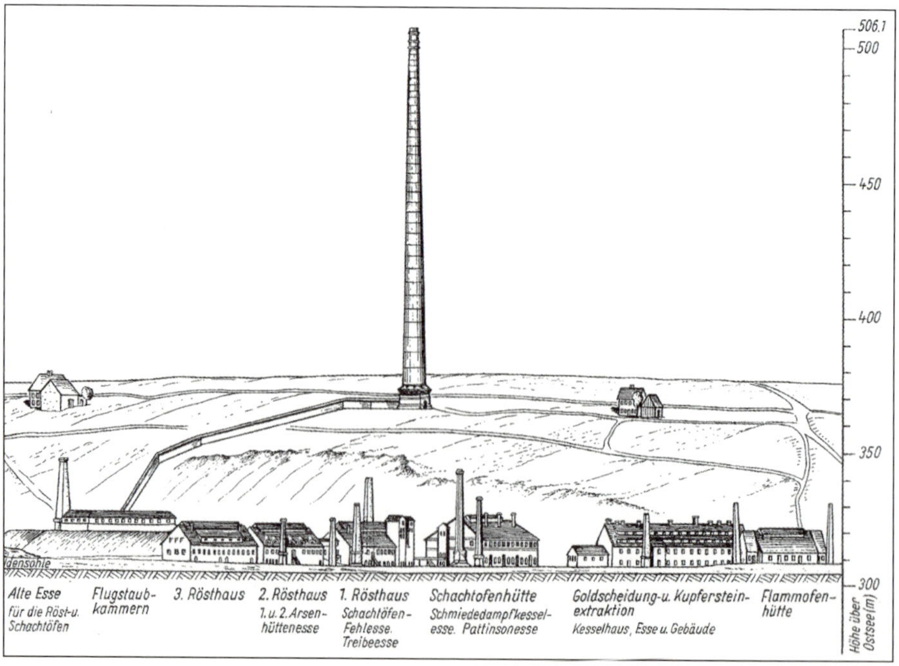

Radverkehr besaß in Münster schon immer außergewöhnliche Bedeutung. Dies ist das Resultat einer systematischen Radverkehrsplanung, die auf einem Verkehrsplan aus dem Jahre 1947 (Radwege an allen Hauptverkehrsstraßen) basiert. Die Radverkehrsplanung wurde auch in den 60er- und 70er-Jahren nicht vernachlässigt, [sodass] Münster bereits vor 1988 viele in anderen Städten noch als innovativ angesehene Lösungen für den Radverkehr realisiert hatte. Auch das Radwegenetz, dessen zentrale innerstädtische Achse die Promenade ist, war zu diesem Zeitpunkt schon flächenhaft ausgebaut und das Stadtbild durch die Vielzahl der Radfahrer nachhaltig geprägt. […] Attraktive Achsen des Radverkehrs verbinden das Zentrum mit den einzelnen Stadtteilen.

Essen: Noch 1991 hat Essen als Zeichen für ein im bundesweiten Städtevergleich unzureichendes Angebot für den Radverkehr die „Rostige Speiche" durch den ADFC (Allgemeiner Deutscher Fahrrad-Club) verliehen bekommen. Mit der Verleihung der „Rostigen Speiche" nahm der Druck der Verbände auf Politik und Verwaltung zur aktiven Radverkehrsförderung in starkem Umfang zu. […] Seit Aufnahme in die AGFS konnten nur wenige Bausteine der Radverkehrsförderung realisiert werden. Essen tut sich somit auf dem Weg zu einer fahrradfreundlichen Stadt schwerer als viele der anderen Mitgliedsstädte in der AGFS.

Ministerium für Wirtschaft NRW (Hrsg.): Fahrradfreundliche Städte und Gemeinden in NRW – Maßnahmen- und Wirksamkeitsuntersuchung. Düsseldorf 2000, S. 83ff., 21ff.

d) Ein von einem deutschen und einem indischen Wissenschaftler verfasster Artikel wirft ein Licht auf typische Probleme nachhaltiger Politik in Städten der Dritten Welt:

In den Industrieländern werden 80 bis 98 % der Abwässer geklärt. In Indien sind es nur 2 % der städtischen Abwässer, im ländlichen Raum fehlen Klärwerkseinrichtungen völlig. „Trinkwasser als Transportmedium für Abfall – ein 100 Jahre alter Irrtum?" lautete der Titel eines Symposiums am Goethe-Institut in Madras. […] Die Veranstalter stellten vor allem die Frage, ob in Ländern wie Indien für die Siedlungsentwässerung die Schwemmkanalisation überhaupt angestrebt werden soll, die Fäkalien und Industriegifte mit Trinkwasser und Regenwasser vermischt in Kläranlagen oder Flüsse schwemmt. […] Die Folgen der Stadtentwässerung hinein in die Flüsse sind schon jetzt dramatisch. Ländern wie Indien geht das Wasser aus, und gleichzeitig sind die technischen und ökologischen Kosten bei der Erschließung neuer Wasserquellen meist viel höher als bei den bereits angezapften. Daher erscheint es unausweichlich, dass die explodierenden Städte immer mehr mit dem Wasser vorlieb nehmen müssen, das aus den Flüssen stammt, an denen sie gegründet wurden. […] Dr. Pathak, Erfinder der Sulabh-Zwei-Kammer-Toiletten, hatte sich Gedanken darüber gemacht, wie die Städte von den zu großen Mengen Fäkalien entlastet werden könnten, wie die in den Fäkalien und Bioabfällen enthaltenen wertvollen Nährstoffe wieder auf die Felder gelangen und wie alles zuvor kompostiert werden könnte, damit nicht Latrinenreiniger aus den untersten Gesellschaftsschichten entwürdigende Arbeiten durchführen müssten. Die Sulabh-Organisation stellte in allen Landesteilen Indiens bisher 600000 dieser Zwei-Kammer-Toiletten auf: Die Fäkalien werden in der einen, der gefüllten Kammer kompostiert, solange die zweite Kammer sich füllt. Das kompostierte Gut wird dann an die Bauern verkauft.

Arne Panesar/Thomas Hoffmann: Trinkwasserqualität – internationaler Anspruch und asiatische Realität. In: Th. Hoffmann (Hrsg.): Wasser in Asien. Elementare Konflikte. Osnabrück 1997, S. 125ff.

a) Erörtern Sie auf der Grundlage der anderen Texte Becks These von der Globalisierung und „Demokratisierung" der Umweltrisiken.

b) Was kann „Nachhaltigkeit" in der modernen Kommunalpolitik konkret bedeuten? Unter welchen Bedingungen ergibt das alte Ziel des Stoffkreislaufs noch immer einen Sinn?

1. *Welchen Sinn und welche Grenzen hat das Leitbild „Stoffkreislauf" bei Städten und welche anderen Strategien der Nachhaltigkeit sind möglich?*
2. *Wie entwickelte sich in den Städten im Lauf der Zeit der Zusammenhang zwischen Umwelt- und sozialen Problemen?*
3. ♦ *Im Artikel 14 des Grundgesetzes heißt es: „Das Eigentum und das Erbrecht werden gewährleistet. Inhalt und Schranken werden durch die Gesetze bestimmt. Eigentum verpflichtet. Sein Gebrauch soll zugleich dem Wohle der Allgemeinheit dienen." Diskutieren Sie, wie sich diese Bestimmungen auf die städtische Umweltpolitik auswirken können.*
4. *Erkunden Sie, wie Ihr Heimatort mit seinen Wasserläufen umgegangen ist, und überlegen Sie, was sich daraus über die Umweltgeschichte dieses Ortes erkennen lässt.*

V. Energie und Emission: Die Revolution der neuesten Zeit in der Mensch-Umwelt-Beziehung

Unsere Gegenwart: historisch ein Ausnahmezustand

Der Rückblick auf vergangene Jahrhunderte und Jahrtausende zeigt, dass wir vor allem seit der Mitte des 20. Jahrhunderts in einer ganz außergewöhnlichen, weltgeschichtlich einmaligen Zeit leben. Ob in der Wirtschafts- oder in der Bevölkerungsgeschichte, der Geschichte der Urbanisierung oder des Verkehrs: Überall findet man ein historisch beispielloses Wachstum, das zwar schon mit der Industrialisierung im 19. Jahrhundert beginnt, sich jedoch seit den 1950er-Jahren erheblich verstärkt. Auf mehreren Ebenen der Statistik gehen die Kurven seither steil nach oben: im weltweiten Bevölkerungswachstum und noch viel mehr im Wachstum vieler Großstädte; in der Industrieproduktion und in Ausmaß, Dichte und Tempo des Weltverkehrs.

Die tiefste Zäsur in dem Umgang des Menschen mit seiner Umwelt

Auch die menschlichen Eingriffe in die Umwelt haben im Laufe des 20. Jahrhunderts ganz neue Dimensionen erreicht. Hatte die Menschheit noch bis ins 19. Jahrhundert größtenteils von nachwachsenden Ressourcen gelebt, so verbraucht sie heute – grob gerechnet – in einem einzigen Jahr ein Quantum an fossilen Energieträgern, dessen Entstehung etwa eine Million Jahre dauerte. Die Emissionen aus Verbrennungsprozessen sind vor allem seit den 1950er-Jahren derart in die Höhe gegangen, dass noch die Emissionsmengen des 19. Jahrhunderts trotz der vielen Klagen über die „Rauchplage" daneben fast harmlos wirken.
Durch die Technisierung hat sich die Landwirtschaft in weiten Teilen der Welt in einem Maße verändert wie noch nie in ihrer Geschichte. Während die agrarische Entwicklung in Mitteleuropa noch im 19. Jahrhundert zu einem historischen Höhepunkt der Artenvielfalt geführt hatte, ist die Agrarlandschaft seit jener Zeit zwar in ihrer Produktivität um ein Mehrfaches gewachsen, aber zugleich viel monotoner geworden. Noch bis ins 20. Jahrhundert besaß die Erde weite ökologische Reserven, die von den Menschen nur extensiv genutzt wurden: schwer erreichbare Waldgebiete und malariaverseuchte Sümpfe, deren Entwässerung mit den technischen Mitteln früherer Zeiten zu aufwendig war. Mit den technischen Möglichkeiten des 20. Jahrhunderts erschlossen sich dem Ackerbau und der Wald- und Weidewirtschaft noch einmal weite, bis dahin nur wenig genutzte Räume. Heute dagegen findet man „Wildnisse" fast nur noch in Naturschutzgebieten.
Verlängert man die Wachstumskurven des 20. Jahrhunderts in die Zukunft, gelangt man schon bald in absurde Größenordnungen. Man kann das Wachstum der letzten Jahrzehnte daher nicht als Normalzustand ansehen, sondern muss es als historische Ausnahme begreifen. In nicht allzu ferner Zeit wird die Menschheit zu einem neuen Gleichgewicht mit ihren natürlichen Ressourcen hingelangen müssen. Die Frage ist, ob dies durch Vorsorge oder unter dem Zwang der Not geschehen wird.

Rettung durch Wissenschaft und Technik?

Wissenschaft und Technik präsentieren sich dabei als Retter; aber sie sind auch Teil des Problems. Der Zusammenhang zwischen Wissenschaft und Technik ist heute enger als je zuvor; und beide zusammen haben eine Bedeutung gewonnen wie noch nie in der Geschichte. Die Möglichkeit, Naturprozesse zu berechnen und zum Nutzen des Menschen zu beeinflussen, ist in neuester Zeit erheblich gewachsen. Dennoch hat die Natur mit ihrer unendlichen Komplexität etwas Unberechenbares behalten. Die Wissenschaft, deren Spezialisierung immer mehr voranschreitet, steht vor grundsätzlichen Schwierigkeiten, wenn sie diese Vielfalt der Natur erfassen will. Der wissenschaftliche und technische Fortschritt besitzt stets seine „Scheuklappen"; Eingriffe in die Natur geschehen in aller Regel nicht unter vollständiger Berücksichtigung aller denkbarer Folgewirkungen.

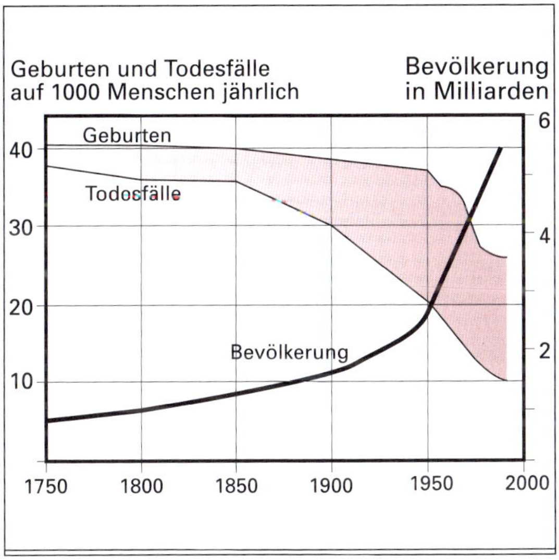

88 Globales Bevölkerungswachstum seit 1750, kombiniert mit einer Kurve der jährlichen Geburten und Todesfälle auf 1000 Menschen.
Was lässt dieses Schaubild über die Ursachen und über die epochalen Wenden des Bevölkerungswachstums erkennen? Vergleichen Sie auch mit den Abbildungen 43 und 44!

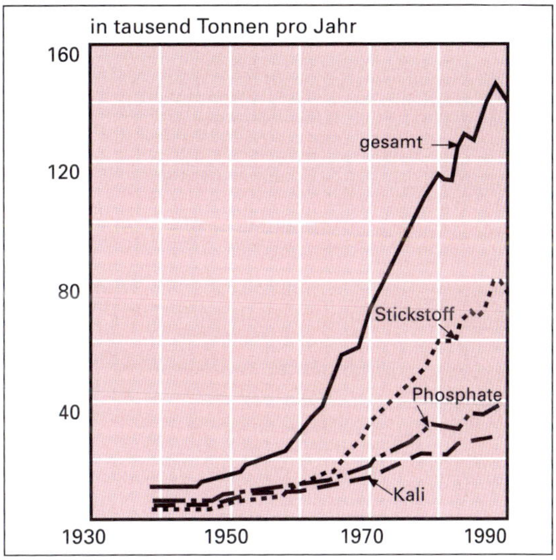

89 Entwicklung des globalen Einsatzes chemischer Düngemittel seit 1930.
Erläutern Sie die historischen Prozesse, aus denen sich dieses Wachstum erklärt.

Neue Arten des Risikos

Daher sind gerade die neuen wissenschaftlich-technischen Möglichkeiten, in die Natur einzugreifen, mit neuartigen *Risiken* behaftet. Zwar hat der Mensch stets mit Risiken gelebt, teilweise sogar mit weit höheren als heutige Europäer: So musste der, der sich in älterer Zeit auf die hohe See begab, stets mit der Gefahr des Schiffbruchs rechnen. Doch das waren Risiken, die im Prinzip bekannt waren und nur diejenigen Menschen trafen, die sich bewusst in eine solche Gefahr begaben. Heutige Gesellschaften dagegen haben es, nicht zuletzt als Folge moderner technischer Entwicklungen, teilweise mit unübersichtlichen und schwer eingrenzbaren *hypothetischen* Risiken zu tun, die auch viele Unbeteiligte bedrohen, und bei denen man ohne Ende darüber diskutieren kann, wieweit sie real sind und wieweit nicht. Umweltpolitik bedeutet heute in vielen Fällen den Umgang mit Gefahren, deren Ausmaß man noch nicht genau kennt.
Soll man mit Gegenmaßnahmen abwarten, bis man hundertprozentig Bescheid weiß, so etwa bei den Auswirkungen der Emissionen in die Atmosphäre auf das Klima? Aber dann könnte bereits ein schwerer und nicht wieder gutzumachender Schaden angerichtet sein. Die *Irreversibilität* der Folgen mancher Eingriffe in die Umwelt, die mit den modernen Mitteln möglich sind, zwingt zu Strategien der *Vorsorge*. In dieser Hinsicht war es vor allem die Atombombe, die die Menschen des 20. Jahrhunderts aufschreckte: Wie keine andere Technik davor stellte sie die Gefahr vor Augen, dass sich die Menschheit durch ihren eigenen technischen Fortschritt selber ausrottet.

Die Atombombe: Drohung und Verheißung

Aber gerade die Atombombe wurde in den ersten Nachkriegsjahrzehnten nicht nur als tödliche Gefahr, sondern auch als Verheißung einer neuen billigen und nahezu unerschöpflichen Energiequelle wahrgenommen. Wenn man sich in den Erinnerungshorizont der Europäer jener Zeit zurückversetzt – in die Erfahrung von Hungersnot, Wohnungsnot, Kohlennot –, dann wird verständlich, dass Wirt-

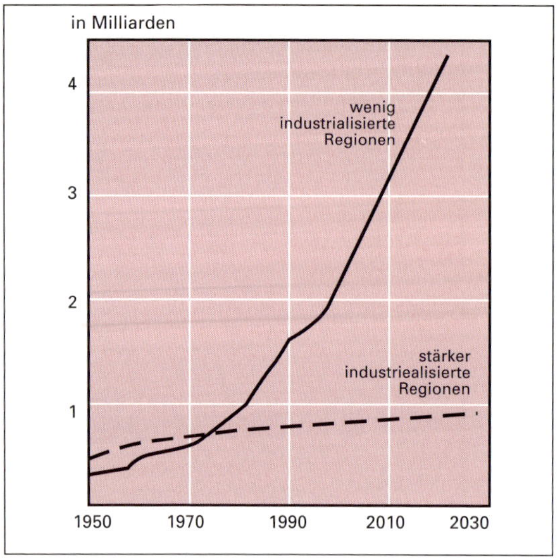

90 Wachstum der städtischen Bevölkerung auf der ganzen Welt seit 1950.
Ziehen Sie auch Abbildung 72 hinzu und erklären Sie die Unterschiede der beiden Kurven.

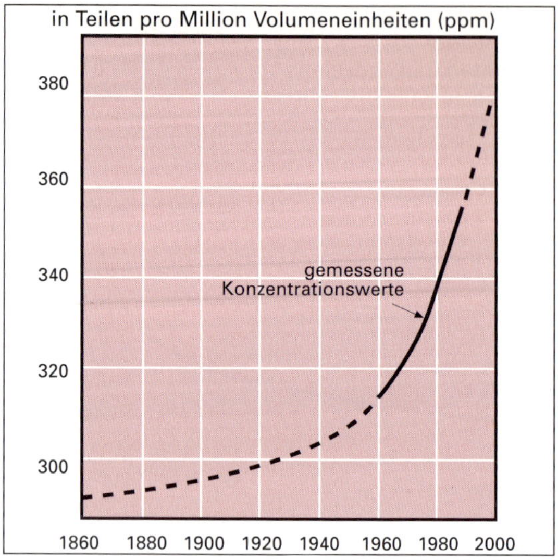

91 Konzentration von Kohlendioxid in der Atmosphäre seit 1860. Bei den Werten vor 1960 handelt es sich um Schätzungen. Zu beachten ist, dass die Kurve nicht auf dem Nullpunkt, sondern auf einem Stand von 290 Teilen pro Million Volumeneinheiten beginnt.
Testen Sie an all diesen Schaubildern Pfisters These vom 1950er-Syndrom (M 2b).

schaftswachstum und nicht zuletzt ein wachsendes Angebot an billiger Energie für viele Entscheidungsträger jahrzehntelang den Vorrang vor Umweltbedenken besaß.

Die Verwandlung der großen Probleme der Welt in Energieprobleme

Typisch für jene Zeit war die Auffassung, alle großen Probleme der Welt – vor allem die Beseitigung von Hunger und Not – seien letztlich Energieprobleme. Die Chemie hatte gezeigt, dass es nur eine Frage des Energieeinsatzes war, aus der Luft Stickstoffdünger für die Äcker zu gewinnen. Das uralte Problem, die Fruchtbarkeit des Bodens zu erhalten, wurde zu einer Energiefrage. Manche prophezeiten, in Zukunft werde man mit billiger Kernenergie nach Belieben Meerwasser entsalzen und Wüsten durch Bewässerung in Ackerland verwandeln können. Indem sich viele Probleme in Fragen der Energie verwandelten, wurden sie am Ende allerdings zu Emissionsproblemen.

Blinder Fortschrittsglaube?

Schon in den 1950er-Jahren war es durchaus möglich, die aus dem wirtschaftlichen Wachstum entstehenden Umweltprobleme zu erkennen. Die meisten Warnungen und Bedenken, die seit den 70er-Jahren durch die Umweltbewegung zum Gemeingut wurden, findet man schon zu jener Zeit, und zwar nicht nur bei Außenseitern, sondern sogar bei einflussreichen Personen. Aber in der Regel blieb es bei der bloßen Artikulation von Unbehagen; meist fehlten das klare Aktionsprogramm und eine Akteurskoalition, die ein solches Programm gegen Widerstände hätte durchsetzen können. Darin unterscheidet sich das Umweltbewusstsein der 50er- und 60er-Jahre von dem der darauffolgenden Jahrzehnte.

Die Veränderung der Welt durch Auto und Erdöl – und durch das Leitbild USA

Was waren die Triebkräfte des großen Wandels der Welt seit den 1950er-Jahren? Die mit Abstand größten Einzelfaktoren – beide eng miteinander zusammenhängend – waren, rein technisch gesehen, das Auto und das Erdöl. Das Bevölkerungswachstum, sonst in der Regel die stärkste Triebkraft der Umweltveränderung, war gerade in den führenden Industriestaaten *kein* Hauptfaktor; dort ging der Bevölkerungszuwachs vielmehr zurück. Von großer Bedeutung dagegen war das konkrete Leitbild der *USA*, die schon seit dem 19. Jahrhundert und nach 1945 mehr denn je als das „Land der unbegrenzten Möglichkeiten" galten, und deren Lebensstil, der auf reichlich vorhandenen natürlichen Ressourcen beruhte, überall auf der Welt zum Vorbild wurde: auch dort, wo man über viel geringere Ressourcen – über weit weniger Boden, Wasser, Kohle und Öl – verfügte.

Energie: Der Begriff wird von Physikern als „Arbeitsvermögen" definiert; aber seine tatsächliche Bedeutung erkennt man erst an seiner Geschichte. In seinem heutigen Sinn entstammt der Begriff dem 19. Jahrhundert – damals sagte man noch meist „Kraft" – und entstand wesentlich unter dem Eindruck der Dampfmaschine. Diese verwandelte Wärme in Antriebskraft und erzeugte daher einen Bedarf nach einem allgemeineren Begriff für Leistungspotenziale. Im populären Sprachgebrauch des 20. Jahrhunderts wurde „Energie" häufig mit Elektrizität gleichgesetzt; denn auch bei dieser handelt es sich um ein allgemeines Leistungspotenzial, das sich je nach Bedarf in bewegende Kraft, Wärme oder Licht umwandeln lässt. Es wurde beliebt, im gesteigerten Angebot von billiger Energie das Allheilmittel für alles Elend der Welt zu sehen. Erst unter dem Einfluss des neuen Umweltbewusstseins entdeckte man wieder, dass der Mensch nicht „Energie" schlechthin braucht, sondern Konkreteres: Wärme, Licht, Bewegungsantrieb, und dass es nicht rationell ist, alle diese Energieformen durch Elektrizität bereitzustellen. Streng genommen, lässt sich nie Energie erzeugen; sondern was in den Kraftwerken geschieht, ist – physikalisch gesehen – lediglich **Energieumwandlung**, und diese ist zwangsläufig mit Energieverlusten verbunden! Kohle und Öl sind **fossile** (in früheren Erdzeitaltern durch Zersetzung von Organismen entstandene) **Energieträger**, die Sonnenenergie gebunden haben.

1. Der Siegeszug des Automobils und des Erdöls

Das Auto wird zum Massenprodukt

Das Automobil und der aus Mineralöl gewonnene Brenn- und Treibstoff waren in der Mitte des 20. Jahrhunderts keine ganz neuen Erfindungen mehr; aber von jener Zeit an wurden beide zu Hauptfaktoren einer weltweiten Umwälzung des Wirtschafts- und des gesamten Alltagslebens. Zwischen dem Auto- und dem Erdöl-Boom entstand eine Wechselbeziehung: Das Auto schuf für das Öl einen riesigen und stürmisch expandierenden Massenmarkt, der zur Erschließung immer neuer Ölvorkommen ermutigte. Auf der anderen Seite waren sinkende Ölpreise die Bedingung dafür, dass das Autofahren für immer mehr Menschen alltäglich wurde und sich eine Massenproduktion lohnte, die das Auto für den Normalverbraucher erschwinglich machte.
In den USA hatte Henry Ford schon 1913 damit begonnen, am Fließband in großem Stil Autos zu produzieren, die auch der Durchschnittsverdiener bezahlen konnte. Ob dies in Europa jemals rentabel sein würde, blieb noch lange unsicher. Bis in die 1950er-Jahre war das Auto dort im Großen und Ganzen ein Statussymbol der Besserverdienenden. In NS-Deutschland blieb der mit viel Propaganda angekündigte „Volkswagen" ein Zukunftsprogramm; zur Realität wurde er in der Bundesrepublik der 50er-Jahre. Er war der bei weitem größte Einzelfaktor in dem „Wirtschaftswunder" jener Zeit und wurde zum Symbol des neuen Wohlstands.

92 „Der empfindsame Fahrer Mr. Toot-Toot": Englische Karikatur von 1906. Damals gab es in der Öffentlichkeit noch viel Empörung über rücksichtslose Autoraserei auf Straßen, die auf einen Schnellverkehr noch nicht eingestellt waren. Mr. Toot-Toot macht sich diese Kritik in seinen Worten an seine Beifahrerin scheinheilig zu eigen: „Ich bin kein Freund vom Schnellfahren, denn ich bin so weichherzig, dass ich nicht einmal eine Fliege töten könnte."

93 Karikatur des „Simplicissimus" vom 24. 11. 1956. Der dicke Mann in der Mitte ist Hans-Christoph Seebohm, von 1949 bis 1966 Bundesverkehrsminister; er wurde in den 50er-Jahren zum Sündenbock der Autolobby, weil er damals dem Schienenverkehr den Vorrang vor Straßenneubauten gab. *Heute würde man Seebohms Position für umweltpolitisch wohl überlegt halten. Kommentieren Sie demgegenüber, wie die satirische Zeitschrift in den 50er-Jahren den Verkehrsminister darstellte.*

Die Kehrseite der Massenmotorisierung

Auto und Erdöl sind mit zahlreichen direkten und indirekten Folgewirkungen verbunden, die – alle zusammengenommen – in der Umweltgeschichte Epoche machten. Gegenüber dem Kohlerauch brachten die Motoren ein bis dahin unbekanntes Abgasproblem mit sich. Während sich Behörden und Industrie schon längst um die Verminderung des Rauchs der Fabriken bemühten, geschah lange Zeit gegenüber diesem neuartigen und rapide wachsenden Emissionsproblem nur wenig. Diejenige Kehrseite der Massenmotorisierung, die in Deutschland während der 50er-Jahre am meisten beachtet wurde, war die stark zunehmende Zahl der Verkehrsopfer. In dieser Hinsicht erlangte die Bundesrepublik damals international eine Spitzenstellung. Den Ausweg aus der Misere erblickte man zu jener Zeit gewöhnlich in verbesserter Verkehrserziehung und in der Erweiterung des Straßennetzes. 1960 beschloss der Bundestag die Zweckbindung der Mineralölsteuer an den Straßenbau. Da diese Steuereinnahmen fortwährend wuchsen, war damit ein automatischer Antrieb zu ständigem Straßenbau geschaffen.

Die Veränderung der Landschaft als Folge der Motorisierung

Der Straßenbau drang überall auf der Welt in raschem Tempo in dünn besiedelte und bis dahin schwer zugängliche Regionen vor, deren Erschließung sich mit der Eisenbahn nicht rentiert hatte. In weiten Waldgebieten der Welt lohnte sich die Abholzung erst im Zeitalter des Lkw. Während die Städte bis dahin vorzugsweise entlang der Bahn- und Straßenbahnlinien expandierten, ermöglichte das Auto eine flächendeckende Zersiedlung der Landschaft. Auf diese Weise wurde der Flächenverbrauch der Motorisierung enorm, wobei die Bodenversiegelung eine auf lange Zeit irreversible Bodendegradation bewirkt. In wenigen Jahrzehnten wurde der Gesamtcharakter vieler Landschaften bis zur Unkenntlichkeit verändert.

Das Auto als Objekt von Emotionen

Wäre es unhistorisch, von jener Zeit eine kritische Einstellung zum Automobil zu erwarten? Aber nicht von Anfang an war das Auto populär. Solange die meisten Menschen keine Aussicht auf ein eigenes Auto hatten und viele Straßen auf den Autoverkehr noch nicht eingestellt waren, wimmelte es von Klagen über rücksichtslose Autoraserei. In der Frühzeit des Automobils erlebten es Autofahrer nicht selten, dass sie von Kindern mit Steinen beworfen wurden. Der Ärger über das Automobil verband sich mit sozialen Ressentiments gegen die Reichen.
Anders wurde es jedoch in der Ära der Massenmotorisierung, als der Besitz eines Autos der Wunschtraum vieler Jugendlicher wurde. Von da ab galt es als fortschrittlich, einen verstärkten Straßenbau im Interesse der „freien Fahrt" zu fordern. Jetzt waren es eher manche Verkehrsexperten, die warnend darauf hinwiesen, diese Entwicklung werde die bisherigen Stadtstrukturen sprengen und in der engräumigen Bundesrepublik über kurz oder lang in die Sackgasse führen; der Individualverkehr innerhalb der städtischen Ballungszentren sei höchst unrationell, und ein Lastkraftwagen trage mehr als 20000mal soviel zum Straßenverschleiß bei wie ein Pkw. Der damals stark zunehmende Lkw-Verkehr machte nicht nur Fußgängern, sondern auch Pkw-Fahrern zu schaffen, hatte jedoch die Wirtschaft hinter sich. Das Bundesverkehrsministerium bemühte sich wiederholt, den Lkw-Verkehr zugunsten der Bundesbahn einzuschränken – man sprach vom „Schiene-Straße-Konflikt" – jedoch ohne dauerhaften Erfolg.
Verkehrsfragen werden nicht nur auf rationale Weise entschieden; sondern wirtschaftliche Macht und populäre Leidenschaften spielen in die politischen Vorgänge mit hinein. Der Aufstieg des Autos und des Erdöls führte in beiden Industriebranchen zu Geld- und Machtkonzentrationen, die alles Bisherige in der Industriegeschichte übertrafen. Aber es waren nicht nur die Industrielobbys, die die Politik bestimmten, sondern auch die Wünsche der Wähler. Für viele Menschen wurde das Auto zum Inbegriff der Freiheit und des besseren Lebens. Als jedoch fast alle ein Auto besaßen und die Staus auf vielen Straßen immer länger wurden, ging dieser Symbolwert langsam zurück.

Die epochale Bedeutung des Erdöls

Wieweit markiert das *Erdöl* eine neue Ära gegenüber dem Zeitalter der Kohle? Den Übergang zur nicht regenerativen Energieressource hatte man bereits mit der Steinkohle vollzogen. Aber die bergmännische Förderung der Kohle war ein mühsames Geschäft und ließ sich nicht in kurzer Zeit beliebig steigern. Der Kohlepreis enthielt einen hohen Anteil an Arbeitskosten; daher blieb Energie in der Zeit der Kohle zumindest in Europa immer noch ein teures Gut, mit dem man – zumal in Kriegs- und Nachkriegszeiten – sparsam umzugehen suchte. Erst mit dem Ölboom der 50er-Jahre wurde Energie beliebig verfügbar, ja wurde zu einem immer weniger wichtigeren Kostenfaktor in der Industrie und im täglichen Leben. Daraus entstand eine neue Wirtschafts- und Konsum-Mentalität, die sich von dem Geist der Sparsamkeit, der noch die europäische Nachkriegszeit prägte, scharf unterschied. Der Mineralölverbrauch stieg in Westeuropa zwischen 1948 und 1972 um das Fünfzehnfache; in Japan, wo das Ausgangsniveau niedriger war, sogar um das 137fache. Die Wirkung der sinkenden Ölpreise und der steil wachsenden Fördermengen beschränkte sich nicht nur auf den Motorisierungsboom: In den Erdölraffinerien fiel mit der Benzinproduktion zugleich schweres Heizöl an, das den Wärmemarkt eroberte und seit 1957 die deutsche Kohle in eine dauernde Absatzkrise stürzte. Eben zu jener Zeit stellte sich die Chemie von der Kohle- auf Ölbasis um: Ebenso wie die Kohle wurde das Öl nicht nur als Brenn- und Treib-, sondern auch als Roh-

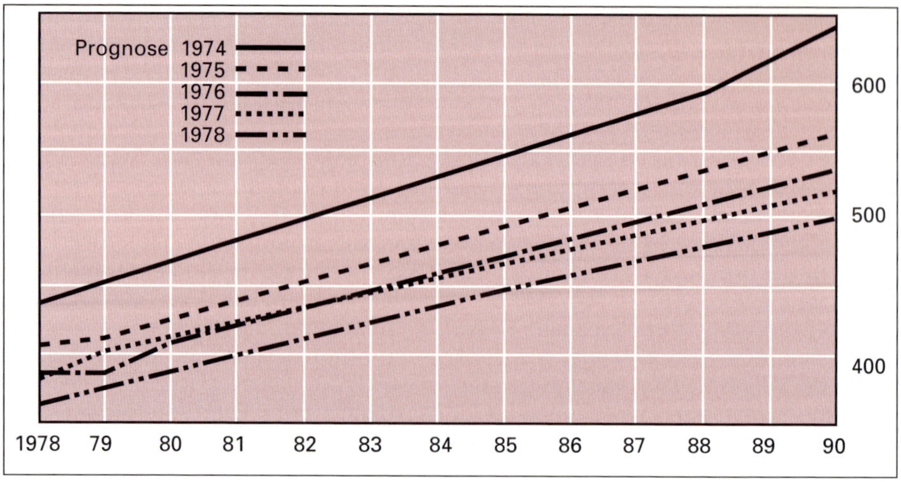

94 Prognosen aus den Jahren von 1974 bis 1978 über die Wachstumskurven des Energieverbrauchs von 1978 bis 1990 (aus: Der Spiegel, 11. 12. 1978).
Erklären Sie den Wandel der Energieprognosen nach der drastischen Erhöhung der Ölpreise im Herbst 1973.

stoff zur Herstellung chemischer Produkte gebraucht. Das billige Öl war fortan die Basis für den Boom synthetischer „Plastik"-Produkte: ebenfalls ein Zeichen jener Zeit. Ihr Vorzug – ihre Unverwüstlichkeit – schuf zugleich ein massenhaftes Entsorgungsproblem neuer Art, auf das man nicht eingerichtet war.

Der wunde Punkt: die politische Unsicherheit des Nahen Ostens

Mit dem Erdölboom tauchte sogleich die Frage der Versorgungssicherheit auf, zumal in einem Land wie Deutschland, das bis dahin dank seines Kohlereichtums in der Energiewirtschaft Selbstversorger gewesen war. Vor allem die Parteigänger der Kohle warnten stets vor der Unsicherheit der Ölzufuhr. Europa bekam sein Öl zum größten Teil aus dem Nahen Osten; und dieser galt als das gefährlichste Spannungsgebiet der Welt. Gerade vor Beginn des ersten großen Ölbooms, im Herbst 1956, war es zu einem Nahostkrieg gekommen, als Ägypten die bis dahin britische Suezkanal-Zone besetzt hatte. Andererseits wurden die ölexportierenden Staaten des Nahen Ostens bald ganz von den Einnahmen der Öl exporte abhängig. Von daher konnten sie es sich gar nicht leisten, dem Westen „den Ölhahn abzudrehen": Das jedenfalls versicherten die Verfechter freizügiger Ölimporte.

Die „Ölkrise" von 1973

Dennoch blieb eine Unsicherheit bestehen, auch im Gedanken an den antiwestlichen Nationalismus im Nahen Osten. Panik breitete sich aus, als die Ölländer des Nahen Ostens im Oktober 1973, als erneut ein israelisch-arabischer Krieg ausgebrochen war, einen Ölboykott gegen die USA und die Niederlande verhängten, die Israel unterstützten, und durch geschlossenes Vorgehen gegenüber den Ölfirmen zeitweise eine Vervierfachung der Ölpreise bewirkten.
Viele glaubten damals, das Ende des westlichen Wohlstands sei gekommen, und eine neue Zeit der Knappheit stehe bevor. Andere wiesen jedoch darauf hin dass gerade steigende Preise und sparsamerer Verbrauch im Blick auf die Begrenztheit der Ölressourcen das beste Mittel seien, um das Zeitalter des Erdöls noch ein Stück zu verlängern. Vorübergehend verfügte die Bundesregierung ein Autofahrverbot an Sonntagen, und viele entdeckten, dass es Spaß macht, auf autofreien Straßen zu radeln. In den darauffolgenden Jahren, als Energiesparen Trumpf wurde, entdeckte die Industrie ungeahnte Energiesparpotenziale. Anders als viele bis dahin geglaubt hatten, war steigender Wohlstand keineswegs an wachsenden Energieverbrauch gebunden. Die „Energiekrise" vom Herbst 1973 stellt sich aus der Rückschau nicht als Krise, sondern als produktiver Impuls dar.

Energieknappheit: nur eine Episode?

In den 80er-Jahren dagegen sanken die Ölpreise erneut: Das durchkreuzte damalige Ansätze zum Energiesparen und zur Erschließung regenerativer Energien. Wiederholt stellte sich heraus, dass die Ölressourcen der Erde größer sind, als man bis dahin angenommen hatte. Nicht mehr die Knappheit, sondern das Überangebot an Energie wurde nunmehr für die Umweltbewegung zum Problem; denn als dessen Folge setzte sich das Wachstum der Emissionen weltweit fort. Seit den 80er-Jahren wurde der von den Emissionen zu befürchtende globale Klimawandel zum Hauptthema der Umweltdiskussionen. Wenn jedoch die Industrialisierung in weiten Teilen der Welt voranschreitet, ist nicht nur ein weiteres Anwachsen der Emissionen, sondern auch eine Verknappung der bisherigen Energieträger binnen weniger Generationen abzusehen.

95 Konnte man die Folgen des Automobils vorhersehen?

a) Der Technikphilosoph Eugen Diesel (1889 bis 1970), dessen Vater Rudolf Diesel den nach ihm benannten Motor erfand, erinnerte sich um 1940 an eine erste Autoreise, die sein Vater mit ihm 1903 durch die Alpen nach Italien unternahm.

Wir fuhren kaum jemals schneller als 40 bis 50 Kilometer, aber meine Mutter sagte leise zu mir: „Ich werde Papa Vorwürfe machen, dass er einen so schnellen Wagen gekauft hat." [...] Jenseits des grünlichblauen Ammersees schimmert die Zugspitze. [...] Wir rollen weiter, immer weiter. Es scheint, dass die Sache geht. Das Misstrauen gegen die Zuverlässigkeit des Automobils löst sich in der beschwingten Seligkeit des wonnigen Sausens.
Da plötzlich hinter mir ein mütterlicher Schrei. Links vor mir bäumt sich gewaltig ein braunes Pferd schräg seitlich empor. Scheuklappen baumeln an seinen entsetzten Augen. Es kracht. Die Deichsel ist durch den blitzartigen Sprung des Pferdes zerbrochen [...], dessen Nerven solcher jähen Begegnung in der Kurve mit einem roten Monstrum nicht gewachsen waren. Der Vater sagte etwas von anhalten. Aber (der Chauffeur) folgte nicht und fuhr, brummend, dass ja nichts passiert sei, hartnäckig weiter. Wenn man wegen jedes scheuenden Gauls halten wollte! Da käme ein schöner Tagesdurchschnitt heraus, wo der Wagen ohnhin zu langsam sei. Schon waren wir hundert Meter weiter, und Papa schwieg. Die Unritterlichkeit hat uns dann ein Weilchen gewurmt, und zuweilen wurmt sie mich noch heute.

Eugen Diesel: Autoreise 1905, Stuttgart 1949, S. 8, 11f., 25, 37f.

b) Alois Riedler (1850–1936), einer der führenden Maschinenbaulehrer seiner Zeit, schrieb 1914 über das Reisen im Auto:

Über Unbequemlichkeiten von Autoreisen habe ich nie klagen hören. Alles ist einig darin, dass nur Autoreisen vollen Genuss gewähren, dass Eisenbahnfahrten genusslos, hässlich und anstrengend sind, dass im Auto selbst hochsommerliche Hitze während der Fahrt nicht empfunden wird und die Staubplage für die Fahrenden nur gering ist.
Dagegen habe ich oft den Einwand gehört, Autoreisen seien mit großen „Gefahren" und vielen Unfällen verknüpft. Eine ganz unbegründete Befürchtung! [...] Wenn ich aufgrund eigener Erfahrung auf Hunderttausenden von Kilometern Fahrt urteilen darf, dann muss ich sagen: Es gibt keine Gefahren und Unfälle ohne eigene Schuld. [...]
Erst im Kraftwagen sieht und empfindet man, wie reich die Welt überall ist, wie viel unentdeckte Gegenden es in unserem alten Europa noch gibt, und erreicht den Hauptzweck des Reisens: die Flucht vor den Eindrücken des Alltags und des städtischen Lebens. [...]
Der einzig sichere Weg zum Genuss aber ist: Reisen ohne zu rasen! Stets abseits vom großen Schwarme zu bleiben! [...]
Der Automobilismus steckt aber zum eigenen Schaden in überlieferten Sportanschauungen und Geschwindigkeitsübertreibungen. [...] Die Eisenbahn, der Schnellzug, hat der Kunst des Reisens den Todesstoß versetzt, und die rasch fahrenden Automobilisten setzen das Zerstörungswerk fort.

Alois Riedler: Abseits vom Gänsemarsch! Berlin 1914, S. 20f., 24, 26, 378, 381.

c) Eine anonyme Streitschrift von 1909 gegen die „Schreckensherrschaft" der „Autler" auf den Straßen beginnt mit der Anklage:

Der Automobilismus, unbestreitbar eine der schätzenswertesten technischen Kulturerrungenschaften der Neuzeit, hat sich dank mangelnder Selbstzucht der Mehrzahl der Automobilisten mittlerweile zur

Volksplage und zum Kulturschädling nicht zu unterschätzender Art entwickelt. [...]
Vier Arten von Versündigungen am Volkswohl und Volksrecht macht sich der heutige Automobilismus schuldig:
der Nahrungsmittelvergiftung durch Luftverpestung, indem reine Luft eines unserer wichtigsten Nahrungsmittel ist;
gewohnheitsmäßiger frivoler Gefährdungen des Lebens und der Gesundheit Unbeteiligter, sowie fahrlässiger Körperverletzungen mit vielfach tödlichem Ausgange infolge gewissenlosen, häufig nur aus Sportsgründen und Laune auf offenen Verkehrsstraßen geübten Schnellfahrens;
der Naturgenussverkümmerung nur auf nächstliegende Naturschönheiten angewiesener großer Volkskreise infolge Lungen vergiftender Verstaubung landschaftlich schönster Gegenden und Straßen;
der Sittenverwilderung des Volkes durch das im rücksichtslosen [...] Drauflosfahren gegebene schlechte Beispiel tonangebender Kreise. [...]
Alles, was im Punkte der Luftvergiftung auf andere Art je gesündigt worden ist, ist nichts gegenüber der Luftverunreinigung durch die Ausartungen des neuzeitlichen Automobilismus.

Autler-Zucht- und Ruchlosigkeiten. Ein Protest gegen die Schreckensherrschaft der Straße. Von einem Rechtsfreund. Berlin 1909, S. 3, 5.

a) Diskutieren Sie, wieweit man die heute erkennbaren Folgen der Massenmotorisierung schon in der Anfangszeit des Automobils vorhersehen konnte.
b) Für oder Wider die Massenmotorisierung? Untersuchen Sie die Texte a)–c) im Hinblick auf den Anteil eher rationaler bzw. emotionaler Argumente.
c) Welche Arten von Auto-Lust und von Kritik am Automobilismus waren zeitgebunden und welche sind noch heute aktuell?

96 Die Politik und die Massenmotorisierung in der Zeit des „Wirtschaftswunders"

a) Eugen Diesel veröffentlichte 1952 eine „Philosophie am Steuer". Da schildert er, welche Bedeutung es für ihn hatte, im Januar 1950 wieder ein Auto zu bekommen:

Während des Zusammenbruches im Jahre 1945 nebelten unseliger Wahn und hässliches Begehren wie Gifthauch alle Beziehungen der Deutschen ein. Ströme von Flüchtlingen, Fremden, Truppen überschwemmten das Land. [...] Festgebannt in kalte, enge Wohnungen hungerte man und hasste und denunzierte die Mitmenschen, die einen wie gefährliche, Entsetzen erregende Gespenster umschlichen. Inmitten solcher Not, in der alles nach Verkehr und Transport schrie, sollte man ohne Automobile existieren! Ganz offensichtlich wurde die Not und das Verhängnis durch den großen Mangel an Automobilen gesteigert. [...]
Nun aber war man durch die Verkehrserstarrung gezwungen, im qualvoll engen Umkreis zu verharren, und der Versuch, mit der zerrütteten Eisenbahn aus dieser verkrampften Unbeweglichkeit auszubrechen, wurde oft genug zu einem gefährlichen Wagnis. [...]
So stand das Automobil wie ein magisches Wunder der Beweglichkeit, wie eine Zaubermaschine, die Zeit, Raum und Not überwand, vor dem Bewusstsein der Menschen. [...] Auf das Automobil richtete sich überall das heißeste Begehren. [...]
Eines Tages, es war im Januar 1950, bekam ich die Nachricht, dass es so weit sei und ich meinen Wagen abholen könne. [...] Das ganze Elend zweier Weltkriege und nicht endender Weltkrisen glitt von mir ab. Da stand vor mir das herrlichste Spielzeug der Menschheit, ein Automobil, und es war mein.

Eugen Diesel: Philosophie am Steuer. Stuttgart: Reclam 1952, S. 9, 11f.

b) Bundeskanzler Adenauer äußerte 1954:
Ich bin der Auffassung, dass sogar der Fußgänger ein Recht hat, Straßen zu benutzen, und ich glaube, wenn man sich einmal der Mühe unterziehen würde, auszurechnen, was an Straßenunterhaltung, an Verbreiterung der Straßen jedes Kraftfahrzeug kostet, man würde erschrecken über die Summe, die dabei herauskommt. Vor allem aber erscheint mir dringend notwendig, dass etwas Durchgreifendes geschieht, weil, wenn die Dinge so weitertreiben, in wenigen Jahren die Straßen vollkommen verstopft sind und jeder Verkehr, gerade mit Autos, auf den Straßen unmöglich wird.

Hans Chr. Seebohm: Die Verkehrspolitik der Bundesrepublik. Darmstadt 1954, S. 55

c) Fritz Berg, der Vorsitzende des Bundesverbandes der Deutschen Industrie, legte Adenauer im gleichen Jahr 1954 bei einer vertraulichen BDI-Besprechung folgendes Zitat in den Mund:

„Wenn ich nicht Vorsitzender der stärksten Partei innerhalb der Bundesrepublik wäre, würde ich eine Partei gründen gegen den Automobilismus, die noch stärker wäre." Berg hatte keinen Zweifel, dass Adenauer mit dieser Einschätzung der Stimmungslage ins Schwarze getroffen hatte. Für nicht unbegründet hielt er die Sorge, dass sich die hoch schnellenden Unfallziffern zu einer Ernst zunehmenden Gefahr für die Industrie auswachsen könnten, falls der Ruf nach wirksamer Straßenentlastung bei den Verkehrspolitikern Gehör fand.

Dietmar Klenke: Bundesdeutsche Verkehrspolitik und Motorisierung. Konfliktträchtige Weichenstellungen in den Jahren des Wiederaufstiegs. Stuttgart: Steiner 1993, S. 163f.

d) Ludwig Erhard, der Bundeswirtschaftsminister der 1950er-Jahre und für viele der „Vater des Wirtschaftswunders", schrieb zu diesem Thema:

Auf der 2. Internationalen Fahrrad- und Motorrad-Ausstellung in Frankfurt a. M. am 17. Oktober 1953 nahm ich die Gelegenheit wahr, um mich mit dem damals häufig vernommenen Argument auseinanderzusetzen, die Überfüllung auf den *Straßen durch eine Restriktionspolitik gegenüber der Motorisierung zu bekämpfen:*

„[...] Ich bin der Meinung, dass es den Staat gar nichts angeht, wie der einzelne Staatsbürger sein Geld verbrauchen will – dass er also in diesem Sinne nicht Morallehrer zu sein hat. Es soll vielmehr jeder Einzelne nach seiner Fasson selig werden. [...] Ferner bin ich der Ansicht, dass auch das Verkehrsproblem nur über die Expansion gelöst werden kann; mit der weiteren Motorisierung muss eben auch das Notwendigste in Bezug auf den Straßenbau und die Erschließung neuer Verkehrswege getan werden."

Ludwig Erhard: Wohlstand für alle. Düsseldorf 1957, S. 47 (Kursives im Original).

e) 1954 erschien ein humoristischer „Auto-Knigge". Dieser belehrte seine Leser über die „Weltanschauung, die den Fußgänger vom Autofahrer trennt":

Dass die Motorisierung die Menschheit horizontal durchschneidet und sie in zwei feindliche Lager trennt, die sich nur schwer verständigen können, wird nur selten erwähnt. [...]

Für den Fußgänger ist ein Baum das Symbol der Beständigkeit des organischen Lebens. Für den Autofahrer kann ein Baum am eigenen Leibe nicht nur zum Symbol, sondern geradezu zum Beweis werden, wie unzuverlässig die Statistiken der Lebensversicherungen sind, die dem Menschen eine durchschnittliche Lebenserwartung von 66 Jahren geben. [...]

So sieht das Bild aus, das sich der Fußgänger vom Autofahrer macht: Ein mammuthaftes Untier, das sich an einem stark alkoholartigen Getränk namens Benzin besäuft und Amok fahrend bereit ist, jedes Lebewesen zu zerstampfen und platt zu drücken. Einer, der etwas Besseres sein will, aber grundschlecht ist, weil er sich stets auf dem Wege zu Sektgelagen und leichtfertigen Mädchen befindet.

Ein Mensch, der seinen Machtkomplex mithilfe käuflicher Pferdekräfte austobt. Ein Unwesen, das die Natur verpestet und ständig zum Mord bereit ist.

Aber das Bild, das sich der Kraftfahrer vom Fußgänger macht, ist nicht viel treffender:

Ein Wesen, ähnlich dem Huhn, aber leider ohne Flügel: langsam, unentschlossen, dämlich und ungeschickt. Ein Überbleibsel aus dem Mittelalter, das anscheinend unbeschäftigt ist und aus Langeweile wütend und selbstmörderisch über die Straße setzt, um zu einer Lebensrente zu kommen. Stößt man gegen ein solches Wesen, so ist es leider teurer und weniger genießbar als ein Huhn.

Thaddäus Troll: Kleiner Auto-Knigge. Zürich 1954, S. 41f.

a) Stellen Sie aus den Textmaterialien a)–e) wesentliche Gründe für die Massenmotorisierung zusammen.

b) Vergleichen Sie die Positionen von Adenauer und Erhard. Wieweit spiegeln sich darin unterschiedliche Grundauffassungen? Ziehen Sie zu Adenauer auch Text 83c hinzu.

c) Führen Sie aus dem Blickwinkel der 1950er-Jahre eine Pro-und-Kontra-Diskussion zum Problem Ausbau des Straßenverkehrs für die individuelle Nutzung oder Förderung der öffentlichen Verkehrsmittel.

97 Fortschritt durch Verkehr? Die beiden Gotthard-Tunnel

Von 1872 bis 1882 wurde durch den Gotthard-Pass ein Eisenbahntunnel, von 1970 bis 1980 zusätzlich ein Autobahntunnel gebaut. Sie verbinden Nordeuropa mit Italien, und auf ihren Bau wurden große Hoffnungen zur Belebung der Wirtschaft gesetzt, auch in dem nördlich des Gotthard gelegenen Kanton Uri.

a) 1970 sagte der Schweizer Bundesrat Hans Peter Tschudi in seiner Ansprache zur Eröffnung der Bauarbeiten an dem Straßentunnel:

Der Staatsmann und Politiker, der letzten Endes die entscheidenden Beschlüsse fasst, sieht das nationale Werk als einigendes Band zwischen Süd und Nord, als Bestätigung der Leistungsfähigkeit unseres Staatswesens, in welchem das Prinzip der Vielfalt und der Einheit immer wieder seinen Ausgleich finden muss. […] Der Ökonom, dem die gleichmäßige Entwicklung des Landes wichtigstes Anliegen ist, sieht einen neuen Weg, durch den gleich wie in kommunizierenden Röhren die verschiedenen wirtschaftlichen Potenziale der einzelnen Landesgegenden einen gewissen Ausgleich finden.

Dazu heißt es in einem Rückblick ein Jahrzehnt darauf:

Selten hat sich in der Schweiz der grundlegende Sinneswandel im Volk und bei seinen Vertretern so deutlich manifestiert wie in der Entstehungsgeschichte des Gotthard-Straßentunnels. […] Zehn Jahre später, am Vorabend der Eröffnung des Gotthard-Straßentunnels, ächzen die Passkantone Uri und Tessin unter der Last der Bau- und bevorstehenden Betriebskosten. Uri und die Leventina (das Tessiner Gebiet südlich des Gotthard), die jahrhundertelang vom Gotthardverkehr gelebt haben, fürchten, in Zukunft an diesem Verkehr zu ersticken.

Karl Lüönd u. a. (Hrsg.): Das große Buch vom Gotthard. Zürich 1980, S. 47.

b) Zwei Schweizer Kommentare aus der Zeit der Eröffnung des Straßentunnels 1980:

Uri war früher, als es den Gotthardpass beherrschte, beinahe eine Weltmacht. Heute ist es ein relatitiv spärlich besiedeltes Tal, durch das eine Eisenbahnlinie, eine Straße und eine Autobahn führen.

In der Wachstumsbegeisterung der Konjunkturjahre zwischen 1960 und 1972 geplant und in Angriff genommen, fällt die Eröffnung […] in eine von Grund auf veränderte Zeit. Die weltweite Erdöl- und Energiekrise hat den privaten Straßenverkehr infrage gestellt. Sind die vierspurige Gotthardautobahn und der längste Straßentunnel der Welt bereits in dem Augenblick, da sie dem öffentlichen Gebrauch übergeben werden, Denk- und Mahnmäler einer verfehlten Entwicklung?

Kurt Zurfluh: Steinige Pfade. 160 Jahre Urner Wirtschaftsgeschichte. Altdorf 1990, S. 307, 309.

c) Nachdem der Straßentunnel sieben Jahre in Betrieb war, schreibt ein Kommentator aus dem benachbarten Kanton Graubünden, der von den großen Alpendurchbrüchen umgangen wurde, im Rückblick auf die beiden großen Gotthard-Tunnelprojekte:

Die Geschichte ist hinlänglich beschrieben, als vor über hundert Jahren Uri einer strahlenden Zukunft entgegenging und Graubünden […] zum Armenhaus der Schweiz degradierte. Den Tag, an dem in Uri die vor über 100 Jahren glanzvolle Eröffnung gefeiert wurde, beging man in Graubünden als Tag der Trauer.

100 Jahre später: Alle Rekorde sind gebrochen. Auf Schienen und Straßen wird vom Norden in den Süden und umgekehrt gevölkerwandert. Nur: In Uri werden keine Feste mehr gefeiert und die Zukunft sieht duster aus. Verkehrslawinen stehen und stocken im schmalen Tal, […] sodass heute gefragt werden darf, ob in Zukunft neben den rollenden und fahrenden Menschen auch noch wohnende Menschen Platz haben. Der Widerstand regt sich. […]

Das zum verkehrsmäßigen Drittklassland degradierte Graubünden kennt weder Uris Sorgen, noch ist die Zukunft allzu düster. Eine Binnenindustrie, in erster Linie im Bereich des Tourismus, ist entstanden. […] Unter den Ostschweizern halten wir die Nase vorn.

Hanspeter Lebrument, Bündner Zeitung vom 20. 8. 1987.

a) Schildern Sie die Grundannahmen, aus denen sich die Forderung nach einem immer weiter fortschreitenden Ausbau des Verkehrswesens ergibt, und überlegen Sie, inwieweit diese Annahmen an die Erfahrungen bestimmter historischer Epochen gebunden sind.

b) Wie erklärt es sich, dass die Stimmung im Kanton Uri umschlug, schon bevor der Autobahntunnel in Betrieb genommen war und sich die Auswirkungen zeigten?

c) Diskutieren Sie die Auswirkungen des Tourismus auf die Verkehrsperspektiven.

98 Herbst 1973: Energiekrise oder Stunde der Wahrheit?

a) Anton Zischka (1904–1997), über Jahrzehnte ein streitbarer Autor zu Energiefragen, schrieb im Rückblick auf den Ölpreisschock von 1973:

Es *war* eine Tragödie: Die Ölmacht der „Großen“ verging. Die der Vereinigten Staaten ebenso wie die Englands und Frankreichs. [...] Nun sind es nicht länger die Ausbeuter, sondern die *Besitzer* der Ölfelder, die darüber entscheiden, *wer* Öl verbrauchen darf, und da die westlichen Industrieländer sich durch ihre *falsche* Energiepolitik selber verstümmelten, da sie statt der reichlich und überall vorhandenen Kohle das relativ seltene Öl, das sie selber *nicht* besitzen, zur Hauptenergiequelle machten, haben nun die niemandem als Allah verantwortlichen Beherrscher der Scheichtümer am Persischen Golf, der Schah von Iran und der König von Saudi-Arabien, eine Macht, wie sie vor ihnen *niemand* jemals auf der Erde besaß. Da erwies die Ölpreisvervierfachung des Winters 1973/74 die *völlige* Machtlosigkeit der Mineralölweltkonzerne und ihrer Regierungen. Auch *unsere* Machtlosigkeit.

Anton Zischka: Kampf ums Überleben. Das Menschenrecht auf Energie. Düsseldorf 1979, S. 109.

b) Ein amerikanischer Historiker schreibt über das Öl-Embargo und die Ölpreiserhöhungen:

Die Auswirkungen des Embargos auf die Psyche der Westeuropäer und Japaner waren dramatisch. Der drohende Zusammenbruch der Ölversorgung weckte Erinnerungen an die bitteren Nachkriegsjahre der Entbehrung und der Knappheit. [...]

„Wir sind uns der Bedeutung dieser Energiequelle für die Stabilität und das Gedeihen der Weltwirtschaft bewusst“, (schrieb damals der Schah von Persien an den US-Präsidenten), „aber wir wissen auch, dass diese Quelle des Reichtums für uns in 30 Jahren erschöpft sein kann. [...] Wir waren achtlos, Öl zum Beheizen von Häusern oder gar zur Erzeugung von Elektrizität zu benutzen, wenn dies so leicht durch Kohle hätte geschehen können. Warum dieses edle Erzeugnis in vielleicht 30 Jahren vergeuden, wenn Tausende von Milliarden Tonnen Kohle in der Erde bleiben?“ [...]

Die Gruppe, die unter den Preiserhöhungen am meisten zu leiden hatte, waren jene Entwicklungsländer, die nicht mit Öl gesegnet waren. Der Preisschock war der verheerendste Schlag, der ihre wirtschaftliche Entwicklung in den 70er-Jahren traf.

Daniel Yergin: Der Preis. Die Jagd nach Öl, Geld und Macht. Frankfurt 1991, S. 749, 763f., 777.

c) Ein deutscher Historiker schreibt über bundesdeutsche Reaktionen auf die „Ölkrise“:

[Yamani, der Ölminister von Saudi-Arabien, erklärte in einem „Spiegel-Interview:] „Sie wissen vielleicht, dass der Ölpreis 1947 höher war als 1972. Das ist sehr ungewöhnlich. Kein Rohstoffpreis ging so stark zurück wie der des Öls, und das war sehr unfair. Wir waren darüber äußerst unglücklich.“ [...] Der *Wirtschaftswoche* erwiderte Yamani auf die Frage, ob er nicht fürchte, dass sich die Verbraucherländer zu einer militärischen Aktion entschließen könnten: „Das glaube ich nicht. Das wäre eine Verzweiflungstat. [...]“ Der Redakteur hakte nach: „Warum sollten wir in unserer Verzweiflung nicht so reagieren?“ Die Antwort Yamanis fiel ebenso treffend wie lapidar aus: „Weil Sie erstens nicht verzweifelt sind und weil wir zweitens nicht erlauben, dass Sie es werden.“

Später wurde auch den Verbraucherländern klar, „dass die beim Ölpreis vorgenommenen Korrekturen nur eine frühere Verzerrung und Ungerechtigkeit bereinigt haben“, so Yamani, der zwei Jahre nach dem Ölpreisschock von 1973/74 ein bemerkenswertes Zugeständnis machte: „Und wenn wirklich etwas kritisiert werden kann, dann ist es weniger die Höhe der neuen Preise als die Plötzlichkeit, mit der die Bereinigungen vorgenommen wurden.“

Diese Plötzlichkeit verursachte in Westeuropa teilweise Hysterie und ein kurzfristiges Umdenken. Die Folgen des Einsatzes der Ölwaffe sind bis heute im Bewusstsein der Bürger als erste „Ölkrise“ haften geblieben. Dieser Begriff ist irreführend, weil genügend Erdöl vorhanden war. Nicht die Erdölversorgung der westlichen Welt befand sich in der Krise, sondern das Bewusstsein der Politiker und der Bevölkerung. [...] Die *Frankfurter Allgemeine Zeitung* stellte mit Recht fest: „Keiner, der die Marktwirtschaft für das einzig brauchbare System zur Überwindung des Mangels und zur Entfaltung der wirtschaftlichen Kräfte hält, kann die ölpotenten Staaten verurteilen, weil sie nach höheren Erlösen für ihr Erdöl trachten.“

Jens Hohensee: Der erste Ölpreisschock 1973/74. Stuttgart 1996, S. 96, 107, 111.

a) Waren die Ölpreiserhöhungen von 1973 eine Provokation an den Westen? Veranstalten Sie zu diesen Fragen ein Rollenspiel zwischen Vertretern der westlichen Industriestaaten und solchen der Erdölländer des Nahen Ostens.

b) Wie beeinflusste die Massenmotorisierung die Reaktionen auf den „Ölpreisschock“?

2. Grüne Revolution: Der Fortschritt in der Landwirtschaft wird zur Energiefrage und zum Umweltproblem

Von der Öffentlichkeit lange wenig beachtet: Die stille Revolution auf dem Lande

In den 1950er- und 60er-Jahren veränderte sich die deutsche Landwirtschaft – und damit auch die deutsche Landschaft – stärker als zuvor in Jahrhunderten. Es handelte sich um Veränderungen, die in den USA schon früher erfolgt waren und für die Landwirtschaft in weiten Teilen der Welt typisch wurden. Das Pferd wurde als Zugtier durch den Trecker ersetzt; der Mähdrescher fasste mehrere bis dahin höchst arbeitsaufwendige Tätigkeiten zusammen. Als Folge steigender Löhne in der Industrie verschwanden die Knechte und Mägde von den Höfen, und die Bauernfamilie blieb allein zurück: Diese Lage machte eine Mechanisierung der Arbeit bis zu einem gewissen Grade unvermeidlich.
Die Produktion wurde durch Einsatz chemischer Düngemittel, durch Spezialisierung auf bestimmte Produkte und durch Übergang zu ertragsstärkeren Sorten auf das Mehrfache gesteigert. Das ging mit einem wachsenden Einsatz von Pestiziden einher; denn die Monokulturen waren für Schädlinge anfälliger als die traditionellen Mischkulturen, zum Ausjäten des Unkrauts fehlten die Arbeitskräfte, und zugleich lockte ein wachsendes Angebot von Unkraut- und Schädlingsvertilgungsmitteln. Deren unbeabsichtigte „Nebenwirkungen" waren anfangs tausendmal höher als die gewünschte Wirkung; die Fortschritte der Chemie und Biotechnik haben den Wirkungsgrad erhöht. Auf die Mechanisierung des Ackerbaus folgte die der Tierhaltung: Vor allem in den 60er-Jahren wurden regelrechte „Tierfabriken" zum Standard, in denen die Fütterung der Tiere, das Melken der Kühe und die Entsorgung der Gülle mechanisch vor sich ging. Da tierischer Dünger vielerorts kaum mehr gebraucht wurde, belastete die Gülle die Umwelt und das Grundwasser.

Das Ende einer jahrtausendealten Tradition

Hatte sich diese technische Revolution in der Landwirtschaft seit langem vorbereitet oder kam sie plötzlich und unerwartet? Das Ziel einer systematischen Steigerung der Produktivität ohne Rücksicht auf alte Gewohnheiten hatten die Agrarreformer seit dem 18. Jahrhundert angestrebt. Insofern war der Geist der Rationalisierung in der Landwirtschaft nicht neu. Aber bis in die 1950er-Jahre hatten die Reformen in der kontinentaleuropäischen Landwirtschaft im Ganzen auf

99 Amerikanischer Mähdrescher, mit über 30 Pferden und Maultieren bespannt, aus der Zeit vor der Motorisierung. Noch der motorisierte Mähdrescher galt bis in die 1930er-Jahre als eine amerikanische Technik, die für europäische Verhältnisse zu teuer war. Erst seit den 1950er-Jahren erlebte auch die deutsche Landwirtschaft eine „Mähdrescher-Revolution". Diese machte das Gesinde auf den Höfen überflüssig.

100 Dieser Großpflug „Mammut“ mit einer Pflugtiefe von maximal 1,80 Meter wurde um 1950 speziell für die Moorkultivierung entwickelt. Mit ihm gelang es weit müheloser, die verdichteten Bodenhorizonte der Moore aufzubrechen, um diese für den Ackerbau zu erschließen. *Überlegen Sie, inwieweit technische Innovationen solcher Art in der Umweltgeschichte Epoche machten.*

eine Perfektionierung des agrarischen Stoffwechsels gezielt: auf eine Verbesserung der Fruchtfolge und der Düngung, also auch auf eine verbesserte Kombination von Ackerbau und Viehhaltung. Der neue Trend ging jedoch in die entgegengesetzte Richtung. Das bedeutete einen Bruch mit jahrtausendealten Traditionen der Landwirtschaft.

Die USA: Vorbild und Warnung

In der US-amerikanischen Landwirtschaft hatte dieser Bruch bereits Geschichte. Die europäischen Siedler fanden dort so viel Land, dass viele sich um eine Regeneration der Bodenfruchtbarkeit nur wenig kümmerten und neues Land unter den Pflug nahmen, wenn der bisherige Boden erschöpft war. Für viele Europäer – so etwa für den Chemiker Liebig (Text 70 b) – war die amerikanische Landwirtschaft ein abschreckendes Beispiel. Das steigerte sich noch in den 1930er-Jahren, als Teile des amerikanischen Westens durch den *Dust Bowl* – eine Aufeinanderfolge riesiger Staubstürme – verheert und viele Farmer ruiniert wurden. Es war die sichtbare Folge dessen, dass man in weiten winddurchwehten und semiariden Gebieten mit tiefen Pflügen geackert hatte, ohne sich um Bodenschutz und um Bewässerung in Zeiten der Dürre zu kümmern.

Bodenerosion: ein weltweites Problem

Damals ging eine Welle von Warnungen vor Bodenerosion durch die ganze Welt, bis nach Russland, Südafrika und Australien. Auch in NS-Deutschland warnte ein führender Landschaftsschützer, Alwin Seifert, vor „Versteppung“ und Bodenerosion als Folge von Grundwasserabsenkung durch den modernen Wasserbau und von der Beseitigung der Hecken durch die Flurbereinigung. In den USA förderte die Alarmwelle vorübergehend traditionelle Bodenschutzmaßnahmen wie Anpflanzung von Hecken und Baumreihen oder Beibehaltung von Polykulturen, lieferte jedoch auch Argumente für künstliche Bewässerung. Bis in die 1940er-Jahre hielt man es in Europa überwiegend für unvernünftig, den amerikanischen Stil der Landwirtschaft zu übernehmen. Das änderte sich jedoch in den 50er-Jahren, als die USA in vieler Hinsicht zum Leitbild Europas und der Welt wurden.

Das Dilemma des Agrarprotektionismus …

In Deutschland wie in anderen Staaten gab es zu jener Zeit bereits eine Tradition des Agrarprotektionismus: eines Schutzes der Landwirtschaft durch Zölle und Subventionen. Diese Tradition erklärt sich aus der überkommenen politischen

Machtstellung der Großagrarier, aber auch daraus, dass man vielfach glaubte, zur Sicherstellung der Ernährung des eigenen Landes auf eine einheimische Landwirtschaft nicht verzichten zu können. Gerade die Hungerjahre hatten dieses Grundgefühl neu bestärkt. Die Subventionspolitik war jedoch zwischen zwei Zielen gespalten, die immer schlechter miteinander zu vereinbaren waren: das Bauerntum zu erhalten und die Produktivität der Landwirtschaft zu erhöhen. Hatte man den Bodenertrag in früheren Zeiten durch Einsatz von mehr Menschen erhöht, so nunmehr durch Einsatz von mehr Technik auf Kosten der Zahl der Beschäftigten. Indem die Subventionspolitik die Technisierung der Landwirtschaft begünstigte, förderte sie indirekt die Abwanderung immer größerer Bevölkerungsteile vom Land.

... verschärft sich durch die EU ...

Dieser Trend verstärkte sich seit 1957 durch das Inkrafttreten der *Europäischen Wirtschaftsgemeinschaft (EWG)*, der späteren Europäischen Gemeinschaft (EG) und heutigen Europäischen Union (EU), deren Subventionspolitik die Rationalisierung der Landwirtschaft vorantrieb und damit vor allem den größeren Höfen zugute kam. „Wachsen oder Weichen" hieß es seit den 60er-Jahren auf den Bauernhöfen. Zugleich steigerte die technische Revolution zusammen mit den Preis- und Abnahmegarantien der EU die Produktivität der Landwirtschaft in ungeahntem Maße. Hatte man sich in den 50er-Jahren, als die Erinnerung an die Hungerjahre der Kriegs- und Nachkriegszeit noch frisch war, um Nahrungsmittelknappheit gesorgt, stand man jetzt einer hohen agrarischen Überproduktion gegenüber: einem „Butterberg" und einem „Milchsee".

101 Ein Bild, das zum Symbol der Umweltkrise in der ehemaligen Sowjetunion wurde: ausgetrocknete Fläche des ehemaligen Aralsees – eine Folge des bewässerungsintensiven Baumwollanbaus, der einen Großteil des Wassers der Zuflüsse verbraucht. Bis in die 1980er-Jahre war die Erschließung weiter innerasiatischer Gebiete für den Baumwollanbau als einer der größten Erfolge der sowjetischen Agrarpolitik gefeiert worden. Was man nicht bedacht hatte, waren die hohe Verdunstung und der vom Wind weitergetragene salzhaltige Sand, der im Umland schweren Schaden anrichtete.

... und durch das neue Umweltbewusstsein

Wurde dieser Zustand seit den 60er-Jahren zu einem *ökonomischen* Ärgernis, so wurde er seit den 70er-Jahren obendrein zu einem *ökologischen* Skandal. Was man bis dahin für Fortschritt gehalten hatte, präsentierte sich unter Umwelt- und Gesundheitsaspekten in einem neuen und trüben Licht. Der enorm gewachsene Einsatz von chemischen Düngemitteln und Pestiziden, dazu der Gülleanfall in den „Tierfabriken" belasteten die Umwelt und das Grundwasser; zudem häuften sich die Warnungen vor Gesundheitsrisiken, die mit dem Verzehr von „gespritztem" Gemüse und von Fleisch aus der Massentierhaltung verbunden waren. Die agrarische Subventionspolitik erschien nunmehr als Gipfel des Irrsinns: Sie hatte das Bauerntum nicht gerettet, vielmehr zur Schrumpfung der Bauern auf 1% der Gesamtbevölkerung beigetragen; dazu hatte sie die Landschaftszerstörung und Umweltbelastung vorangetrieben und zu alledem noch zur sinnlosen Überproduktion von Nahrungsmitteln geführt, deren Wert unter Qualitäts- und Gesundheitaspekten teilweise zu Zweifeln Anlass gab. Und all das auf Kosten des Steuerzahlers!

Die Grüne Revolution in der Dritten Welt

Die Problematik besitzt eine weltweite Dimension: durch die *Grüne Revolution* und durch die starke Ausbreitung der Weideflächen und des Futterpflanzenanbaus in der Dritten Welt als Folge der stark angestiegenen Fleischnachfrage. Die Grüne Revolution begann unter der Direktive US-amerikanischer Agrarforscher ab 1943 in Mexiko und wirkte sich in den 70er-Jahren besonders eindrucksvoll in Indien aus, das kurz zuvor vor einer Hungerkatastrophe zu stehen schien, nun jedoch zum agrarischen Selbstversorger, ja Exporteur wurde. Der Kern dieser Revolution besteht in dem Übergang von den traditionellen Anbauarten zu Hochleistungssorten, die speziell für die Verhältnisse südlicher Länder in agrarischen Versuchsanstalten gezüchtet werden. Auf diese Weise gelangen erhebliche Produktionssteigerungen.

Die Kehrseite – ökologisch und sozial

Die sozialen und ökologischen Folgeprobleme wiegen jedoch schwer: Die Bauern müssen das Saatgut kaufen und ebenso die Düngemittel und die Herbi- und Pestizide, auf die die neuen Arten in hohem Maße angewiesen sind. Daher führte die Grüne Revolution bei vielen Bauern zu hoher Verschuldung; in der Regel kam sie vor allem kapitalkräftigen Großbauern zugute. Außerdem erhöht sie den Wasserbedarf erheblich und erforderte daher in trockenen Gebieten kostspielige Bewässerungsanlagen, die ihrerseits vielfach eine Absenkung des Grundwassers nach sich zogen. Günstigere Auswirkungen hatte die Grüne Revolution vor allem in wasserreichen Gebieten mit fruchtbaren Böden, die nur relativ wenig Dünger benötigen. Auch hier scheint sie jedoch – zumindest in ihrer bisherigen Form – ein einmaliger Produktivitätsschub zu bleiben, der sich nicht endlos fortsetzen lässt. Es ist ein ökologisches Gesetz, dass ein vermehrter Düngereinsatz das Agrarprodukt nicht in gleichem Maße vermehrt. Auch die Grüne Revolution hat sich allerdings mittlerweile ökologische Einsichten zu eigen gemacht und erstrebt nunmehr „biologische Schädlingsbekämpfung" durch Erhaltung der Vogel- und Insektenvielfalt unter vermindertem Einsatz von Schädlingsbekämpfungsmitteln.

Grüne Revolution: Bezeichnung für eine seit den 1940er-Jahren auf der Grundlage US-amerikanischer Forschungen erfolgte Intensivierung der Landwirtschaft in Teilen der Dritten Welt. Ihr Kern war die Einführung von Hochleistungs-Getreidearten (Weizen, Mais, Reis), die mit modernen Züchtungsmethoden entwickelt wurden. Dadurch wurde in einigen Entwicklungsländern (vor allem in Mexiko, der Türkei, Indien, Pakistan und auf den Philippinen) eine erhebliche Steigerung der Ernteerträge erzielt. Der Preis dafür waren in der Regel ein erhöhter Einsatz von Dünge- und Schädlingsbekämpfungsmitteln sowie ein erhöhter Wasserverbrauch. Zudem mussten die Bauern im Unterschied zu früher ihr Saatgut kaufen.

102 Amerikanische Landwirtschaft aus europäischer Sicht: Urteile aus drei Jahrhunderten

a) In einem 1775, im Jahr vor der Unabhängigkeitserklärung der USA, anonym in London erschienenen Buch über die Landwirtschaft der Siedler in den Neuenglandstaaten heißt es:

Schlechteren Ackerbau als dort sieht man nirgends. Dennoch bekommen die Farmer leidliche Ernten. Das verdanken sie, vor allem in den neuen Siedlungen, der Lockerheit und Fruchtbarkeit des Bodens in alten Waldgebieten, der auch bei sehr schlechter Wirtschaft exzellente Ernten hervorbringt. […]
Sie fällen nicht nur Bäume, um ihre Häuser und Zäune zu bauen; sondern um Ackerland zu gewinnen, zerstören sie allen Wald, der ihnen in die Quere kommt, so als hätten sie nichts anderes zu tun, als den Wald um jeden Preis so schnell wie möglich los zu werden. […]
In der Landwirtschaft gibt es keinen Irrtum mit schlimmeren Folgen als die Vernachlässigung des Düngers. Als Folge dieses Irrtums scheinen die Siedler in New Jersey und unseren anderen Kolonien nur ein Ziel zu haben, nämlich neues Land unter den Pflug zu nehmen. Die Sache ist die, dass sie das alte Land so schnell wie möglich erschöpfen, bis es nichts mehr trägt, und dass dann aus Mangel an Dünger, um die Fruchtbarkeit wiederherzustellen, nichts anderes übrig bleibt, als neues Land zu nehmen und auf die gleiche Art zu behandeln. […] Man möchte meinen, dass der Irrtum einer solchen Wirtschaftsweise bald entdeckt und korrigiert würde. Aber die amerikanischen Siedler und Bauern sind im Allgemeinen die größten Schlamper (slovens) der Christenheit. Ihre Wirtschaft ruiniert Massen von Land in jeglicher Hinsicht.

Harry J. Carman (Hrsg.): American Husbandry. Port Washington 1939, S. 59, 61, 105f. [Übersetzung Radkau]

b) Der mecklenburgische Schriftsteller und Volkskundler Johannes Gillhoff (1861–1930) veröffentlichte 1917 das Buch „Jürnjakob Swehn, der Amerikafahrer". Es enthält fiktive Briefe eines Tagelöhnersohns aus Mecklenburg, der in die USA ausgewandert und dort Farmer geworden ist. Jürnjakob Swehn berichtet nach Hause:

Mit dem Mist ist das hier so, dass er nicht so geehrt wird als bei euch, wo jeder Fork voll in Acht genommen wird und die Kinder ihn aufsammeln auf der Straße. Der Urwaldboden braucht lange Zeit keinen Mess [Dünger]. […]
[Die Eier werden nach New York verkauft.] Da kommen sie in große Kühlhäuser und liegen da, bis die Eierbarone den richtigen Preis raushaben. Dann drücken sie uns wieder die Preise. Aber wir können die Hühner man nicht drücken, dass sie streiken mit dem Eierlegen. Dann essen wir soviel Eier, dass wir bloß noch Kikeriki sagen können. […] Zwei Jahre zurück, da konnten wir zuletzt keine Eier mehr sehen. […] Zu der Zeit waren auch die kleinen Ferkel so billig. Wir gaben gern eins zu, um das andere los zu werden. Bloß, wir wurden das andere nicht los, und die Muttersauen ferkelten wie unklug. Es quiekte an allen Ecken. […] [Gegen den Willen seiner Frau verfüttert er zuerst die Ferkel an die Hühner – die daraufhin noch viel mehr Eier legten – und dann die Eier an die Kälber.] Wieschen, seine Frau, schimpft: „Woans sall dat woll angahn, dat de Häuhner de Swien upfreten. Häuhner freten Roggen un Kurn […], das ist Gottes Ordnung; äwer Swien freten, das ist gegen Gottes Ordnung. […] Irst verfudderst du de Farken an de Häuhner. Nu wist du de Eier de Kalwer geben. Wist du denn nachher de Kalwer nich slachten un de Swien mit Kalwerbraden fett maken, dat sei düchtig farken dauhn? Mi dücht, denn is de Rundreis' dörch de Wirtschaft richtig fardig. […] Wat 'ne Wirtschaft, wat 'ne Wirtschaft." […]
Ich aber kuckte ihr nach und sprach zu mir: Was die Frau da eben von der Rundreise gesagt hat, das ist nicht ganz ohne. Das ist eine richtige Karussellfahrt durch die Viehwirtschaft und durch die ganze Naturgeschichte. Als ich das gedacht hatte, steckte ich so'n Dutzend frische Eier in die Taschen und ging zu den Kälbern. Oha, haben die aber gelickmünnt (sich das Maul geleckt)! Als Wieschen das sah, da war sie nicht mehr zornig. Da holte sie gleich eine halbe Schürze voll Eier.

Hartmut Brun (Hrsg.): Johannes Gillhoff. Ein Lesebuch. Rostock 1988, S. 225ff.

c) Alwin Seifert (geb. 1890), in der NS- und Nachkriegszeit einer der bekanntesten deutschen Landschaftsschützer und „Reichslandschaftsanwalt" beim nationalsozialistischen Autobahnbau über die Gefahr „Versteppung Deutschlands":

Ein […] wärmeres und trockeneres Klima war die eigentliche Grundlage von Glanz und Größe des Römischen Reiches Deutscher Nation. Denn es hatte reiche Wasservorräte, hatte in den Tausenden von Fischteichen und Mühlweihern eine glänzende, nach natursichtiger bäuerlicher Weisheit, nicht nach intellektuellen Laboratoriumsversuchen geregelte Wasserrückhaltung und konnte es sich leisten, seine Flüsse in weiten Eichenwäldern und unbesiedelten Talböden dahinströmen zu lassen. Dass zum Zeitalter der Technisierung und Zerspaltung ein feuchteres Klima gehörte, ist so wenig ein Zufall wie die Tat-

sache, dass das Schicksal einer neuen Blüte des geeinten Reiches das zugehörige Klima bereitstellt. Nur wird dieses für uns zur Katastrophe, wenn wir nicht besser mit unserem Wasser zu wirtschaften lernen. [...]
Diese selbstmörderische Versteppung Deutschlands wird unterstützt durch kurzsichtige Maßnahmen des Landbaus. Es ist ein gewaltiger Krieg entbrannt gegen alte Bäume, gegen Heckenraine und Feldgehölze. [...]
Wohin die Reise geht, dafür liefert Nordamerika gerade in den letzten Jahren ein erschütterndes Beispiel. In der Sucht nach 100-prozentiger Ernte hat man in den weiten Prärien des Westens, auf denen einst die Millionenherden der Bisons weideten, jeden Baum, jeden Strauch, jedes Büschel des wilden Büffelgrases ausgerottet, um dafür Weizen zu bauen. Heute ist das riesige Land verlassen und wird zur Wüste. Der einstige Weizenboden ist eine Beute des Windes geworden und zieht in schwarzen Staubstürmen seit Jahren über den halben Kontinent, um im Atlantischen Ozean sinnlos zu versinken.

Alwin Seifert: Im Zeitalter des Lebendigen. Natur, Heimat, Technik. München 1942, S. 24, 28f.

a) Welcher Grundzug der amerikanischen Landwirtschaft vom 18. bis zum 20. Jahrhundert lässt sich in den drei Texten erkennen? Wie unterscheidet sich diese von der traditionellen europäischen Landwirtschaft, und wie erklärt sich der Unterschied?
b) Wodurch boten die USA besonders günstige Vorbedingungen für eine Industrialisierung der Landwirtschaft?
c) Wie passt die Polemik Seiferts in die NS-Zeit hinein? Vergleichen Sie dazu den Text 8b.

103 Ansichten der neuen Agrarrevolution im Wandel der Zeit

a) Aus der Bundestagsdebatte vom 14. 2. 1958 über die Lage der Landwirtschaft kurz nach dem Inkrafttreten der EWG:

Aus der Rede des Münchener CSU-Abgeordneten *Hans-August Lücker*, des stellvertretenden Generalsekretärs des Bayerischen Bauernverbandes: „Es ist an dieser Stelle in der Vergangenheit des öfteren davon gesprochen worden, dass sich die deutsche Landwirtschaft in einem Umstellungsprozess gigantischen Ausmaßes befindet, ja dass man nicht übertreibt, wenn man von einem revolutionären Prozess, von einer wirklichen Agrarrevolution spricht. Wir haben seit 1950 [...] den Traktorenbestand in der Bundesrepublik versiebenfacht, den Mähdrescherbestand in den letzten dreieinhalb Jahren vervierfacht, den Bestand an Melkmaschinen in den letzten sechs Jahren vervierundzwanzigfacht. [...] (Diese Zahlen) beweisen, dass die deutsche Landwirtschaft kein untergehendes Gewerbe ist, sondern durchaus in der Lage ist, auch in einer ständig moderner werdenden allgemeinen deutschen Wirtschaft, die in ihrem Schwerpunkt industriell orientiert ist, ihren vollgültigen Beitrag zur wachsenen Prosperität der Gesamtwirtschaft zu leisten. [...]
Es gibt unter sämtlichen Fieberkurven der Wirtschaft in der Bundesrepublik nicht eine einzige, die einen so hohen Steigerungsgrad aufzuweisen hätte, wie die Kurve, die die Lohnentwicklung in der Landwirtschaft anzeigt. Sie steigt von allen Kurven am höchsten und am steilsten. [...]
Aus der Rede des damaligen Bundesernährungsministers und späteren Bundespräsidenten *Heinrich Lübke*: Die Mechanisierung ist für die kleinen Betriebe aber, die die Masse der Betriebe darstellen, sehr schwierig [...], (weil) der Ausnutzungsgrad einer Maschine viel niedriger ist als in mittleren und größeren Betrieben. [...] Die Hauptlast der Schwierigkeiten, die in den kleinen und mittleren Betriebsgruppen durch den Mangel an Arbeitskräften entstehen, hat in der Regel die *Bäuerin* zu tragen. Nicht nur vermehrte Hausarbeit leistet sie, sondern sie wird daneben auch noch zu Feldarbeiten herangezogen. Neben dem technischen, wirtschaftlichen und betriebswirtschaftlichen Problem der Mechanisierung der Außenwirtschaft steht hier dazu die Frage im Vordergrund, durch Umbau und Modernisierung der Küche und der Wirtschafts- und Vorratsräume die ohne Hilfe dastehende Bäuerin von der ständigen schweren körperlichen Arbeit zu entlasten.

Der Grüne Plan 1958. Bonn 1958, S. 255f., 251f.

b) Sicco L. Mansholt (1909–1995), Vizepräsident der EG-Kommission:

Heute vollzieht sich in einem rasend schnellen Tempo eine zweite industrielle Revolution, die uns mit wirtschaftlichen Formationen konfrontiert, die längst die staatlichen Grenzen überschritten haben. [...] So-wenig die Maschinenstürmer das Industriezeitalter aufhalten konnten, ebenso wenig können die Bauern in ihrem Bereich dem technischen Zeitalter wehren. Sie wissen das, und ihr Maschinenpark zeigt, dass sie es wissen. (Künstlich hoch gehaltene Preise führten zu hoher Überprodukion, ohne dass das Einkommen der Bauern stieg.) Das bedeutet also, wenn wir feststellen, dass es jedes Jahr Steigerungen gibt im Realeinkommen in der Industrie, dass wir hier in eine fast hoffnungslose Situation geraten sind für die Landwirtschaft, obwohl man große Summen ausgegeben hat, ihre Lage zu verbessern. [...] Wir haben trotz der großen Abwanderung aus der Landwirtschaft [...] gesehen, dass die Betriebsgröße wenig steigt. [...] Man muss das Land anbieten zur Vermietung an diejenigen, die ihren Betrieb aufstocken wollen [...], die also ihren Betrieb vergrößern wollen. [...] Ein solcher Betrieb soll ein Einkommen je Arbeitskraft möglich machen anderen vergleichsbaren Berufsgruppen gleich. [...] Die Frau soll grundsätzlich weder im Stall noch auf dem Felde mitarbeiten müssen, was nicht bedeutet, dass die Frau keine große Bedeutung hat; sie soll sich einmal voll ihrer Familie widmen, und zweitens gibt es im Rahmen einer modernen landwirtschaftlichen Betriebsführung viele Dinge, wo die Frau eine große Hilfe leisten kann. Ich denke nur an die Buchführung. [...]

Vor allem müssen wir eine Antwort geben auf die Fragen, die uns heute die 20- und 30-jährigen Bauernsöhne und -töchter stellen: Habe ich in 10 oder 15 Jahren Aussicht, in einem Betrieb ein vergleichbares Einkommen zu erzielen? Habe ich das? Und das Leben meiner Familie so zu gestalten mit Freizeit, mit Urlaub, mit der Erziehung meiner Kinder? Werde ich – und viele fragen sich das – eine Frau finden, wenn ich nicht diese Gewissheit geben kann?

Senator für Wirtschaft Berlin (Hrsg.): Die Zukunft des Landes. Berlin 1969, S. 9ff., 14, 17, 24.

c) Der Agrarwissenschaftler Hermann Priebe, geb. 1907:

Da vollzieht sich ein schleichender, für viele kaum sichtbarer Prozess der Zerstörung unserer natürlichen Lebensgrundlagen. [...] (Da) verwandeln sich blühende Landschaften unserer Heimat in öde, monotone Produktionsgebiete. [...] Agrarökonomen sprechen von „Sachzwängen", aber hinter ihrer technischen Rationalität werden alle anderen Probleme ausgeklammert. Im Mittelpunkt steht der Gewinn des „unternehmerischen" Einzelbetriebes, nicht die Gesamtstruktur. Darüber ist der Sinn für die natürlichen Grundbedingungen unseres Lebens und unserer Kultur verloren gegangen, sind Moral und Ethik gegenüber den Tieren als unsere Mitgeschöpfe auf der Strecke geblieben. Alles führt in eine große Leere.

Aber das ist nicht genug: Wir lassen uns den Ausverkauf der Natur auch einiges kosten und vergeuden für die zu hohen Produktionsmengen viele Milliarden. [...]

Und hier beginnt die große Lebenslüge unserer Agrarpolitik in der geschickten Steuerung der Gelder: Sie fließen vorwiegend dem Agrobusiness und den wohlhabenden größeren Landwirten zu und begünstigen dort spezialisierte, umweltschädigende Produktionsformen, während gerade diejenigen Bauern auf der Strecke bleiben, die noch naturgerecht wirtschaften. [...]

Als es 1957 zum Abschluss des EWG-Vertrages kam, lebte ganz Europa noch in der Erinnerung an die Hungerzeit nach dem Kriege, und kaum jemand konnte sich vorstellen, dass die neuen agrartechnischen Methoden zu einer so schnellen Produktionssteigerung führen würden. So wurde in der gemeinsamen Agrarpolitik ein System geschaffen, das für einen Raum geeignet ist, in dem ein *Zuschussbedarf an Agrarprodukten* besteht, und trotz der inzwischen völlig veränderten Voraussetzungen wurde die überfällige Anpassung der Agrarpolitik bis heute versäumt. [...]

Dabei spielten der Deutsche Bauernverband [...] und die deutschen Politiker, die sich von ihm beeindrucken ließen, eine unheilvolle Rolle. In völliger Blindheit für die Realitäten wurden absolute Absatzgarantien beschlossen und jede Anpassung an die Marktentwicklung unmöglich gemacht.

Hermann Priebe: Die subventionierte Naturzerstörung. Plädoyer für eine neue Agrarkultur. München 1990, S. 7f., 26f., 30f.

a) Alle diese Texte erkennen eine Krise der Landwirtschaft, jedoch auf unterschiedliche Art. Erläutern Sie diese Unterschiede und suchen Sie sie aus dem Wandel der Zeit und den unterschiedlichen Positionen der Verfasser zu erklären. Was meint Priebe mit den „Sachzwängen" und der „Lebenslüge"?

b) Welche Hinweise enthalten die Texte auf die Rolle der Frau bei der technischen Revolution in der Landwirtschaft? Vergleichen Sie dazu auch Text 102 b! Hinterfragen Sie das in den Texten enthaltene Bild der Frau.

c) Wie stellt sich das Verhältnis von Ökonomie und Ökologie in der Landwirtschaft dar?

104 Die Grüne Revolution in der Dritten Welt

a) Aus einem Artikel zur Umweltgeschichte der Grünen Revolution in Mexiko:

Mexiko war die Geburtsstätte der modernen „Grünen Revolution" in der Landwirtschaft. Von 1940 bis 1964 stieg die mexikanische Agrarproduktion auf das Vierfache. […] Mexikos überwältigende agrarische Erfolge wurden weit und breit gerühmt. Die Rockefeller Foundation, die US-amerikanische Entwicklungsbehörde, die Weltbank und andere Agenturen benutzten die mexikanische Landwirtschaft als Modell, um die Technologie-Pakete der Grünen Revolution in der ganzen Welt zu propagieren. […]

Von 1940 bis 1985 wuchs die Maisproduktion von 1,6 auf 14,1 Millionen t, die Bohnenproduktion von 97 000 auf 1,5 Millionen t, der Weizen sogar von 464 000 auf über 5,2 Millionen t. […] Auf welche Weise wurde das erreicht? Von 1960 bis 1980 wuchs das bewässerte Land in Mexiko um fast 50 %. Von 1947 bis 1981 erhöhte sich die Zahl der Traktoren von 17 000 auf 125 000. Mexiko wurde eines der Länder mit der höchstmechanisierten Landwirtschaft Lateinamerikas. Noch explosiver war das Wachstum im Verbrauch der auf Mineralölbasis hergestellten Düngemittel, der von 1940 bis 1978/79 auf das 350fache stieg: von 2 800 auf 1 067 000 t. […]

Als Folge der Grünen Revolution wurden das Landeigentum und die Kontrolle über den Boden in Mexiko konzentriert. […] Großgrundbesitzer, die leicht an Kredite und Materialien herankamen, waren besser in der Lage, aus diesen neuen Ressourcen Vorteile zu ziehen. […] Überall in Mexiko wurden große neue Staudämme, Bewässerungsanlagen, Straßen und Kraftwerke gebaut. […] Zehntausende von Menschen wurden umgesiedelt, darunter viele Indio-Volksgruppen, die mit jahrhundertealten, traditionellen und nachhaltigen Methoden Ackerbau betrieben. Auch Wälder wurden zerstört. Wo die Bewässerung von den Grundwasservorräten abhing, wurde auch die Verfügbarkeit von Wasser ein bedeutendes Problem. […] Während die mexikanische Landwirtschaft zunehmend mechanisiert wurde, sind die Bodenbedingungen nicht überall für den Einsatz von Traktoren geeignet. In Gegenden mit fragilen Böden haben der mechanische Pflug und die intensive Bewässerung zu Humusverlust geführt.

David A. Sonnenfeld: Mexico's „Green Revolution" 1940-1980: Towards an Environmental History. In: Environmental History Review 16/1992, No. 4, S. 29ff., 39f. [Übersetzung Radkau]

b) Der US-amerikanische Agrarforscher Norman E. Borlaug, der 1970 für seine Verdienste um die Grüne Revolution – insbesondere für die Züchtung von Hochertragsweizen – den Friedens-Nobelpreis erhielt:

Wenn eine mächtige und hysterische Interessengruppe, die die Vergiftung der Menschen durch Produkte der Chemie prophezeit und dadurch Panik auslöst, es dahin bringt, dass der Einsatz von Düngemitteln mit sinnlosen Gesetzen untersagt wird, dann ist die Welt zum Tode verurteilt: nicht durch Gift, sondern durch Hunger.

Lane Simonian: Defending the Land of the Jaguar: A History of Conservation in Mexico. Austin 1995, S. 170. [Übersetzung Radkau]

c) Vandana Shiva, eine indische Physikerin und international bekannte Ökofeministin, schreibt über die Auswirkungen der Grünen Revolution:

Mit der Einführung dieses westlichen Plans Grüne Revolution hat sich der Sinn und Zweck der Landwirtschaft völlig verändert. Landwirtschaft betreiben war fortan keine Tätigkeit, die das Kapital der Natur, die fruchtbaren Böden, betreute und erhielt, sondern wurde eine Aktivität, die einzig den Zweck verfolgte, durch die Erzeugung von Agrarprodukten Profite zu erzielen. […]

Die Heraufkunft eines neuen Menschenschlags, des Landwirtschafts-„Experten", mit Spezialwissen über einzelne Komponenten des Landwirtschaftssystems und dem völligen Einbinden dieser Spezialkenntnisse in das System des Marktes, machte es möglich, auf die traditionellen Landwirtschaftsexperten, die Frauen und die Bauern, gänzlich zu verzichten. […]

„Auf den Besten aufbauen" war der Slogan der Grünen Revolution.

Die „Besten" waren die reichsten Bauern in den fruchtbarsten Gegenden. Die Grüne Revolution war eine maßgeschneiderte Entwicklungspolitik für den besser gestellten Bauern in schon bestehenden Hochertragsregionen. […] Laut Sprachgebrauch der Grünen Revolution hat man aus diesen Bauern „fortschrittliche" Bauern gemacht. […]

Die von der Grünen Revolution angestrebte und behauptete Nahrungsautarkie für Indien ist ein Mythos. Auf der Mikroebene untergräbt die Verdrängung des Mischanbaus von Getreide, Hülsenfrüchten und Ölsamen durch die Hochertragsmonokulturen die Nahrungsmittelselbstversorgung auf drastische Weise. […] Das Hauptproblem ist in Indien die Bodenerosion. Sie ist dort am verbreitetsten, wo der Mischanbau durch Monokulturen ersetzt wurde.

Vandana Shiva: Das Geschlecht des Lebens. Frauen, Ökologie und Dritte Welt. Berlin 1989, S. 110f., 129, 142, 152f.

d) Während die Grüne Revolution in Mexiko mit der Züchtung neuer Weizen- und Maissorten begann, wurde sie in Teilen Asiens mit der Züchtung neuer Reissorten fortgesetzt. Eine Schlüsselrolle spielte dabei das 1960 von den Ford- und Rockefeller-Stiftungen auf den Philippinen gegründete International Rice Research Institute (IRRI). In einer 1998 vom IRRI veröffentlichten Broschüre „Biodiversity" heißt es:

Über Jahrhunderte haben die Bauern tausende von Reis-Varianten gezüchtet, und sie haben die Saaten aufbewahrt und untereinander getauscht. Für sie gewährleistete die genetische Vielfalt die Ernährungssicherheit.

Heute ernährt der Reis fast 3 Milliarden Menschen oder fast die Hälfte der Weltbevölkerung; im Jahr 2025 wird diese Zahl auf 4,6 Milliarden gestiegen sein. Die Entwicklung verbesserter Reissorten, um sie zu ernähren, hängt von der Verfügbarkeit traditioneller und wilder Reis-Varianten ab, die als Eltern dienen. Diese genetischen Ressourcen sind jedoch durch den rapiden Wandel der Welt bedroht. Wenn sich Bauern dazu entschließen, ihre traditionellen Sorten durch moderne zu ersetzen, die in weniger Zeit höhere Ernten bringen, oder von Reis auf andere Getreidearten übergehen, geraten die alten Arten häufig in Vergessenheit. […]

Seit 1962 ist das IRRI an der vordersten Front bei der internationalen Zusammenarbeit, traditionelle und wilde Reisarten systematisch zu sammeln, zu konservieren, in ihren Eigenschaften zu bestimmen und zu verteilen. […] Der Brennpunkt dieser Bemühungen ist die International Rice Genebank (IRG), die von den genetischen Reis-Ressourcen die umfassendste Sammlung der Welt verwahrt.

IRRI (Hrsg.): Biodiversity. Maintaining the Balance. Los Banos (Philippinen) 1998, S. 12f. [Übersetzung Radkau]

a) Erklären Sie, weshalb man die ökologischen Risiken der „Grünen Revolution" zunächst wenig beachtete.
b) Wie entwickelte sich das Verhalten von leitenden Exponenten der Grünen Revolution gegenüber der Umweltbewegung? Vergleichen Sie die Texte b und d.
c) In welcher Beziehung stehen soziale und ökologische Probleme im Zusammenhang mit der Grünen Revolution zueinander?
d) Vergleichen Sie die Grüne Revolution der Dritten Welt mit den gleichzeitigen Umwälzungen in der deutschen Landwirtschaft. Beachten Sie dabei auch die Rolle der Frauen.

3. Hypothetische Risiken neuer Technologien: Die Kontroversen um die Kern- und um die Gentechnik

Wie reagierte man auf die Begrenztheit der fossilen Energieträger Kohle und Öl?

Als West- und Mitteleuropa im 18. und 19. Jahrhundert zum Gebrauch der Steinkohle überging und die Industrie auf dieser Grundlage gewaltig expandierte, sahen manche in der Kohle anfangs einen „unterirdischen Wald", der wie der oberirdische nachwächst. Im Laufe des 19. Jahrhunderts jedoch, als man die Länge der Erdzeitalter überschaute, musste man einsehen, dass die Kohle in vielen Jahrmillionen entstanden ist und sich in historischen Zeiträumen nicht nennenswert regeneriert. Da der Tiefbau immer noch neue Kohleflöze erschloss, blieb die Begrenztheit der Kohleressourcen in den großen Kohleregionen vorerst ein theoretisches Problem. Die Kriegs- und Nachkriegszeiten allerdings gaben einen Vorgeschmack von einer künftigen Ära der Kohleknappheit. Wer weit voraus in die Zukunft dachte, für den war diese Aussicht bedrückend.

Rettung durch die Wasserkraft?

Zeitweise sahen viele Ingenieure die Zukunft in der „weißen Kohle": der Wasserkraft. Nach 1900, als die Turbinen- und Elektrotechnik entsprechend ausgereift war, kam die große Zeit der Wasserkraftwerke und der Talsperren, die zugleich der Wasserversorgung dienten. Aber im Laufe des 20. Jahrhunderts wurde klar, dass auch dieser Weg seine Grenzen hat. Vor allem in den Alpen, der größten Hoffnung europäischer Wasserkraft-Anhänger, stießen solche Projekte zunehmend auf den

105 „Mensch, die nehmen jetzt die Pille“: Karikatur aus dem „Industriekurier“ vom 10. 6. 1969, die ein Kohle- und ein Kernkraftwerk zueinander kontrastiert. Es war die Zeit, in der die ersten größeren Kernkraftwerke im Bau waren und Kritik an der Kernkraft noch kaum in die Öffentlichkeit drang.
Stellen Sie dar, was das Bild davon erkennen lässt, wie man sich die Kernkraft damals vorstellte, und welche Eigenschaften man mit ihr verband!

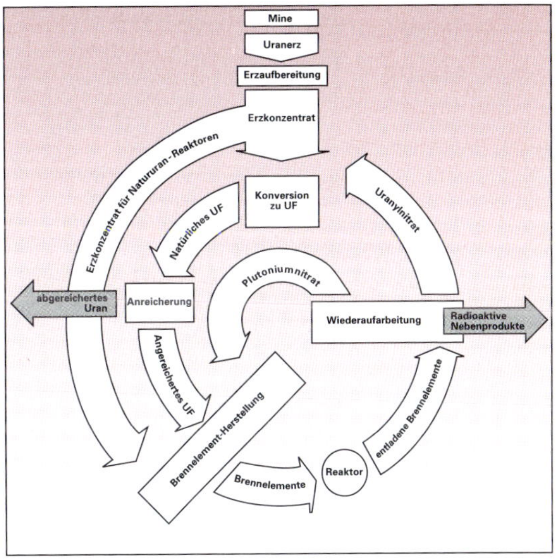

106 Eine neue Variante des Kreislauf-Ideals: Der „Brennstoffkreislauf“" aus der Sicht der Befürworter der Kernenergie. Durch die Wiederaufbereitung abgebrannter Brennelemente wird neuer Spaltstoff für den Reaktorbetrieb gewonnen.
Suchen Sie kritische Informationen zur Wiederaufbereitung und anderen Bestandteilen des „Brennstoffkreislaufs“, und diskutieren Sie, wie die gleichen kerntechnischen Anlagen in einem Schaubild der Gegner aussehen könnten!

Protest der Landschaftsschützer. In der zweiten Jahrhunderthälfte erlebte die Wasserkraft, mit dem ägyptischen Assuan-Staudamm (S. 35 und 40) beginnend, einen Boom in der Dritten Welt. Aber gerade in warmen Ländern fallen die Nachteile besonders ins Gewicht: Die Wasserverluste durch Verdunstung sind extrem hoch; die Stauseen werden oft zu Brutstätten von Krankheitserregern; und wo die Flüsse viel Schlamm mit sich führen, verschlammen die Stauseen nicht selten binnen weniger Jahrzehnte.

Rettung durch die Kernenergie?

Angesichts dieser Situation erschien vielen die *Kernenergie* wie ein Geschenk des Himmels. Als ein realistisches Nahziel stellte diese sich für die Weltöffentlichkeit erstmals auf der ersten internationalen Genfer Atomkonferenz im August 1955 dar. Dort legten die USA Details der Reaktortechnik offen, die bis dahin der militärischen Geheimhaltung unterlegen hatten. Damals ging eine Welle von Atom-Euphorie durch die ganze Welt, obwohl es noch nirgends ein Kernkraftwerk gab, sondern nur militärische und Forschungsreaktoren. Hier glaubten viele, eine neue billige, saubere und unerschöpfliche Energiequelle zu haben: billig, weil die Brennstoffkosten bei der Kernenergie viel weniger ins Gewicht fielen als bei der Kohle; sauber, weil Kernkraftwerke ohne Rauch und Ruß arbeiten; unerschöpflich, weil mit dem Verbrauch von Kernspaltstoff zugleich neuer Spaltstoff „erbrütet“ werden kann. Die Vorteile dieser neuen Energiequelle erschienen vielen so ungeheuer, und die Notwendigkeit, diesen Weg zu gehen, wirkte so zwingend, dass bis in die 70er-Jahre in Politik und Öffentlichkeit fast überall auf der Welt die Auffassung herrschte, man müsse die damit verbundenen Risiken tragen und zu bewältigen suchen. Am zurückhaltendsten war bis in die 60er-Jahre die Energiewirtschaft, die

107 Gorleben, 10. September 1979: Die Polizei räumt ein von Kernkraft-Gegnern besetztes Gebiet, auf dem der Wald abgeholzt und Versuchsbohrungen für das dort geplante Atommüll-Lager vorgenommen werden sollten. Zwei der Gegner umarmen die Bäume wie die Chipko-Frauen auf M 129! Die Anti-Atomkraft-Bewegung ist zur Umweltbewegung geworden: Es geht nicht mehr nur um Schutz der Menschen vor technischen Risiken, sondern auch um Schutz der Unversehrtheit der Natur.

die Kernkraftwerke bezahlen und betreiben sollte und die Kosten und Risiken scheute.

Daher ließ der Bau ziviler Kernkraftwerke auf sich warten. Bald nach 1955 stellte sich heraus, dass sie teurer und komplizierter waren, als man zunächst angenommen hatte, und sich – wenn überhaupt – nur in großen Einheiten lohnten. Außerdem sanken die Ölpreise, und zudem wurden ab den 60er-Jahren ungeahnte Erdgasvorkommen erschlossen. Wenn dennoch in den 60er-Jahren in allen führenden Industriestaaten, auch in der Bundesrepublik, mit dem Bau großer Kernkraftwerke begonnen wurde, so war das in der Regel nur deshalb möglich, weil der Staat diese neue Energietechnik auf vielerlei Art förderte: durch staatlich finanzierte Forschung, Vorzugskredite, Steuervergünstigungen und Risikoübernahmen. Der wirtschaftliche Durchbruch der Kernenergie in den 60er-Jahren geht wesentlich auf politische Entscheidungen zurück, die allerdings von Interessenten aus Wirtschaft und Wissenschaft beeinflusst waren.

Die Entstehung der Protestbewegung gegen die Kernkraft

Während die bundesdeutsche Presse der Kernenergie bis 1974 fast ausnahmlos positiv gegenüberstand, gab es in der Bevölkerung von Anfang an ein verbreitetes Misstrauen, und kerntechnische Anlagen stießen vielerorts auf lokale Widerstände. Die überregionale Presse pflegte diese als hinterwäldlerisch abzutun. Die Ölpanik vom Herbst 1973 verstärkte noch einmal den Ruf nach der Kernenergie. Als jedoch Bauern aus der Umgegend am 18. Februar 1975 den Bauplatz eines geplanten Kernkraftwerkes bei Wyhl am Oberrhein besetzten und es in der Folge sogar auf Zusammenstöße mit der Polizei ankommen ließen, wurde die Bewegung gegen die Atomkraft eine Sensation ersten Ranges. Eine bundesweite Solidarisierungsbewegung setzte ein; auch andernorts sammelte sich Widerstand gegen

Kernkraftprojekte, und die Stimmung in der Öffentlichkeit und in den Medien begann umzuschlagen. Daraus entstand die größte Kontroverse der bisherigen Technikgeschichte.

Der Anti-Atomkraft-Protest weitet sich zur Umweltbewegung

Bis dahin hatte die bundesdeutsche Umweltbewegung überwiegend aus lokalen Bürgerinitiativen bestanden, die sich auf konkrete Ziele vor Ort konzentrierten. Von einer fundamentalen Opposition gegen die herrschende Politik war kaum die Rede gewesen; manche Bürgerinitiativen hatten sogar die Unterstützung der Bundesregierung gefunden. Natur- und Landschaftsschutz war bis zu jener Zeit ein eher konservatives Anliegen gewesen. Durch den Protest gegen die Kernkraft dagegen wurde der Umweltschutz zu einer oppositionellen und überregionalen Massenbewegung, in die zunehmend auch Anhänger der Linken strömten. Ging es ursprünglich um Gesundheit und technische Sicherheit, so im Laufe der 70er-Jahre mehr und mehr auch um die Umwelt, als man begriff, dass radioaktive Substanzen im schlimmsten Fall ganze Regionen für absehbare Zeit unbewohnbar machen können.

Verschiedene Arten des Risikos

Zwei unterschiedliche Arten des Risikos standen im Zentrum der Kernenergie-Kontroverse: zum einen der katastrophale Störfall, der mit den Sicherheitsvorrichtungen nicht zu beherrschen ist, und zum anderen die wachsende Masse des „Atommülls“, dessen Radioaktivität teilweise über Jahrzehntausende fortbesteht. Die Kontroverse steigerte sich auf beiden Seiten zu äußerster Erbitterung. Wiederholt kam es am Baugelände von Atomanlagen zu derart militanten Zusammenstößen zwischen Demonstranten und Polizei, dass manche einen Bürgerkrieg heraufziehen sahen.
Die Schärfe der Kontroverse erklärt sich aus den Ängsten der einen und den Milliardeninvestitionen der anderen Seite, aber auch daraus, dass man oft aneinander vorbeiredete und auf verschiedenen Ebenen argumentierte. Die Befürworter argumentierten mit den erwarteten Vorteilen der Kerntechnik und den bis dahin nur vergleichsweise geringen nachweislichen Störfällen und Schadenswirkungen, die Gegner dagegen mit dem *hypothetischen* Risiko. Da ein großes Kernkraftwerk Spaltstoffmengen enthält, deren Freisetzung ganze Länder unbewohnbar machen kann, ist das hypothetische Risiko dem eines Atomkriegs vergleichbar.

Kernkraftwerke unterirdisch?

Auch Befürworter der Kerntechnik gaben zu, dass Kernkraftwerke in Kriegszeiten und als Objekt terroristischer Aktionen zu einem großen Gefahrenpotenzial werden. Im Gedanken daran traten selbst prominente Befürworter der Kerntechnik dafür ein, Kernkraftwerke unterirdisch zu bauen. Dieses Konzept setzte sich jedoch wegen der damit verbundenen höheren Kosten nicht durch.

Die Reaktorkatastrophe von Tschernobyl 1986

In der Kontroverse blieb stets umstritten, wieweit hypothetische Risiken als reale Gefahr anzusehen seien, gegen die Vorkehrungen zu treffen sind. Die Reaktorkatastrophe von Tschernobyl in der Ukraine am 26. April 1986 bewies, dass zumindest ein Teil des „Restrisikos“ realer war, als viele bis dahin hatten glauben wollen. Im Kernkraftwerk Tschernobyl entstand – anscheinend als Folge groben Leichtsinns der Bedienungsmannschaft – ein Brand, der den Reaktor zerstörte und einen Teil des Spaltstoffs in die Atmosphäre entweichen ließ. Dadurch wurde ein Gebiet von der Größe des Saarlandes bis zur Unbewohnbarkeit radioaktiv verseucht, und eine radioaktive Wolke zog bis Mittel- und Westeuropa. In der Bundesrepublik verbreitete sich Panik; Kinder durften nicht mehr im Garten spielen; der Ruf nach Ausstieg aus der Kerntechnik war allgemein. Als jedoch in den Folgejahren keine katastrophalen Störfälle mehr bekannt wurden, ließ das öffentliche Interesse an diesem Thema nach.

Wie groß ist die Zahl der Todesopfer von Tschernobyl? In unmittelbarer Folge der Katastrophe starben 31 Menschen; aber die Zahl derer, die an Spätfolgen starben und noch sterben werden, liegt mindestens tausendmal so hoch, wenn nicht noch weit höher. Am schlimmsten betroffen sind die „Liquidatoren", die – oft freiwillig – den Reaktorbrand vor Ort bekämpften. Im Umfeld von Tschernobyl ist die Zahl der Erkrankungen an Schilddrüsenkrebs bei Kindern auf das Hundertfache gestiegen. Etwa 400 000 Menschen sind aus der Region geflohen. Da jedoch Spätschäden, die sich erst nach vielen Jahren bemerkbar machen, nicht exakt zu beziffern sind, bestehen zwischen den Zahlenangaben über die Opfer von Tschernobyl erhebliche Unterschiede. Die Reaktorkatastrophe bedeutete in der Situation von 1986 und danach für das sowjetische System eine schwere Erschütterung und hat vermutlich zum Zerfall der Sowjetunion beigetragen, zumal der Glaube an den vom Sozialismus vorangetragenen technischen Fortschritt vor allem seit dem Start des Sputnik (1957) zu einem Kernstück der Sowjetideologie geworden war.
Ob Katastrophen solcher Art für die Kernenergie typisch sind oder nicht: So oder so blieb das Problem des über Jahrzehntausende strahlenden Nuklearabfalls bestehen. Rein technisch gesehen besitzt dieses Problem keine ungewöhnliche Dramatik. Sein Kern ist ethischer Art und besteht in der Frage, ob es verantwortbar ist, sich auf Risiken einzulassen, die die Lebensdauer aller Institutionen weit übersteigen und noch ferne Generationen belasten, die von dieser Energiequelle nicht mehr profitieren. Es war ein Problem, wie es sich in dieser Schärfe in der Technikgeschichte noch nie gestellt hatte.

Kernkraft für alle Zeiten: schnelle Brüter und Wiederaufarbeitungsanlagen

Die besondere Faszination der Kerntechnik hatte stets auf dem Bruteffekt beruht. „Schnelle Brüter" sollten mehr Spaltstoff produzieren, als sie bei der Stromerzeugung verbrauchten, und auf diese Weise zu einer quasi unendlichen Energiequelle werden. Dazu waren Wiederaufarbeitungsanlagen erforderlich. Mit diesen sollte eine „Schließung des Brennstoffkreislaufs" erreicht werden. Auf diese Weise hätte die Kernenergie dem Ideal des Stoffkreislaufs entsprochen. Dieser wäre jedoch nie perfekt geworden: Wachsende Massen radioaktiver Rückstände wären stets übrig geblieben. Wie schon früher bei dem Umgang mit Abfällen und Abwässern konkurrierten zwei Ziele miteinander: Rückführung und endgültige Beseitigung. Weder das eine noch das andere Ziel war bei der Kerntechnik vollständig zu erreichen.
Gerade auf die Schnellbrüter- und Wiederaufarbeitungsprojekte bei Kalkar und Gorleben (später Wackersdorf), deren hypothetische Risiken besonders hoch waren, konzentrierte sich die deutsche Protestbewegung seit den späten 70er-Jahren, und hier hatte sie Erfolg: Die Projekte wurden in den 80er-Jahren eingestellt. Dieser Entschluss wurde dadurch erleichtert, dass hinter diesen Projekten kein aktuelles Interesse der Energiewirtschaft stand, sondern diese vorwiegend aus politischen Motiven – zur Forschungsförderung und Zukunftssicherung – in Angriff genommen worden waren. Hier wie anderswo erreichte die Umweltbewegung dort am meisten, wo sie sich mit wirtschaftlichen Interessen traf oder ihnen zumindest nicht entgegenlief. Die Kontroverse endete bisher – in Deutschland wie anderswo – mit einem Patt: Bestehende Kernkraftwerke, die sich rentierten, durften ihren Betrieb im Allgemeinen fortsetzen, während neue Aufträge kaum mehr erteilt wurden und die Zukunftsprojekte, die das eigentliche Ziel der Kernenergiepolitik gewesen waren, auf der Strecke blieben.

Die Gentechnik: Zugriff zu den Grundelementen des Lebens

Über die *Gentechnik* entwickelte sich in den 1970er- und 80er-Jahren – in den USA wie in Deutschland – eine ähnliche Kontroverse wie über die Kerntechnik. Beide Technologien galten als wissenschaftlich-technische Revolution, die die Grundelemente der Welt dem Zugriff der Forschung eröffnete. Auch die Gentechnik wurde mit gewaltigen Hoffnungen, aber auch mit ungeheuren Risiken verbunden. Noch

108 Ein Gentechniker, der insgeheim schon Monstren gezüchtet hat, stürmt mit der Nachricht, dass die Gentechnik offiziell genehmigt ist, freudestrahlend in sein Labor: „Kommt aus den Reagenzgläsern heraus, meine kleinen Dickerchen – wir haben freie Bahn!“
Diese Karikatur, die den Genforschern Schlimmes unterstellt, wird von James D. Watson, einem Begründer und entschiedenen Befürworter der Gentechnik, in eine Dokumentation aufgenommen. Diskutieren Sie, welches Kalkül dafür bei ihm anzunehmen ist, und was man für die Auseinandersetzung mit der Gentechnik daraus lernen könnte.

mehr als bei der Kerntechnik geriet man hier in Bereiche unübersichtlicher und hypothetischer Risiken; und noch intensiver als bei der Kernspaltung wurden bei der Genmanipulation Grundfragen des menschlichen Umgangs mit der Natur gestellt.

Wie bei der Kerntechnik: große Hoffnungen und große Ängste

1973 gelang es erstmals, mit einer relativ einfachen Methode Gene neu zu kombinieren. Die Gentechnik gestattet es, die natürlichen Artengrenzen zu überschreiten und Organismen gezielt mit Erbanlagen anderer Arten auszustatten. Seither wird eine Revolution der Chemie, der Landwirtschaft und der Medizin durch die Gentechnik prophezeit: die Ersetzung chemischer Prozesse durch effektivere und Energie sparende biologische Prozesse, die Züchtung optimaler Nutzpflanzen und Nutztiere und die Heilung bislang unheilbarer Krankheiten wie Krebs und Aids.

Zugleich wurden jedoch Schreckensvisionen laut. Dabei handelt es sich zum Teil um Hinweise auf konkrete Risiken bestimmter Anwendungsbereiche der Gentechnik, teilweise aber auch um prinzipielle Bedenken gegenüber Manipulationen an den Grundelementen des Lebens. Konkret wird vor allem befürchtet, genetisch veränderte Organismen könnten sich bei Freisetzung, da sie keine natürlichen Gegner haben, in unvorhersehbarer Weise vermehren: Die Gentechnik wirft also das Neophytenproblem auf (Teil II, Zur Diskussion). Grundsätzliche ethische Einwände werden gegen gentechnische Experimente mit menschlichen Keimzellen erhoben. Viele Kritiker sehen den Respekt vor der Natur und vor der Menschenwürde durch die Gentechnik bedroht. Eine pauschale Ablehnung ist jedoch gegenüber den Gentechnik weit weniger verbreitet als gegenüber der Kerntechnik.
Noch mehr als bei der Kerntechnik gibt es bei der Gentechnik eine weite Distanz zwischen den realen Geschehnissen und den denkbaren Möglichkeiten. In der Realität hat die Gentechnik bislang trotz mancher Erfolge weder die Wirtschaft noch die Medizin revolutioniert; aber auch große Katastrophen wurden bisher nicht bekannt. Von unmittelbarer Bedeutung für die Umwelt ist vor allem der Einsatz gentechnischer Verfahren in der Landwirtschaft. Theoretisch ist vieles möglich: sowohl die Züchtung solcher Nutzpflanzen, die den Einsatz von Düngemitteln und Pestiziden drastisch verringern, als auch die Züchtung besonders resistenter Arten, die einen verstärkten Einsatz von Schädlingsbekämpfungsmitteln gestatten. *Wie* die Gentechnik tatsächlich eingesetzt wird, hängt von den Interessen derer ab, die darüber bestimmen.

Brennstoffkreislauf: Es ist eine Eigenart der Energiegewinnung durch Kerntechnik, dass bei den Kernspaltprozessen, die Energie freisetzen, zugleich neue Spaltstoffe entstehen, aus denen – zumindest theoretisch – Energie gewonnen werden kann. Auf diese Weise könnte die Kernenergie – wiederum theoretisch – dem Ideal der regenerativen Energiequelle nahe kommen. Diese Aussicht hat die Anhänger der Kerntechnik stets besonders fasziniert. Im Blick darauf bestand das Ziel bis in die 1980er-Jahre darin, so genannte **schnelle Brüter** zu entwickeln, die mehr Spaltstoff produzieren, als sie zur gleichen Zeit verbrauchen. Bereits in den bisher gebauten Kernkraftwerkstypen entsteht neuer Spaltstoff. Damit dieser als Energieträger genutzt wird, sind jedoch aufwendige **Wiederaufarbeitungsanlagen** nötig, die erhebliche Risiken eigener Art enthalten und deren Rentabilität bis heute zweifelhaft ist. Diese Anlagen wurden als „Schließung des Brennstoffkreislaufs" propagiert. Ein perfekter nuklearer Stoffkreislauf ist jedoch auch dann nicht gegeben; denn noch immer bleiben erhebliche Rückstände übrig, deren Radioaktivität teilweise über Jahrzehntausende fortbesteht.

Gentechnik: populäre Bezeichnung für die technisch-industrielle Anwendung der in den 1970er-Jahren vervollkommneten Methoden zur „Neukombination" bzw. „Rekombination" von DNA-(Desoxiribonukleinsäure-)Molekülen, den Trägern der Erbinformationen in den Organismen, wobei bestimmte Eigenschaften zwischen Arten, die sich nicht kreuzen lassen, gezielt übertragen werden können. Die zugrunde liegende Wissenschaft ist die **Molekularbiologie**. Manche ziehen den Oberbegriff **Biotechnik** vor, der auch herkömmliche Züchtungsmethoden umfasst, die ebenfalls – was bei der Fixierung auf die Gentechnik leicht übersehen wird – in neuester Zeit erheblich weiterentwickelt wurden und Pflanzen- und Tierarten hervorbrachten, die mit „natürlichen", wild lebenden Arten nur noch wenig Ähnlichkeit haben. Diese hochgezüchteten Arten können allerdings in aller Regel außerhalb menschlicher Kulturen nicht überleben. Bei den durch Gentechnik „neu kombinierten" Arten dagegen besteht ein gewisses – bislang nur schwer zu überschauendes – Risiko einer unkontrollierten Ausbreitung bei Freisetzung.

109 Die Faszination der Kerntechnik

a) Leo Brandt, damals Staatssekretär im nordrhein-westfälischen Wirtschafts- und Verkehrsministerium und Gründervater der Kernforschungsanlage Jülich, erklärte in einer viel beachteten Ansprache auf dem Münchener SPD-Parteitag von 1956:

Das Zeitalter der Atomenergie beginnt. […] Jetzt, 11 Jahre (nach dem Atombombenabwurf auf Hiroshima und Nagasaki), tritt die schreckhafte Reaktion, beim Wort „Atom" die Ruinen von Hiroshima vor Augen zu haben, zurück hinter der sich ausbreitenden Erkenntnis, dass der neue Brennstoff Uran 235, der nicht hundert, nicht zehntausend, sondern drei Millionen Mal besser ist als Kohle, offenbar gewaltige Umwälzungen mit sich bringen wird. […]

Die Firma Glenn L. Martin hat vor vier Wochen in einer Pressekonferenz sieben Kisten vorgeführt. […] Die Kisten sind durch Flugzeuge oder durch Lastkraftwagen zu transportieren. Die Kisten werden in der Arktis ins Eis eingegraben, einen halben Meter Eis darüber, oder sie werden im Urwald […] in den Kies gegraben, einen halben Meter Kies darüber, am Ende kommt ein Kabel heraus. Diese sieben Kisten sind ein anderthalb Jahre unbedient und ungewartet laufendes […] für eine Stadt von 10 000 Einwohnern ausreichendes Atomkraftwerk. Was kostet es? Die ungewöhnlich geringe Summe von 1 Million Dollar. […] Die unterentwickelten Völker werden die notwendige Energiebasis erhalten. Wüsten können durch Entsalzen des Meerwassers bewässert, Urwälder oder arktische Gebiete mithilfe von Elektrizitätswerken, die durch die Luft versorgt werden, erschlossen werden. […] Schifffahrt und Luftfahrt werden auf den neuen Brennstoff übergehen. Ein halbes Kilo davon wird künftig ein Flugzeug achtmal um die Erde treiben können. […]

Wahrhaft eine große Aufgabe für die technisch fortgeschrittenen Völker, den vorwärts strebenden zu helfen, aber auch ein zunächst unerschöpfliches Wirkungsfeld für Exportindustrien in der Lieferung von Produktionsmitteln und Konsumgütern für den Aufbau der neuen Wirtschaftsgebiete draußen in Übersee. Wehe aber der Nation unter den bisher führenden, die jetzt den technisch-wissenschaftlichen Anschluss verpasst! Im Unterschied zur ersten industriellen Revolution können heute die politisch befreiten, bisher technisch unterentwickelten Völker Industrienationen werden. [...] Umgekehrt können aber bisherige Industrievölker zurückfallen, wenn sie nicht alles daransetzen, im Rennen zu bleiben.

Jochim Varchmin/Joachim Radkau: Kraft, Energie und Arbeit. Energie und Gesellschaft. Reinbek 1981, S. 288f.

b) Wolf Häfele, der Leiter des Schnellbrüter-Projekts des Kernforschungszentrums Karlsruhe, suchte in einem Vortrag am 21. 6. 1963 im Kloster Loccum darzulegen, dass das Brüterprojekt einen ähnlich großen Forschungsaufwand erfordere wie die Raumfahrt.

Die Bedeutung solcher stimulierten Teilentwicklungen für das Sichbehaupten eines auf seine Industrie angewiesenen Volkes ist enorm. Nachdenklich stimmt es, dass zum Sichbehaupten eines Volkes das stete Weiterentwickeln der naturwissenschaftlich-technischen Errungenschaften gehört, auch dann, wenn der dafür zu zahlende Preis phantastisch wird und andere wichtige Dinge deswegen vernachlässigt werden müssen. Diese Beobachtung ist nicht neu, aber der Preis, der für das Fortschreiten jetzt verlangt wird, ist so hoch, dass man vom Quantitativen her erschrickt und etwas Neues zu ahnen scheint. [...] [Der amerikanische Atomforscher Alvin M. Weinberg] führt aus, dass es immer schon zu rational nicht begründbaren Akten der Vergegenständlichung einer Zeit kam. Die ägyptische Hochkultur baute Pyramiden, das Mittelalter die herrlichen Kathedralen und die Neuzeit baute große Schlösser. Heute scheinen es Atomstädte und Raketenstationen zu sein, die am zwingendsten das Wollen und Können eines modernen Industriestaates darstellen.

Die Projektwissenschaften. München 1963 (Schriftenreihe des Bundesministers für wissenschaftliche Forschung, Forschung und Bildung, Heft 4), S. 36ff.

c) Der von Häfele erwähnte Atomforscher Alvin M. Weinberg, langjähriger Leiter des amerikanischen Kernforschungszentrums Oak Ridge, forderte eine Art von „nuklearer Priesterschaft", die über die Kerntechnik wachen solle, und tat am 27. 12. 1971 in einem Vortrag vor der American Association for the Advancement of Science in Philadelphia den seither viel zitierten Ausspruch:

Wir Nuklearleute haben mit der Gesellschaft einen faustischen Pakt geschlossen. (We nuclear people have made a Faustian bargain with society.) Auf der einen Seite bieten wir [...] eine unerschöpfliche Energiequelle. Sogar kurzfristig mit gewöhnlichen Reaktoren bieten wir Energie, die billiger ist als Energie aus fossilen Ressourcen. Obendrein verursacht diese Energiequelle, wenn sie richtig gehandhabt wird, fast gar keine Umweltverschmutzung. Während Feuerungen mit fossilem Brennstoff zwangsläufig Kohlendioxid und Stickstoff, wahrscheinlich stets auch Schwefeldioxid emittieren, gibt es keinen prinzipiellen Grund, weshalb Nuklearsysteme irgendwelche Umwelt belastenden Emissionen haben müssen – außer Hitze und Spuren von Radioaktivität. Aber der Preis, den wir der Gesellschaft für diese magische Energiequelle abverlangen, ist eine Wachsamkeit und Langlebigkeit unserer sozialen Institutionen, an die wir gar nicht gewöhnt sind. [...] Gewiss werden wir die Kerntechnik ständig verbessern; aber [...] nie werden wir von der Sorge um die Reaktorsicherheit, den Transport von radioaktivem Material und die Entsorgung der Rückstände völlig frei sein. [...] Diese Angelegenheit hat Elemente, die die Grenzen der Wissenschaft überschreiten. [...] Die Gesellschaft muss wählen, und wir Nuklearleute können ihr die Wahl nicht diktieren.

A. M. Weinberg: Social Institutions and Nuclear Energy. In: Science, 7. 7. 1972, S. 33f. [Übersetzung Radkau]

a) Mit welcher Logik enthielt die Kerntechnik eine besondere Chance für die Dritte Welt?

b) Leo Brandt war in den 50er-Jahren der einflussreichste Technologiepolitiker der SPD. Lässt sich bei seinem Plädoyer für die Kerntechnik ein „linkes", sozialdemokratisches Motiv erkennen?

c) Betrachten Sie Weinbergs Ansprache vor dem Hintergrund der Faust-Sage. Was bedeutet es, den Einstieg in die Kerntechnik als „faustischen Pakt" zu kennzeichnen, und welche Untertöne klingen dabei an?

110 Wie lässt sich über Kernenergie diskutieren, und wer ist kompetent mitzureden?

a) Heinrich Mandel (1919–1979), seit 1955 Leiter der kerntechnischen Abteilung des Rheinisch-Westfälischen Elektrizitätswerks (RWE) und in den 70er-Jahren der führende Mann der bundesdeutschen Atomwirtschaft, beklagte sich in einem „Spiegel"-Interview kurz vor seinem Tod: „Das ist das Schlechte an diesem Gespräch: Meine Worte fallen oft in einen Sumpf von Emotionen. Wir verstehen es nicht, *quantitativ* miteinander zu reden." Auch die Kosten der Endlagerung des Atommülls glaubte er beziffern zu können. Zwar seien noch weitere Versuche nötig:

Aber ich habe keinen Zweifel, dass wir diese Probleme lösen werden. Im Bergbau gibt es immerhin 100 Jahre Erfahrung mit dem Bau von Kavernen.

Spiegel: Der Müll muss aber einige 10 000 Jahre lagern.

Mandel: Die Radioaktivität der hoch radioaktiven Abfälle nimmt in ungefähr 1000 Jahren ab auf die Strahlungsaktivität des Uranerzes.

Spiegel: Vor 1000 Jahren tobte die Schlacht auf dem Lechfeld, seither gab es einiges an Unruhen auf der Erde.

Mandel: Und was heißt das? Heute wissen wir doch sehr viel mehr über die Welt, ihre Eigenarten, die Informationsdichte ist ungleich größer.

„Der Spiegel", Nr. 50/1978, S. 98, 104f.

b) Walter Schüller, der führende deutsche Experte für Wiederaufarbeitung, über Katastrophenrisiken der Kernenergie:

Ich sitze hier am Tisch als Wissenschaftler, aber ich sitze hier auch als Mensch. Was wir hier erleben, ist ein Kommunikationsproblem, und es ist die schwerste Aufgabe, die ich in meinem Leben jemals vor mir gesehen habe. [...] Ich verstehe die Angst der Bevölkerung. [...] Diese Angst kann man nicht mit Kühlkreisläufen kühlen, auch nicht mit noch so vielen Kühlkreisläufen, und die kann man auch nicht mit Wahrscheinlichkeitsrechnungen beseitigen.

Ich mache hier eine Aussage, die ich mir Wort für Wort überlegt habe, und die lautet: Wenn das Projekt in Gorleben nur so gebaut werden könnte, dass durch ein technisches Versagen, wie unwahrscheinlich auch immer, eine derartige Katastrophe (mit 100 Millionen Toten) [...] eintreten könnte, so wäre das Projekt nach meiner Überzeugung sicherheitstechnisch nicht vertretbar und politisch erst recht nicht. [...] Hier haben wir einen Fall für die Politiker.

Deutsches Atomforum (Hrsg.): Rede – Gegenrede. Bonn 1979, S. 119.

c) Ebenfalls 1979 schrieb der Philosoph Robert Spaemann über „Technische Eingriffe in die Natur als Problem der politischen Ethik":

(Ebenso wie der Einzelne kann eine Gesellschaft bei entsprechendem Konsens) Risiken eingehen, z. B. beim Autoverkehr, solange die vom Risiko Getroffenen prinzipiell dieselben sind wie die, die die Vorteile genießen. Das schließt nicht aus, dass dieses Risiko ungerechtfertigt und unvernünftig ist, wie dies beim heutigen Autoverkehr der Fall ist. Niemals aber kann es erlaubt sein, dass eine bekannte und feststehende Zahl von Menschen sich Vorteile verschafft auf Kosten des Risikos anderer Menschen, die überhaupt nicht gefragt werden. Der Wahrscheinlichkeitskalkül ist hier fehl am Platz. Niemand darf das Leben eines anderen verwetten, nur weil die Wahrscheinlichkeit eines günstigen Wettausgangs sehr groß ist.

Was nun die Gewinnung von Energie durch Kernspaltung betrifft, so ist alles, was ihre Befürworter gegenüber den Warnungen zu erwidern haben, der Hinweis auf die Unwahrscheinlichkeit möglicher Katastrophen. Eben dieses Argument zählt aber nicht. Und es zählt auch nicht der Hinweis auf die genügenden Sicherheitsvorkehrungen für den gelagerten radioaktiven Abfall. Die schädigende Potenz bleibt über Jahrtausende erhalten. Wir wissen nicht, ob die wissenschaftlich-technische Zivilisation mit ihrer Kenntnis der Natur dieser Gefahren die nächsten Jahrhunderte überleben wird.

Dieter Birnbacher (Hrsg.): Ökologie und Ethik. Stuttgart 1991, S. 200f.

a) Unter Experten ist es üblich, das Risiko als Produkt von Schadensausmaß und Eintrittswahrscheinlichkeit zu quantifizieren. Diskutieren Sie, wieweit es befriedigend ist, das Risiko der Kerntechnik und anderer neuartiger Technologien auf diese Weise zu berechnen.

b) Vergleichen Sie die Art und Weise, wie verschiedene führende Repräsentanten der Kerntechnik mit Kritik umgehen. Ziehen Sie dazu auch die Texte 109 b und c heran.

c) Wer ist dazu qualifiziert, bei Diskussionen über die Kerntechnik mitzureden? Diskutieren Sie das Problem, wie sich bestimmen lässt, wer Experte für die Kernenergie-Problematik ist. Was lässt sich den verschiedenen Texten zu dieser Frage entnehmen?

111 Die Gentechnik: ein gefährlicher Eingriff in die Grundlagen der Natur?

a) Stanley N. Cohen, einer der Pioniere der Gentechnik, erwiderte den Gegnern:

Ein vor kurzem veröffentlichter Brief, der von Kritikern vielfach zitiert wurde, stellt die Frage: „Haben wir das Recht, der evolutionären Weisheit der Jahrmillionen auf unwiderrufliche Art zuwiderzuhandeln?" Eben diese so genannte evolutionäre Weisheit hat uns die Gen-Kombinationen für Pest, Pocken, Gelbfieber, Typhus, Kinderlähmung, Diabetes und Krebs beschert. [...] Der Erwerb und Gebrauch von jeglichem biologischen und medizinischen Wissen bedeutet eine absichtliche und ontinuirliche Attacke auf die evolutionäre Weisheit.

Zit. n.: Joachim Radkau: Gentechnik – Die ungeklärten Risiken beim Überschreiten einer naturgeschichtlichen Schwelle, in: Geschichte lernen, Jg. 1/1988, Heft 4, S. 60.

b) Die Pharmaziehistorikerin Erika Hickel, die 1986 als Bundestagsabgeordnete der Grünen der Bundestags-Enquetekommission Gentechnologie angehörte, schrieb damals zu dem Argument, dass Gen-Mutationen auch in der Natur vorkommen:

Plötzliche Erbgutveränderungen (Mutation) entstehen zwar auch spontan in der Natur, und die Betreiber der Gentechnik argumentieren denn auch, sie ahmten ja nur die Natur nach. In dieser Argumentation werden aber entscheidende Tatbestände unterschlagen: Aus den zahlreichen und überall stattfindenden Mutationen entstehen natürlicherweise neuartige Individuen, die überleben und sich fortpflanzen, nur extrem selten, dafür aber bei unendlich vielen verschiedenen Arten. Die extreme Langsamkeit und extreme Vielfalt im Verlaufe der Evolution ist aber nun genau das Gegenteil dessen, was in den Labors geschieht: Hier werden von nur einem Stamm einer bestimmten Art von Lebewesen unzählig viele Individuen in nur einer bestimmten Weise gentechnisch manipuliert, und zwar ganz plötzlich, so beispielsweise [...] bei der Freisetzung geplanter, künstlich Öl fressender Mikroorganismen. [...] Das Ausmaß unseres Nichtwissens über die Zusammenhänge der Evolution ist riesengroß. Das kleine bisschen Wissen über molekulare Einzelaspekte reicht aber möglicherweise aus, um das große Ganze durcheinanderzubringen und um das Unverstandene zu zerstören.

Erika Hickel/Bernd Klees (Hrsg.): Gen-Technik oder Gen-Manipulation? Braunschweig 1986, S. 39f.

c) Die Schweizer Firma Gensuisse stellte die Behauptung auf:

Jährlich verhungern Millionen von Menschen, weil Schädlinge die Reisernten vernichten. Dank Gentechnik ist die Züchtung einer resistenten Reispflanze gelungen, die sich selber vor Larvenfraß schützen kann.

Darauf erwidert eine Broschüre der Stiftung Ökologie und Landbau:

Schädlinge werden auch diese Barriere überwinden. Genau so, wie sie Resistenzen gegen chemische Spritzmittel entwickelt haben. Das ist nur eine Frage der Zeit. Kein Wunder: Denn während bisher Insektizide (so genannte Schädlingsbekämpfungsmittel) nur bei Bedarf (hohem Schädlingsdruck) eingesetzt wurden, produzieren die gentechnisch veränderten Pflanzen das Insektengift permanent. Die Schadinsekten werden deshalb ständig mit dem Gift konfrontiert. Die Resistenzbildung geht viel schneller vonstatten als vor dem Einsatz der Gentechnik. Die Antwort der Gentechnik-Lobby: Immer mehr und stärkere Insektengifte. Ob die „Gift produzierenden" Pflanzen der Umwelt als Futter den Tieren oder als Lebensmittel uns Menschen auf die Dauer gut tun, bleibt abzuwarten.

Forum Umwelt und Entwicklung (Hrsg.): Irrtum möglich. Mit Gentechnologie gegen den Welthunger? Bonn 1998.

a) Man kann über die Gentechnik grundsätzlich oder auf der Ebene konkreter Anwendungen diskutieren. Ordnen Sie die einzelnen Textteile diesen Ebenen zu und diskutieren Sie, auf welcher Ebene man besser zu klaren Ergebnissen gelangt.

b) Stellen Sie sich das in dem Glauben an die „evolutionäre Weisheit" enthaltene Weltbild vor und versuchen Sie, Cohens Gegenposition an der Geschichte zu überprüfen.

c) Überlegen Sie, wie sich mit Erfahrungen aus der Grünen Revolution argumentieren lässt, wenn es um den Einsatz der Gentechnik in der Landwirtschaft der Dritten Welt geht.

Zur Diskussion

Wie beeinflussen Emissionen das Klima – was beweist die Klimageschichte?

Kann es Klimapolitik überhaupt geben?

Von allen Umweltproblemen, die in den letzten Jahrzehnten diskutiert wurden, ist die Klimaproblematik die größte und schwierigste:

(1) Sie ist am wenigsten einzugrenzen, weniger als die Probleme der Wasser- und Bodenverschmutzung; mehr als alle anderen Probleme besitzt sie globalen Charakter. Sie ist für die Menschheit am bedrohlichsten und zugleich am unübersichtlichsten.

(2) Der Laie steht hier den Experten besonders hilflos gegenüber. Berechnungen über das Klima sind ungeheuer kompliziert, enthalten viele Unbekannte und sind von Laien kaum auch nur im Ansatz nachzuvollziehen.

(3) Die Chancen für wirksame politische Gegenstrategien sind hier schlechter als bei den meisten anderen Problemen; denn eine drastische Senkung der CO_2-Emissionen erfordert eine grundlegende Veränderung der Wirtschafts- und Lebensweise einschließlich der Zukunftsperspektiven in weiten Teilen der Welt.

112 Hexen verursachen einen Hagelsturm: Illustration in dem Hexenbuch von Ulrich Molitor, Köln 1489.
Diskutieren Sie, ob man aus der Geschichte der Schuldzuweisungen bei Naturereignissen auch für die Gegenwart Lehren ziehen könnte.

113 SPIEGEL-Titel aus dem Tschernobyl-Jahr 1986. Die Publikation zum Thema „Treibhaus-Effekt" übte seinerzeit eine große Schockwirkung aus und rüttelte die Öffentlichkeit auf. Von den meisten seriösen Klimaforschern auch als weit überzeichnet beurteilt, mobilisierte doch erst dieses Schreckbild mehrstellige Millionenbeträge für die Klimaforschung.

Was beweist die Geschichte?

In den 1980er- und 1990er-Jahren wurde tatsächlich in weiten Teilen der Welt ein Anstieg der Durchschnittstemperaturen registriert. Durch Eisbohrungen in der Antarktis ließ sich der CO_2-Gehalt der Atmosphäre in vorindustrieller Zeit bestimmen, mit dem Ergebnis, dass dieser seither tatsächlich um ein Viertel zugenommen hat. Von daher spricht einige Wahrscheinlichkeit für eine Auswirkung auf das Klima. Auf der anderen Seite war das Klima auch in früheren Zeiten häufigen Schwankungen unterworfen und wird ohne Zweifel auch von vielen anderen Faktoren beeinflusst, die mit dem Menschen nichts zu tun haben.

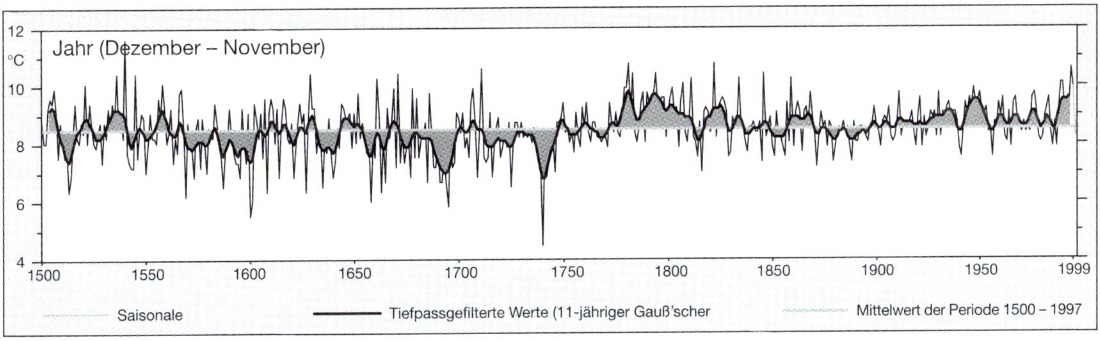

114 Temperaturkurve für Mitteleuropa von dem Jahr 1500 bis 2000.
Vergleichen Sie mit M 91, und diskutieren Sie, ob es einen für den Laien erkennbaren Zusammenhang zwischen dem Anstieg des Kohlendioxidgehalts der Atmosphäre und der Klimageschichte Mitteleuropas gibt. Wie normal oder unnormal sind die letzten Jahrzehnte im Lichte der Klimageschichte?

115 Wie kann die Klimapolitik zu vernünftigen Entschlüssen gelangen?

a) Der amerikanische Klimatologe Stephen Schneider:

Was die Öffentlichkeit jedoch nicht brauchen kann, ist, von der Unsicherheit und einer andauernden Debatte unter den Wissenschaftlern gelähmt zu werden. […] Sicher hat die Gesellschaft nicht die Ressourcen, um sich gegen alle möglichen negativen Entwicklungen der Zukunft zu schützen. Genauso wenig geben auch einzelne Menschen ihr gesamtes Einkommen für die Krankenversicherung aus. Aber es gibt bereits eindeutige Prinzipien, für *welche* Probleme wir einen Teil unserer wissenschaftlichen und finanziellen Ressourcen einsetzen sollten. Dazu gehört, die Steigerungsrate des Treibhauseffektes dadurch zu bremsen, dass Investitionen in die Effektivierung des Energieeinsatzes gelenkt werden. […] Dies macht auch wirtschaftlich Sinn, Energie effizienter zu nutzen. […]

Sicherlich würde die weitere Atmosphärenforschung die politischen Entscheidungen auf eine festere wissenschaftliche Basis stellen. Aber ich meine, dass detaillierte und glaubwürdige Einzelheiten noch in Jahrzehnten nicht verfügbar sein werden, und dies heißt, nicht bevor die Menschheit bereits großen atmosphärischen Veränderungen ausgesetzt ist. […] Wir müssten uns dann an eine sehr viel größere Menge Treibhausgase, sauren Regen und Ozonschichtzerstörung anpassen, als wenn wir heute handeln würden. Das Dilemma liegt darin, metaphorisch gesprochen, dass wir in eine noch schmutzige Metallkugel schauen. Und die Entscheidung, die wir treffen müssen, ist genau die, ob wir das Glas weiter polieren müssen, bevor wir handeln, oder ob das, was wir bereits sehen, schon ausreichend ist.

Stephen S. Schneider: Die Debatte über die Klimaveränderungen: was wir tun sollten. In: Paul J. Crutzen/Michael Müller (Hrsg.): Das Ende des Blauen Planeten? Der Klimakollaps: Gefahren und Auswege. München 1989, S. 141ff.

b) Der Schweizer Klimahistoriker Christian Pfister:

Die gesamte Belastung durch Überschwemmungen, Lawinen und Stürme war am größten im 19. Jahrhundert. Dies trägt mit zum Verständnis dafür bei,

warum die Gesellschaft damals zur vorbehaltlosen Eindämmung und Zähmung der Natur mit allen verfügbaren Mitteln entschlossen war. Am geringsten war die Belastung im 20. Jahrhundert, das seine Bezeichnung als klimatisches Gunstjahrhundert offensichtlich auch in dieser Hinsicht zu Recht trägt. […] [Von 1988 bis 1997 stieg die Jahrestemperatur um gut 1 Grad an.] Dieser jüngste Erwärmungsschub […] [ist] im südlichen Mitteleuropa […] innerhalb der letzten 500 Jahre einzigartig. […] Zur Frage, wann sich ein Verdacht (auf eine vom Menschen verursachte bedrohliche Erwärmung) hinreichend verfestigt habe, um die Entscheidungsinstanzen zu alarmieren, hat uns die Wissenschaft selbst nichts mitzuteilen. […] Klimapolitisch bedeutsam ist nicht die schleichende Erhöhung der Durchschnittstemperaturen an sich […], sondern die Abschätzung der zukünftig zu erwartenden Anomalien und Naturkatastrophen. […] Wir sparen Heizöl und können auf Winterreifen verzichten. Mediterrane Pflanzen wie Feigen bringen in den Gärten reife Früchte. […]
Das Risikoproblem, wie es sich aufgrund der vorliegenden Ergebnisse stellt, ist für das Mediensystem schwierig zu vermitteln. Nur medial einprägsame spektakuläre Ereignisse finden die immer knappere Aufmerksamkeit des Publikums. Naturkatastrophen würden diese Voraussetzungen bestens erfüllen, nur sind sie als „Beweise" für die Wirksamkeit des Treibhauseffekts (noch) nicht geeignet. […] Stark vereinfacht: Die schlüssigen Indizien sind nicht spektakulär, und die spektakulären Ereignisse sind nicht schlüssig!

Christian Pfister: Wetternachhersage. 500 Jahre Klimavariationen und Naturkatastrophen. Bern 1999, S. 263, 266ff.

c) Der Klimahistoriker Rüdiger Glaser:
In apokalyptischen Szenarien wird in den Medien ein düsteres Bild unser klimatischen Zukunft gezeichnet: Menschliches Fehlverhalten fordert die Natur heraus und zieht den Übeltäter zur Rechenschaft. Ein jahrhundertealtes Erklärungsmuster. Anscheinend sind auch heute noch Menschen durch Unkenntnis und Unsicherheit für irrationale Bewertungen empfänglich. […]
Wer die einzelnen Kapitel gelesen hat, der wird erkennen, dass die Veränderlichkeit das Wesensmerkmal des mitteleuropäischen Klimas war und ist. Es gibt keinen als „normal" zu bezeichnenden Zeitabschnitt, […] in dem nicht auch die unterschiedlichsten Extreme aufgetreten wären. […] In der Entwicklung der letzten 150 Jahre […] muss vor allem die winterliche Erwärmung hervorgehoben werden, die in der Zusammenschau der letzten 1000 Jahre in dieser Form einmalig ist und wohl auf die anthropogene Erhöhung des Treibhauseffekts zurückzuführen ist. […] Es kann nicht bestritten werden, dass der Mensch massiv in das Klimasystem eingreift! Die Forderung nach Unterlassung dieser Eingriffe ist notwendig und legitim, wenn oder gerade weil man die Folgen nicht in ihrer vollen Tragweite abschätzen kann. Zudem steckt die Klimaprognostik in einem Dilemma: Wartet man ab, bis sich anthropogen verursachte Klimaänderungen als signifikant herausstellen, wird es für Korrekturen und Gegenmaßnahmen bereits zu spät sein. Ein krankes Klimasystem lässt sich nicht mehr heilen!

Rüdiger Glaser: Klimageschichte Mitteleuropas. Darmstadt 2001, S. 3f., 209.

a) Diskutieren Sie, wie man im Alltag mit Unsicherheiten umgeht, und ob man diese Methoden auf den politischen Umgang mit der Klimaproblematik übertragen kann.

b) Welche Fragen an die Klimageschichte ergeben sich aus den aktuellen Diskussionen? Überprüfen Sie historische Bemerkungen in den Texten an dem Schaubild aus Rüdiger Glasers Klimageschichte Mitteleuropas.

1. *Diskutieren Sie, wieweit die Materialien von Teil V Christian Pfisters These vom „50er-Syndrom" (Text 2 b) bestätigen.*
2. *Vergleichen Sie die verschiedenen in diesem Teil behandelten Umweltrisiken miteinander: Wieweit sind sie offenkundig und wieweit hypothetisch? Wieweit kann der Laie bei alledem mitreden?*
3. *Geben Sie bei diesen Risiken einen Überblick über Wechselwirkungen zwischen den hoch industrialisierten Ländern und der Dritten Welt. Diskutieren Sie, wie sich eine weltweite Ernährungskrise auf die deutsche Agrar- und Umweltpolitik auswirken würde.*
4. *Diskutieren Sie, inwieweit die Flugzeugattentate vom 11. September 2001 in New York und Washington für den vernünftigen Umgang mit hypothetischen Risiken von Belang sind.*

VI. Natur- und Umweltschutz: Die Vernetzung der Reformbewegungen

Die vielfältigen Ursprünge der Umweltbewegung

Für die heutige Öffentlichkeit sind Natur- und Umweltschutz wie selbstverständlich ein einziger großer zusammenhängender Politikbereich. Historisch gesehen, sind sie dagegen aus einer ganzen Anzahl älterer Reformbewegungen und Politikfelder zusammengewachsen:

(1) Die längste Tradition hat in Deutschland und in anderen westlichen Ländern der *Waldschutz*. Seit dem 18. Jahrhundert ging er oft mit einer Forstpolitik zusammen, die die Wälder unter dem Aspekt des maximalen ökonomischen Nutzens umgestaltete. Schon seit dem späten 19. Jahrhundert gab es jedoch in der Forstwirtschaft eine Gegenbewegung, die den Mischwald bevorzugte und in den heutigen „ökologischen Waldbau" mündet.

(2) Eine ähnlich lange Tradition besitzt der *Wasserschutz*, die Sorge um die Verfügbarkeit von Trink- und Brauchwasser und um die Reinhaltung der Brunnen und Gewässer. Seinen ersten Höhepunkt erreichte der Wasserschutz in den Großstädten des 19. Jahrhunderts. Heute stehen hinter manchen Naturschutzgebieten Wasserschutzinteressen.

(3) Auch der Kampf gegen den Rauch und die Sorge um die *Reinhaltung der Luft* beginnt schon im 19. Jahrhundert, stand allerdings lange hinter dem Wasserschutz zurück, der sich – sowohl rechtlich wie technisch gesehen – leichter in die Tat umsetzen ließ.

(4) Der *Tierschutz* – besonders der *Vogelschutz* –, der lange Zeit mit den eben genannten Handlungsfeldern kaum etwas zu tun hatte, wurde – vor allem von England ausgehend – seit dem 19. Jahrhundert zu einer großen und leidenschaftlichen Bewegung.

(5) Der *Naturschutz* im Sinne von Landschaftsschutz verbreitete sich in Deutschland und den anderen Industrieländern seit etwa 1900, zum Teil eng verbunden mit dem Vogel-, aber auch mit dem *Heimatschutz*, dem Kampf für die Erhaltung alter Dorfbilder und traditioneller Regionalarchitektur.

(6) *Technische Sicherheit* und *Arbeitsschutz* hatten ursprünglich mit Natur- und Umweltschutz nichts zu tun, waren jedoch Bereiche, wo Umweltrisiken am frühesten nachgewiesen werden konnten. Durch die Kontroverse um die Kerntechnik wurde die technische Sicherheit zu einem zentralen Thema der Umweltbewegung.

(7) Die *Naturheillehre*, der Glaube an die Heilkraft der Natur und die Suche nach „naturgemäßen" Lebensformen, hat Traditionen, die bis in die Antike zurückreichen, wurde in Deutschland jedoch um 1900 zu einer breiten Bewegung.

(8) Der *Verbraucherschutz* war und ist – am meisten in den USA – eine besonders wirksame Waffe der Umweltbewegung, die den Bedingungen des freien Marktes entspricht. Wo man die Industrie nicht per Gesetz zu umweltverträglichen Produkten zwingen kann, wird dies nicht selten durch öffentlichen Druck bewirkt, der sich auf Käuferentscheidungen auswirkt. Auch der Verbraucherschutz besitzt Tradition: Die Angst vor verdorbenen Produkten mit schädlichen Beimischungen geht bis in die vorindustrielle Zeit zurück.

Natur- gegen Umweltschutz?

Noch heute gibt es zwischen den verschiedenen Bereiche des Natur- und Umweltschutzes Spannungen. Viele Naturschützer legen großen Wert darauf, die Natur um ihrer selbst willen zu schützen. Daher lehnen sie den Begriff „Umwelt" ab, der die Natur auf den Menschen bezieht, und sehen in einer auf die Befriedigung menschlicher Bedürfnisse bezogenen Umweltpolitik einen Irrweg. Für viele Umweltschützer dagegen ist jener Typ des Naturschützers borniert, dem es lediglich um die Brutplätze bestimmter Vogelarten und nicht um die globale Bedrohung der Menschheit geht.

Wie ist es zu der großen Einheit von Natur- und Umweltschutz gekommen, die sich heute zumindest der Öffentlichkeit darbietet? Und: Hat diese Einheit einen Sinn, eine praktische Bedeutung?

116 „Prof. Karnickulus: Nur keine falsche Sentimentalität. Das Prinzip der freien Forschung verlangt es, dass ich diesen Menschen vivisezierе zum Heile der gesamten Tierwelt." Karikatur aus den „Fliegenden Blättern" 1905, zu einer Zeit, als die Vivisektion – der medizinische Eingriff in lebende Tiere – schon seit Jahrzehnten der heftigen Kritik der Tierfreunde ausgesetzt war.

Der Zusammenhang vieler Umweltprobleme

Eine Antwort darauf ist die, dass viele Umweltprobleme tatsächlich zusammenhängen und es wichtig ist, diesen Zusammenhang zu sehen. Naturreservate, um die herum die Luft und das Grundwasser durch Emissionen belastet werden, bieten nur eine Illusion von „unberührter Natur". Ein Wasserschutz, dem es nur um das Wasser zu tun ist, tendiert dahin, das Abfallproblem mit Müllverbrennungsanlagen in die Luft oder über Klärschlamm in den Boden zu verlagern.

Die grundsätzliche Erkenntnis solcher Zusammenhänge ist nicht neu; sie war in dem Begriff *Natur* seit langem enthalten. Besonders alt ist die Einsicht in den Zusammenhang zwischen Wald und Wasser; man konnte sie auch ohne moderne Wissenschaft gewinnen, ja diesen Zusammenhang sogar überschätzen. Ein elsässischer Dominikanermönch bemerkte schon um 1300, vor der großen Waldrodung seien die Bäche und Flüsse „nicht so groß wie jetzt" gewesen, „weil die Wurzeln der Bäume die Feuchtigkeit des Schnees und Regens längere Zeit in den Bergen zurückhielten". Auch dass eine Verunreinigung des Wassers auch den Boden verunreinigt und umgekehrt, war leicht zu erkennen. Darüber hinaus kam es in den Reformbewegungen um 1900 vielfach zu einem Zusammengehen von Tierschutz, Landschaftsschutz, Lebensreform und Naturheilbewegung: einer Bündelung der Reformbestrebungen, die vieles von der heutigen Umweltbewegung vorwegnimmt.

Der neue globale Blick

Nicht alles an der heutigen Umweltbewegung stammt jedoch aus älteren Traditionen. Die Herausforderung durch die enormen hypothetischen Risiken neuer Technologien – am meisten der Kerntechnik, aber auch der synthetischen Chemie – spielt als Auslöser eine entscheidende Rolle. Im Zusammenhang damit war es das Bewusstsein der *globalen* Bedrohung, das der Umweltbewegung ihre Massenwirksamkeit und politische Durchschlagskraft gab. Dabei haben gerade die Erfolge der Raumfahrt in den 1960er-Jahren, die in der ersten menschlichen Mondlandung am 21. Juli 1969 gipfelten, vielen die Augen geöffnet. Bis dahin war die Erwartung verbreitet, die Mondlandung werde der erste Schritt zur Besiedelung des Weltraums sein. Aber gerade durch die Weltraumforschung begriff man die Einzigartigkeit der Erde, des „Blauen Planeten" mit seiner Lufthülle, und erkannte, dass es nirgends, so weit man sah, einen bewohnbaren Planeten gab. So lenkte die Erforschung des Weltraums den Blick zurück auf die Erde und auf die Notwendigkeit für die Menschen, sich auf diesem begrenzten Raum für die Dauer einzurichten.

Die ökologische Revolution um 1970

In den Jahren nach 1970 vollzog sich in Politik und Öffentlichkeit – ob in der Bundesrepublik oder in den USA – so etwas wie eine „ökologische Revolution", wenn auch meist mehr in Worten als in Taten. Galt bis dahin das wirtschaftliche Wachstum als oberstes Ziel, so trat an dessen Stelle für immer mehr Menschen die Umweltverträglichkeit des Wirtschaftens. Die bisherige Begeisterung für die Kerntechnik schlug oft ziemlich abrupt in Gegnerschaft um. Hatte die EWG noch 1969 im Interesse der Standardisierung der Obstproduktion das Roden von Obstbäumen prämiert, so wurde schon wenige Jahre darauf die Erhaltung traditioneller Obstbaumkulturen gefördert. Die Vorzüge des Fahrrads und der Straßenbahn wurden wieder entdeckt. Vergleichbares geschah in vielen Bereichen.

Die Wissenschaft Ökologie: nicht das Gleiche wie die populäre Ökologie

Auch die Fortschritte der Wissenschaftsdisziplin *Ökologie* im Laufe des 20. Jahrhunderts lenkten die Aufmerksamkeit auf die unendlich vielen Zusammenhänge und Wechselwirkungen innerhalb der Natur. Das Blickfeld der Ökologie war jedoch in aller Regel nicht global, sondern auf Kleinräume begrenzt. Für sie war schon ein Teich ein „Ökosystem", während sie mit dem „Ökosystem Erde" wenig anzufangen wusste. Lange Zeit blieb sie eine von der Öffentlichkeit wenig beachtete Disziplin am Rande des Wissenschaftsbetriebs. Aus eigener Kraft hätte sie keine mächtige „Öko-Bewegung" in Gang setzen können.

„Natur" – was ist das?

Der Kern der modernen Umweltbewegung besteht vermutlich weder in der ökologischen Wissenschaft noch in der Angst vor den Risiken neuer Technologien, sondern in dem Glauben an die *Natur*: daran, dass die Natur ihre eigene Ordnung hat und es dem Menschen am besten bekommt, sich in diese Ordnung einzufügen. Diese Überzeugung ist an und für sich jahrtausendealt. Sie erhielt allerdings, nachdem sie zeitweise altmodisch geworden war, durch die Probleme des 20. Jahrhunderts eine neue Aktualität.
Versucht man, *Natur* zu definieren und blickt man auf die Bedeutungsgeschichte dieses Begriffes zurück, stößt man zunächst auf Widersprüche. Es gibt die grüne Natur außerhalb der menschlichen Behausungen; oft meint „Natur" sogar das Nichtmenschliche schlechthin; aber schon seit der Antike hat man auch von der „Natur *im Menschen*" gesprochen. Teilweise sprach man von „Natur" im Sinne von Wildnis, dann aber auch von „Natur" im Sinne von „Wesen": „Es liegt in der Natur der Sache [...]." In dem einen Zusammenhang meinte „Natur" eine Nicht-Ordnung; in dem anderen war sie Schlüssel zur Ordnung. Diese Widersprüche lassen sich jedoch lösen, wenn man „Natur" nicht als philosophischen Begriff, sondern als Spiegel von Erfahrung nimmt: der menschlichen Grunderfahrung, dass es jenseits der künstlichen Ordnungen des Menschen auch „natürliche", vom Menschen nicht geschaffene Ordnungen gibt, von denen das menschliche Wohlsein abhängt, und dass es dem Menschen dann am besten ergeht, wenn er viel Grün, gute Luft und frisches Wasser um sich hat und sich selbst keinen ständigen Zwang antut.

Kontroversen um die Natur

Was jedoch „naturgemäß" in bestimmten Situationen konkret bedeutet, steht nicht ein für alle Mal fest, sondern lieferte immer wieder Stoff für Kontroversen. Man hat oft eine „natürliche" Gleichheit der Menschen erkannt, aber auch „naturgegebene" Rangunterschiede zwischen den Menschen behauptet. Die im 18. Jahrhundert proklamierten Menschenrechte gründen sich auf den Glauben an ein *Naturrecht*, die Abschaffung der Folter auf die Überzeugung, dass der Mensch ein natürliches Recht auf die Unversehrtheit des eigenen Körpers habe. Aber auch die unterschiedliche Stellung von Mann und Frau wurde auf die Natur gegründet; man sprach von der „natürlichen" Berufung der Frau zur Mutterschaft und verdammte „unnatürliche" Sexualpraktiken, die die Zeugung von Kindern verhindern. Man kann es umso bemerkenswerter finden, dass das Leitbild „Natur" gleichwohl bis heute einen Orientierungswert behielt.

Kult der Natur: wie eine neue Religion

Seinen ersten Höhepunkt erreichte der Naturkult im 18. Jahrhundert. Für viele Gebildete trat die Natur an die Stelle Gottes und trug die Spuren dieser Herkunft: Man stellte sie sich als allmächtige Gesetzgeberin vor, die die Welt in weiser Ordnung hält. Im Vertrauen auf die natürliche Ordnung konnte man künstliche, von Regierungen der Gesellschaft aufgezwungene Ordnungen anfechten. Die Natursehnsucht jener Zeit fand in Frankreich ihren stärksten Ausdruck in Rousseau, im damaligen Deutschland in Goethe. Indem der Mensch das Eigenrecht und die eigene Ordnung der Natur respektiert, fördert er auch sein eigenes Wohlergehen: Von dieser Überzeugung war der Naturkult jener Zeit getragen. Insofern sind Natur- und Umweltschutz, wenn man auf die Ursprünge der Naturidee zurückgeht, letztlich eine Einheit, auch wenn beide Strömungen streckenweise getrennte Richtungen einschlugen.

Ökologie: Die Wissenschaft von den Wechselbeziehungen der Organismen untereinander und zwischen ihnen und ihrer Umwelt. Im populären Gebrauch dieses Begriffes durch die „Öko-Bewegung" meint er vor allem die Wechselbeziehungen zwischen dem Menschen und seiner Umwelt und insbesondere die sich dabei ergebenden Probleme; aber das Hauptinteresse der ökologischen Wissenschaft galt ursprünglich eher den Beziehungen innerhalb der nichtmenschlichen Natur. Der Begriff „Ökologie" wurde 1866 von dem deutschen Naturforscher Ernst Haeckel (1834–1919) geprägt. Zunächst stellte man sich die ökologischen Einheiten als Lebensgemeinschaften vor, im 20. Jahrhundert dagegen auch als Systeme – **Ökosysteme** –, die über Stoff- und Energieflüsse „funktionieren" und berechenbar sind. Im populären „Ökosystem" dagegen besteht die alte Vorstellung von einer Lebensgemeinschaft fort. Als „Ökosystem" kann man ein Bachbett, aber auch die ganze Erde begreifen.

Landschaft: Dieser heute manchmal gleichbedeutend mit „Natur" und „Umwelt" gebrauchte Begriff bezeichnete in der frühen Neuzeit eine Personengruppe: die Vertreter eines Territoriums im Landtag. Im Zusammenhang mit der „Landschaftsmalerei" bezeichnet er seit dem 18. Jahrhundert ein Panorama, den von einem guten Aussichtspunkt wahrnehmbaren Ausschnitt aus einer Region. „Landschaft" wurde also von einem politischen zu einem ästhetischen Begriff. Als solcher hat er einen subjektiven Gehalt, der vom Standpunkt des Betrachters abhängt. Einen objektiven Inhalt hat er seit dem 19. Jahrhundert durch die Geographie, seit dem 20. Jahrhundert manchmal auch durch die Ökologie bekommen: Da ist Landschaft eine natürliche, durch besonders markante Merkmale (Hochgebirge, Steppe, Wüste, Sümpfe) gekennzeichnete regionale Einheit. In dem **Landschaftsschutz** lebt jedoch auch der ästhetische Landschaftsbegriff fort, heute durch Ökologie angereichert. Wenn etwa der Schutz der Heidelandschaft gefordert wird, dann wird gewöhnlich mit deren Artenreichtum, aber auch mit deren ästhetischem Reiz argumentiert.

Bildtafel 3 (oben): Die Karte aus dem Jahr 1677 dokumentiert den handfesten Streit um die Regulierung der Leine bei dem Dorf Ruthe: Braunschweigisch-lüneburgisches Militär zerstört die von Hildesheimer Seite angelegten Buhnen.
Bildtafel 3 (unten): Wacholder- und Heidelbeersträucher im Müritz-Nationalpark in Mecklenburg: keine „wilde" Natur, sondern Reste einer alten Weidelandschaft mit üppig wuchernden Wacholderbüschen, die vom Vieh nicht gefressen wurden.

Bildtafel 4: Die von dem Künstler Friedensreich Hundertwasser gestaltete Wiener Müllverbrennungsanlage. *Charakterisieren Sie diese „gestalterische Form" von Umweltpolitik.*

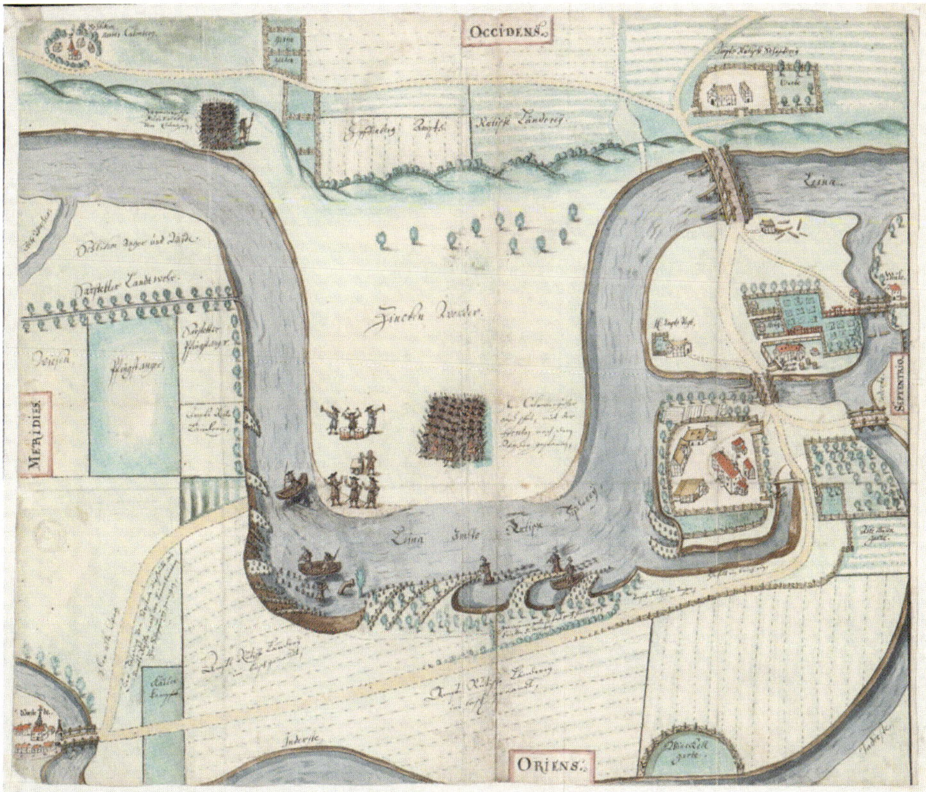
OCCIDENS.
MERIDIES.
SEPTENTRIO.
ORIENS.

Tafel 4

Flurbereinigung: ein seit der Privatisierung der gesamten landwirtschaftlichen Nutzflächen im 19. Jahrhundert voranschreitender, seit den 1950er-Jahren noch verstärkter Prozess. Dabei ging es zunächst vor allem um die Zusammenlegung der unter den Bedingungen der alten **„Dreifelderwirtschaft"** oft weit verstreuten Äcker des einzelnen Bauernhofes zur Verkürzung der Wege und zur Herstellung großer, maschinell zu bearbeitender Ackerflächen, darüber hinaus jedoch mehr und mehr – und vor allem dies unter Protest der Natur- und Landschaftsschützer – um die Beseitigung von nicht mehr benötigten Landschaftselementen wie Hecken, Wäldchen, Feldrainen und Tümpeln, die die Nutzfläche einschränkten und den Maschineneinsatz behinderten. Die Flurbereinigung wurde lange Zeit vom Staat gefördert, ja forciert. Seit den 1970er-Jahren dagegen suchen vielfach die gleichen Landesplanungsbehörden, die die Flurbereinigung bis dahin vorantrieben, Teile von ihr zu bremsen und rückgängig zu machen!

117 Die Liebe zur Natur bei Rousseau und Goethe

a) Als revolutionärer Denker berühmt wurde Rousseau vor allem durch seinen *Diskurs über die Ungleichheit* (1755). Darin schreibt er:

Die extreme Ungleichheit in der Lebensweise, das Übermaß an Müßiggang bei den einen, das Übermaß an Arbeit bei den anderen […]; die Kümmernisse und die Betrübnisse ohne Zahl, die man in allen Lagen erfährt und von denen die Seelen fortwährend zerfressen werden – das sind die unheilvollen Beweise dafür, dass die Mehrzahl unserer Leiden unser eigenes Werk sind und dass wir sie beinahe alle vermieden hätten, wenn wir die einfache, gleichförmige und einsame (solitaire) Lebensweise beibehalten hätten, die uns von der Natur vorgeschrieben wurde. Wenn die Natur uns dazu bestimmt hat, gesund zu sein, so wage ich beinahe zu versichern, dass der Zustand der Reflexion ein Zustand wider die Natur ist und dass der Mensch, der nachsinnt, ein verdorbenes (dépravé) Tier ist. Wenn man an die gute Verfassung der Wilden denkt – zumindest jener, die wir nicht mit unseren starken Branntweinen zugrunde gerichtet haben –, wenn man weiß, dass sie beinahe keine anderen Krankheiten kennen als die Verwundungen und das Alter, dann ist man sehr geneigt zu glauben, dass man die Geschichte der menschlichen Krankheiten leicht schreiben könnte, indem man die Geschichte der bürgerlichen Gesellschaften verfolgte. […]

Nicht ohne Mühe haben wir es fertig gebracht, uns so unglücklich zu machen. Wenn man einerseits die unermesslichen Anstrengungen der Menschen betrachtet […], so viele eingesetzte Kräfte, aufgefüllte Abgründe, abgetragene Berge, gesprengte Felsen, schiffbar gemachte Flüsse, urbar gemachte Böden, ausgegrabene Seen, trockengelegte Sümpfe […], und wenn man andererseits mit ein wenig Nachdenken nach den wahren Vorteilen sucht, die aus all dem für das Glück der menschlichen Art erwachsen sind, so kann man über das erstaunliche Missverhältnis, das zwischen diesen Dingen herrscht, nur frappiert sein und die Verblendung des Menschen beklagen, die ihn, um seinen törichten Hochmut […] zu nähren, mit Eifer all dem Elend und der Not nachjagen lässt, für die er empfänglich ist und welche die wohltätige Natur Sorge getragen hatte, von ihm fernzuhalten.

Rousseau: Diskurs über die Ungleichheit, Hrsg. H. Meier. Paderborn 1984, S. 89f., 301.

b) Rousseau verrät in seiner Autobiographie *Confessions* vieles davon, wie sein Verhältnis zur Natur in persönlichen Erfahrungen wurzelte. Im September 1765 fand er nach manchen Verfolgungen eine vorübergehende Zuflucht auf einer Insel im Bieler See (Schweiz). Über jene Zeit schreibt er:

Ich, der ich die ganze Insel zu meinem Garten machte, ich eilte, sobald ich eine Beobachtung anzustellen oder nachzuprüfen hatte, mit meinem Buch unter dem Arm in Wald und Wiese hinaus, dort legte ich mich neben die infrage stehende Pflanze auf den Boden, um sie in großer Gemächlichkeit zu untersuchen. Dieses Verfahren ist mir äußerst dienlich dabei gewesen, die Pflanzen in ihrem natürlichen Zustand, ehe sie von Menschenhand angebaut und umgestaltet sind, kennenzulernen. […] Oft, wenn das Wetter ruhig war, warf ich mich gleich nach dem Essen in ein Boot und fuhr ins freie Wasser hinaus. Der Augenblick, da ich vom Ufer abstieß, erfüllte mich jedes Mal mit einer Freude, die mich schier erbeben machte, ohne dass es mir zu sagen oder zu begreifen gegeben wäre, welcher Ursache sie entsprang, wenn es nicht etwa das heimliche Glücksgefühl war, nun allen Bösen unerreichbar zu sein. […] Manch einmal rief ich, von Rührung übermannt, aus: „O Natur, o meine Mutter, hier steh ich unter deinem Schutz allein, hier kann sich kein schlauer schurkischer Mensch zwischen dich und mich drängen!“

Rousseau: Bekenntnisse (urspr. 1781). Frankfurt 1985, S. 883f.

c) Ein junger Schweizer, der Goethe 1781 in Weimar besuchte, notierte dabei Betrachtungen des Dichters über die Natur. Goethe sagte später, dass diese Notizen – wenn er sich auch an diese seine Worte nicht erinnern könne – ganz mit seinen damaligen Vorstellungen übereinstimmten, und nahm sie in die Gesamtausgabe seiner Werke auf. Darin heißt es:

Natur! Wir sind von ihr umgeben und umschlungen – unvermögend aus ihr herauszutreten und unvermögend tiefer in sie hineinzukommen. Ungebeten und ungewarnt nimmt sie uns in den Kreislauf ihres Tanzes auf und treibt sich mit uns fort, bis wir ermüdet sind und ihrem Arme entfallen.

Sie schafft ewig neue Gestalten; was da ist, war noch nie, was war, kommt nicht wieder. – Alles ist neu und doch immer das Alte.

Wir leben mitten in ihr und sind ihr fremde. Sie spricht unaufhörlich mit uns und verrät uns ihr Geheimnis nicht. Wir wirken beständig auf sie und haben doch keine Gewalt über sie. [...] Sie verwandelt sich ewig und ist kein Moment Stillestehen in ihr. Fürs Bleiben hat sie keinen Begriff, und ihren Fluch hat sie ans Stillestehen gehängt. [...]

Man gehorcht ihren Gesetzen, auch wenn man ihnen widerstrebt, man wirkt mit ihr, auch wenn man gegen sie wirken will. [...]

Ihre Krone ist die Liebe. Nur durch sie kommt man ihr nahe. [...] Sie hat alles isolieret, um alles zusammenzuziehen. Durch ein paar Züge aus dem Becher der Liebe hält sie für ein Leben voll Mühe schadlos.

Roy Pascal: Der Sturm und Drang. Stuttgart 1963, S. 248ff.

a) Wieweit erkennt man bei den Naturvorstellungen Rousseaus und Goethes einen religiösen Ursprung, und wieweit besitzen sie eine rationale Grundlage?
b) Enthalten diese Naturideen politische Konsequenzen?
c) Heute unterscheidet man oft zwischen einer utilitaristischen und einer selbstlosen Liebe zur Natur und auch zwischen einer Liebe zur Garten-Natur und einer Liebe zur „wilden" Natur. Diskutieren Sie, wieweit man diese Texte der einen oder der anderen Naturliebe zuordnen kann, und ob diese Unterscheidungen hier einen Sinn ergeben.

1. Der deutsche Wald und die Zugvögel: Naturschutz zwischen Nationalismus und Grenzenlosigkeit

Wodurch wird die Natur schutzbedürftig?

Nicht automatisch führte der Kult der Natur zu der Forderung nach einem Schutz der Natur; im Gegenteil: Wenn man die Natur für allmächtig und allumfassend hielt, dann brauchte sie keinen menschlichen Schutz. Auffassungen dieser Art überwogen in der Philosophie des 18. Jahrhunderts. Sorgen um die Umwelt kamen zunächst mehr aus der praktischen Erfahrung als aus der Theorie. Am größten wurde in Mittel- und Westeuropa während des 18. Jahrhunderts die Angst vor einer Vernichtung der Wälder und drückender Holznot (s. Teil II 3). Im 19. Jahrhundert waren es dann die auswuchernden Industriestädte, von denen viele eine Verhässlichung der Landschaft und der Menschen befürchteten. Die künstlerische Romantik, die sich vom frühindustriellen England nach Deutschland und in andere Länder ausbreitete, enthielt eine Gegenreaktion auf die Industrialisierung: eine Verklärung der alten Zeit und der nur von Hirten bevölkerten „arkadischen" Landschaft.

Am Anfang: Schutz von „Naturdenkmälern"

Die deutsche Romantik, die den Rhein und seine Burgen verherrlichte, führte 1828 zu der ersten deutschen Naturschutzbewegung: einem breiten und erfolgreichen Protest dagegen, dass der Drachenfels durch Steinbrüche zerstört wurde. Der frühe Naturschutz hatte in der Regel ästhetisch-romantische, nicht ökologische

118 Revolutionärer Naturkult: Das „Fest des höchsten Wesens", das die Jakobiner an die Stelle Gottes setzen wollten, 1794 in Paris. Auf einem heiligen Berg erhebt sich ein – dort gewiss künstlich gepflanzter – Freiheitsbaum; und ein Freiheitsbaum schmückt auch den Wagen der Landwirtschaft (vorne links).

Motive. Als der Botaniker Hugo Conwentz 1906 von der preußischen Regierung zum Leiter der Staatlichen Stelle für Naturdenkmalpflege berufen wurde, begann die Institutionalisierung des Naturschutzes in Deutschland. Konnte man zunächst nur den Schutz einzelner markanter „Naturdenkmäler" durchsetzen, so strebte man doch von Anfang an darüber hinaus zum Schutz naturhafter Landschaften.

Die Entdeckung des Zaubers der Wildnis

Die älteste Liebe zur grünen Natur ist die Liebe zum *Garten*. Der gegen die Außenwelt abgeschirmte Garten, in dem friedliche Ruhe herrscht und den eine bunte Vielfalt von Blumen und Früchten schmückt, ist das Urbild des Idylls, des Paradieses. Die *Wildnis* war demgegenüber eine gefährliche Welt. Aber auch deren Reiz wurde mehr und mehr empfunden, am frühesten wohl von den Jägern, die dem Wild nachspürten. Vom englischen Gartenbau ging im 18. Jahrhundert eine Bewegung aus, die im Gegensatz zum wohl geordneten französischen Garten den weniger regelmäßigen „Landschaftsgarten", der einen Hauch von Wildnis besaß, kultivierte. In den Tropen entdeckten Reisende den Zauber des *Urwalds*. Am spätesten wurde der Reiz der Sumpflandschaften entdeckt, die bis ins 20. Jahrhundert Brutstätten der Malaria waren, dann jedoch die besondere Begeisterung der Naturliebhaber erregten. Die Wildnis wurde für viele Naturschützer zur *wahren* Natur, obwohl die meisten vermeintlichen Wildnisse in Wahrheit Spuren menschlicher Eingriffe tragen.

Revolutionäre und antirevolutionäre Natur

Im 18. Jahrhundert enthielt das Ideal *Natur* oft eine Auflehnung gegen „künstliche" Ordnungen des Staates und der Gesellschaft. Seit der Romantik des beginnenden 19. Jahrhunderts gab es jedoch auch einen antirevolutionären Naturkult, für den überkommene Gesellschaftsordnungen im Gegensatz zu den Neuerungen der Revolution etwas „Organisches" besaßen. Viele Romantiker liebten alte knorrige Eichen, die die Zähigkeit alter „natürlicher" Ordnungen verkörperten.

119 „Hünengrab im Schnee“ von Caspar David Friedrich (1806). Das Bild entstand nach dem Sieg Napoleons über Preußen: für Friedrich ein tiefer Schmerz. Die einsamen und knorrigen alten Eichen wurden ein immer wiederkehrendes Motiv des Malers. *Vergleichen Sie die Eichen C. D. Friedrichs mit dem französischen Freiheitsbaum und beschreiben Sie die unterschiedlichen Gefühlswerte, die sich mit den beiden Arten des Baumkults verbinden lassen.*

Der Wald als Verkörperung der Natur

In vielen Ländern galt der *Wald* seit dem 19. Jahrhundert als Inbegriff der Natur. Besonders charakteristisch wurde die Waldromantik seit jener Zeit für Deutschland. Man begann den „deutschen Wald“ zu feiern. Gerade zur Zeit der Romantik begann jedoch in vielen deutschen Regionen die große Aufforstungsbewegung, die die Wälder monotoner machte und zunehmend den Nadelwald bevorzugte, während alte bizarr verwachsene Eichen für sie ein Zeichen mangelnder Forstkultur waren. Die deutsche Waldromantik stand daher teilweise in Spannung zur Forstwirtschaft. Andererseits trug sie dazu bei, den Waldschutz im allgemeinen Bewusstsein zu einer nationalen Aufgabe zu erheben.

Naturerfahrung durch Wandern

Populär wurde der Waldkult in Deutschland nicht nur durch die Kunst, sondern mehr noch durch das Wandern. Wenn die meisten deutschen Wälder im Unterschied zu denen mancher anderen Länder für Wanderer frei zugänglich sind, so erklärt sich das nicht zuletzt daraus, dass die Liebe zum Wandern im Wald seit dem späten 19. Jahrhundert von vielen Deutschen als Nationaleigenschaft empfunden wurde. Andere liebten die Heide mit ihrem weiten Blick noch mehr als den Wald. Die Lüneburger Heide wurde zum ersten großen deutschen Naturschutzgebiet.

Die Vogelschützer: Kerntruppe des Naturschutzes

Wenn man „die“ Natur liebt, so hat man dabei in der Regel bestimmte Naturbilder und Natur-Elemente vor Augen. Gerade dort, wo die Naturliebe als *Naturschutz* in die Tat umgesetzt wurde, brauchte sie konkrete Objekte. Dabei handelte es sich teilweise um alte Bäume und um bestimmte Wald- und Felspanoramen, öfter noch um bestimmte *Tier*arten. Viele Menschen identifizieren sich mit Tieren noch stärker als mit Pflanzen. Von Anfang bis heute waren die *Vogelschützer*, in England wie in Deutschland, eine besonders leidenschaftliche Kerntruppe des Naturschutzes. Bis heute wird insbesondere der Schutz von Feuchtlandschaften in der Regel damit begründet, dass dort bestimmte Vogelarten ihre Brutplätze haben. Schon im Mittelalter wusste man, dass viele Vögel den Bauern nützlich sind, indem sie Schäd-

120 Der Knechtsand, eine Sandinsel zwischen Bremerhaven und Cuxhaven, wurde ab 1951 zum Bombenziel von Manövern der britischen Besatzungsmacht. Da der Knechtsand im Spätsommer ein Sammelort der Brandgänse war, wo sie sich mauserten, sammelte sich 1954 eine Protestbewegung von Vogelschützern. Sie fand auch bei englischen Gesinnungsgenossen Resonanz und hatte Erfolg: Die Bombenabwürfe wurden eingestellt. Im Laufe der folgenden Jahrzehnte ist der vor den Bomben gerettete Knechtsand jedoch als Insel weitgehend verschwunden und zur Sandbank geworden. Mit dem Kampf für den Knechtsand begannen jedoch Bestrebungen, die schließlich zur Schaffung des Nationalparkes Niedersächsisches Wattenmeer führten.

linge fressen; 1335 verbot der Rat von Zürich den Vogelfang, da die Vögel Mücken und Würmer vertilgten und damit dem Menschen nützten. Die im späten 19. Jahrhundert aufkommende Vogelschutzbewegung fand zum Teil Rückhalt bei den Bauern. Viele Vogelschützer wollten allerdings von der Unterscheidung zwischen nützlichen und schädlichen Vögeln wegkommen.

Vogelschutz international

Trug der Waldschutz in typischen Fällen nationale Akzente – ohne jedoch die nationale Natur je eindeutig bestimmen zu können –, so strebten die Vogelschützer, da die Zugvögel keine Grenzen kennen, frühzeitig nach internationalen Vereinbarungen. 1902 kam es zu einer ersten internationalen Konvention zum Schutz der für die Landwirtschaft nützlichen Vögel. War einst die Vogeljagd auch im Norden beliebt gewesen, so empörte man sich nunmehr in England und Deutschland darüber, dass die mit Schlingen und Schrotflinten betriebene Jagd auf Singvögel in romanischen Ländern nach wie vor ein beliebter Volkssport war.

Naturschutz und Nationalsozialismus

Ist die NS-Zeit in der Geschichte des Naturschutzes eine Epoche eigener Art? Diese Frage ist bis heute umstritten. Mit dem Reichsnaturschutzgesetz von 1935 wurde der Naturschutz zur Sache des Reiches, und in der Folge wurde er – zumindest auf dem Papier – vom Schutz einzelner „Naturdenkmäler" auf den ganzer Landschaften ausgedehnt. Zugleich wurde jedoch, um Deutschland landwirtschaftlich autark zu machen, verstärkt die Urbarmachung von „Ödland" betrieben. Weder das eine noch das andere war jedoch als solches typisch für den Nationalsozialismus.

Die Warnungen vor dem „Waldsterben"

Seit etwa 1980 bekam die Waldromantik in Deutschland einen starken neuen Impuls: mit den damals einsetzenden Alarmrufen vor einem bevorstehenden *„Waldsterben"* als Folge der Luftverschmutzung durch Industrie und Verkehr. Diese Alarmrufe fanden in der damaligen Öffentlichkeit eine breite und heftige Resonanz, in Deutschland mehr als in den meisten anderen Ländern. Es hieß, wenn die

Luftverunreinigung so weiter gehe, werde es in zwanzig Jahren keinen deutschen Wald mehr geben. Erst mit der dadurch ausgelösten Schockwelle weitete sich die Anti-Atomkraft-Bewegung der 1970er-Jahre zu einer Umweltbewegung im vollen Sinne, in deren Blickfeld die gesamte Natur rückte.

Falscher Alarm?

Unter dem Druck dieser allgemeinen Stimmung erließ die Bundesregierung 1983 die Großfeuerungsanlagenverordnung, die die Kraftwerke zum Bau umfangreicher Rauchgasreinigungsanlagen zwang. Ebenfalls 1983 entschied das Bundeskabinett, dass bei Automobilen nach amerikanischem Vorbild schnellstmöglich der Katalysator auf der Grundlage von bleifreiem Benzin eingeführt werden sollte. Beides waren die bis dahin markantesten Maßnahmen der bundesdeutschen Umweltpolitik. Sie trugen vermutlich dazu bei, dass das „Waldsterben" in der damals prophezeiten Form nicht eintrat, auch wenn vielerorts neuartige Waldschäden registriert wurden. In den 90er-Jahren galt das „Waldsterben" vielfach als Musterbeispiel für falschen Öko-Alarm. Der Fehler bestand jedoch ähnlich wie bei der „Klimakatastrophe" eher darin, dass man ein chronisches Problem zur akuten Katastrophe hochstilisiert und ein zum Teil eher hypothetisches Risiko als klar ersichtlichen Schaden ausgegeben hatte.

121 Die Freude an den Vögeln

a) Aus der Vogelpredigt des Franz (Franziskus) von Assisi (1181/82–1226):

Einst wanderte der heilige Franziskus durch das Tal von Spoleto. Er kam an einen Ort in der Nähe von Bevagna, wo eine riesige Menge Vögel verschiedener Arten versammelt war, nämlich Tauben, Dohlen und andere, die man im Volksmund „Geldfresserinnen" (Elstern) nennt. Der heilige Diener Gottes Franziskus war ein Mensch voll tiefer innerer Begeisterung, der auch gegenüber den niederen und vernunftlosen Kreaturen das Gefühl des Mitleids und der Zärtlichkeit hegte. Deshalb lief er, sobald er die Vögel erblickte, munter auf sie zu. […] Aber er wunderte sich doch nicht wenig, dass die Vögel nicht aufflogen, wie sie es normalerweise tun. Da bat er sie, von ungemeiner Freude erfüllt, demütig, sie möchten doch das Wort Gottes hören: […] „Meine Brüder Vögel, gar sehr müsst ihr euren Schöpfer loben und ihn allzeit lieben. Er gab euch Federn zum Anziehen, Flügel zum Fliegen und alles, was ihr nötig hattet. Vornehm hat euch Gott unter seinen Geschöpfen gemacht und in der reinen Luft hat er euch eure Behausung gegeben. Denn obwohl ihr weder säet noch erntet, schützt und leitet er euch doch ohne jede Sorge eurerseits." Darüber freuten sich die Vögel ganz außerordentlich. […] Sie fingen an, ihren Hals zu recken, die Flügel auszubreiten, den Schnabel zu öffnen und ihn anzusehen. Er aber ging mitten unter ihnen her und berührte mit seiner Kutte ihre Köpfe und Körper. Schließlich segnete er sie und, nachdem er das Kreuzzeichen gemacht hatte, erlaubte er ihnen, an einen anderen Ort davonzufliegen.

b) Der Reformator Martin Luther (1483–1546) lässt in einer kleinen Schrift eine Gruppe von „ehrbaren Vögeln" darüber klagen, dass Luthers Diener, Wolfgang Siberger, Jagd auf sie mache:

Wir Drosseln, Amseln, Finken, Hänflinge und andere brave, ehrbare Vögel, die diesen Herbst über Wittenberg reisen werden, geben euch höflich zu wissen, dass uns glaubhaft berichtet wurde, ein gewisser Wolfgang Siberger, euer Diener, habe sich unterstanden, aus frevelhafter Willkür und großem Zorn und Hass auf uns alte verdorbene Netze teuer zu kaufen, um eine Vogelfalle herzurichten. […] So trachtet er uns nach dem Leben, obwohl wir ihm doch nichts Böses getan und uns ihm gegenüber haben gar nichts zu Schulden kommen lassen. (Wenn er das abstellt und uns Körner hinstreut), so wollen wir denn unseren Zug über Wittenberg nehmen. Wird er das nicht tun, sondern uns frevelhaft nach dem Leben trachten, so wollen wir Gott bitten, dass der ihn strafe und tagsüber an unserer statt Frösche, Heuschrecken und Schnecken, des Nachts jedoch Mäuse, Flöhe, Läuse und Wanzen schicke, damit er seinen Zorn auf uns vergisst und unseren freien Flug nicht bedroht. Warum richtet er solchen Zorn nicht auf Sperlinge, Schwalben, Elstern, Dohlen, Raben, Mäuse und Ratten, welche euch doch viel Leid zufügen, stehlen und rauben und aus den Häusern Korn, Hafer, Malz, Gerste usw. forttragen? Was wir nicht tun, sondern nur kleine zur Seite gefallene Körnlein und Bröcklein aufpicken.

Alfred Barthelmeß: Vögel – Lebendige Umwelt. Probleme von Vogelschutz und Humanökologie geschichtlich dargestellt und kommentiert. Freiburg 1981, S. 74f.

c) Aus einem „Weckruf" zum Vogelschutz, der in den 1920er-Jahren als „Katechismus des Vogelschutzes" galt:

Die üblich gewordenen Formen unseres Pflanzenbaues bergen in sich selbst die Notwendigkeit, gewisse Tierarten, besonders Vögel, bewusst zu schützen. Denn die Anzucht artreiner Bestände, so nötig sie auch für unsere Ernährung ist, mindert die Lebensbedingungen dieser Tiere: Ihnen ist das Wohnen auf und zwischen jenen einförmigen Pflanzensiedlungen nur ausnahmsweise möglich, im Gegensatz zu gewissen „Schädlingen", die hier nicht allein geeignete Nahrung, sondern sogar Schutz in allen Entwicklungsstufen finden. [...]

Wir müssen also umso mehr die Hilfe der *natürlichen Schädlingsfeinde* herbeirufen, und das sind in erster Reihe die Vögel. Ihnen wird von den Sachkundigen schon seit langer Zeit ein hoher Wert als Vertilger der dem Pflanzenbau nachteiligen Kleintiere zugesprochen. [...]

Die „schädlichen" Arten, welche alle noch belassenen Lebensmöglichkeiten für sich in Anspruch nehmen und bei ungehemmter Vermehrung die schwächeren unterdrücken würden, schränken wir ein. [...] Am wichtigsten, freilich auch recht schwierig, ist die Verminderung der Sperlinge, welche schon wegen des bedeutenden Schadens an den Ernten nachdrückliche Bekämpfung verdienen.

Friedrich Schwabe: Wo Vogelsang, da Erntesegen! Mühlhausen 1925, S. 5f., 27.

d) Ein deutscher Vogelschützer (1999):

Der Naturschutz will auf unserem Planeten eine möglichst große Vielfalt an Arten und Lebensräumen für künftige Generationen erhalten. Dabei sollte jeder Staat vorrangig diejenigen Arten schützen, für deren Fortbestand er die größte Verantwortung trägt. Das sind Arten, die auf seinem Territorium einen Großteil ihres weltweiten oder kontinentalen Bestandes haben. [...] Es gibt tatsächlich Vogelarten, für die Deutschland eine besondere internationale Verantwortung trägt. Doch wie eine Auswertung des neuen europäischen Brutvogelatlasses zeigt, sind es ganz andere Arten, als selbst die meisten Vogelexperten aus dem Stegreif nennen würden. [...] Wer hätte schon gedacht, dass bei uns 30 Prozent aller Hausrotschwänze oder 25 Prozent aller Kernbeißer Europas brüten? Schauen wir, welche Lebensräume diese besonders wichtigen Arten besiedeln, ist das Ergebnis eindeutig: Etwa die Hälfte der Arten sind echte Waldvögel, und etwa ein Drittel ist stark an Buchen- und Eichenwälder und ihnen ähnlichen Parks mit altem Waldbaumbestand gebunden – zum Beispiel Mittelspecht, Kleiber und Gartenbaumläufer. Die Laubwälder spielen also aus weltweiter Vogelschutzsicht eine zentrale Rolle in Deutschland. [...]

Was bei den „prominenten" (vom bisherigen deutschen Vogelschutz bevorzugten) Vogelarten aber besonders auffällt, ist, dass sich darunter keine einzige typische Laubwaldart findet. Der Schutz der Leitarten unserer Wälder spielte im deutschen Naturschutz der letzten Jahrzehnte eine untergeordnete Rolle. [...] Wir haben uns mit Leidenschaft der „Kür" gewidmet, ohne uns Gedanken über unsere Pflicht zu machen.

Martin Flade: Kleiber oder Wiedehopf? Der deutsche Vogelschutz konzentriert sich auf die falschen Arten, in: Naturschutz heute, Jg. 31/1999, Heft 1, S. 50f.

a) Kann man Vogelschutz im Bündnis mit den Bauern betreiben oder muss man ihn gegen sie durchsetzen? Befragen Sie dazu Vogelschützer und Bauern.
b) Überlegen Sie, wie sich der Schutz bestimmter Vogelarten begründen lässt.
c) Stellen Sie Zusammenhänge zwischen dem Vogelschutz und dem Wald- und Landschaftsschutz dar. Erkunden Sie unter diesem Aspekt Ihre eigene Umgebung.

122 Deutsche und unendliche Natur

a) Ernst Moritz Arndt (1769–1860), ein früher Propagandist des deutschen Nationalismus:

Der Mensch und die Natur machen einander gegenseitig. Dies ist so unleugbar, dass ihm keiner widersprechen wird. Aber auch das ist unleugbar, dass die Natur mehr den Menschen macht als der Mensch die Natur. [...] Ich bin durch das, was ich durch die Geschichte und durch Menschen gelernt habe, und durch das, was ich täglich und stündlich sehe, innig überzeugt, dass das Ausarten der Länder und Völker beiden gewöhnlich unwillkürlich und unwissend widerfahren ist: *Sie sind miteinander schlechter geworden,*

weil der Mensch mit seiner Natur übel haushielt und sein Land nicht so verwaltete, dass es schön und fruchtbar bleiben konnte. So geschah es ihm, dass er von Jahrhundert zu Jahrhundert schwächlicher, geistloser und elendiger ward und endlich aus allem höheren Zusammenhange und Gegenreize mit seiner Natur kam, die ihn zuletzt ganz verließ, da er sie mehr und mehr schändete und verwüstete. [...] Den Satz, dass viele Länder sich endlich ausbauen (erschöpfen) und dass trotz aller verständigen Gegenarbeit der Menschen die Fruchtbarkeit mit den Jahrhunderten mehr und mehr hinschwinde, möchte ich im Allgemeinen nicht gelten lassen. Gewöhnlich ist der Mensch, der Zerstörer oder der Versäumer, schuld, wenn ein früher durch seine Fruchtbarkeit gepriesenes Land später als ein unfruchtbares und schlechtes Land gescholten wird. [...]
Und ich möchte, dass recht viele in Liebe und Ehrfurcht still ständen vor dem Walde, dass unseren jetzt Lebenden solche Ehrfurcht vor den Bäumen eingeflößt werden könnte [...], mit welcher noch heute der stille und fromme Hindu unter den Palmen seines Indus und Ganges sich lagert und mit welcher unsere Ahnherren, die alten Germanen, ihre heiligen und von keinem Beile verletzlichen Haine uralter Eichen und Buchen betraten. Denn jetzt wird in vielen Ländern Europas die Axt, die an den Baum gelegt wird, häufig zu einer Axt, die an das ganze Volk gelegt wird. [...] Die befruchtende Ausdünstung der Wälder, der Dunst, den sie aus der Luft um sich sammeln, die Bäche und Quellen, welche die Wiesen und Felder unten düngen, versiegen, (wenn die Wälder geschlagen werden). Also weg mit den Wald verwüstenden Fabrikanten! Weg mit ihnen von den Höhen und Berggipfeln! Weg dort mit dem Pflüger, der alles ausroden und keine Wälder neben sich dulden will!

Arndt: Agrarpolitische Schriften. Goslar 1942, S. 344ff., 355f.

b) Als Gründungsdokument der deutschen Natur- und Heimatschutzbewegung gilt ein Artikel des Komponisten Ernst Rudorff (1840–1916) *Über das Verhältnis des modernen Lebens zur Natur* (1880):

Das Malerische und Poetische der Landschaft entsteht, wo ihre Elemente zu zwangloser Mischung verbunden sind, wie die Natur und das langsame Walten der Geschichte sie hat werden lassen. Je plötzlicher oder gewaltsamer eine abstrakte Theorie diesem Gewordenen aufgezwängt wird, je mathematischer sie verfährt, je radikaler sie die Scheidung der Elemente in einzelne Kategorien vollzieht, die einem bestimmten praktischen Zweck dienen, umso sicherer vernichtet sie auch alle Physiognomie, allen Reiz individuellen Lebens. In Nord- und Mitteldeutschland ist man in diesem Sinn bemüht, gelegentlich der Verkoppelungen und Gemeinheitsteilungen das bunte, anmutige Land zu einem möglichst kahlen, glatt geschorenen, regelmäßig gevierteilten Landkartenschema zu machen. Bei der rechtwinkligen Einteilung der Grundstücke fallen dann auch alle Hecken und einzelnen Bäume oder Büsche, die ehedem auf den Feldmarken standen, der Axt zum Opfer. Dass die Herde und der Hirt verschwinden, ist die unmittelbare Folge der Gemeinheitsteilungen. Damit fällt das Bedürfnis nach schützender Einfriedigung der Wiesen und Äcker, die Nötigung, neue Hecken anzupflanzen, fort und so ist dafür gesorgt, dass weder der Wanderer oder Arbeiter einen hübschen, schattigen Platz findet um auszuruhen, noch der Singvogel eine Stelle, an der er nisten mag. [...]
In scheinbarem Gegensatz hierzu steht es, wenn auf der anderen Seite zugestanden werden muss, dass vom Naturgenuss, vom Reisen in jeder Form und nach jedem erdenklichen Ziel noch niemals in der Welt so viel die Rede gewesen ist wie in unseren Tagen. [...] Man feiert die Natur, aber man feiert sie, indem man sie prostituiert. [...] Eine wahre Manie hat die Welt ergriffen, die Natur in ihrem eigensten Wesen zu zerstören unter dem Vorgeben, dass man sie dem Genuss zugänglich machen will. [...]

Preußische Jahrbücher Jg. XLV/1880, Heft 3, S. 262ff.

c) Der Dichter Hermann Löns:

Seit einem Jahrzehnt etwa wird beträchtlich viel über Naturschutz geredet und geschrieben; sieht man sich das Ergebnis aber unbefangen an, so kommt nicht viel mehr dabei heraus als null Komma null null eins. [...] Es ist ja ganz nett, wenn einige kleine Einzelheiten geschützt werden, Bedeutung für die Allgemeinheit hat diese Naturdenkmälerchensarbeit aber nicht. Pritzelkram ist der Naturschutz, so wie wir ihn haben. Der Naturverhunzung dagegen kann man eine geniale Großzügigkeit nicht absprechen. Die Naturverhunzung arbeitet „en gros", der Naturschutz „en detail". Zähneknirschende Wut fasst einen, sieht man die grauenhafte Verschandelung der deutschen Landschaft. [...] Haben Sie noch die wunderbare krause Landschaft gesehen, die Dürer mit so viel Lust und Liebe malte? Eine langweilige, baum- und buschlose Getreidesteppe haben Sie gefunden, vollgekleckst mit üblen Fabriken, scheußlichen Ziegelrohbauten, protzigen Landhäusern und unmöglichen Kirchtürmen.

Dazu kommentierte Walther Schoenichen, als Direktor der Reichsstelle für Naturschutz von 1933–1938, ein Nachfolger von Conwentz:

Diese in heftigen Übertreibungen schwelgenden Worte sind für *Hermann Löns* schwer beschämend. Er musste wissen, dass Conwentz mit überlegener Taktik und einem fast übermenschlichen Einsatz von Schaffenskraft die junge Naturschutzbewegung ins Leben gerufen hatte. Er musste auch wissen, dass die langsam arbeitende Staatsmaschine nicht so rasch die gesetzlichen Abwehrmittel bereitstellen konnte, die notwendig waren, um der mit Riesenschritten voraneilenden Verschandelung der Landschaft sogleich Einhalt zu gebieten.

Schoenichen: Naturschutz, Heimatschutz. Ihre Begründung durch Ernst Rudorff, Hugo Conwentz und ihre Vorläufer. Stuttgart 1954, S. 279f.

d) Der Philosoph *Ludwig Klages* (1872–1956):

Wo aber der Fortschrittsmensch die Herrschaft antrat, deren er sich rühmt, hat er ringsherum Mord gesät und Grauen des Todes. [...] Unter dem schwachsinnigsten aller Vorwände, dass unzählige Tierarten „schädlich" seien, hat er nahezu alles ausgerottet, was nicht Hase, Rebhuhn, Reh, Fasan und allenfalls noch Wildschwein heißt. [...] Und wer gewahrt nicht mit heimlicher Angst die von Jahr zu Jahr schnellere Abnahme unser lieblichen Sänger, der Zugvögel! Noch vor knapp einem Menschenalter war selbst in den Städten zur Sommerszeit die blaue Luft vom Schwirren der Schwalben und Segler voll, ein Laut, durch den die Ferne und aller Wandertrieb zu ziehen scheint. Damals zählte man in einem Vorort Münchens an dreihundert bewohnte Nester, heute sind es noch vier oder fünf. Sogar auf dem Lande ist es unheimlich still geworden. [...] Wir wollen nicht wiederholen, was bald Gemeingut des Wissens ist, dass in keinem, aber auch keinem Falle der Mensch die Natur mit Erfolg korrigieren konnte. Wo die Singvögel schwinden, vermehren sich maßlos Blut saugende Insekten und schädliche Raupen, die oft schon in wenigen Tagen Weinberge und Wälder kahl gefressen. [...]

Vertilgte Tier- und Pflanzenarten erneuern sich nicht, die heimliche Herzenswärme der Menschheit ist aufgetrunken, verschüttet der innere Born, der Liederblüten und heilige Feste nährte, und es blieb ein mürrisch kalter Arbeitstag. [...] Kein Zweifel, wir stehen im Zeitalter des *Unterganges der Seele*. Keine Lehre bringt uns zurück, was einmal verloren wurde. Zur Umkehr hülfe allein die *innere Lebenswende*, die zu bewirken nicht im Vermögen der Menschen liegt. [...] Nur wenn die *allverbindende Liebe* in der Menschheit wiederwüchse, möchten vielleicht die Wunden vernarben, die ihr (der Erde) mutter-mörderisch der Geist geschlagen.

Winfried Mogge/Jürgen Reulecke (Hrsg.): Hoher Meißner 1913. Der Erste Freideutsche Jugendtag in Dokumenten, Deutungen und Bildern. Köln 1988, S. 173f., 187f.

a) Schildern Sie die Triebkräfte der Naturliebe, so wie sie in diesen Texten zum Ausdruck kommen!
b) Vergleichen Sie Rudorffs und Klages' Wahrnehmung der Natur mit der eines Goethe und Rousseau (Texte 117 a–c). Wo erkennt man einen Wandel der Zeiten?
c) Wieweit sind in den Texten praktische Handlungsaufforderungen und Kriterien für die Bestimmung einer schützenswerten Natur enthalten?
d) Analysieren Sie die Texte im Blick auf die Theorien vom „1950er-Syndrom" und von der „Tragödie der Allmende".

2. Kult der Wildnis und Kampf ums Überleben: Umweltbewusstsein in den USA und in der Dritten Welt

Die USA: Vorbild und abschreckendes Beispiel in der Umweltgeschichte

Die Rolle der USA ist in der Umweltgeschichte zwiespältig. Auf der einen Seite wurde kaum irgendwo anders auf der Welt in einem relativ kurzen Zeitraum die gesamte Landschaft auf riesiger Fläche so einschneidend verändert wie dort: durch Waldabholzung und Weidewirtschaft größten Stils, durch eine hoch technisierte Landwirtschaft und durch einen Motorisierungsgrad, der alles andere in der Welt übertrifft. Im Ressourcenverbrauch und in der Belastung der Atmosphäre durch Emissionen stehen die USA weltweit bei weitem an der Spitze.
Auf der anderen Seite besitzen auch die Warnungen vor der vom Menschen betriebenen Naturzerstörung in den USA eine lange Tradition, und Gegenmaßnah-

men gegen Schädigungen der Umwelt wurden hier wiederholt mit besonderer Energie betrieben. Wenn auch die moderne Umweltpolitik viele europäische Wurzeln hat, so bekam sie um 1970 doch entscheidende Impulse aus den USA. Dort wurde „Umweltpolitik" als umfassender Politikbereich eigener Art begründet; und auch das *globale* Denken in Umweltfragen ist wesentlich amerikanischen Ursprungs. Die amerikanischen Nationalparke sind seit ihrer Entstehung Ende des 19. Jahrhunderts das Vorbild des Naturschutzes in aller Welt.

Thoreau: ein Aussteiger als Begründer des amerikanischen Umweltbewusstseins

Die Vorstellung, dass der „richtige" Amerikaner kein Stadtmensch, sondern ein Pionier am Rande der Wildnis sei, reicht bis in die Frühzeit der USA zurück. Kampf gegen die Wildnis, aber auch Nähe zur Wildnis zeichnet diesen Pionier aus. Als Begründer des modernen amerikanischen Umweltbewusstseins gilt vielfach *Henry David Thoreau* (1817–1862), der sich 1845 für zweieinhalb Jahre in ein einsames Blockhaus in den Wäldern zurückzog, um dort Naturbeobachtungen und Naturerfahrungen zu machen. In ihm lebte bereits die Grundüberzeugung moderner „Öko-Freaks", man könne ein intimeres Verhältnis zur Natur nicht nur auf geistigem Wege gewinnen, sondern mehr noch durch eine andere Lebensweise, durch ein Aussteigen aus dem Alltag der Zivilisation. Thoreau weigerte sich Steuern zu zahlen, und verfasste eine Schrift „Über die Pflicht zum Ungehorsam gegen den Staat".

Marsh: ein Diplomat als Warner vor Waldzerstörung

Als der andere Gründervater des amerikanischen Umweltbewusstseins gilt *George Perkins Marsh* (1801–1882) mit seinem Buch *Man and Nature* (1864): einer eindringlichen Warnung vor vielerlei menschlichen Eingriffen in die Natur, vor allem aber vor der Zerstörung der Wälder, da diese eine Verödung des gesamten Landes nach sich ziehe. Er schrieb dieses Buch als amerikanischer Botschafter in Italien und sah die Kargheit des waldarmen Mittelmeerraums als Beweis für seine These. In der Folgezeit verstärkten sich in den USA die Warnrufe vor der rücksichtslosen Vernichtung der riesigen Wälder des Westens. Dabei befürchtete man nicht nur Holzmangel, sondern mehr noch eine Ausbreitung der Trockengebiete im Westen, aber auch den Verlust nationaler Natur-Symbole.

123 Der Holzstapeldistrikt von Chicago 1883: eine „ungeheure Stadt in der Stadt". Kurz darauf machten sich in Chicago jedoch die Folgen rücksichtsloser Abholzung der transportgünstig gelegenen Wälder bemerkbar, und in der Holzbranche gab es erste Lieferschwierigkeiten. Die Grenzen der Waldressourcen des Westens, die eben noch unendlich gewirkt hatten, kamen in Sicht, und die Warnrufe vor der Vernichtung der Wälder wurden lauter.

124 Karikatur auf Gifford Pinchot, der ab 1900 als Leiter der Forstabteilung in der US-Regierung mit großer Energie eine Tradition der nachhaltigen Waldwirtschaft begründete, wenn auch nur mit begrenztem Erfolg. Er suchte die Unterstützung der Öffentlichkeit dafür, dass die neu gewonnenen Gebiete des Westens staatlicher Aufsicht unterstellt und nicht von „Landdieben" ausgebeutet wurden.

Die Präsidenten Theodore und Franklin D. Roosevelt: Ressourcenschutz wird zum Politikum ersten Ranges

Theodore Roosevelt, US-Präsident von 1901 bis 1909, ergriff erstmals energisch die Initiative zu einer staatlichen Waldschutz- und Aufforstungspolitik. Schutz der natürlichen Ressourcen der Nation wurde durch ihn zu einem Ziel von höchster politischer Priorität. Dabei waren ökonomische Interessen maßgebend. Roosevelt, ein leidenschaftlicher Jäger, liebte jedoch auch die Wildnis und die damals entstehenden Nationalparke. Zwischen *conservation* und *preservation*, nachhaltiger Bewirtschaftung der natürlichen Ressourcen und Erhaltung der wilden Natur, bestand jedoch von Anfang bis heute eine Spannung.

In der Reformära des New Deal unter Franklin D. Roosevelt (Präsident von 1933–1945) wurde die Politik der *conservation* unter dem Eindruck des „Dust Bowl" (Kapitel V2) von dem Wald- auf den Bodenschutz ausgedehnt. Vielfach setzte sich allerdings die Auffassung durch, die künstliche Bewässerung, die

125 „Die letzte Fahrt eines Königs der kalifornischen Wälder." Für den Transport dieses gefällten Baumes benötigte man 19 einzelne Eisenbahnwagen.

126 „Überlebende der Dürre": Gemälde von Alexandre Hogue (1936), das die verheerenden Folgen der Staubstürme eindrucksvoller als viele Fotos darstellte und seinerzeit auf Proteste stieß. Überlebt hat vor allem die Klapperschlange im Vordergrund!

zugleich die Erträge stark erhöhte, sei der beste Bodenschutz. Der New Deal war vor allem durch Staudammprojekte von weltweiter Wirkung. Heute gilt jedoch die künstliche Bewässerung weiter Trockengebiete des Westens vielfach als ökonomisch unsinnig und ökologisch schädlich (vgl. Kapitel II 1). Daher wirkt der New Deal, obwohl in mancher Hinsicht von hohem Umweltbewusstsein getragen, in anderer Weise unter modernen ökologischen Aspekten verhängnisvoll.

Das Neue an der modernen Umweltbewegung

Der unter rein ökonomischen Aspekten betriebene Ressourcenschutz drohte in eine Sackgasse zu geraten. In dieser Situation entstand die moderne Umweltbewegung. Man kann sie als eine Synthese von *conservation* und *preservation* begreifen. Von der *conservation* übernahm sie die Sorge um die Erhaltung der natürlichen Lebensgrundlagen der Menschheit, von der *preservation* jedoch den Grundgedanken, dass dieses allein unter Kriterien ökonomischer Nützlichkeit nicht gelingen könne, sondern das menschliche Handeln von Respekt vor der Natur geleitet sein müsse und dass man auch Konflikte mit ökonomischen Interessen zu riskieren habe.

Rachel Carson, „Der stumme Frühling"

Zur Bibel der neuen Umweltbewegung wurde das 1962 erschienene Buch „Der stumme Frühling" (*Silent Spring*) der Biologin Rachel Carson (1907–1964). Schon bald nach seinem Erscheinen wurde es neben „Onkel Toms Hütte" gestellt, der Bibel der Abolitionisten, die einst für die Abschaffung der Sklaverei gekämpft hatten. „Der stumme Frühling", eine Mischung aus populärwissenschaftlichem Sachbuch und Schreckensvision, gab einen Überblick über die Schädigung der Natur durch Chemikalien und konzentrierte sich dabei auf das 1938 entwickelte Insektenvertilgungsmittel DDT.

Das erste Ziel: Kampf gegen DDT

Das DDT hatte damals weltweit als Wunderwaffe gegen die Malaria Karriere gemacht, der durch Mücken übertragenen Krankheit der Sumpfgebiete, die bis dahin die Besiedlung vieler fruchtbarer Feuchtregionen der Erde erschwert hatte. Das DDT und der Sieg über die Malaria vergrößerten die Chance erheblich, die letzten

127 Die Wirkung von Rachel Carsons „Silent Spring" auf die amerikanische Öffentlichkeit – nicht zuletzt auf die Frauen – reichte bis in die Comic-Serie „Peanuts" (1963) hinein.

Wildnisse der Welt zu erschließen. Für Liebhaber der Wildnis war das kein Vorzug. Rachel Carson warnte jedoch vor allem davor, dass das DDT mit den Insekten auch die Vögel vernichte, die sich von diesen ernährten, und über die Nahrungskette der Natur am Ende auch die menschliche Gesundheit bedrohe. Ihr Buch hatte eine enorme Öffentlichkeitswirkung, die einen politischen Handlungsdruck erzeugte und am Ende den Gegendruck der Pestizid-Industrie überwand. DDT ist seit 1971 in der Bundesrepublik, seit 1972 in den USA verboten. In der Wirkungsgeschichte des „Stummen Frühlings" erkennt man den strategischen Vorteil solcher Proteste, die sich auf *ein* konkretes Ziel konzentrieren. Zugleich werden jedoch die Grenzen dieser Strategie sichtbar; denn in der Folge wurden viele andere, nicht unbedingt harmlosere Pestizide entwickelt.

1970: Das Jahr des Durchbruchs

Die Jahre um 1970 waren für die Umweltbewegung die Zeit des politischen Durchbruchs: in den USA, in der Bundesrepublik und auch in vielen anderen Ländern. 1970 wurde erstmals der *Earth Day* als gemeinsame Veranstaltung vieler – vor allem studentischer – Umweltgruppen gefeiert, und im gleichen Jahr wurde die *Environmental Protection Agency (EPA)*, die amerikanische Umweltbehörde, gegründet. Zur gleichen Zeit erhob auch die deutsche Bundesregierung die Umweltpolitik zu einem neuen Politikbereich. 1972 fand in Stockholm die erste von der UNO veranstaltete Welt-Umweltkonferenz statt.

Natur- und Umweltschutz: nur eine Sorge reicher Länder?

Wieweit gibt es Umweltbewegungen auch in der *Dritten Welt*? Eine Liebe zur Wildnis findet man dort als populäres Motiv nur in Ausnahmefällen. Der Reiz der vom Menschen nicht genutzten Natur erschließt sich in aller Regel nur für soziale Eliten und für solche Völker, die keinen Hunger mehr kennen. Wenn in neuester Zeit auch in Ländern der Dritten Welt viele Nationalparke gegründet worden sind, so vorwiegend im Interesse des Tourismus. Auf den Welt-Umweltkonferenzen der UNO präsentierte sich Umweltschutz – hier vor allem als Schutz der Erdatmosphäre und der Artenvielfalt – vorwiegend als ein Anliegen der Ersten Welt, zu dem sich die Dritte Welt als Gegenleistung für Entwicklungshilfe herbeilässt, das jedoch nicht so sehr in deren eigenem Interesse liegt. Die Verkoppelung von Umweltschutz und Entwicklungshilfe war die Grundlage der UN-Konferenz „für Umwelt und Entwicklung" in Rio 1992.

Umweltschutz als Schutz der Lebensgrundlagen in der Dritten Welt

Dabei ist Umweltschutz im anderen Sinne – als Wasser- und Bodenschutz – eine vitale Notwendigkeit gerade vieler Drittwelt-Regionen. Da ist „Umweltpolitik" kein Bereich für sich, sondern integraler Bestandteil einer vorausschauenden Agrarwirtschaft, einer Sicherung der eigenen Ernährungsbasis. Die Agrarpolitik dortiger Regierungen, oft von der „Grünen Revolution" (Kapitel V 2) fasziniert, zielt je-

128 1977 stellten sich Mitstreiter von Greenpeace der sowjetischen Walfangflotte im Nordpazifik entgegen. Durch medienwirksame Aktionen wie diese wurden die „Regenbogenkämpfer" von Greenpeace zu Begründern eines neuen Heldentums im Zeichen des Umweltschutzes. *Verschaffen Sie sich Informationen von und über Greenpeace und analysieren Sie, unter welchen Bedingungen kämpferische Aktionen solcher Art Erfolg versprechen und wo ihre Grenzen liegen.*

doch in der Regel vor allem darauf ab, den Ertrag der Landwirtschaft kurzfristig zu steigern. Die Haupttendenz geht daher in die Richtung, Wald in Ackerland zu verwandeln, die künstliche Bewässerung auszudehnen und die überkommene Vielfalt der Anbauarten durch Hochleistungssorten zu ersetzen, die auf chemische Düngemittel und auf Pestizide angewiesen sind.
Diese Politik kommt vor allem kapitalkräftigen Großbauern und Großgrundbesitzern zugute. Alternativstrategien verbinden sich in typischen Fällen mit benachteiligten Bevölkerungsgruppen, die eher zu den Verlierern der „Grünen Revolution" gehören. Im Öko-Schrifttum der Industriestaaten wird der Protest solcher Bevölkerungsgruppen gerne zur „Umweltbewegung" gemacht, obwohl es sich in aller Regel im Kern um Widerstand gegen die Einschränkung traditioneller Rechte handelt, auf die sich die eigene überkommene Lebensform gründet. Dabei handelt es sich jedoch in der Tat häufig – nicht immer – um Lebens- und Wirtschaftsformen, die umweltschonender sind als eine einzig an der Gewinnmaximierung ausgerichtete Land- und Weidewirtschaft.

Chico Mendes, der Regenwald-Kämpfer

Der berühmteste „Umweltkämpfer" dieser Art ist in Lateinamerika ein brasilianischer Kautschukzapfer, *Chico Mendes*. Er widersetzte sich im Interesse seines vom Regenwald lebenden Berufsstandes und als Vorsitzender der regionalen Landarbeitergewerkschaft der Rodung von Urwald durch Großgrundbesitzer, die ihr Weidegebiet ausdehnen wollten, und wurde in deren Auftrag am 22. Dezember 1988 ermordet. Es war in Brasilien in jenem Jahr der 90. Mord dieser Art, aber der erste, der weltweites Aufsehen erregte; denn Mendes war international bekannt. 1990 bekamen die Gummizapfer seiner Region ein nach Chico Mendes benanntes Reservat, das etwa 1 Million Hektar umfasst.

129 Frauen aus der indischen Chipko-Bewegung, die ihre Parole „Umarmt die Bäume" darstellen.

„Umarmt die Bäume!"

Noch berühmter wurde die nordindische *Chipko*-Bewegung (Chipko = „Umarmt die Bäume"), die in den 1970er-Jahren entstand und großenteils von Frauen getragen wird. Sie verteidigt traditionelle Nutzungsrechte der Dörfer an ihren Wäldern gegen den kommerziellen Holzeinschlag auswärtiger Firmen. Dabei bedient sie sich auch ökologischer Argumente: Sie feiert den Wald nicht nur als Nahrungsquelle, sondern betont auch seine Bedeutung für den regionalen Wasserhaushalt. Den ersten Anstoß gab 1970 eine Überschwemmungskatastrophe am Rand des Himalaya, die auf Abholzung der Wälder zurückgeführt wurde. Da die Überschwemmungsgefahr weite Teile Bengalens betraf, fand die Chipko-Bewegung in der indischen Öffentlichkeit zustimmende Resonanz und hatte Erfolge. Sie wurde zum Vorbild für andere lokale Widerstandsinitiativen, so vor allem gegen Staudammprojekte, die die Umsiedlung vieler Dörfer nach sich zogen. Diese Protestbewegungen hatten es jedoch schwerer, da sie mit Hauptzielen der indischen Energiepolitik zusammenstießen.

130 Amerikanische Traditionen von Naturliebe und Naturschutz

a) Henry David Thoreau philosophiert in seinem Blockhaus im Wald:

Den größten Teil von dem, was meine Mitbürger gut nennen, halte ich innerlich für schlecht, und wenn ich irgendetwas bereue, so ist es höchstwahrscheinlich mein gutes Betragen. […] Die unaufhörliche Aufregung und Sorge vieler Menschen ist eine fast unheilbare Krankheitsform. Wir übertreiben die Wichtigkeit von allem, was wir tun, und wie vieles geschieht doch ohne uns! […] Ich sehe es wohl – denn mein Blick ist durch die Erfahrung geschärft –, was für ein niedriges, kriechendes Leben ihr führt, immer auf der Lauer, bemüht, in Stellung und aus den Schulden herauszukommen. […] Wenn Tag und Nacht sich so gestalten, dass wir sie mit Wonne begrüßen, wenn das Leben einen Duft aushaucht wie von Blüten und würzigen Kräutern, wenn es elastischer, sternenreicher, unsterblicher wird – das ist unser Erfolg. […] Die wahre Ernte meines Lebens ist etwas so Unbegreifliches und Unbeschreibliches wie die Farben des Morgen- und Abendhimmels. Ein wenig eingefangener Sternenstaub, ein bisschen Niederschlag von dem Regenbogen, den ich umklammert hielt – das ist meine Ernte. Dennoch war ich für meinen Teil nie besonders heikel; ich konnte, wenn es nötig war, eine gebratene Ratte mit gutem Appetit verzehren. Ich bin aus dem gleichen Grunde froh, so lange Wasser getrunken zu

haben, wie ich den natürlichen Himmel dem Paradies des Opiumrauchers vorziehe. [...]
Es behagt mir manchmal, das Leben grob anzupacken und meine Zeit mehr so auf die Art zu verbringen, wie es die Tiere tun. Vielleicht verdanke ich dieser Neigung und der Jagd, der ich schon in früher Jugend huldigte, meine enge Befreundung mit der Natur. [...] Kein menschliches Wesen (jedoch), welches über das gedankenlose Knabenalter hinaus ist, wird mutwillig ein Geschöpf umbringen, das sein Leben ebenso zu Lehen erhalten hat wie es selbst. Der Hase schreit in seiner Todesangst wie ein Kind.

Thoreau: Walden oder das Leben in den Wäldern (urspr. 1854). Zürich 1979, S. 27, 23, 19, 216, 210, 212.

b) Aus den Memoiren des US-Präsidenten Theodore Roosevelt:

In den 1880er-Jahren war Roosevelt Rancher im „Wilden Westen“:

Damals war es noch der Wilde, der Ferne Westen, der Westen der Indianer und Büffeljäger, der Soldaten und Cowboys. Jetzt ist dieses Land des Westens dahin, hinübergegangen zur Insel der Geister und seltsamer, unheimlicher Erinnerungen. Es war ein Land von ungeheurer Ausdehnung, mit einsamen Strömen und endlosen Ebenen, auf denen das Wild den vorüberziehenden Reiter anäugte. Es war ein Land mit vereinzelten Viehfarmen, mit Herden lang gehörnter Rinder und waghalsigen Reitern, die dem Leben wie dem Tode unverzagt ins Auge blickten. In jenem Lande führten wir mit Pferd und Büchse ein freies, verwegenes Leben. [...] Es war recht und notwendig, dass dieses Leben verschwand; denn die Sicherheit unseres Landes beruht darauf, dass es zu einem Lande kleiner Ansiedler wird. Die großen, nicht umfriedigten Viehweiden in den Tagen der freien Grasung bedeuteten notwendigerweise nur ein Übergangsstadium in unserer Geschichte. Die großen wandernden Schafherden, bewacht von den bezahlten Hirten abwesender Besitzer, waren die ersten Feinde der Rindviehzüchter: Indem sie alles Gras verzehrten und jede andere Vegetation vernichteten, brachten diese nomadisierenden Schafherden dem Lande nicht viel dauernden Nutzen. Aber die Heimstättengründer, die beständigen Ansiedler [...], die waren vom nationalen Gesichtspunkt aus die erwünschtesten Ausnutzer und Bewohner des Bodens. [...]
[Später, als Präsident lädt er befreundete Bärenjäger aus dem Westen zu einem Essen ins Weiße Haus ein.] Sie waren so prächtige Leute – Männer, die mich stolz darauf machten, dass sie Amerikaner waren –, dass es ein Herzenswunsch von mir war, sie zu einem Jägermahl bei mir im Weißen Hause zu vereinigen. Eine trefflichere Schar von Gästen hat niemals im Weißen Hause zu Tisch gesessen.

Theodore Roosevelt: Aus meinem Leben. Leipzig 1914, S. 75f., 248.

c) Der Begründer des Wildnis-Ideals in der amerikanischen Naturschutzbewegung, Aldo Leopold (1886–1948):

Für einen amerikanischen Naturschützer ist einer der nachhaltigsten Reiseeindrücke aus Deutschland das Fehlen jeglicher Wildnis. Zwar gibt es Wälder, unendliche Weiten nur mit Fichten, Fichtenberge bis zum Horizont, finster dreinblickende Dickichte in den Schluchten und viele flüchtige Reiseeindrücke von Kiefern, die geradlinig und stramm die Hügel hinaufmarschieren, um sich auf der Kammlinie zu versammeln. Es ist auch Wild da – jeden Abend kann man einen Rehbock sehen oder sogar ein flüchtiges Rudel Rotwild. [...] Und doch, für das kritische Auge fehlt etwas, was in einem Land nicht fehlen dürfte, das derzeit in intensivster Weise alles betreibt, was wir als Naturschutz bezeichnen. Was ist das? [...]
Wir Amerikaner, zumindest in den meisten Staaten, haben noch keine Wälder ohne Bären, Wölfe und Adler, ohne Raubkatzen erlebt. [...] Allein das Wissen um das Vorhandensein eines Bären verleiht einem ganzen Land eine besondere Würze. Aus den deutschen Bergen ist dieser Duft verschwunden, Opfer des fehlgeleiteten Eifers der Wildheger und Viehhalter.

Zit. n. Georg Sperber: Naturschutz und Forstwirtschaft – Die Geschichte einer schwierigen Beziehung, in: Stiftung Naturschutzgeschichte (Hrsg.): Wegmarken. Beiträge zur Geschichte des Naturschutzes. Essen 2000, S. 72f.

a) Vergleichen Sie die in diesen Texten erkennbare Beziehung zur Natur mit der deutscher Autoren. Wo kann man speziell amerikanische Elemente erkennen?
b) Diskutieren Sie auf der Grundlage dieser Texte, wie sich die Jagd mit der Liebe zur Natur verträgt.
c) Inwieweit hängen Naturbeobachtung, Naturphilosophie und Lebensphilosophie bei Thoreau innerlich zusammen?

131 Der politische Durchbruch der Umweltbewegung: Rachel Carson und die Kampagne gegen DDT

a) Aus Rachel Carsons Buch *Der stumme Frühling*:

[Die Insektizid-Industrie] ist ein Kind des Zweiten Weltkrieges. Als man Mittel für die chemische Kriegführung entwickelte, stellte sich heraus, dass einige der im Laboratorium erzeugten Stoffe für Insekten tödlich waren. Die Entdeckung erfolgte nicht zufällig: Man benutzte weitgehend Insekten, um chemische Verbindungen auf ihre tödliche Wirkung für den Menschen zu überprüfen. […]

Ungefähr seit dem Jahre 1945 sind über zweihundert neue chemische Ausgangsstoffe hergestellt worden; sie dienen dazu, Insekten, Unkraut, Nagetiere und andere Organismen zu vernichten, die in der modernen Sprache als „Schädlinge" bezeichnet werden. […] Kann irgendjemand wirklich glauben, es wäre möglich, die Oberfläche der Erde einem solchen Sperrfeuer von Giften auszusetzen, ohne sie für alles Leben unbrauchbar zu machen? Man sollte die Stoffe nicht Insektizide, Insektenvertilgungsmittel, sondern „Biozide", Töter allen Lebens, nennen.

Das ganze Spritzverfahren scheint in einer endlosen Spirale zu sein. Seit DDT für den zivilen Gebrauch freigegeben wurde, mussten in einer stufenweisen Weiterentwicklung immer noch tödlichere Stoffe gefunden werden. Dies geschah, weil Insekten – in einer glänzenden Bestätigung des Darwin'schen Satzes vom Überleben der Tauglichsten – Super-Rassen entwickelten, die gegen das in ihrem Fall angewandte Insektizid immun waren. Man musste daher ein tödlicher wirkendes – und dann ein noch stärkeres entwickeln. […] Auf all diese Wagnisse hat man sich eingelassen – und wofür? Künftige Historiker dürften sich mit Recht über unsere verschrobenen Vorstellungen von richtigen Größenverhältnissen höchlichst wundern. Wie konnte nur ein intelligentes Wesen ein paar unerwünschte Arten von Geschöpfen mit einer Methode zu bekämpfen suchen, die auch die gesamte Umwelt vergiftete und selbst die eigenen Artgenossen mit Krankheit und Tod bedrohen?

Doch genau das haben wir getan. Wir haben es überdies aus Gründen getan, die hinfällig werden, sobald wir sie genau überprüfen. Man macht uns weis, der immer ausgedehntere Gebrauch von Schädlingsbekämpfungsmitteln sei nötig, um die Produktion der Landwirtschaft zu heben. Doch ist unser eigentliches Problem nicht die *Überproduktion*? […]

Gemäß der Lebensanschauung, die heute unsere Geschicke lenkt, darf sich nichts dem Mann mit dem Spritzgerät in den Weg stellen. Die Opfer, die dieser Feldzug gegen Insekten nebenbei noch fordert, zählen nicht; wenn Wanderdrosseln, Jagdfasane, Waschbären, katzenartige Raubtiere oder sogar Hausvieh zufällig das gleiche Fleckchen Erde bewohnen wie die Insekten, denen die Bekämpfung gilt, und durch den Regen Insekten vernichtender Gifte getroffen werden, darf niemand Einspruch erheben.

Rachel Carson: Der stumme Frühling. München 1963, S. 27, 20f., 94.

b) Der österreichische Naturschützer Günther Schwab:

Der Unterteufel Spray triumphiert: „Mein Lieblingsgiftchen aber ist und bleibt das herrliche, wunderbare und unausrottbare DDT." Der mit ihm konkurrierende Teufel Muscurdatu, der bezweifelt, ob die Menschheit auf dieses Gift hereinfällt, führt darauf eine Aussage des Arztes Morton Biskind – eines späteren Gewährsmannes von Rachel Carson – am 12. 12. 1955 vor einem Untersuchungsausschuss des US-Repräsentantenhauses vor, wo dieser erklärte: „Das DDT hat die Insektenbekämpfung seit 10 Jahren geradezu revolutioniert. Seiner unkontrollierten Großanwendung mit ihren katastrophalen Massenvergiftungen von Tieren und Menschen ist in der Menschheitsgeschichte nichts Vergleichbares an die Seite zu stellen. Aber alle Möglichkeiten der öffentlichen Presse und Fachliteratur sind aufgeboten worden, um überzeugende Tatsachen zu verneinen, zu verbergen, zu unterdrücken und zu verdrehen."

„Was haben Sie gegen Biskind veranlasst?", fragte der Teufel.

„Oh", lachte Spray siegesbewusst, „ich hetze ihn mit tausend Hunden! Er ist abserviert! Seine Anstellung im öffentlichen Gesundheitsdienst hat er verloren. Heimatlos zieht er von Stadt zu Stadt, um in öffentlichen Vorträgen gegen meinen Vergiftungsplan zu hetzen. Aber niemand will ihn hören außer ein paar alten hysterischen Weibern."

Günther Schwab: Der Tanz mit dem Teufel. Hameln 1991 (zuerst 1958), S. 281f., 290.

c) Aus einem Rückblick auf das DDT-Verbot (1995):

Die wichtigste Einsicht aus der DDT-Geschichte ist die, dass es wenige uneingeschränkt gute Dinge in der Welt gibt. Selten findet man eine Substanz, die nur Vorteile, aber keine Nachteile mit sich bringt. […] Die Gesundheitsschädigungen als Folge des DDT-Verbots waren weit größer als der Gesundheitsgewinn; als man das DDT in Bann tat, hat man sich um eine vergleichende Risikoanalyse gedrückt.

Man kommt um die Einsicht nicht herum: Das totale DDT-Verbot hat mehr Schlechtes als Gutes angerichtet. Was ist falsch gelaufen? […] Fragen der Nuancen – wie viel, wie oft, wie lang, unter welchen Bedingungen, im Vergleich zu welchen Alternativen – fanden kein Gehör. […] Vielleicht ist es so, dass öffentliche Kampagnen, die notwendig sind, um eine Regulierung durchzusetzen, eine derartige Brandmarkung der infrage stehenden Substanz brauchen, dass deren Verbot der einzige moralisch und daher auch politisch mögliche Akt ist.

Jesse Malkin in: Aaron Wildawsky (Hrsg.): But Is It True? A Citizen's Guide to Environmental Health and Safety Issues. Cambridge, Mass. 1995, S. 78f. [Übersetzung Radkau]

a) Auf welche Weise macht Rachel Carson aus der Schädlichkeit des DDT eine Frage grundsätzlicher Art? Welche Philosophie lässt sich als Grundlage des „Stummen Frühling" erkennen?

b) Diskutieren Sie die Behauptung von Text 131 c über die Art und Weise, wie man Bedenken formulieren muss, um politisch etwas zu bewirken. Woran könnte es gelegen haben, dass Rachel Carson eine enorme Wirkung ausübte, Günther Schwab dagegen nicht?

132 Regionaler Widerstand in der Dritten Welt: Chico Mendes und die Chipko-Bewegung

a) Der brasilianische –Umweltkämpfer hico Mendes:

Irgendwann merkten wir, dass wir zwar mitten in der Auseinandersetzung um die Erhaltung der Wälder steckten, aber keine eigenen Entwicklungspläne hatten. Wir kämpften zwar für den Wald, aber wir konnten den Kampf nicht mit guten Argumenten stützen. […] Bei unseren Debatten entstand der Vorschlag, Schutzgebiete für die Gummizapfer am Amazonas einzurichten. Damit hatten wir eine wirtschaftspolitische Alternative, auf die wir uns beim Kampf gegen die Waldrodungen beziehen konnten. Die Idee fand ein positives Echo. Seither ist der Kampf der Gummizapfer überall in der Welt bekannt. […] Einerseits wussten wir, dass man Amazonien nicht einfach zu einer Art unantastbarem Nationalheiligtum erklären konnte, aber andererseits wollten wir unbedingt die Waldvernichtung beenden, die nicht nur für das Amazonasgebiet, sondern für die ganze Menschheit eine Gefahr bedeutet. […] Wir wollten auch mit den Führern der Indianer am Amazonas Kontakt aufnehmen und darüber reden, wie wir uns im Widerstand zusammenschließen könnten. Das war wichtig, weil zwischen Indianern und Gummizapfern seit Jahrhunderten ein gespanntes Verhältnis bestanden hat.

Chico Mendes: Rettet den Regenwald! Göttingen 1990, S. 63, 66, 72, 78.

b) Der amerikanische Publizist Bruce Rich:

Tatsächlich wuchs der Druck der Öffentlichkeit und des Kongresses, und die Presse begann die Weltbank als ein Umweltmonster darzustellen. Dadurch wurden 15 Jahre Öffentlichkeitsarbeit der Bank zunichte gemacht. […] Gegen Ende 1986 schuf der intensive öffentliche Druck der US-amerikanischen Umweltgruppen auf die Weltbank eine einmalige Gelegenheit: Die multilateralen Banken suchten krampfhaft nach einer Chance, zu beweisen, dass sie bereit waren, Alternativen zu ihren Projekten in Nordwest-Brasilien ins Auge zu fassen. […] In einem Memorandum vom 2. April 1987 schrieb kein anderer als (der stellvertretende Weltbank-Direktor) Ernest Stern: „Wir unterstützen voll und ganz die Empfehlung über die Schaffung von Extraktionsreservaten im Amazonasgebiet. Die Schaffung dieser Reservate würde es erlauben, große Teile des Urwaldes im Amazonasgebiet zu erhalten und sie zugleich ökonomisch zu entwickeln."

Bruce Rich: Die Verpfändung der Erde. Die Weltbank, die ökologische Verarmung und die Entwicklungskrise. Stuttgart 1998, S. 139f.

c) in indischer orsthistoriker analsiert die ntstehung der hipko-Bewegung. 197 richtete eine drfliche ooperative im gebirgigen Uttarakandh wie edes ahr einen Antrag an die orstverwaltung auf uteilung von schenholz zur Anfertigung landwirtschaftlicher eräte. Diesmal wurde das esuch zurückgewiesen und der beantragte schenbestand stattdessen einer auswärtigen irma zur erstellung von Sportartikeln zugeteilt:

Zwei Alternativen boten sich: (1) sich den Holztransportern in den Weg zu legen; (2) Harz- und Holz-Depots niederzubrennen. Als die Sarvodaya-Arbeiter beide Methoden unbefriedigend fanden, kam [dem Sarvodaya-Leiter] Chandi Prasad Bhatt plötzlich der Gedanke, die Bäume zu umarmen. So war Chipko

(umarmen) geboren. Die Bauern des Dorfes beschlossen, die Bäume zu umarmen, selbst wenn die Äxte ihren Leib zerspalten würden. Junge Männer besiegelten den Eid mit Blut. […]
Während meiner Feldforschung fand ich, dass fast jeder, den ich interviewte, sich der Bedeutung des Waldes für den Bodenschutz und den Wasserhaushalt bewusst war. […] (Dennoch) enthüllt eine soziologische Perspektive bezeichnenderweise, dass diese am meisten gefeierte „Umwelt“-Bewegung der Dritten Welt von den Beteiligten vor allem als eine *Bauern*bewegung zur Verteidigung traditioneller Waldrechte gesehen wird und erst sekundär, wenn überhaupt, als eine „Umwelt“- oder „feministische“ Bewegung.

Ramachandra Guha: The Unquiet Woods. Ecological Change and Peasant Resistance in the Himalayas. Delhi 1989, S. 157, 168, XII. [Übersetzung Radkau]

d) Die indische Physikerin Vandana Shiva:
Den Männern lag vor allem daran, die Sägewerke und die Holzverarbeitungsfabriken, die von einheimischen Kooperativen errichtet worden waren, mit Rohstoffen zu beliefern. Die Chipko-Forderungen legten die Männer dieser Kooperativen – viele stammten aus der Anhängerschaft Gandhis – für ihre Zwecke aus: Sie wollten mehr Holz und Harz für ihre Gewerbebetriebe geliefert bekommen. […] Es dauerte nicht lange, da rückten die Positionen auseinander: Die allein auf den Kommerz ausgerichteten Interessen der ortsansässigen Männer gerieten in Konflikt mit den auf Subsistenz und Waldschutz ausgerichteten Interessen der Frauen vor Ort. […]
Die Frauenbewegung [der Chipko-Region] Uttarakhand war in ihren Anfängen eine Anti-Alkoholbewegung. Folge der „Entwicklung“ der Region war gewesen, dass die Männer das beim Bäumefällen verdiente Geld häufig in Schnaps umsetzten, gewalttätig gegen Frauen und Kinder wurden und viele Familien Hunger leiden mussten. […] Die Organisationsbasis dieser Anti-Alkoholbewegung konnte später von der Chipko direkt übernommen werden. […] Hima Devi, eine Führerin der Chipko-Bewegung, zog von Dorf zu Dorf mit dem Aufruf: „Hört endlich auf mit dem Bäumefällen! Bald gibt's keinen Baum mehr, auf dem die Vögel sitzen können. Sie fallen in Scharen in unsere Felder ein und fressen uns das Getreide auf. Was bleibt *uns* dann noch übrig? Bald gibt's auch kein Brennholz mehr. Womit sollen wir unser Essen kochen?“
Das Lied der Chipko-Frauen lautet: „Was bringen denn die Wälder? / Boden, Wasser und reine Luft. / Boden, Wasser und reine Luft / Erhalten uns die Erde und alles, was auf ihr wächst.“

Vandana Shiva: Das Geschlecht des Lebens. Frauen, Ökologie und Dritte Welt. Berlin 1989. S. 81, 85ff., 89, 91f.

a) Diskutieren Sie, inwieweit die brasilianische Kautschukzapfer- und die indische Chipko-Bewegung eine Umwelt- oder eine Gewerkschafts- bzw. Bauern- oder Frauenbewegung sind.
b) Untersuchen Sie unter Heranziehung der Texte 39 b – d, inwieweit es sich bei Bewegungen dieser Art um eine Besonderheit der Dritten Welt oder auch um Phänomene der europäischen Geschichte handelt.

3. Politik nach dem Freund-Feind-Modell? Probleme und Chancen der Umweltpolitik

Umweltpolitik als Kampffeld

Politik wird herkömmlicherweise oft als Kampf begriffen, bei dem es darauf ankommt, seine Verbündeten und seine Gegner zu kennen: zu einer Partei zu gehören und Anhänger zu gewinnen, bis man in der Lage ist, die eigene Position gegen Gegner durchzusetzen. „Wer, wie das so heißt, in der Praxis steht, Interessen zu verfolgen, Pläne zu verwirklichen hat, dem verwandeln die Menschen, mit denen er in Berührung kommt, automatisch sich in Freund und Feind.“ (Theodor W. Adorno, Minima Moralia) Da man den Gegner in der Regel nicht ganz entmachten kann, endet der Kampf meist damit, dass ein Kompromiss auf der Basis beiderseitiger Zugeständnisse ausgehandelt wird.
Auch die Umweltbewegung hat sich dieses Politikverständnis oft zu eigen gemacht. Sie begann in der Bundesrepublik der 1970er-Jahre als eine Protestbewegung gegen die Kerntechnik. Wer *gegen* die Kerntechnik war, galt als dazugehörig;

wer *für* diese Technik war, galt als Gegner. Auch aufseiten der Anhänger der Kerntechnik entwickelte sich eine „Bunkermentalität" und ein ausgeprägtes Freund-Feind-Denken mit umgekehrtem Vorzeichen. Die Kontroverse wurde vielfach als ein unversöhnlicher Konflikt zwischen konträren Weltanschauungen, ja konträren Menschentypen begriffen.

Probleme mit dem Feindbild

Beide Seiten hatten allerdings Schwierigkeiten damit, sich ein klares Feindbild zu schaffen. Wer trug die Schuld an der Kerntechnik? War es das Großkapital, der Staat, die Energiewirtschaft, die Wissenschaft? Und wer stand gegen die Kerntechnik? Waren es romantische Hinterwäldler, doktrinäre Naturschützer, linke Systemveränderer? Wer in die Vergangenheit zurückschaute, der erinnerte sich, dass es bis Ende der 60er-Jahre als „fortschrittlich", ja „links" gegolten hatte, einen beschleunigten Ausbau der Kerntechnik zu fordern, führende Energieunternehmen dagegen zu den Bremsern gehört hatten.

Umweltpolitische Fronten: auf die Länge der Zeit nicht stabil

In den 80er-Jahren gerieten die Fronten erneut in Verwirrung. Mit den sinkenden Öl- und Erdgaspreisen sank auch das Interesse der Wirtschaft an der Kernenergie. Und als das Waldsterben und die drohende Klimakatastrophe zu Hauptthemen der Umweltbewegung und die Kohlendioxid-Emissionen zur Hauptzielscheibe wurden, standen auch Anhänger der Kerntechnik in vorderster Front, da sie diese Technik nunmehr als Rettung präsentieren konnten. Auf die Länge der Zeit waren die Fronten nicht fest.
Mit dem Emissionsproblem wurde auch das *Automobil* verstärkt zum Angriffsobjekt der Umweltschützer. Aber hier gab es anders als bei der Kernkraft kein Ziel für Demonstrationen; hier gehörte die große Mehrheit der Bevölkerung einschließlich vieler Anhänger der Umweltbewegung zu den Tätern. Ähnlich stand es mit der Energievergeudung bei der Raumheizung. Es hieß, da müsse man vor seinem eigenen Kamin demonstrieren. Umweltpolitik in solchen Bereichen ließ sich nicht nach dem Freund-Feind-Muster inszenieren.

133 Zeichnung eines gigantischen Windkraftwerkes, das mit einer Höhe von über 250 Metern dem Eiffelturm nahe kam. Dieser gewaltige Windkraftwerkstyp wurde in den 1930er- und 40er-Jahren, als Deutschland unter Kohleknappheit litt, von dem Ingenieur Hermann Honnef propagiert. Honnef markiert eine gigantomanische Ära in der Geschichte der deutschen Windkraft, die sich aus der Rückschau als Sackgasse darstellt. Er kam über Papierprojekte nur wenig hinaus. Der Weg zum Erfolg führte – bisher zumindest – über kleinere Windrotoren.

Umweltpolitik durch Konsens?

Nach den konfliktreichen 1970er-Jahren wurde in den 80er- und 90er-Jahren *Konsens* zum neuen Schlagwort der Umweltpolitik. Liegt nicht die Erhaltung einer lebensfreundlichen Umwelt im Interesse *aller*, nicht nur einer einzigen Partei? Auch die Wirtschaft, die die Umweltbewegung zunächst mehr als Gegner behandelt hatte, hob nun in der Werbung die Umwelt- und Naturfreundlichkeit ihrer Produkte hervor. *Umwelttechnik* – technische Vorkehrungen zur Verminderung der Emissionen und zur Rezyklierung der Reststoffe – wurde zu einem einträglichen und expandierenden Produktionssektor, in dem die Bundesrepublik – nicht zuletzt dank des von ihrer Umweltbewegung ausgeübten Drucks – zeitweise weltweit die Führung erlangte. Wenn sich Teile der Industrie zunächst gegen die Herabsetzung von Emissions-Grenzwerten sträubten, so stellte sich im Laufe der Zeit doch immer wieder heraus, dass eine solche Verminderung nicht nur technisch machbar war, sondern dass sich mit solcher Technik sogar Geld verdienen ließ. In größerem zeitlichen Rahmen betrachtet, wirkt die Umweltpolitik nicht so konflikthaft wie in bestimmten Situationen. Wiederholt haben Wirtschaftskreise, die zunächst bestimmte umweltpolitische Forderungen bekämpften, am Ende entdeckt, dass diese Forderungen in ihrem eigenen Interesse liegen, so etwa verkehrsberuhigte Zonen im Interesse des Einzelhandels.

Dennoch hat sich immer wieder gezeigt, dass Umweltpolitiker konfliktfähig sein müssen, um etwas zu bewirken. Auch wenn man unstrittige allgemeine Aussagen über die ökologischen Lebensbedingungen der Menschheit machen kann, so lassen sich konkrete Maßnahmen im Einzelfall – bestimmte Emissions-Grenzwerte oder die Sperrung bestimmter Waldgebiete für Straßen- oder Industrieanlagen – in aller Regel nicht zwingend aus solchen Grundsatzregeln ableiten; sondern es kommt stets darauf an, Entscheidungen zu fällen, diese engagiert zu vertreten und dafür Verbündete zu gewinnen.

Besteht in Sachen Umwelt wirklich ein breiter Konsens?

Dass sich heute im Prinzip fast alle zum Umweltschutz bekennen, bedeutet noch nicht automatisch ein entsprechendes Verhalten; vielmehr ist es gerade deshalb, weil Bekenntnisse zur Umwelt mittlerweile zum guten Ton gehören, wichtiger denn je, zwischen Worten und Taten zu unterscheiden. Details der Steuer- und Subventionspolitik oder der kommunalen Stellen- und Bebauungspläne sind im Endeffekt meist viel wichtiger als umweltpolitische Grundsatzerklärungen von Politikern. Wie umweltfreundlich eine Stadt wirklich ist, entdeckt man am besten, wenn man sie zu Fuß, per Fahrrad und mit öffentlichen Verkehrsmitteln durchquert – besser als an den Werbebroschüren des Umweltamtes!

Naturschutz: populär und unpopulär zugleich

Der *Naturschutz* ist von Anfang bis heute von einem tiefen Zwiespalt durchzogen. Damit er populär ist und sich gegen lokale Widerstände durchsetzen kann, müssen viele Menschen Freude an der sich selbst überlassenen Natur empfinden. Aber um diese Freude zu empfinden, muss man diese Natur kennen und erleben. Der Tourismus ist die stärkste Macht, die dem Naturschutz politisches Durchsetzungsvermögen verleiht. Zugleich bedeutet er jedoch eine große Gefahr für Naturschutzgebiete. Viele Naturschützer würden die Touristen am liebsten aus den Naturschutzgebieten so weit wie möglich heraushalten. Die Aufgabe, hier zu vernünftigen Kompromissen zu kommen, stellt sich immer wieder neu.

Die umweltpolitische Bedeutung von Institutionen

Die öffentliche Meinung steht in Sachen Umwelt gewöhnlich sehr stark im Bann akuter Katastrophen oder Katastrophenängste. Daher sind ihre Konjunkturen in der Regel wechselhaft. Für die Umwelt sind jedoch *chronische*, sich oft unmerklich über lange Zeiträume vollziehende Prozesse meist viel wichtiger als katastrophale Einzelereignisse. Spontane Empfindungen über das, was wichtig und unwichtig ist, führen häufig in die Irre; die Umweltpolitik kommt unter modernen Bedingungen nicht ohne umfangreiche Expertenstäbe aus. Daraus folgt, dass *Institutionen*

134 Auch das Energiesparen hat seine Geschichte: Noch 1951, im Zeichen der Kohlennot, war es die Energiewirtschaft, die den sparsamen Umgang mit Energie propagierte, während ihr in der Öko-Ära vorgeworfen wurde, dass sie den verschwenderischen Umgang mit Energie fördere. Dass das große Problem schon bald die Überproduktion von Kohle sein würde, konnte man sich in der Zeit der Kohlennot nicht vorstellen!

135 Auch in der Solarenergie gab es wie bei der Windkraft eine Ära verfrühter Großprojekte, die heute, in der Ära der Solarzellen, als Sackgasse wirken. Hier der ab 1973 bei Odeillo in den Hochpyrenäen zur Metallschmelze erbaute „Sonnenofen", der aus einem turmhohen Parabolspiegel besteht und eine Kapazität von 1000 Kilowatt besaß. Schon bald nach seinem Bau war er ein historisches Monument und für die französische Energiepolitik, die auf die Kernkraft setzte, ohne Bedeutung.

in der Umweltpolitik eine Schlüsselrolle spielen: Nur sie sind fähig, umfangreiches Expertenwissen zu sammeln und kontinuierlich über lange Zeiträume zu arbeiten; und auch nur sie können Gegengewichte bieten gegen den Einfluss jener Interessenvereinigungen, mit denen es Umweltpolitik im konkreten Fall zu tun hat. Allerdings hat diese „Professionalisierung" der Umweltpolitik ihren Preis. Der Umweltschutz, der in den 70er-Jahren vielfach von „unten" kam und als populäre Bewegung von Laien begann, wird heute überwiegend von „oben", auf dem Verwaltungswege betrieben, gestützt auf rechtliche Grundlagen, die für viele Laien als undurchdringlicher „Paragraphendschungel" erscheinen. Von vielen Betroffenen werden umweltrechtliche Einschränkungen als bürokratische Schikane empfunden. Auch diese Gefahr ist heute zu beachten: dass der Natur- und Umweltschutz seine populäre Basis verliert und zu einem Bestandteil bürokratischer Reglementierung wird.

Zwischen Ein-Punkt-Politik und „vernetztem Denken"

Bei alledem ist ein Grundproblem von Bedeutung: Die Umweltpolitik muss sich stets auf bestimmte Ziele konzentrieren, um etwas zu bewirken. Die Umweltprobleme haben jedoch meist noch andere Aspekte; und Gegenstrategien haben auf die Dauer nicht selten unerfreuliche Nebenwirkungen, die ihren Sinn infrage stellen. Auch die Großprojekte der Kernenergie und der Wasserkraft enthielten ur-

sprünglich eine Gegenreaktion auf die Begrenztheit der fossilen Energieträger und den Rauch der Kohleheizungen! Daraus folgt, dass sich eine sinnvolle Umweltpolitik auf die Länge der Zeit nur als offener Prozess vorstellen lässt. Sowohl mit bestimmten Kampffronten als auch mit fest etablierten Institutionen ist stets die Gefahr der Erstarrung verbunden. Engagement für die Umwelt bedeutet durchaus, in bestimmten Situationen Position zu beziehen und diese gegen Widerstände durchzuhalten; aber es erfordert darüber hinaus, für neue Einsichten über die Wechselwirkungen zwischen Mensch und Natur offen zu sein. *Ökologisch* denken heißt, die einzelnen menschlichen Handlungen in größeren Zusammenhängen zu sehen und dabei auch das unberechenbare Element in der Natur zu bedenken.
Auch der Ausstieg aus der Kernenergie wird erst dann zur „Umweltpolitik" im vollen Sinne, wenn er nicht lediglich den Anteil von Kohle und Erdgas an der Energie-Erzeugung erhöht, sondern wirkungsvoll Energiesparmaßnahmen und die Nutzung regenerativer Energieträger voranbringt. Eine solche Politik kann nicht ohne breite Basis in der Wirtschaft gelingen. Energiesparen ist stets auch eine Frage der Verkehrs- und der Baupolitik. Die Ein-Punkt-Politik wurde für die Anti-Kernkraft-Bewegung am Ende zur Sackgasse.

Internationale Umweltpolitik: Gefahren des Freund-Feind-Denkens

Die Umweltpolitik hat seit langem in wachsendem Maße eine *internationale* Seite. Das deutsche Umweltrecht muss größtenteils mit EU-Recht abgestimmt werden. Es gibt seit langem sogar die Tendenz, nach dem Motto „Emissionen kennen keine Grenzen" die Umweltproblematik im Kern als *global* zu begreifen und eine globale Umweltpolitik zu fordern. Nur durch weltweite Abkommen lässt sich – wenn überhaupt – verhindern, dass die Weltmeere und die Lufthülle der Erde, ja der Weltraum zur „Müllkippe der Menschheit" verkommen. Auf der anderen Seite erhöhen die Europäisierung und Globalisierung der Umweltpolitik die schon jetzt mit Bürokratisierung und „Basisferne" verbundene Gefahr noch ganz erheblich.
Umweltpolitik nach dem Freund-Feind-Modell ist auf internationaler Ebene mit besonderen Gefahren verbunden; denn dort verquickt sie sich mit bestehenden politischen Spannungen. Auf UNO-Ebene entsteht gewöhnlich eine Konfrontation zwischen führenden Staaten des Westens und der Dritten Welt. Die hoch industrialisierten Staaten pflegen der Dritten Welt den Mangel an Geburtenkontrolle, die Zerstörung der Wälder und die Einleitung ungeklärter Abwässer in die Flüsse vorzuwerfen und sehen sich ihrerseits mit dem Vorwurf eines weit überdurchschnittlichen Ressourcenverbrauchs und Emissionsausstoßes sowie extremer Reduzierung der Artenvielfalt konfrontiert. Alle diese Vorwürfe sind begründet; im Umgang mit der Umwelt gibt es auf internationaler Ebene kein klares Gegenüber von Guten und Bösen. Gerade hier droht von dem Freund-Feind-Modell eine Verschleierung der Probleme.

136 Stilfragen der Umweltpolitik, national und international: Vier Schlaglichter

a) Aus einem Streitgespräch von 1993 zwischen dem damaligen hessischen Umweltminister Joschka Fischer (die Grünen) und dem damaligen Bundesumweltminister Klaus Töpfer (CDU/CSU):

Fischer: Also, Herr Kollege Töpfer, können wir uns in dem gemeinsamen Bemühen, die Konsequenzen von Rio zu ziehen und getragen von der gemeinsamen Verantwortung, darauf einigen, dass im Jahre 2000 ein Benzinpreis, bezogen auf die Preise des heutigen Tages, von 4 DM anzustreben ist aus Gründen, die wir hier gemeinsam teilen und vorgetragen haben. Können wir uns darauf einigen?

Töpfer: Nein, das halte ich für eine falsche Signalgebung. Wir sollten oberhalb der Inflationsrate den Benzinpreis stufenweise erhöhen. [...] Während meiner universitären Lehrtätigkeit im Bereich Landesplanung und Raumordnung habe ich meinen Studenten immer gesagt: Zeige mir deine Siedlungsstruktur, und ich sage dir, wie teuer der Benzinpreis in der Vergangenheit gewesen ist. Die Strukturen von heute sind immer der Reflex der Preise von gestern. Alle unsere Bürger haben ihre Wohnortsentscheidung mit einer ganz bestimmten Vorstellung von dem Preis der individuellen Mobilität getroffen. Wenn ich nun von heute auf morgen den Benzinpreis drastisch erhöhe, dann ist das nichts anderes als eine Kapitalentwertung im ländlichen Raum. [...] Hier die Forderung zu stellen, den Benzinpreis mit einem Schlage noch mehr zu erhöhen, mag ja großen Beifall finden, benachteiligt aber diejenigen, die in einer ländlichen Region gebaut haben, in der das öffentliche Personennahverkehrssystem nicht so entwickelt worden ist, und die deshalb tatsächlich auf ihr Auto angewiesen sind.

Max Kerner (Hrsg.): Technik und Angst. Aachen 1994, S. 113f.

b) Ein Forschungsprojekt des Bundesamtes für Naturschutz, das die Bedingungen von „erfolgreichen und zukunftsweisenden naturschutzpolitischen Musterlösungen" bei Bürgerinitiativen in Erfahrung bringen sollte, gelangte zu folgendem Ergebnis:

Es liegt nahe, anzunehmen, dass bei Naturschutzprojekten der ökologische Problemdruck, also der (kritische) Zustand der Natur, zentraler Auslöser für die Initiierung eines Projektes ist. Dies wurde durch die Untersuchung jedoch nicht bestätigt. In den untersuchten Projekten spielten die von den Akteuren subjektiv wahrgenommenen ökonomischen, sozialen oder politischen Problemlagen eine wichtige Rolle für die Initiierung von Naturschutzprojekten.
So nahmen Naturschutzverbände die bisherige Strategie der Konfrontation mit Naturnutzern als defizitär wahr und initiierten Projekte, in denen neue (kooperative) Handlungsstrategien mit den Naturnutzern ausprobiert wurden. [...] Damit Akteure Naturschutz betreiben, ist es nicht notwendig, dass sie an Naturschutzzielen interessiert sind. [...]
Im Schwarzwald bildete sich eine breite Gewinnerkoalition aus Naturschutz, Hoteliers, Bürgermeister, Landwirtschafts-, Naturschutz- und Forstverwaltung. Gemeinsames Ziel ist die Förderung der extensiven Beweidung von Flächen durch eine einheimische Rinderrasse. Hoteliers und Gemeinde sind aus touristischen Interessen am Erhalt der Attraktivität der Kulturlandschaft interessiert, die Landwirtschaftsverwaltung am Erhalt der bäuerlichen Landwirtschaft, der Landwirt an einer Einnahmequelle, Naturschützer und Naturschutzverwaltung am Erhalt der Kulturlandschaft mittels extensiver Bewirtschaftung, die Forstverwaltung an der (kostengünstigen) Pflege von Flächen durch Nutzung.

Uwe Brendle: Musterlösungen im Naturschutz – Politische Bausteine für erfolgreiches Handeln. Bonn 1999, S. 25ff.

c) Ernst Ulrich Freiherr von Weizsäcker, Direktor des Instituts für Europäische Umweltpolitik:

1975 erschien in der Londoner „Times" ein Leitartikel unter der Überschrift „Der Rhein und die Themse". Er enthielt scharfe Angriffe auf die EG-Kommission, weil sie dem deutschen Prinzip der Emissionsgrenzwerte (welches den Rhein bis dahin offenkundig nicht sauber gemacht hatte) den Vorrang vor dem britischen Prinzip der Qualitätsziele gab (mit deren Hilfe die Themse kostengünstig bereits einigermaßen sauber geworden war). Für den britischen Beobachter war der Fall völlig klar: Eine ökonomisch ineffiziente, doktrinäre deutsche Umweltpolitik sollte der ganzen EG übergestülpt werden, zum Schaden der Umwelt und der Wirtschaft. Für deutsche Beobachter der Szene dagegen war es unbegreiflich, wieso die Engländer das so offensichtlich logische und praktikable Prinzip der Emissionsgrenzwerte nicht übernehmen wollten. Ein imaginäres Streitgespräch, welches sich irgendwann zwischen 1973 und 1989 abgespielt haben könnte, macht vielleicht deutlich, mit was für Problemen der Verständigung ein Umweltpolitiker der EG fertig werden muss.
Der Deutsche sagt: „Umweltpolitik heißt Vorsorgepolitik. Die Verschmutzung muss an der Quelle nach dem Stand der Technik bekämpft werden. Wer das nicht kapiert, hat kein Umweltbewusstsein."
Darauf erwidert der Engländer: „Worauf es schließlich ankommt, ist die Umwelt*qualität*. Wir könnten uns doch sicher darüber einigen, was wir zum Wohl der Umwelt erreichen wollen. Wie wäre es, wenn wir uns über die Wasserqualität des Rheins und der Themse oder die Luft über dem Ruhrgebiet oder London einigen würden und uns anschließend darüber unterhalten, wie man diese Ziele mit dem wirtschaftlichsten Mitteleinsatz erreicht?" [...]
Und so könnte der ausgedachte Dialog stundenlang weitergehen und würde sich anhören, als ginge es tatsächlich um Bewusstsein, Moral oder intellektuelle Überzeugung. In Wirklichkeit ist dies eine Täuschung. In Wirklichkeit geht es um einen massiven *ökonomischen* Interessenkonflikt. Einheitliche europäische Wasser- und Luftqualitätsziele kommen Deutschland (und Holland) viel teurer zu stehen als England, wo der Wind den Schmutz exportiert und die kurzen Flüsse keine sehr hohe Schmutzakkumulation erlauben.

Weizsäcker: Erdpolitik. Ökologische Realpolitik an der Schwelle zum Jahrhundert der Umwelt. Darmstadt 1989, S. 44f.

d) Der US-Diplomat Richard E. Benedick:

Die Geschichte der Bemühungen um den Schutz der Ozonschicht demonstriert deutlich die Schlüsselrolle der Industrie bei der Ausarbeitung und praktischen Umsetzung internationaler Umweltpolitik. [...] Die Industrie braucht jedoch ein eindeutiges Signal und eine stabile Regulierungs-Umgebung, um in neue und sicherere Technologien zu investieren. [...] Wie es der westdeutsche Umweltminister Klaus Töpfer im Juni 1990 ausdrückte: „Ich bin absolut davon überzeugt: Wenn man eine klar umrissene Zeitvorgabe liefert, dann stimuliert das die Industrie, mit Ersatzstoffen anzukommen. Aber wenn man mehr Zeit lässt, dann glaube ich in der Tat, dass auch sie (die Industriellen) sich mehr Zeit lassen." [...]

Wissenschaftler müssen eine ungewohnte, aber kritische Rolle in internationalen Umwelt-Verhandlungen spielen. Ohne die moderne Wissenschaft und Technik hätte die Welt von der Gefahr für die Ozonschicht keine Ahnung bekommen, bevor es zu spät gewesen wäre. Die Wissenschaft wurde zu einer treibenden Kraft hinter der Ozon-Politik. [...]

Manchmal müssen die Regierungen handeln, auch wenn in der Wissenschaft noch Unsicherheit besteht. Dabei müssen sie verantwortungsvoll die Risiken und Kosten von Handeln und Nichthandeln gegeneinander abwägen. [...] Die Politiker müssen sich daher der Tendenz widersetzen, zuviel auf wirtschaftliche Selbstbedienungsinteressen zu hören, die auf wissenschaftlicher Sicherheit bestehen, die Gefahren als abwegig und unwahrscheinlich abtun und behaupten, die Kosten einer Produktionumstellung seien astronomisch. [...]

Die starke Führung eines größeren Landes kann eine bedeutende Kraft für die Erzielung einer internationalen Übereinkunft sein. [...] Es kann für eine Führungsmacht oder eine Staatengruppe von Nutzen sein, im Vorgriff auf ein globales Abkommen im Alleingang vorbeugende Umweltschutzmaßnahmen zu treffen. [...] Der private Sektor – unter Einschluss von Bürgergruppen und der Industrie – spielt bei der neuen Diplomatie eine große Rolle. Die Aktivitäten sowohl der Umweltorganisationen wie der Industrie in der Forschung, der Beeinflussung der öffentlichen Meinung und dem Druck auf die Regierungen hat die internationale Ozon-Debatte entscheidend beeinflusst.

Richard Elliot Benedick: Ozone Diplomacy. Cambridge, Mass. 1991, S. 202–206. [Übersetzung Radkau]

a) Wieweit ist Politik nach dem Freund-Feind-Muster in den genannten Fällen angebracht? Welche besonderen Probleme ergeben sich dabei in der internationalen Umweltpolitik?
b) Oft wird gesagt, der Nationalstaat sei heute überholt, und zwar ganz besonders in der Umweltpolitik. Überprüfen Sie diese These auf der Grundlage dieser Texte.
c) Analysieren Sie die Taktik der in Text 136a diskutierenden Politiker, und führen Sie selber eine Pro-und-Kontra-Diskussion zu der Frage, ob eine drastische Erhöhung des Benzinpreises gerechtferigt ist. (Vgl. dazu auch Kap. V2)

Zur Diskussion

Sind Natur- und Umweltschutz in besonderem Maße Sache der Frauen?

Was lässt sich über die besondere Bedeutung der Frau beweisen?

In Initiativen zum Natur- und Umweltschutz spielen Frauen – früher wie heute – oft eine bedeutende Rolle. Die Anti-Atomkraft-Bewegung wurde zu einem erheblichen Teil von Frauen getragen, und das Gleiche gilt bereits für die Vogelschutzbewegung, die im späten 19. Jahrhundert begann und deren Hauptzielscheibe damals die Federn in der weiblichen Hutmode waren. Auch amerikanische Initiativen zum Ressourcenschutz und zur Rauchbekämpfung fanden schon um 1900 bei Frauen eine starke Resonanz. Man kann es bezeichnend finden, dass der „Stumme Frühling", die „Bibel der amerikanischen Öko-Bewegung", von einer Frau verfasst wurde: Rachel Carson.

Für die besondere Nähe der Frauen zum Natur- und Umweltschutz gibt es eine Reihe konkreter Anhaltspunkte :

(1) Früher wie heute war in vielen Gesellschaften die Gartenarbeit, auch wenn der Mann an ihr beteiligt war, doch in besonderem Maße Sache der Frau. Diese Rollenverteilung scheint sehr alt zu sein und erklärt sich daraus, dass die Frau für die Essensbereitung zuständig war und auch durch die Kinder an das Haus gebunden war. Der Garten liegt in der Regel beim Haus. Mehr als bei dem großflächigen, mit dem Pflug betriebenen Landbau kann man im Garten genaue Kenntnisse über Bodenqualitäten, über die Wirkung verschiedener Düngerarten und über die Pflanzensoziologie gewinnen. Vieles an menschlichem Naturverständnis stammt aller Wahrscheinlichkeit nach aus dem Garten.

(2) In traditionellen Gesellschaften ist die Frau in der Regel stärker auf die Subsistenzwirtschaft orientiert als der Mann: zumindest auf die Subsistenzwirtschaft im erweiterten Sinne, zu der auch die lokalen Märkte gehören. Der lokale Stoffkreislauf mitsamt der Wiederverwertung der Reststoffe ist in besonderem Maße Sache der Frau.

(3) Ein Ursprung der Umweltbewegung ist die Sorge um die Gesundheit, oft verbunden mit dem Streben nach Sauberkeit. Beides war und ist oft mehr Frauen- als Männersache, so etwa auch die Sorge für gesunde Ernährung.

(4) Umweltinteressen ergeben sich auch aus der Sorge für die Kinder. Ein Hauptmotiv der Umweltbewegung ist die Vorsorge, dass auch künftige Generationen in einer Welt leben, in der es sich zu leben lohnt. Radioaktivität gefährdet Kleinkinder weit mehr als Erwachsene. In heutigen Städten leiden vor allem junge Mütter unter dem Autoverkehr und dem Mangel an Freiräumen, wo sie ihre Kinder unbeaufsichtigt spielen lassen können.

(5) Frauen sind in der Regel von der Technik längst nicht so fasziniert wie Männer. Wenn man in der Technikbegeisterung eine Hauptgefahr für die Umwelt sieht, dann findet man Verbündete unter den Frauen eher als unter den Männern.

(6) Zwischen der Umwelt- und der Frauenbewegung gibt es zahlreiche Querverbindungen: in der Bundesrepublik ebenso wie in den USA und anderen Ländern. Bei den Grünen haben Frauen einen Anteil an Führungspositionen wie bis dahin in keiner anderen Partei.

Gegenargumente

Welche allgemeinen Folgerungen aus diesen Tatsachen zu ziehen sind, darüber lässt sich streiten. Für Liebhaber der Wildnis ist der Garten eine hochgradig gekünstelte Natur und daher als ökologisches Leitbild untauglich. Das Streben nach Sauberkeit ist längst nicht immer umweltfreundlich. Wer glaubt, Umweltpolitik müsste heute im Kern global sein, für den ist der traditionell als „typisch weiblich" geltende Gesichtskreis, der sich auf die unmittelbare Umwelt beschränkt, ein Hemmnis.

Von mehr grundsätzlicher Bedeutung ist die Frage, ob es überhaupt Sinn hat, die Faktoren „Mann" und „Frau" voneinander isolieren zu wollen. Wenn man annimmt, dass Gesellschaft und Kultur zusammenhängende Systeme seien, dann sind die Geschlechterrollen untrennbare und aufeinander bezogene Bestandteile dieser Systeme, und es wäre ein methodischer Fehler, *ein* Geschlecht als Einzelfaktor isoliert zu betrachten. Konkret kann man argumentieren, die heutigen Konsummuster würden von Frauen ebenso getragen wie von Männern: das Autofahren und Fliegen, der verschwenderische Umgang mit Wärmeenergie und Wasser, der übermäßige Verbrauch von chemischen Waschmitteln und Plastiktüten.

137 Eine Sonderrolle der Frau in Geschichte und Gegenwart

a) Die amerikanische Historikerin Carolyn Merchant:

„Erhaltung der wahren Weiblichkeit" [*conservation of true womanhood*] war ein Thema, auf das Frauen bei *conservation*-Kongressen immer wieder großen Wert legten. In ihrer Ansprache auf dem *conservation*-Kongress von 1909 erklärte Mrs. Overton Ellis von der *General Federation of Women's Clubs, conservation* sei „die sicherste Waffe, mit der die Frauen den Sieg erlangen können". Die jahrhundertelange Erfahrung, wie man aus dem Braten von gestern Haschee macht, die Kleidung von vorigem Jahr wieder herrichtet und die Vorräte des Hauses unter Kontrolle hält, verleiht den Frauen einen geschärften Sinn für die Macht der *conservation*-Idee bei der Begründung wahrer Weiblichkeit. „*Conservation* in ihrem materiellen und ethischen Sinn ist das Grundprinzip im Leben der Frau."

Auf dem gleichen Kongress argumentierte Margaret Russell Knudsen aus Hawaii als Vertreterin des *Women's National Rivers and Harbors Congress*, die *conservation* des Heims sei die besondere Berufung der Frau. „Die Zivilisation begann, als die Frau die Szene betrat. [...] Bei keiner nationalen Bewegung war die spontane und allgemeine Resonanz bei den Frauen so stark wie bei dieser großen *conservation*-Frage. Frauen von Maine bis zur Westküste von Hawaii sind in dieser Frage hellwach, weil das Heim das Reich der Frau ist. Sie ist die Erhalterin der Rasse." [...] In den Worten von Mrs. John Walker, Mitglied der Kansas-City-Sektion der *Daughters of the American Revolution*, bestand die Rolle der Frau bei der *conservation* in der Erhaltung des Lebens, während die Rolle des Mannes in der Vorsorge für materielle Bedürfnisse bestand. „Die Frau, die Übertragerin des Lebens", müsse dafür sorgen, dass die Kinder der Nation nicht den „Fabriken und Bergwerken" geopfert würden, sondern sich „an der Freiheit des Vogels und des Schmetterlings erfreuen dürfen und all des anderen, das die süßen Brüste der Natur so freigiebig schenken".

Carolyn Merchant (Hrsg.): Major Problems in American Environmental History. Lexington 1993, S. 379f. [Übersetzung Radkau]

b) Der Philosoph Hans Jonas:

Nun gibt es schon in der herkömmlichen Moral *einen* Fall elementarer *nicht-reziproker* Verantwortung und Pflicht, die spontan anerkannt und praktiziert wird: die gegen die Kinder, die man gezeugt hat, und die ohne die Fortsetzung der Zeugung in Vor- und Fürsorge zugrunde gehen müssten. Zwar mag man für sein Alter von ihnen eine Gegenleistung für die aufgewandte Liebe und Mühe erwarten, aber dies ist gewiss nicht die Bedingung dafür [...] Es ist dies die einzige von der *Natur* gelieferte Klasse völlig selbstlosen Verhaltens. [...] Hier ist der Archetyp allen verantwortlichen Handelns, der zum Glück keiner Deduktion aus einem Prinzip bedarf, sondern uns (oder wenigstens dem gebärenden Teil der Menschheit) von der Natur mächtig eingepflanzt ist.

Hans Jonas: Das Prinzip Verantwortung. Frankfurt 1984, S. 85.

c) Redebeiträge auf dem Kongress der Grünen, *Frauen und Ökologie:*

Petra Kelly: Für mich gehören Feminismus, Gewaltfreiheit und Ökologie zusammen; sie sind stark miteinander verknüpft. Alle drei Bewegungen haben mit einer ganz anderen Form von Macht zu tun, nämlich der Abschaffung der Macht, so wie wir sie bis jetzt kennen und darunter leiden. [...] Wenn wir Frauen gemeinsam für Frieden arbeiten, Frieden mit der Natur und Frieden mit den Menschen, für innere und äußere Befreiung, dann wird das häufig als Ausdruck unserer so genannten wahren Natur hingestellt, da die Frauen, wie es immer so schön heißt, die Wächter des Lebens auf der Erde sind. [...] (Aber) wir sind nicht so sanftmütig wie die meisten Männer meinen, und wir sind in der Tat ziemlich zornig, zornig um unserer selbst willen, wegen des tagtäglich gegen uns geführten großen und kleinen Krieges, und zornig um des ganzen Planeten Erde willen. Wir sind politisch motiviert und lassen uns nicht mehr auf die Ebene der Politik des Privaten abschieben. [...]

Wie oft erleben wir das etwas mitleidige, ironische Lächeln der Männer in den sozialen Bewegungen, wenn wir ganz offen mit unserer Angst um uns, um unsere Kinder, um die Bäume, Tiere, Pflanzen und um die Erde umgehen. Und wenn wir davon sprechen, dass wir die Taktik des zivilen Ungehorsams auf mannigfache Weise von unseren eigenen kleinen Kindern lernen können, die instinktiv wissen, wie sie sich schlaff und widerspenstig geben müssen, wenn sie sich nicht von der Stelle bewegen lassen wollen.

Veronika Bennholdt-Thomsen: Die Katastrophe von Tschernobyl ist ein Auslöser, um noch einmal speziell über unsere besondere Stellung als Frauen in dieser technisierten, todbringenden, modernen Welt nachzudenken. Frauen haben nicht in erster Linie so heftig auf die Katastrophe reagiert – und so entschlossen in ihrem Widerstand gegen diese Technologie –, weil sie als Mütter und Verantwortliche für die alltägliche Versorgung am meisten damit zu tun hatten, um die Wirkungen der atomaren Strahlung abzumindern, sondern weil sie uns im Innersten als

Frauen traf. Schlagartig erfuhren wir, wohin unsere Duldung des patriarchalen technologischen Omnipotenzwahns führt. Dass er nichts anderes ist als die Duldung der Verachtung allen natürlichen Lebens, die wir alltäglich anhand der Geringschätzung der Produktion, Pflege und Bewahrung dieses Lebens erfahren – eine Verachtung, die uns Frauen trifft. [...] Wir wollen nicht gleiches Recht, sondern wir wollen unser Frauen-Recht. Wir glauben nicht an die Verallgemeinerung des Reichtums. Wir wollen kein Leben im Waren-Überfluss, sondern wir wollen ein frauenwürdiges Leben. [...] Wir beharren auf unserer Wertschätzung des Lebendigen im Gegensatz zu den Sachen. Es ist uns gleichgültig, wenn wir dafür verachtet werden. Wir pfeifen auf die Achtung der Männergesellschaft.

DIE GRÜNEN im Bundestag (Hrsg.): Frauen & Ökologie. Köln 1987, S. 21f., 29, 38.

a) Diskutieren Sie, inwieweit die Texte überzeugende Argumente dafür enthalten, dass den Frauen bei Fragen des Natur- und Umweltschutzes eine besondere Bedeutung zukommt. Beziehen Sie dabei auch die Informationen über Rachel Carson und die Chipko-Bewegung ein.

b) Vergleichen Sie die Texte 103 a und c: Gibt es Ähnlichkeiten? Was lässt sich über den Wandel der Frauenbewegung in dem dazwischen liegenden Jahrhundert erkennen?

1. Suchen Sie Argumente für die Globalisierung und für die Regionalisierung der Umweltpolitik.

2. Diskutieren Sie, wieweit neue Forderungen zur Gestaltung des Mensch-Umwelt-Verhältnisses zwangsläufig auch zu neuen Lebensstilen führen.

3. Stellen Sie in Ihrer eigenen Region Indikatoren dafür zusammen, ob sich seit 1970 in der Realität oder nur in den öffentlichen Erklärungen eine „ökologische Revolution" vollzogen hat.

Literatur zur Vertiefung

Zum gesamten Buch und zu Teil I:

Günter Bayerl/Ulrich Troitzsch (Hrsg.): Quellentexte zur Geschichte der Umwelt von der Antike bis heute. Göttingen: Muster-Schmidt 1998.

Jared Diamond: Arm und Reich. Die Schicksale menschlicher Gesellschaften. Frankfurt am Main: Fischer 1999.

Bernd Herrmann (Hrsg.): Umwelt in der Geschichte. Göttingen: Vandenhoeck 1989.

Henry Makowski/Bernhard Buderath (Hrsg.): Die Natur dem Menschen untertan. Ökologie im Spiegel der Landschaftsmalerei. München: Kindler 1983.

Joachim Radkau: Natur und Macht. Eine Weltgeschichte der Umwelt. München: Beck 2000.

Ernst Schubert/Bernd Herrmann (Hrsg.): Von der Angst zur Ausbeutung. Umwelterfahrung zwischen Mittelalter und Neuzeit. Frankfurt am Main: Fischer 1994.

Zu Teil II:

Werner Bätzing: Die Alpen. Naturbearbeitung und Umweltzerstörung. Frankfurt: Sendler 1984.

Wilhelm Bode/Martin von Hohnhorst: Waldwende. Vom Försterwald zum Naturwald. München: Beck 1994.

Thomas Hoffmann (Hrsg.): Wasser in Asien. Elementare Konflikte. Osnabrück: secolo 1997.

Thomas Kluge: Wasser und Gesellschaft. Von der hydraulischen Maschinerie zur nachhaltigen Entwicklung. Opladen: Leske + Budrich 2000.

Joachim Radkau/Ingrid Schäfer: Holz. Ein Naturstoff in der Technikgeschichte. Reinbek: Rowohlt 1987.

Heinrich Rubner: Forstgeschichte im Zeitalter der industriellen Revolution. Berlin: Duncker & Humblot 1967.

John Seymour/Herbert Girardet: Fern vom Garten Eden. Die Geschichte des Bodens. Kultivierung, Zerstörung, Rettung. Frankfurt: Fischer 1985.

Wasser. Hrsg. von der Kunst- und Ausstellungshalle der Bundesrepublik Deutschland. Köln: Wienand 2000.

Karl-Wilhelm Weeber: Smog über Attika. Umweltverhalten im Altertum. Reinbek: Rowohlt 1990.

Zu Teil III:

Alfred W. Crosby: Die Früchte des weißen Mannes. Ökologischer Imperialismus 900–1900. Frankfurt am Main: Campus 1991.

Marvin Harris: Kannibalen und Könige. Die Wachstumsgrenzen der Hochkulturen. Stuttgart: Klett-Cotta 1990.

Feuer. Hrsg. von der Kunst- und Ausstellungshalle der Bundesrepublik Deutschland. Köln: Wienand 2001.

Bernhard Kegel: Die Ameise als Tramp. Von biologischen Invasionen. Zürich: Ammann 1999.

Bartolomé de Las Casas: Kurzgefaßter Bericht von der Verwüstung der Westindischen Inseln. Hrsg. von Hans Magnus Enzensberger. Frankfurt am Main: Insel 1966.

William H. McNeill: Die großen Epidemien. Ihre Auswirkungen auf Völker und Staaten von den Anfängen bis zur Gegenwart. Bergisch Gladbach: Lübbe 1983.

Stefan Winkle: Geißeln der Menschheit. Kulturgeschichte der Seuchen. Düsseldorf: Artemis & Winkler 1997.

Zu Teil IV:

Piero Bevilacqua: Venedig und das Wasser. Ein Gleichnis für unseren Planeten. Frankfurt am Main: Campus 1998.

Franz-Josef Brüggemeier/Thomas Rommelspacher (Hrsg.): Besiegte Natur. Geschichte der Umwelt im 19. und 20. Jahrhundert. München: Beck 1987.

Franz-Josef Brüggemeier/Michael Toyka-Seid (Hrsg.): Industrie-Natur. Lesebuch zur Geschichte der Umwelt im 19. Jahrhundert. Frankfurt am Main: Campus 1995.

Jürgen Büschenfeld: Flüsse und Kloaken. Umweltfragen im Zeitalter der Industrialisierung (1870–1918). Stuttgart: Klett-Cotta 1997.

Marianne Rodenstein: „Mehr Licht, mehr Luft". Gesundheitskonzepte im Städtebau seit 1750. Frankfurt am Main: Campus 1988.

Engelbert Schramm: Im Namen des Kreislaufs. Ideengeschichte der Modelle vom ökologischen Kreislauf. Frankfurt am Main: IKO-Verlag 1997.

John von Simson: Kanalisation und Städtehygiene im 19. Jahrhundert. Düsseldorf: VDI-Verlag 1983.

Gerd Spelsberg: Rauchplage. Hundert Jahre saurer Regen. Aachen: Alano 1984.

Zu Teil V:

Rüdiger Glaser: Klimageschichte Mitteleuropas. 1000 Jahre Wetter, Klima, Katastrophen. Darmstadt: Wiss. Buchgesellschaft 2001.

Dietmar Klenke: „Freier Stau für freie Bürger". Die Geschichte der bundesdeutschen Verkehrspolitik. Darmstadt: Wiss. Buchgesellschaft 1995.

Christian Pfister: Wetternachhersage. 500 Jahre Klimavariationen und Naturkatastrophen. Bern: Haupt 1999.

Hermann Priebe: Die subventionierte Naturzerstörung. Plädoyer für eine neue Agrarkultur. München: Goldmann 1990.

Joachim Radkau: Aufstieg und Krise der deutschen Atomwirtschaft 1945–1975. Verdrängte Alternativen in der Kerntechnik und der Ursprung der nuklearen Kontroverse. Reinbek: Rowohlt 1983.

Dieter Rucht: Von Wyhl nach Gorleben. Bürger gegen Atomprogramm und nukleare Entsorgung. München: Beck 1980.

Martin Thurau: Gute Argumente: Gentechnologie ? München: Beck 1990.

Zu Teil VI:

Alfred Barthelmeß: Vögel – Lebendige Umwelt. Probleme von Vogelschutz und Humanökologie historisch dargestellt und dokumentiert. München: Alber 1981.

Alfred Barthelmeß: Wald – Umwelt des Menschen. Dokumente zu einer Problemgeschichte von Naturschutz, Landschaftspflege und Humanökologie. München: Alber 1972.

Rachel Carson: Der stumme Frühling. München: Beck 1963.

Andreas Knaut: Zurück zur Natur ! Die Wurzeln der Ökologiebewegung. Greven: ABN 1993.

Ulrich Linse: Ökopax und Anarchie. Eine Geschichte der ökologischen Bewegungen in Deutschland. München: dtv 1986.

Engelbert Schramm (Hrsg.): Ökologie-Lesebuch. Ausgewählte Texte zur Entwicklung ökologischen Denkens. Vom Beginn der Neuzeit bis zu „Club of Rome" (1971). Frankfurt am Main: Fischer 1984.

Vandana Shiva: Das Geschlecht des Lebens. Frauen, Ökologie und Dritte Welt. Berlin: Rotbuch 1989.

Klaus-Georg Wey: Umweltpolitik in Deutschland. Kurze Geschichte des Umweltschutzes in Deutschland seit 1900. Opladen: Westdeutscher Verlag 1982.

Register

Halbfett gesetzte Seitenzahlen verweisen auf Grundbegriffe.

Personenregister

Sachregister